西方经济学圣经译丛

晏智杰 / 主编

区际贸易与国际贸易

[瑞典] 伯特尔·俄林 / 著　逯宇铎 / 等译

Interregional and International Trade

华夏出版社
HUAXIA PUBLISHING HOUSE

图书在版编目（CIP）数据

区际贸易与国际贸易 /(瑞典) 伯特尔·俄林（Ohlin Bertil）著；逯宇铎等译. --北京：华夏出版社, 2017.4
（西方经济学圣经译丛）
ISBN 978-7-5080-9118-1

Ⅰ.①区… Ⅱ.①伯… ②逯… Ⅲ.①区域经济－双边贸易－研究 ②国际贸易－研究 Ⅳ.①F74

中国版本图书馆 CIP 数据核字(2016)第 325943 号

区际贸易与国际贸易

作　　者	[瑞典] 伯特尔·俄林
译　　者	逯宇铎　苏振东　李秉强
审　　校	侯铁珊　叶　娇
责任编辑	李雪飞
出版发行	华夏出版社
经　　销	新华书店
印　　刷	三河市少明印务有限公司
装　　订	三河市少明印务有限公司
版　　次	2017 年 4 月北京第 1 版　2017 年 4 月北京第 1 次印刷
开　　本	670×970　1/16
印　　张	30.75
字　　数	460 千字
定　　价	62.00 元

华夏出版社　地址：北京市东直门外香河园北里 4 号　邮编：100028
电话：(010)64663331（转）　　网址：www.hxph.com.cn
若发现本版图书有印装质量问题，请与我社营销中心联系调换。

《西方经济学圣经译丛》序

翻译出版西方经济学名著，如以1882年上海美华书馆印行《富国策》[英国经济学家H.福西特（1833～1884）《政治经济学指南》（1863年）中译本]为开端，迄今为止已有一百多年历史。回顾这段不算很长然而曲折的历程，不难看出它同中国社会百多年来的巨大深刻的变迁密切相关，它在一定程度上是中国思想界特别是经济思想界潮流和走向的某种折射和反映。单就建国以来对西方经济学名著的翻译出版来说，窃以为明显呈现出各有特点的两个阶段。改革开放以前几十年间，翻译出版西方经济学著作不仅数量较少，而且其宗旨在于提供批判的对象和资料。对于出现这种局面的不可避免发生及其长短是非，人们的看法和评价可能不尽一致，但此种局面不能再原封不动地维持下去已是大多数人的共识。改革开放以来，对西方经济学著作的翻译出版进入到一个新阶段，短短二十多年间，翻译出版数量之巨，品种之多，速度之快，影响之广，均前所未有，呈现出一派生机勃勃的繁荣景象。这是中国社会改革发展的需要，也是历史的进步，主流无疑是好的；但也难免有选材不够精当和译文质量欠佳之嫌。

华夏出版社推出这套新的《西方经济学圣经译丛》，可谓正逢其时。在全面建设小康社会的新时期，随着社会主义市场经济体制改革的深入，随着中国经济学队伍的建设和壮大，我们需要更多更准确更深入地了解西方经济学；而以往几十年翻译出版西方经济学所积累的经验教训，也正在变成宝贵的财富，使我们将翻译出版西方经济学名著这项事业，得以在过去已有成就的基础上，百尺竿头，更进一步。我们会以实践为标准，比以往更恰当地把握选材范围和对象，尽可能全面准确地反映西方经济学的优秀成果，将各历史时期最有代表性和影响力的著作纳入视野；我们对译文质量会以人所共知的"信、达、雅"相要求，尽力向读者推出上乘之译作。我们还会认真听取广大读者和学者的任何批评和建议，在分批推出过程中不断加以改进和提高。

在西方经济学迄今的发展中，涌现了数量不少的重要著作，其中亚当·斯密《国富论》（初版于1776年）、马歇尔《经济学原理》（初版于1890年）和凯恩斯《就业、利息和货币通论》（1936年），是公认的三部划时代著作。《国富论》为古典经济自由主义奠定了基础；《经济学原理》作为新古典经济学的代表作，为经济自由主义做了总结；《就业、利息和货币通论》则标志着经济自由主义的终结和现代国家干预主义的开端，故将它们同时首批推出。其他名著将陆续问世。

晏智杰

北京大学经济学院

2004年11月15日

目 录

序 言 ·· 1
本书简介 ··· 3

第一部分 区际贸易简介

第1章 区际贸易条件 §1. 简述 §2. 生产要素禀赋的区际差异 §3. 贸易条件下相关商品和要素的价格差别 §4. 孤立地区和贸易地区的价格体系 §5. 区际贸易性质 §6. 汇率和区域价格差异 §7. 例子 §8. 总结 §9. 对其他早期相似观点的陈述 ·· 3~22

第2章 区际贸易的一些影响 §1. 要素价格均衡趋势 §2. 不完全均衡 §3. 国际贸易所得 §4. 对以商品表示的要素价格的影响 §5. 基于比较成本观点的概述 §6. 总结 ······ 23~33

第3章 区际贸易的另外一个条件 §1. 对微观价格理论的修正 §2. 缺乏可分性 §3. 规模经济是贸易产生的原因 §4. 大规模生产对贸易的影响 ··· 35~40

第4章 区域贸易变动 §1. 需求变化后的要素相对价格和贸易条件 §2. 要素供给的作用 ································· 41~45

第二部分 国际贸易简介

第5章 生产要素的国际比较 §1. 导言 §2. 不同劳动的类型 §3. 不同的自然资源 §4. 不同的资本要素 §5. 风险要素

§6. 非熟练劳动力的国际比较　§7. 其他劳动力素质的国际比较　§8. 资本要素和自然资源的比较　§9. 生产条件和风险稳定的国际差异 …………………………………………… 49～65

第6章　国际贸易的基本原理　§1. 第一部分结论摘要　§2. 相同次级要素质量差异的影响　§3. 商品和劳务的质量差异　§4. 贸易促使生产要素价格均等　§5. 进一步的限定　§6. 特例　§7. 贸易品成本均等趋势　§8. 贸易和大规模的生产经济　§9. 经济条件稳定性差异　10. 税收和社会其他情况对贸易的影响　§11. 总结 …………………………………… 67～82

第7章　商品需求和生产要素供给的相互影响　§1. 偏好的影响　§2. 要素供给的影响　§3. 贸易拉大了国际间要素供给差异　§4. 一个动态的观点　§5. 贸易对劳动力素质和资本的影响　§6. 当今国际贸易的发展趋势　§7. 总结　§8. 国际贸易所得　§9. 布局的一些例子 …………………………………… 83～100

第三部分　商品和要素流动及其关联性

第8章　地区间商品转运的费用　§1. 导言　§2. 对地区间商品流动障碍影响的初步分析　§3. 距离关系和贸易的特点　§4. 原材料和成品运输费的关系　§5. 地区间的价格关系　§6. 地区间的价格关联性（续）　§7. 价格指数比较的困难　§8. 不同地区生产要素价格的关系　§9. 要素供给和价格差异　§10. 摩擦和地区间价格的关系　§11. 摘要 ……………………… 103～121

第9章　地区间的要素流动及其同商品流动的关系　§1. 替代贸易的要素流动　§2. 生产要素流动对贸易量和贸易属性的影响　§3. 要素流动对贸易的影响（续）　§4. 转运条件变化对要素流动的影响　§5. 作为替代商品和要素流动的各种组合　§6. 要素流动及其与贸易的动态关系 …………………………… 123～133

第 10 章　地区内的转运费用和要素流动：一般区位理论的几个方面
§1. 杜能实例　§2. 简单情况下的原料和成品的相对流动性
§3. 复杂情况下的相对流动性　§4. 原料的生产布局　§5. 消费者市场的布局　§6. 运输和运输条件的区域差别　§7. 资源和设施转移的区域差别　§8. 运输的规模经济和运输劳务的定价
§9. 劳动力和资本的地区分布　§10. 工业规模经济　§11. 前述有关布局分析的回顾　§12. 与运费不同的转运费用 …… 135~155

第 11 章　劳动力和资本供给区域差别理论（续）　§1. 均衡工资差别　§2. 均衡工资的影响　§3. 实际工资差别　§4. 利息差别　§5. 劳动力和资本供给区域差别的影响　§6. 要素和商品流的交互作用　§7. 说明 …………………………… 157~169

第 12 章　作为布局理论的区际贸易理论　§1. 导言　§2. 定价概述
§3. 地区概念的重要性　§4. 定价基本因素的反作用　§5. 企业选址的随机因素　§6. 随机性的区域价差 ………… 171~178

第四部分　国际贸易和要素流动

第 13 章　国际贸易　§1. 导言　§2. 国际商品的流动障碍　§3. 国内市场划分　§4. 各生产阶段商品的相对流动性　§5. 转运便利程度的地区差异　§6. 转运便利程度、生产要素供给及工业的性质　§7. 作为经济发展商品的布局　§8. 美国的对外贸易
§9. 国际贸易的收益和效应　§10. 国际贸易障碍减少所产生的效应及利益 ……………………………………… 181~201

第 14 章　国际价格关系　§1. 商品价格　§2. 工资、利率和租金
§3. 各国工资不同的原因　§4. 美国商品价格水平高于欧洲的原因　§5. 对陶西格理论的评价　§6. 李嘉图和西尼尔的观点
§7. 国内物价的差异 ……………………………………… 203~212

第 15 章　关于倾销　§1. 倾销的不同种类　§2. 倾销很重要吗？

§3. 倾销的影响　§4. 倾销对价格和国民收入的影响　§5. 倾销和垄断 ················ 213～222

第 16 章　进口税的影响　§1. 关税与工业的布局　§2. 对进出口的影响　§3. 国民收入　§4. 收入分配　§5. 关税对瑞典的影响　§6. 自由贸易对美国的影响　§7. 对生产要素供给的影响　§8. 国内布局 ·· 223～240

第 17 章　国际资本和劳动力的流动　§1. 关于资本和劳动力流动的统计数据　§2. 资本和劳动力流动的特征及决定因素　§3. 国际资本流动和劳动力流动的方式　§4. 国际生产要素流动和国际贸易的关系　§5. 国际资本流动　§6. 国际移民　§7. 资本和劳动力的流动　§8. 外围国家的影响　§9. 不同种类国际要素流动的关系　§10. 国际要素流动和贸易对商品流动的影响　§11. 劳动力的流动改变了劳动力素质　§12. 对本国要素供给的影响　§13. 一些特殊方面 ··· 241～273

第五部分　国际贸易波动和资本流动机制

第 18 章　国际贸易平衡　§1. 决定性的因素　§2. 金本位制下外汇问题的长期和短期视角　§3. 国际收支中各因素的相互关系　§4. 短期国际资本流动　§5. 国际黄金流动　§6. 信贷额和购买力的反应　§7. 对黄金流动作用的"正统"观点的批判 ··· 277～291

第 19 章　国内资本流动机制　§1. 简介　§2. 一个简单的例子　§3. 相关价格的变化　§4. 劳动力和资本工具的流动性　§5. 说明 ·· 293～299

第 20 章　国际资本流动机制　§1. 无运输成本的条件下　§2. 国际资本流动的本质　§3. 货币机制　§4. 不同的货币政策　§5. 对

交换条件的初步分析　§6. 与一些产品相关的生产要素的价格　§7. 局部价格水平和交换条件　§8. 资本输出国的情况　§9. 国际化商品的需求变化方向　§10. 一些其他观点 ········· 301~319

第 21 章　国际资本流动机制（续）　§1. 存在外部国家的情况　§2. 需求弹性　§3. 需求趋势　§4. 购买力的变动规模　§5. 外汇条件　§6. 运输成本的变化　§7. 关税的影响　§8. 国内运输成本　§9. 国民收入　§10. 资本流动总量的变化 ······ 321~336

第 22 章　统计验证　§1. 加拿大外汇市场均衡　§2. 购买力和价格条件　§3. 贸易差额　§4. 价格变动的进一步分析　§5. 加拿大相关价格上升的其他原因　§6. 国际贸易条件　§7. 英国的例子 ·· 337~348

第 23 章　进口关税和价格的调整　§1. 进口税和贸易条件　§2. 相对价格变动　§3. 保护性关税　§4. 贸易条件　§5. 货币机制　§6. 关税作为优化生产能力的手段 ·················· 349~369

第 24 章　国际贸易中的一些变动　§1. 需求与供给弹性　§2. 收支平衡与货币机制　§3. 例证　§4. 生产要素的国际流动　§5. 外国需求的增加和资本进口的对比　§6. 新的自然资源　§7. 新技术　§8. 商会政策　§9. 国际转移关系变化的影响　§10. 运费波动　§11. 内部转移关系的变化 ·············· 371~394

第 25 章　国际价格波动　§1. 批发价格水平　§2. 国际交易条件　§3. 生产要素价格的国别差异　§4. 零售价格发展　§5. 货币变动　§6. 价格变动和外汇汇率 ······················ 395~407

附录一　区域贸易定价的简明数学阐述　§1. 孤立区域　§2. 贸易区域　§3. 一定的贸易条件　§4. 概括 ·················· 409~418

附录二　关于国际贸易的早期理论　§1. 帕累托　§2. 马歇尔　§3. 安吉尔 ·· 419~426

附录三 对古典国际贸易理论的批判 §1. 简介 §2. 对劳动价值论的批判 §3. 作为国际贸易理论基础的古典价值理论的缺陷 §4. 古典国际贸易理论的其他缺陷 ……………… 427~444

附录四 价格统计数据 ……………………………… 445~448

参考书目 ………………………………………………… 449~456

中英文术语对照表 ……………………………………… 457~475

序　言

本书拟解决如下问题：

（1）建立与定价理论协调且独立于经典劳动价值理论的国际贸易理论体系。如果该理论能代替由瓦尔拉斯（Walras）、门格尔（Menger）、杰文斯（Jevons）、马歇尔（Marshall）、克拉克（Clark）、费雪（Fisher）、帕累托（Pareto）和卡塞尔（Cassel）创建并发展以经典劳动价值理论为基础的经典理论，那么，在分析国际贸易问题时就可摒弃劳动价值分析。从卡塞尔的一般价格理论入手，同时在充分考虑其他价格理论的基础之上进而构建相关理论体系。

（2）证明国际贸易理论是充分考虑了影响定价的空间因素的一般区位理论，以及是在充分考虑了生产要素供给和运输成本的区域性差异影响的基础上形成了国际贸易理论的基本框架。对于该领域的研究需要经济学家和地理经济学者的协调合作才能有效完成，但由于前者很少在经济学理论中置入区域因素，故此后者很难从前述研究中得到较大的帮助和启示。

（3）分析生产要素的国内和国外流动，并着重分析其与产品流动的关系。

（4）描述国际贸易波动和在固定汇率制度（如金本位制或金汇兑本位制）下的国际资本流动机制。分析表明：（a）各个国家的总购买力变动是机制的重要组成部分，（b）解决外汇问题（二战后常与购买力平价理论相提并论）等同于构建一种国际贸易理论。另一方面，本书没有过多关注垄断与经济周期相关的问题。

希望本书能够证明，我将努力采用各个学派的知识来处理国际问题，尽管书中没有一一标明它受两个学派的影响尤其深。一是本书深受哈佛商学院国际贸易相关著作的启发，尤其是陶西格（Taussig)、维纳（Viner）和威廉姆斯（Williams）的著作及其与加纳（W. Garner）先生在课堂内外的讨论。二是我的整体理论背景都受到了斯德哥尔摩学派经济学家的影响，如巴格（Bagge）、布里斯曼（Brisman）、卡塞尔（Cassel）、赫克歇尔（Hechscher）、缪尔达尔（Myrdal）等老一辈经济学家，以及最近的维克塞尔（Wicksell）教授。斯德哥尔摩的鲁特列博（Rohtlieb）博士和哥本哈根的勃克（Birck）教授，他们为本书早期的几个版本提供了富有成效的评论。哥本哈根的卡尔·爱维森（Carl Iversen）阅读了本书的原稿，托德·帕兰德（Tord Palander）先生阅读了第二稿，他们两人都提供了极具参考意义的观点和评论。卡尔（Karl）、安德森（Anderson）和J. T. 戴（J. T. Day）校订了语法，莫那·威廉姆森（Mona Williamson）女士编辑了目录。此外，我还要感谢瑞典科学院、美国斯堪的那维亚基金会以及Rask-ɸrsted基金会为出版本书提供的资助。

伯特尔·俄林
斯德哥尔摩商学院
1931年1月20日

本书简介

现代经济著作对价值理论、价格理论和分配理论的分歧很大，而对定价的本质问题的分歧则相对较小。供需规律在任何条件下都可以发展成一个一般均衡系统，互动影响是该系统的最基本的原则。

某些经典术语（如实际成本、劳动成本）于定价的因果关系而言已无关紧要，尽管从其他方面来看是重要的。因果关系并不是简单地从成本到价格或者从价格到成本，它们是具有相互依存的属性的。

本书第一部分首先基于对经济现象的高度简化和抽象假设，认为企业间是"自由竞争"的，以及商品或要素具有完全的流动性，然后对缺乏流动性和可分性的经济现象进行解释，如联合供给、管理费用、规模经济生产、垄断等。

在讨论这些问题的过程中，应充分重视时间这一关键因素，因为可以就经济系统偏离均衡作出分析且进行动态分析。时间因素很可能是清楚演示经济学基本原理的主要障碍。"问题的难点主要在于空间地点的变化以及所研究的市场在时间上的延续，而时间无疑比空间的影响更重要"。

毫无疑问，每个撰写经济学论文的作者都认同上述评论的后半部分，在分析经济学问题时都或多或少地考虑到了时间因素，但对于空间因素，最初只有在考虑租借理论时才提到，而在其他理论中基本被忽视，而后也只是在国际贸易理论中将它作为一个独特的视角来进行阐述分析。事实上，一般定价理论几乎就是一个单一的市场理论，空间的概念在此完全没有体现。该理论假设只存在于一个包括所有工业企业的市场中，而其总供给被认为是一个基本的数据处理问题而没有考虑到区域分布的差异。因此，工业区位问题在大多数论文中没有被提起。

事实上，生产要素的地理分布问题非常重要，工业活动必须适应由于区域不同所带来的供给的改变，原因在于供给只能在有限程度上适应不同工业的需求。诚然，有些要素在特定情况下可以自由流动，但那些只能在区域内存在的"禀赋"要素是不可能完全流动的；而这些不能自由流动的要素，也应该成为价格机制空间因素的一般分析中考虑的必备要件。

商品价格与生产要素价格在单一市场假说下存在一定差异。商品流动由于运输成本的影响因而不是那么简单，并且在不同区域如何定价也是重要的影响因素。除非是涉及到国际贸易问题，否则这些影响因素在一般的论文中较少涉及。

显而易见，完善单一市场理论还需要考虑影响定价的相关地理或区域因素，如工业部门的选址、城乡之间的各种贸易往来等。此时，单独的一个国际贸易理论不能全面阐述这个问题，即区位因素影响不同国家的同一种商品的定价。在定价理论中，贸易是从一个市场扩展到多个具有相互联系的市场中的，因此，就必须充分考虑区位因素的影响。为此，就应采取区际和国际贸易的相关理论来分析，而这也应该是基于一个市场理论基础的定价理论的有机组成部分。

市场的属性在于买卖双方联系非常紧密，因此，每一种交易的商品只能存在一个定价。除了这种狭义的"单一价格市场"外，还存在更加广义的概念，即"多种价格市场"。受运输成本和其他因素的影响，一种商品或生产要素的价格在同一市场的价格差就应该等同于克服这些阻碍的成本。这就是当人们说某种物品的"世界市场"时，其中"市场"这个术语所表示的含义。如果价格变动比克服这些障碍的成本要小，那么人们在无法克服这些障碍时就会在市场间寻求交易，尽管这些市场间可能存在间接的关联性。

当今关于经济学理论的研究只有在以下情况下时才会给予多重的相应的重视：(1) 地租；(2) 国际贸易；(3) 商品价格歧视。非竞争劳动群体通常被当做单一市场中的不同生产要素来考虑，但也可被认为是：(4) 生产要素的价格歧视。一般价格理论只考虑(1)、(3) 和 (4)，而只有当与地租理论有关联时才会考虑因当地市场不同所引致的差异。此时，被考虑的是自然资源的位置，而非一般意义上的工业区位选择。假定生产要素和商品在区际间可以流动并且不存在价格歧视的话，那么本书所考察的影响多重市场条件下的价格差异的所有主要方面，就将成为地租理论和国际贸易理论的有机组成部分，并且它发展了单一市场理论。

在阐述这一理论的过程中，如果以单一市场理论的要素充分流动这一前提假设作为分析切入点会比较容易，而这正是许多经济学理论文章在第一部分的论述中习惯采用的。在第 1 章和第 2 章中，这个简单的理论在阐述生产要素的区域非流动性时演变成了多个市场，这样，区位因素就显露无疑，并且产业区位的某些方面和区际贸易的一些属性也随之出现。在第二部分将对一种重要的地区间贸易（国际贸易）进行初步分析。第三部分和第四部分是在既定的假设条件下，探讨影响商品流动和生产要素流动的因素，而该理论也同样适合于国内和国际贸易，即它充分考虑到了影响贸易的一般空间因素。第五部分探讨了国际贸易波动和资本流动的运行机理。

第一部分　区际贸易简介

第1章 区际贸易条件

§1. 简述 基于以下两个主要原因，空间在经济生活中显得相当重要：一是生产厂商在一定程度上被限制在特定的地点并且很难流动；二是运输成本和其他障碍阻止了商品的自由流动。

我们先来考虑生产厂商和生产要素。如果没有简化初始条件的话，那么分析地理分布和完全流动性缺乏就会很困难。因此，我们在随后的章节中会逐步给出一些简化的假设条件，逐渐将条件放宽并接近现实。通常认为，将生产要素假定为在特定的地区比在特定的地方要简单得多。更为重要的是，一个区域满足了构成一个单位的两个条件：(1) 与其他地区存在的差异；(2) 地区内部的差异小于地区之间的差异。换言之，地区之间存在的某种自然边界要比地区内部更为显著，这样一个地区在本书中称为区域。生产要素在此意味着：(1) 不同区域的工业企业禀赋不同；(2) 区域内部的禀赋应该基本相同。为简化处理，我们在第一部分中只考虑该区域的生产商而不涉及选址问题。最典型的例子是，要素完全限制在一个区域内，即要素在区域间不能流动，但在区域内可以完全流动（该情况事实上在区域内不会发生）。这是本书分析的基本切入点。换句话说，即假设生产要素在区域间完全不流动，而在区域内部完全流动。第一部分首先解释区域间贸易如何影响生产和价格，然后考察区际间的要素流动、流动相对缺乏以及与之相关的贸易。

在第一部分中，本书仅限于处理一般的区际贸易，而不考虑影响商品流的因素。当对特殊区域进行分析时才考虑商品跨区域的阻碍因素和运输费用。

上述分析框架似乎与现实脱钩，而这是现行的卓有成效的科学方法无法回避的缺陷所在。只有将复杂问题分割成多个部分才能对此进行有效处理。每次只解决一个问题固然有其相对的欠缺之处，但在分析难度较大且涉及多层面的问题时，这几乎是可行的主要研究方法。

§2. 生产要素禀赋的区际差异　本章接下来的内容考察引致区际间劳动力和贸易分割的主要原因，其前提条件是，区域间生产要素的流动受到限制，但其在区域内可以充分流动。我们从一般影响劳动力市场分割的因素入手展开分析，即为什么要与他人进行商品交换而非自己生产？为什么劳动有效配置可以增加总的生产效率？上述原因可能是由于以下两个方面造成的，即"能力差异"和"专业化优势"。

首先，一些人在某些方面具有比其他人更强的能力。由于天赋存在差异，有人可能适合成为工程师，有人可能更加适合成为一个劳动力或者律师。有人热衷于园艺，因此，他可能做一个园丁更能发挥其优势。这样的例子数不胜数。由此表明，不同天赋的人对于不同事物有着不同的适应能力，如果充分发挥其潜能，则会有助于效率的提高。

其次，即使所有人都有相同的能力，但在一个或多个区域中，实行专业化生产却更能发挥这种比较优势。假如每个人都只生产自己使用的东西，那么显然通过这种方式就能获取更多的技能。更进一步地讲，也就是人们专注于一项工作就可以节省由于换工作而造成的时间损失。简而言之，大量生产一种产品比小规模生产多种产品可以省更多的时间和提高生产技能，这就是我们通常所说的"规模经济"。至于规模经济对区际贸易的影响，我们将在第3章展开论述。现在，我们集中研究自然禀赋差异对区际贸易的影响。

如果从个人层面转向区域层面，那么，我们会发现前者和后者在商品生产上同样存在着显著的差异，原因在于不同区域的生产要素供给不同。一个区域可能有很多煤矿和铁矿但却没有土地种植小麦，而另一个地方则有可能有许多种植小麦的土地但却矿源稀少。很明显，前者更适合生产铁而非小麦。一个地区不同生产要素的禀赋份额是特定产业能否出现的重要因素。

这可能需要作更进一步的说明：一个区域不可能生产出区域内无生产要素的产品。铜不可能在没有铜矿的情况下生产出来，机器也需要懂技术和受过教育的劳动者才能生产。热带植物如胡椒，只能种植在温度适宜的国家，而如果没有相应的自然资源，胡椒就只能通过人工的方法进行种植。

然而，生产要素禀赋在诸多方面存在着很大的差别。通常，生产某一件商品的要素可以在任何地方找到，至少在部分地区能找到，这表明是大多数国家拥有的相对较多的一种要素，而其他要素则相对较少。比如，与英国相比，澳大利亚拥有较多的农用土地但缺少劳动、资本以及煤矿，因此，澳大利亚更适合于生产密集使用土地的产品；而与此相反，英国则在那些需要大量使用其他要素的物品生产上具有优势。如果两个国家都自给自足，那么，澳大利亚的农产品就会相对便宜，而工业产品则相对较贵；英国却正好与此相反，它由于缺乏土地，因此，需要有更多的资本和劳动投入才能提供足量的食品。鉴于英国土地相对有限并且投入资本和劳动力的边际利润有降低的趋势，因此，投入最后一单位的资本和劳动的小麦产出就会很少；相反，澳大利亚在农业生产上会投入大量的土地和少量的劳动以及资本，因此，每单位投入的资本和劳动的产出相对较大。

无须进一步举例说明，区际生产要素比例的不同会导致同类商品在不同地区的要素投入比例出现差异。简而言之，每个地区最好生产那些需密集使用其相对富裕要素的产品，而不要去生产那些需大量使用其相对稀缺要素的产品。显然，生产要素差异是地区劳动分工和贸易的一个原因，正如个体能力差异是个体进行交换的原因一样。

然而，这样简单的观察无法充分解释贸易产生的原因。贸易的直接原因通常是与本地生产的商品相比的，外地的商品可以以更便宜的价格购买到。因此，这也是为什么厂家设备的价格会存在差异，以及一些商品在不同区域有着不同生产成本的原因。换言之，应该去挖掘价格差异的更深层原因，以及观察它们在货币成本和价格差异上是以何种方式表现出来的。

§3. 贸易条件下相关商品和要素的价格差别　首先应该指出的是，一个地区不可能在所有商品的生产上都比其他地区有优势，也就是说，它不可能以较低的成本生产所有的商品。

为简化处理，我们先考察货币可以自由流通的两个区域，并且假设其除进出口商品（如资本流动、旅游支出等）外，彼此间没有其他的经济往来。此时，如果出口所得用于进口支出，那么，区域A比区域B生产出来的商品成本更低就不可能，这样就会出现由A到B的商品流动，但不会出现反向的商品流。此时，进口由什么来支付呢？区域B不会得到外汇收入，由于没有出口，它便无法从区域A得到外汇收入，而区域A的货币汇率就会上升，就会导致区域A所有商品的价格对区域B的货币而言都会提高，直到一些商品的价格高于区域B。当区域B的出口收入能支付从区域A进口需要的外汇时，才能在区域A和区域B间形成均衡。

不过，上述情况在这样一种情况下会失效，即如果A、B两地的商品的相对价格相等，那两地间就不会产生贸易。在这种情况下，贸易就不可能发生，两地之间也就不可能出现货币交换。① 换句话说，商品的相对价格不同是贸易发生的必要条件。②

对于在何种条件下商品相对价格在两个区间会存在差异，我们在前述分析的基础上又前进了一步。这个研究的起点是基于这样一个事实，即任何地区的供给和生产以及价格最终是由商品的需求和生产可能性曲线决定的。此时，定价还需要考虑如下因素：（1）消费者的需求及渴望；（2）影响个人收入乃至需求的生产要素所有权。另一方面，商品供给最终由如下因素决定：（3）生产要素的供给；（4）生产条件。这些在现实世界处处相同的自然的和不改变的条件决定着生产的整个过程，即应当考虑影响价格的技术流程，以及影响由商品需求到厂商需求转换的相关因素。

---

① 读者应该记住，大规模生产直到第3章才会开始讨论。
② 对现实的简单分析很明显与经典术语和相对成本存在较大不同。下文的论述是基于价格和生产费用的，并且这种价格和生产费用的差别在经典理论中是非常重要的。在另一方面，它与"价格"相关的论述和"机会成本"的相关论述非常相似。参见库尔诺的《关于财富理论之数学原则的研究》（巴黎，1838年）和帕累托的《政治经济学原理》（1896～1897年）。假设其他产品的产出没有改变，如果生产更少的B可以生产出更多的A来的话，那么，商品B的单位真实成本就是生产额外数量的A所花费的成本。采取与此相同的方法，C的成本也可以用A来表示。当然，也可以用货币单位来替换A的商品价格，价格与前述提到的机会成本一样，都可以用货币来表示。假如C和B分别需要花费10美元和2美元的话，那么，C的边际产出每减少1个单位就会增加5个单位的B。只有存在一个相互依存的价格体系，这种解释才是合理的，而这是比较成本理论所不能解释的。

上述四种基本因素决定着每个地区的价格机制，同时也决定了商品与厂商的价格。显然，问题在于在什么样的情况下这些因素和其他因素有关，以及在什么样的条件下商品相对价格会相等，还有在什么样的状况下不能进行国际贸易。当上述四种因素存在差异时，商品的相对价格就会有所不同，此时就可能会出现区际贸易。

我们就影响商品需求的两类要素对区域 A 和区域 B 进行比较时冠以"需求条件"为标题。如前所述，各地生产的自然条件都是相同的，因此，商品的相对价格差异取决于厂商的供给和需求条件的不同。这种价格差异必定会存在，除非供给和需求在两地极其相似，或者两地生产能力的差异被商品需求的差异所抵消。不同地区商品相对价格的差异导致国际贸易，各地专业化生产商品会使其商品较其他地区的同类商品更便宜。

但是不能就此认为在任何需求和供给的情况下都会引致贸易的发生。需要指出的是，假如要素的相对价格一样，那么，两个地区间的这些要素都会在各种产业中以同样的方式组合，此时，两个地区间的所有商品的生产成本也会相同，即商品的相对价格相同。①

因此，与其说两个地区商品价格的相对不相等是贸易产生的原因，还不如直接关注生产，即生产要素相对价格差异是贸易发生的必要的而非充分的条件。不过，每一种解释都有其内在不足之处，商品价格和要素价格构成了相互依赖的复杂系统。在我们考察了商品和要素的价格以及其他影响价格的基本因素后，就可以对整体价格机制的属性进行较为透彻的分析了。

区域 A 和区域 B 的生产要素相对价格的一致性必然假定区域间的供需关系也相同，此时，两地厂商的生产能力完全相同就既非是必要也非是充分的条件了，因为需求不同会引致厂商的相对稀缺②出

---

① 如果所有要素的相对价格相同，那么就不可能出现技术差异，原因在于生产要素组合是相对要素（包括技术系数）价格的函数。假定要素质量相同，那么在两个国家的函数形式也就必然相同。如果要素价格一致，那么技术进步在 A 和 B 上就应该相似。这与在其他要素相对价格相同时的不同生产组合会有不同的技术和劳动力完全不相同。区域 B 可能会比区域 A 更缺乏技术和组合要素，同时，B 可能在其他质量方面存在优势。这种数量差异很重要，我们将在第 5 章进行分析。

② 读者应该知道"相对稀缺性"与"相对价格"一致。

现差异。因此，我们只能说，如果地区间的供给不同是由需求差别引起的，那么所有要素的相对稀缺性和商品的相对价格最终就都会是相同的。

在不同区域，生产条件或多或少地会存在一定的相似性。因此，人口稀少的地区会特别转向那些需要较多土地和少量劳动的商品（比如说小麦），并且由此避免土地租金相对于工资而下降，这是不言而喻的。反观在人口居住稠密的地区，毕竟没有食物无法生存，因此这样土地就必然会缺乏。

我们对于生产要素稀缺性相同和商品相对价格①相同具有可能性的两个地区应加以关注，它们的区域贸易不可能进行，除非出现了一些原因导致假设条件难以成立。假定孤立的两个地区的要素供给和需求的相对稀缺性不足是有一定道理的，那么在此供给差异比需求差异就显得更为重要。如上所述基本可知，生产要素配置差别是贸易产生的原因，但同时必须谨记，需求状况差异也可能是一个影响因素。因为如同所有价格现象一样，区域贸易的最终决定因素是要素供给和需求之间的关系。

区域贸易意味着外部需求与本区域的要素和商品有关，反之亦然。因此，影响需求的要素都应该会影响区域贸易，据此我们得出如下显而易见的结论：所有区域的产品和要素的价格都影响了这种互动需求，区域贸易的影响因素主要受单一区域的主要相关因素左右，各个区域的商品和要素的相对位置影响着各自的价格体系和贸易。

任何有关于区域贸易本质的陈述都必然是不完全的，因为在分析时只考虑到了部分因素，而无法考虑所有的影响要素。

§4. 孤立地区和贸易地区的价格体系 在原假设的基础上，借助价格机制的简单图形②可对这一问题进行更深入的探讨，该假设是本章讨论的基础。该假设指的是，价格机制总是处于一种均衡状态，

---

① 没有必要讨论在相对价格水平相同时不同相对要素水平的组合问题。要素在所有工业中都采取同一比例生产时也可能发生，详见附录一。

② 这与卡塞尔的单一市场理论有点相似，即如帕累托学派那样考虑与其他描述的关联性，详见附录一和附录二。

因为在偏离均衡点之后即刻就会调整到均衡状态，故此，下列六组关系成立：

（1）商品需求等于供给（如产品）。

（2）在技术给定的条件下，生产一定数量的商品需要相应数量（技术转换率）的生产要素。在所有产业中，每种要素的总需求等于总供给。

（3）然而，技术并不一定是优先给定的，技术转换率依存于生产的自然条件和要素价格之中。

（4）商品价格等同于生产成本，因为增加一定数量的要素需要提高相应的价格水平。

（5）商品需求依赖于价格和个人收入及其偏好。

（6）收入受生产要素价格和所有权状态的影响。

如果要素供给给定，[①] 那么这些条件足以确定要素价格和生产商品的数量。技术转换率（每种要素在每个产业中的数量）是要素价格的函数（见图1·2-2），函数形式由已知的生产（要素）的自然条件决定。与此相类似，需求和收入的（5）和（6）的函数形式由消费者的需求和渴望程度（心理需求），以及由生产要素所有权决定，而上述这些影响因素都是已知的。因此，它们主要受三种函数形式和生产要素供给的影响。

如果要素供给不是给定的，那么，我们可把它看做是要素价格的函数，由劳动和储蓄倾向（心理努力和牺牲）来决定，与上述四组已知的数据一起共同决定该简单的孤立区域模型中的价格体系。

现在假设两个地区进行贸易往来，那么价格体系将会如何？显然在性质上不会有很大改变。每种生产要素的总需求（见图1·2-1）不仅包括本国消费的需求，而且还包括满足出口的需求。另一方面，部分本国消费品源于进口，由此会造成需求与产出的不相等。然而，如认定需求减进口等于生产减出口的话，那么此时生产要素的需求与供给就能对等。

如果我们清楚进出口的话，那么等式（1）和（2）就很容易调整，但它们并非是已知的，而是依赖于两个地区的商品价格以及汇

---

① 更详细的描述见附录一。

率之间的关联性的，并可以借此对价格进行比较。一个地区如果只出口那些它生产起来比其他地区更便宜的商品，而只进口剩余的产品，那么只要价格合适，汇率就能决定该地区的哪些商品该进口，而哪些商品该出口。显而易见，一个新的变量即"汇率"被引入到了其中。另一方面，出现了一个新的条件，即进口和出口的价值必须相等。在此，我们不考虑资本流动的影响，只通过这种方式就可以确定价格体系。[①]

§5. 区际贸易性质 如果明确了价格机制，那么，我们就可以转而进一步考虑生产要素了。区域 A 由于一些要素供给相对较大，因此价格会相对便宜，除非通过需求不均衡使这种供给不均衡变得大于均衡点。与此相对应的是，其他要素供给就会相对较小，由此会造成价格相对较高。区域 A 将会以相对较低的成本生产那些需要大量便宜要素的商品，[②] 而其他商品的生产就会相对较少。区域 A 相对缺乏的要素在区域 B 就相对丰裕，大量需要这种要素的产品的成本就会相对较低，而其他产品的生产成本就会相对较高。

当汇率体系已经建立起来时，生产的价格和成本就可直接进行比较。区域 A 大量使用比区域 B 更便宜的要素和少量的其他要素，就能以较低的成本进行生产并出口到区域 B。另一方面，需要大量后者要素和少量前者要素的商品会在 B 地区被便宜地生产并被进口到 A 地。若大量使用在当地丰裕且便宜的要素进行生产，那么，每个区域在产品生产上就都会具有优势。

澳大利亚农用土地较多但人口稀少，与大多数国家相比，该国土地较为便宜但工资较高。因此，那些要求大量土地和少量劳动的商品就会相对便宜，如羊毛。羊群数量增长需要大面积的土地和少量的劳动，而剪羊毛是一个相对简单的过程，因此，生产羊毛就会比在土地昂贵的地区进行生产成本要低。即使其他国家或者地区的

---

① 如考虑某些商品可以在两个地区生产，那么关系就会变得稍微复杂一些，但并非完全不同，详见附录一。

② 生产要素的不同比例会生产出不同的商品，否则，不同地区的相对商品价格水平就会趋于一致，进而导致贸易不可能发生。

工资要低于澳大利亚情况也是如此。

与此相类似，在劳动力供给较多的区域，包括有技能而技术不熟练的国家以及资本富裕的国家，它们生产工业制成品更有优势。因为这些生产要素在那些区域要比澳大利亚更便宜，而澳大利亚如需得到这些要素就必须付出很高的代价。

当以这种方式考虑问题时，就必须面对这样一个误解，即认为处于孤立状态的区域 A 的某一种生产要素与区域 B 的进行相比是一种不严格的说法。如果以其他区域的各要素价格状态为基准，那么，即使一种生产要素于其他大部分要素而言相对更便宜，但以彼此货币为基准而形成的汇率来衡量也不能表明该区域的要素价格是相对便宜的。价格高低取决于汇率高低，即不仅取决于在孤立状态下的相对稀缺程度，而且还取决于贸易放开时区域 A 对区域 B 的商品需求；反之亦然。事实上，这种互动需求不仅对汇率有直接影响，而且还与每个区域的价格状况等需求属性有关。因此，在孤立状态下是不太可能知道哪个区域的哪些要素是相对便宜的。

以上是本部分内容考察的因素相互依存的必然结果，它能够避免相对不合理的因果推理。而如采取另一种分析方法，则有可能会使此分析更为明晰。

§6. 汇率和区域价格差异　区域 A 从区域 B 进口的商品数量可能会远大于从区域 B 进口的数量，尽管在进口金额和出口金额上必须相同。换言之，区域 A 生产的大部分商品的成本会低于区域 B，因而区域 A 的大部分要素就会比区域 B 的更便宜。从孤立状态下的相关要素的相对价格出发并无法得知交换比率会是多少，因此，不能说哪一种要素或是多少要素在一个地区会比其他地区更便宜。

假设将区域 A 的货币视为英国英镑，而将区域 B 的货币视为美元，那么，在孤立状态下，一美元能从区域 B 那里购买多少数量的要素，以及同等数量的要素需要花费多少英镑呢？上述问题只能在孤立状态下通过图 $1 \cdot 1 - 1$ 作答：

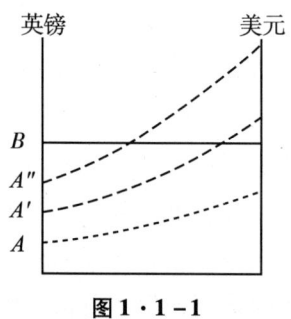

图 1·1-1

曲线 B 是一条直线，它显示了区域 B 的一定数量的要素的价格即 1 美元（假定），而曲线 A 则显示了同等数量的要素在孤立状态中的 A 地区以英镑计价的需要支付的价格。在区域 A，最便宜的要素位于左侧，然后是较为便宜的要素，依此类推。现在，如果汇率为 1 英镑 = 2 美元，那么，以美元表示的 A 的要素价格曲线就是 A′。但如果汇率变成了 1 英镑 = 3 美元，那么，相对应的曲线就是 A″。在前一种情况下，A 几乎所有的要素都比较便宜；而在后一种情况下，一切就刚好相反。然而，我们无法预测具体会出现哪种情况，因为这不仅取决于进出口的均衡条件，而且还取决于相互需求的程度。

当区域 A 处于孤立状态时，最左边的商品的厂商生产价格会相对较低，并且当汇率已经形成时，区域 A 的该商品价格相对于 B 还会下降。与此相似，最右边的要素价格在区域 A 就相对较高，并且比区域 B 的该要素价格还要高。因此，区域 B 将大量出口由后一种要素为主进行生产的商品，而区域 A 将出口那些大量使用前一种要素的商品，并且无法预测中间产品的要素的使用情况。

由此可得出如下结论：区际贸易不仅取决于生产要素的供给量和单个地区与需求相关的缺乏状况，而且还取决于地区间的互动需求。实际上，贸易的本质是将一个地区的需求与另一个地区的供给联系起来（参阅本章第 4 节和附录一）。

上述有关情形还可用于多国贸易的情况。为了解哪种要素是相对丰裕或是相对匮乏的，需要比较多个地区而非仅仅一个地区的情况。当贸易已经发生时，要想预测某一个地区的生产要素或产品是否比其他地区便宜就会更加困难。换句话说，预测一个地区应该出口哪种商品就会更加困难。然而，生产要素配置对生产有时会具有决定性的影响，以至于没有必要通过考察需求来分析在复杂情况下贸易发生的主要条件。

不过，即使在上述情形下，贸易状况仍然可以表述为：每个地区的生产要素的供给和需求之间存在价格差异使地区间的商品交换有利可图。地区间贸易的实质即存在和结果出现的条件，不能只用价格相互依存体系中的要素供给或其他单个因素来简单解释。由单一市场理论中发展而来的这一理论体系，必须通过引入国外需求来进行修正和完善。经过这样的处理，才能有效地解释一些地区的贸易价格的形成。[1]

在进一步讨论之前，我们先给出一些由于生产要素不同而产生影响的具体例子。虽然需求条件不同会产生影响，但有时地区之间生产要素的巨大差异也会对贸易起着决定性的作用。如果再加上有关需求影响的默认条件，那么在上述澳大利亚例子中的简单推理就会被证明是正确的。

§7. 例子 以生长在欧洲国家的小麦作为例子展开分析，但不包括像芬兰、挪威这些完全不适合种植小麦的国家。我们可将这些国家分成出口型和自给自足型或完全依赖进口型这两类，从中可以看出：第一种类型的国家的人口相对较少而人均耕地面积却很多，但每公顷小麦的产量则较低。如在1925年，俄罗斯每公顷的小麦产量是830公斤，罗马尼亚的是860公斤，而匈牙利的产量则高达1 370公斤；而进口小麦的国家通常人口密集且人均小麦种植用地供给不足，但每公顷的产量平均为第一类型的国家的两倍，如荷兰和丹麦，每公顷土地的小麦的产量分别是2 840公斤和3 310公斤，这与我们的前述预期相一致；土地丰裕的国家，其种植小麦的成本较低

---

[1] 由李嘉图和穆勒提出的比较成本理论得出的结论无法让人满意，不仅是因为其劳动成本规模是建立在非常简单的假设条件下因而无法对事物有一个整体的了解，而且它还忽视了规模自身对需求条件的影响，即没有考虑到相互依存性。以比较成本为基础的生产条件的简单描述提出了什么决定国际贸易的本质，但在一定程度上只是将由贸易和易货贸易引致的相互需求置于次要的位置上。事实上，比较成本规模并不具有优先权，但它能影响相互间的需求，这正如穆勒所描述的那样。上述内容将在附录三中进行详细探讨，并且将在第2章中作出解释。

且会出口到其他地区，但由于在单位土地上需要花费大量的资本和劳动，因此国内小麦价格相对较高。对上述三个小麦出口国和两个进口国进行比较是很重要的，因为在这些情况下，工业专业化的存在都没有否定上述事实。而如阿根廷、加拿大和美国西部等欧洲以外的地区的小麦出口与欧洲小麦出口一样，都是在人均可种植土地面积充裕的情况下其亩产量相对较低。

在乌拉圭，动物和相关产品出口占到其总出口的95%以上。该国土地资源丰富，气候十分适合农牧业，但缺乏劳动力和资本，并且没有煤矿。

另一个以自然资源为主导进行生产和贸易并且发展得不错的例子是芬兰。这个国家陆地资源相对丰裕且适合种植软木（一种蔬菜），但缺乏农业耕地及其他诸如铁矿和煤矿等自然资源，结果导致出口商品的90%以上是木材、纸浆和纸类。在1922年，加拿大总出口的商品中43%为蔬菜，18%为动物产品，24%为木材和纸类。由此可见，充足的小麦土地供给、森林和电力资源对贸易的影响是显著的。

对于商品生产本地化需要大量劳动力和少量其他要素的相关研究表明，人口相对稠密而自然资源匮乏的国家的优势在于劳动力资源丰富，如许多手工地毯都产自亚洲西南部。尽管许多国家都有充裕的适合生产丝绸原材料的土地，但劳动力缺乏致使这些国家无法形成劳动密集型产业，尤其是如美国这样的国家。尽管法国和意大利的人均其他资源比美国要少，但其劳动力却是相对丰裕，因为劳动密集型商品出口相对较多。而随着西班牙、匈牙利、罗马尼亚、土耳其、中国和日本等国家该类商品出口的逐年增长，法国和意大利等国也就逐渐失去了竞争力，原因在于这些国家的劳动力资源丰富，而法国和意大利除了拥有一定适合农业种植的土地外，其他资源也不是很丰富。

生产亚麻需要大量劳动力，在19世纪，它的生产主要集中在西欧和中欧地区，而目前均集中在俄罗斯和波罗的海沿岸各国。纤维生产也是一种劳动密集型产业，目前它的种植主要在意大利和俄罗斯，而马尼拉纤维则主要产自印度和菲律宾群岛。

甜菜在土壤和气候都适宜的大部分欧洲地区和美国的所有地区

都能种植，但由于目前还不能被机械替代而需要大量劳动力，因此生产集中在俄罗斯、波兰、捷克和斯洛伐克以及东德这些劳动力丰裕且劳动技能相对较低的国家，加拿大和美国只是少量种植。如果不考虑奖励和职责等影响的因素，这种生产可能性在大多数劳动力缺乏的国家就会更小。

种植马铃薯与种植甜菜一样，也需要大量甚至更多的劳动力，即使在贫瘠的土地上或是在气候偏冷时也能种植，因此，产糖量较高的欧洲国家也会大量种植马铃薯。然而，这并不是说这些国家的丰富的劳动力、相对匮乏的优质农业耕地以及需求等相关因素不会对种植马铃薯产生重大影响。由于生产要素禀赋导致生活水平低和缺乏廉价粮食，大部分的需求就会自然而然地转向自身能够种植的相对便宜的马铃薯上。消费大量的马铃薯必然需要大量的劳动力和土地，进而导致这些充足的生产要素变得相对稀缺，因此，这些地区的各种因素的缺乏与其他地区更加相似，而这种分析比仅仅分析资源配置不同得出的相关推断显得更为合理。除此之外，还可在上述分析的基础上，进一步分析其他诸如养猪和运输成本对于生产的影响。

在土地丰裕的地区也可以发现需求的变化。养殖肉牛需要大量使用土地和少量的劳动力以及资本，由此导致肉类价格相对较低而消耗量却随之增大。人均自然资源较多的地区通常生活水平较高，并且倾向于消费更多的价格相对较高的肉类食品，典型的例子如上世纪的美国。

在自然资源匮乏、人均土地面积少而人口稠密的国家，畜牧业是一个重要的产业，这与上述分析似乎存在矛盾。然而，这种对比只限于表面，如丹麦养殖的奶牛需要花费较多的劳动力，但这些牛在很大程度上可以被饲喂其他地区生产的油饼，因此，那里对于土地的需求并不大。

劳动力和可耕种土地对生产的影响很好地阐述了刚才陈述的观点。拉塞尔·史密斯（Russel Smith）教授在《工业和商业》[①]中生动地描述了相关情况，虽说目前对此还存在争议，但我们依然可以将之引入：

---

① 伦敦（1925 年），新版，第 661 页。

生产自然原始产品或原材料,人口规模小的地区会使用很少的劳动力,而原始材料少、人口稠密的地区则会充分发挥其优势以增加价值。在一些未开发的森林地区,每平方英里人数只有一两个人时,人们通过捕杀动物、割橡胶树收汁、采草药、伐木等来满足生存需求。当人口数量增多时,人们就会通过砍伐林木出售等来维持生计。在人口稀少的平原地区,人们会拥有羊群或牛群并出售羊毛、皮革和动物。如果人口增加的地区气候宜人,则土地可能会被无节制地开垦并种上谷物,然后出口到人口稠密的地区以交换工业制成品。这就是对19世纪后半叶及当今世界商业兴起的原因的较为简单的解释。欧洲人到几乎无人居住的美洲大陆去定居,由于美洲大陆的人口比欧洲少很多,在那里种植小麦可以将小麦出口到欧洲去,可以向单位面积养殖很多优质家畜的欧洲国家出口牛肉和猪肉,也可以向森林更好的国家出口木材。这就是对新殖民地商业兴起的原因的主要解释,无论是英格兰还是新英格兰均是如此。这些来自达科他(Dakota)、莫布拉斯卡(Mebraska)或萨斯卡彻温(Saskatchewan)等殖民地地区的居民能够消费东方土著居民所生产的商品。

然而,有一点需要记住,一个地区的所有要素的供给水平、资本、各种矿产资源以及其他要素,它们有时对劳动分工和人均土地供给非常重要。此外,如我们随后要讨论的,人口密度在很大程度上是其他一些要素如特惠区煤矿和金属矿供给水平的结果。

在下一章,我们将详细说明考虑整体而非特定要素的必要性。当拉塞尔·史密斯教授说"拥有土地和农业财富的美国却没有成为奶制品出口国这令人惊讶"① 时,正是忽略了上述因素。事实上,从另一个角度来考察该问题,美国自然资源、人均资本的富足以及劳动力的缺乏,都解释了劳动力所需的日用价格昂贵以及不会出口该类商品的原因。

劳动力和可耕种土地的供给对劳动力和贸易的分离起着决定性

---

① 《工业和商业》,第88页。

的作用，这可以作为这一部分的实例来进行分析并解析其原因；如果能结合资本供给相对稀缺的相关假定，那么，我们就能更容易地进行解释。在第 5 章，我们将对各种矿产资源和劳动力素质进行详细分析。

战后有很多这样的例子，如战争破坏和政局不稳定使一些国家的资本严重缺乏。波兰和波罗的海共和国的商业信贷利息率在社会稳定前变化了百分之十五到百分之三十，在社会稳定后的利息率就变得相当平稳了。捷克斯洛伐克的利率相对要低一些，但与西欧国家的利率相比仍然失衡，这在资本缺乏对工业发展的影响上表现得非常明显。例如，森林覆盖面积较广的国家，即使当地木材质量不是特别好，但都会到处建锯木厂，而使用二级木材的纸浆厂则会越来越少。原因是这需要投入大量的资本，而即使是建立现代锯木厂需要投入的资本偏低时也会如此。

最后，研究一个地区的生产要素禀赋，不仅要考虑可以用价格衡量的稀缺要素，而且还要在一定程度上研究土地、自然等难以用价格衡量的要素。采取一般的单一市场理论来进行分析，由于不稀缺的要素不应该出现在分析框架之内，因此，它会与之产生显著的不相吻合之处。没有必要剥离这些要素，对不可分离市场定价的研究必须注意到某地稀缺的资源，即使这些资源在其他地方是免费的也应如此，这一点也是显而易见的。这只是不同的相对缺乏的极端例子，这些要素在一些地区比其他地区更便宜，因此，这些要素在前者均可以视为免费。如在澳大利亚和阿根廷的一些地区的特定质量的土地是免费的，但这种土地在其他地区却是十分匮乏的，这体现了要素对地区间生产分布的巨大影响。

§8. **总结** 贸易的首要条件是商品在一个地区的生产要比在其他地区生产（价格）更便宜，这种商品包含了许多比其他地区更便宜的要素，进而将这些低价商品出口以便换回其他地区生产的相对低价的商品。因此，每个地区会大量出口使用低价要素的产品，即进口自身生产成本较高的产品，而出口生产成本较低的产品。

但是，按此逻辑推理时应注意到，只有当两国货币的汇率已经建立时才能确定一种要素在 A 地比在 B 地便宜还是贵，并且汇率取决于相互需求的状况，例如，影响商品价格的基本因素决定着汇率

18　第一部分　区际贸易简介

的高或低。当沿用前述研究的基本观点时，要注意到只有建立考虑了所有要素的相互联系的价格机制才能完全揭示国际贸易的本质。如果能意识到这一点，就能对基本观点进行更加深入精简的概括。毫无疑问，生产要素配置差异是产品成本和商品价格无法达到均衡的主要原因，正是这种不均衡导致了国际贸易。与其他地区相比，一个地区的某种生产要素可能十分丰富，而其他地区的生产要素则相对缺乏。当需求无法满足供给时，在孤立的地区就会出现要素和商品的价格相对失衡的情况，只有当货币的兑换比率确定后，A 地区相对丰裕的要素才会比 B 地区更便宜，而相对稀缺的生产要素才会比 B 地区更昂贵。考虑到上述条件，这时用"便宜"和"昂贵"就比用"丰裕"和"稀缺"更加贴切。

由于生产羊毛和小麦需要大量的土地，而工业制成品需要大量的劳动力和特殊的矿产资源如煤矿、铁矿等，因此，澳大利亚拥有大量的土地但却缺乏矿产资源，故用羊毛和小麦换取工业制成品比较划算。因此，一定等级的土地可换来相应的劳动力和其他等级的土地。严格来说，澳大利亚出口需要大量土地进行生产的商品，它不是由于土地丰裕，而是由于贸易发生时土地价格比其他地区更便宜。上述描述也表明了同样的事实，即只有需求状况很特殊时，如土地虽很丰裕但价格却比那些土地资源不丰裕地区的价格还要高，这时情况才会有所不同。如果没有这种异常的需求状况，我们则可得出如下结论：贸易指的是不同地区的丰裕要素与稀缺要素之间的交换。

§9. 对其他早期相似观点的陈述　在目前关于国际贸易的论著中，很奇怪它们都忽略了本章中的这一观点，即两个事实是不容忽视的：一是生产要素以不同比例参与商品生产；二是不同国家相同生产要素的相对价格的不同导致了国际专业化生产有利可图。然而，没有比李嘉图的以相对优势为基础而形成的劳动力成本理论更能解释这一问题了，并且假设生产除了土地之外的所有要素都按照一定比例进行配置，那么这一理论就排除了对配置比例发生变化的研究（参阅附录三），根据国际定价的相互影响机理，这种界定是必须的和不言自明的。

因此，不是英国的古典学派而是法国人首先探讨这个问题就一点也不奇怪了。维纳（Viner）教授①在《西斯蒙第的商业财富论》②一书中写下了非常有趣的一段：

> 有一些制造商只需少量的资金就可以运转，因为原材料很便宜，而且与手工生产的技术有很大关系。法国阿朗松地区的蕾丝业就是这类例子。妇女按照技术的不同每天能赚25到40生丁……廉价劳动力促使贫穷国家向富有国家出售这些商品；作为欧洲最富有的英国，也总是需要比它更贫穷的国家，它不仅是为了得到那些原材料的产品，而且还是为了得到那些需要大量劳动投入的产品，但却能在其他商品上卖得更便宜。英国从法国和德国进口蕾丝和油画，从苏格兰进口针织品，并将从印度进口的纤维、设备以及其他商品出售给西方国家，而并非自己生产。

西斯蒙第（Sismondi）没有深入发展这个理论，该理论在三十年后由一个极具创造力的爱尔兰经济学家朗菲尔德（Longfield）首先提出。下面部分引自他的《政治经济学》讲稿：

> 假设两国的商品能自由流通，并给定相似的土壤和气候等条件，但其中一个国家的人们是自由的，而另一个国家的部分劳动力处于奴役状态。由于前者的国民具有良好的技能和教育，这两国的商贸一定会包含奴隶生产出来的商品。当雇主没有获得更多的产品时，他不会善待他的奴隶劳动力，即使奴隶处于痛苦和不满的状态时他也会如此。自由国度的国民不会廉价卖掉他们额外的付出和安逸，这些自由人将学到各种技能，就自身利益来说，除了必须支付给雇主的那部分外，他们有着比奴隶更强的能力，他们只要付出少许一点就能得到相同的回报。③

随后，朗菲尔德继续写道：

> 我已经指出，在一个高度文明的社会里，技术、智慧和诚信是基本的，对工资增加的影响更小；另一方面，拥有生存必

---

① 安吉尔（Angell）：《国际价格理论》，载于《政治经济学》，1927年，第622页。
② 第一卷（1803年），第256页。
③ 同②，第70页。

需品和安逸生活的劳动者不会轻易加入到糟糕和不健康的职业中去。为了使他们接受这样的工作,必须付给高昂的工资,并且要考虑到被雇用的人是否具有高素质。因此,如我所描述的,由于对各种不同土地或气候的依赖性,两国贸易主要包括一些以劳动为主生产的商品,而这些劳动力在任何一国都是最廉价的。① 在工人需要技能和诚信以及雇主需要才智和资本的情况下,该类商品就会用于出口。②

朗菲尔德论证了低利率的国家出口商品需要大量的资本,他继续写道:

在文明程度相对较低的国家会有所差别,这些国家的人们的生命和财产无法得到保证,因此出现资本缺乏、利润高而劳动者贫困无知、不诚实等状况。这些国家出口的商品包括不健康和糟糕的劳动力生产的商品,在生产的过程中不需要劳动者的技能和诚信。简而言之,该国出口的商品类似于奴隶制国家的产品。③

穆勒应该熟悉朗菲尔德的著作,但奇怪的是他从来没有进行过类似的推理,着重研究非竞争群体影响的凯尔恩斯(Cairnes)在分析不同国家不同报酬的国际贸易时也没有采取这种思路。后续研究尽管谈及了这个问题,但据我所知还没有将之作为一个主题来考察。④ 尤为重要的是,巴斯塔布尔(Bastable)在"国际贸易对收入分配的影响"这一章中也没有提及该观点,只是分析了土地相对其他要素的稀缺变化对贸易所产生的影响,但没有总体考察要素相对的稀缺变化对贸易的作用。经典理论认为,规模报酬不变是显而易见的,德尔·韦基奥(Del Vecchio)在《国际商务理论》中也提出了相似的观点。⑤ 欧洲有着比较低的工资,而美国却有着比较便宜的

---

① 朗菲尔德并没有如古典经济学家那样认为效率与低廉有关。
② 斜体字是我的论述。
③ 同第 19 页脚注②,第 240 页。
④ 尼科尔森(Nicholson):《政治经济学原理》,第二卷,1897 年,第 313 页;巴斯塔布尔:《国际贸易理论》(第二版),第 32 页。
⑤ 帕多瓦,1923 年。

地租。每个地区都会出口价格相对较低廉的生产要素，因此，欧洲和美国就分别对劳动力和土地有需求。

总体而言，一国总是优待稀缺性的要素，而通常要素的价格则趋于下降。生产最便宜的出口商品具有国际竞争力，而生产成本相对较高的一些商品则会趋于进口。①

奇怪的是，这个观点根本没有遵循该章分析国际贸易对财富分配影响的思路，而像在传统分析中那样，注意到了租金和其他收入之间的联系。

然而，一些知名学者近来也对此提出了相应的看法。陶西格②认为，其他学者对经典理论的修正并不是非常重要的。然而，赫克歇尔在八年前就用瑞典语发表了名为《国际贸易对收入分配的影响》③这一易于理解并且非常重要的论文。

赫克歇尔和陶西格都认为他们的理论是对经典理论的修正和补充。例如，赫克歇尔把他的论文看做是对"比较成本法则"的先驱分析。我不同意这个观点。事实上，我认为这一点也不适用于经典的劳动成本理论，对这一观点的解释会在附录三中加以详述。这足以指出，生产要素（土地除外）在所有商品中的比例相同这一假设对该理论是非常重要的，任何修正都不能忽略这一假设。

从相互依存定价理论来看情况会有所不同。如果没有该假设，那么对两个开展贸易的孤立地区的价格体系进行比较也会得出重要的结论，可以用来考察不同商品中使用不同比例的生产要素引致国际贸易发生的原因和影响，这至少可以视为我提出一种国际贸易相互依存理论的尝试。④ 在研究采取的方法选择上，我沿用赫克歇尔在论文中提出的方法，本书的第1章和第2章也深受其影响。虽说赫

---

① 同第19页脚注②，第12页。
② 《国际贸易》，1927年，第50～57页。
③ 《经济学》（斯德哥尔摩，1919年），这篇论文是用瑞典语写的。我的著作中包含了对该篇论文的回顾，在1923年的哈佛经济学研讨会上宣读了该论文并进行了探讨。
④ 《贸易理论》（斯德哥尔摩，1924年）。卡塞尔在其著作《社会经济学理论》（1926年版）的第五部分探讨了这一问题，与他在书中给出的大量脚注基本相同。虽说赫

克歇尔首先在国际贸易理论中引入了这一观点,但是当尝试去修正和解释比较成本法则与国际贸易相互依存理论的核心部分时,却并不能有效地作出解释。

第 2 章 区际贸易的一些影响

§1. 要素价格均衡趋势 大多数贸易（假设存在）对地区的直接影响是使各地商品价格相等。只要没有运输成本和其他贸易障碍，则所有商品在不同地区的价格都必须相同。贸易对价格和要素有着深远的影响，简单地说，它会影响整个价格体系，本章将对此进行解释。

先看一个抽象且简单的例子，它只考虑有两个地区和两种要素（劳动和土地）的情况。有着大量土地和少量劳动的地区发现，进口那些需要大量使用劳动的商品（这些商品在外国可很便宜地生产）和出口那些大量使用土地的商品可以从中获利，因此，厂商会生产后一种而非前一种商品。如果大量使用劳动力的工业减少或消失了，那么它对劳动力的需求也就会随之减少或消失；而如果使用大量土地的工业大量出现，那么它就会导致对土地需求的不断增加。在有大量劳动力供给却有少量土地的地区，将会集中发展大量使用劳动力而少量使用土地的产业。对于两个地区而言，需求大量的丰裕要素会导致其价格上升，而稀缺要素因为需求减少会比以前得到更少的回报。生产要素的相对稀缺对两地的作用有所不同。

这一推理也适用于多要素的情况。一些要素在 A 地相对较丰裕，贸易放开后其价格也比在 B 地低，而稀缺的要素则刚好相反。因此，如果直接比较两地价格，那么我们就可以说，在 A 地比在 B 地便宜的要素有了更多的需求，因此，在 A 地的该要素的价格就会上升。但是，由于在 B 地需求相对减少，因而该要素价格在 B 地就会下降。与此同时，A 地比 B 地更昂贵的要素在 B 地的价格就会上升，而在 A

地的价格则会下降。① 国际贸易的趋势是使生产要素的价格均等。②

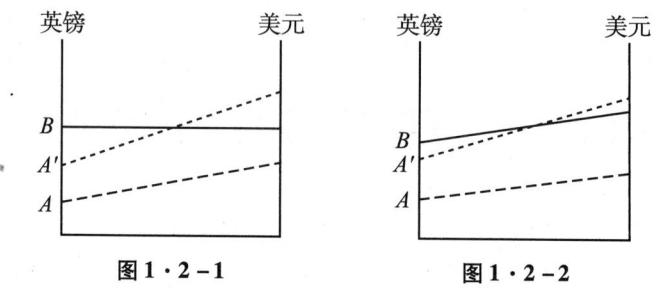

图1·2-1　　　　　图1·2-2

采取图表更能清晰地对此进行说明。如果我们用图1·2-1去描述贸易对价格的影响，那么在假定1英镑等于2美元时，则贸易的影响我们就可以用图1·2-2来表述。

从图1·2-2可以看出，A地要素的价格大体接近于B地要素的价格，此时，曲线A'和B很接近。在A地比在B地更便宜的要素（在图1·2-1中，A'左部位于B线下面）的价格比当初在A地的价格要高但比在B地的价格要低，而其他要素（相交点右侧的部分）则在A地变得更便宜但在B地变得更贵。

假设仅有两个地区，并且每个地区的要素数量都很多。很明显，要素不可能用于其他区域，并且每个地区会都发现，当贸易发生时，生产商的设备和地区需求条件应该是这样的，即丰裕要素的商品生产成本会比其他地区更低，这些物品会通过出口换取其他物品。

给出贸易使价格均衡的例子是非常容易的。木材在北斯堪的那维亚很便宜，这里木材大量出口。但是如果不出口这些木材，那么这里的木材就会更便宜。现在，这里的木材不再便宜了，因为它们被世界上其他国家大量采购了。另一方面，美国的木材相当昂贵，如果没有从斯堪的那维亚和加拿大进口木材，则这些木材还会更贵。

再比如我们所熟悉的澳大利亚的例子，如果没有农产品出口，则其农业用地会与阿根廷一样很便宜，而中欧的情况却恰好相反。如果没有食物进口，那里的农业用地的价格会相当高。因此，贸易

---

① 与本章第4节相比较，表明其他地区的同种要素的价格相对改变才会引起价格的下降，而以商品表示的价格也可能上升。
② 参阅赫克歇尔的前述著作。

提高了澳大利亚和阿根廷土地的价格，但却降低了欧洲的土地价格。相对于土地价格来说，澳大利亚和阿根廷的工资下降了，而欧洲的工资则上升了。

§2. **不完全均衡** 不但是商品价格，而且生产要素价格也会达到均衡，这种趋势是贸易引致产业适应生产要素分布的必然结果。需要大量使用某种要素的工业会转移到大量拥有这些要素的地区，在这些地区的这些要素的价格十分低廉。对生产要素的需求而不是对产品的需求促使厂商寻找最廉价的市场。简而言之，要素不均衡分布引起了各地要素价格的差异，除非这种分布不均衡被各地对这种要素需求的不平衡所抵消了，否则就产生不了劳动分工和贸易。某地专业化生产的一些商品，假如真实世界中不存在运输成本的话（该假设是现在分析的基础），那么这些商品就会出口到其他国家中去。在一些情况下，许多地区会生产相同的商品，有的国家可能进口很小一部分，其他的则都用于出口。但是有一点是可以确定的，那就是一个地区会生产其他地区需要的商品。不过，我们只有在考虑了阻碍商品流动的因素后才能更好地对这些例子进行分析，因此，相关内容的进一步讨论将在第二部分展开。

我们已经看到，贸易能够熨平原始价格不平等的状况，进而带来相同的价格。也许有人会问，贸易能否以这种方式使价格在各地达到完全一致。我们说，在那种情况下不但贸易还会存在，而且正如先前的疑问那样，此时原有的价格不平等还会重新出现，而且价格均衡假定需求适应要素的供给情况必定是劳动分工和跨地区贸易发生的必然结果。

当然，这样的结果是不可想像也是极为不可能的。工业布局和生产要素需求不能完全自然而然地与各地的要素供给分布一致，主要是因为工业需求总是对各种要素的联合需求是不能随意改变的；相反，大多数经济是由要素价格和自身条件决定的。因此，生产适应最佳分布是前三章假设条件下贸易发生的结果，因此，它并不能导致区际间要素价格的完全均衡。一些要素在一些地区依然维持着高价和低价，反之亦然。

详细分析为什么完全均衡不能发生是毫无意义的，因为如果把运输成本和其他贸易障碍引入分析，则这种均衡是无论如何也不可能发生的。因此，下面的分析是建立在生产要素各地价格不均等的基础上的，即当跨区贸易发生时。

应当注意的是，当分析一个具体例子时，贸易能够发生就必然存在着要素价格差异。如果澳大利亚和阿根廷出口小麦，那么至少在一定程度上是因为这些地方的小麦用地比英国更便宜；而斯堪的那维亚出口木制品是因为这里的木材比其他国家更便宜；中国、日本、土耳其和其他国家之所以能将天然丝出口到美国和法国去，原因是因为天然丝的生产需要大量劳动力和相对较低的工资。简而言之，各地都便宜地生产和出口那些要素相对丰裕的商品，因为这些要素在本地比其他地方更便宜。

然而，上述推理采取的方法并不十分令人满意，因为价格本身就是贸易的结果，即由贸易引起的需求的条件。此时，必须回到为什么工资和要素的价格在某地会较低这一问题上。这就有必要研究价格的形成，尤其是考察各地要素的相对丰裕和相对稀缺状况以及需求条件。总之，低工资是因为劳动是相对丰裕的要素的结果。同样，斯堪的那维亚的木材和澳大利亚的小麦在产地便宜也是因为这些要素相对丰裕。

§3. 国际贸易所得　通过区际要素流动和完全的价格均衡形成的生产本地化，将使得价格与只有一个不考虑厂商分布的地区完全一样，这就如同单一市场理论认为的那样，空间并不重要。此时，价格会不同于有很多孤立地区时的情形。很明显，区际贸易引致的价格（在第一部分的假设基础上）会在两个极端之间波动，并使价格从完全独立状态进入到完全均衡状态。不过，现实中这种趋势并没有发生，虽说要素的价格差有所减小，但并没有消失。

在没有贸易的情况下，要素分布的不均衡意味着巨大的损失，[①]因为需求不均衡不会抵消分布不均衡。在一个地区，生产小麦或许只需要少量土地和大量资本及劳动，而在其他地方则只需要使用少量资本和劳动及大量土地。由此可知，前一个地区浪费了土地，并且资本和劳动在某种意义上说也是浪费和无效率的。如果一个地区有着所有地区的要素供给总量，那么要素的使用就是有

---

① 在以商品表示的真实国民收入中，"损失"是减少，"所得"是增加。更详细的分析见第7章和第16章。

效率的，且由此生产的商品产量也会提高很多。土地较少的地区在投入很多的资本和劳动时产量增加相对很少，而增加同样产量在有着大量土地的地方只需投入少量的劳动和资本。因此，劳动和资本会从边际产量低的地方转移到边际产量高的地方，要素及其组合的价格在各地最终也会相同，这意味着比在相互孤立地区的要素使用更为合理。

现在，当贸易使工业区域化生产成为可能时，即如同只存在一个地区那样时，那么，如果生产要素在各地的价格完全相等，则各个工业的生产要素组合也就会与只有一个地区时相同。正如前述所讨论的那样，如果生产能很好地适应生产要素的分布情况，那么对区域将不会有什么重要影响。事实上，即使存在这种趋势，但各地价格也只会朝着有一个地区时的那种状态变化，厂商也会通过对要素的更有效的使用进而获得收益。土地使用在区域间仍然会存在差异，但是在土地稀少的地区，最无效率的资本和劳动就会从小麦种植上撤出，进而从有大量的土地和能够使用相对较少的资本和劳动的地区进口小麦。英伦群岛所需的小麦会种植在阿根廷的土地上，在那里，小麦的种植将使用更少的资本和劳动；另一方面，阿根廷所需的制造业类的商品则在英伦群岛上通过使用当地的煤、铁、劳动和资本而进行生产。

如果两地的要素能自由流动，则通过要素由低价地区向高价地区的流动，其价格水平会更加合理，要素的组合也会更有效率。这样，它就会减少要素价格相对较低的区域的要素供给并提高其价格，同时也增加其他地区的要素供给并降低其要素的价格。例如，英国的铁矿、煤矿以及劳动如果转移到阿根廷的话，那就会使生产要素的分布趋于使各地的工业要素的价格与要素组合的价格相等。

不过，要素流动或多或少地会遇到障碍（详见第 16 章），这样，通过上述方式就无法建立有效的生产。除了尽可能地促使生产要素分布合理外，再没有别的什么有效方法可以采纳了。不过，通过区际商品交换这种间接的方式，能促使要素价格达到均衡且进行要素组合的调整，这有利于增加生产总量。因此，在某种程度上，商品流动弥补了要素在区际间缺乏流动的状况，① 贸易弥合了生产要素区域分布不合理的状况，这也是为什么能够从区际贸易中获益的原因所在。

§4. **对以商品表示的要素价格的影响**　这仍然有一个关于国际贸易对价格影响的问题。迄今为止，我们仅仅考察了不同地区间商品价格的相互间关系的问题（完全均衡源自贸易）以及不同地区间生产要素价格的相互关系问题，我们发现它们有存在均衡的可能性，因此有必要研究贸易对各地商品价格和要素价格的影响。

一年内使用的所有生产要素的价格总值总是与生产出的商品的价格总值相等的。② 贸易和地区间的劳动分工意味着生产更有效率且能生产出更多的商品，由此以商品表示的要素价格显著上升。假设各地商品价格水平保持不变，那么以货币表示的要素价格就会上升。例如，受贸易的影响，所有地区的要素价格指数上升百分之五十，即商品总产出增加百分之五十，那么，在各地的要素价格指数一定是上升的吗？是什么决定了上升的幅度？显然，这就像问所有地区是否都从贸易中获利和什么决定了贸易所得一样。

首先，假设要素价格处于平均水平，即既不比以前高也不比以前低，那么 A 地能否从贸易中获利？答案是否定的。贸易引起的生产变化意味着 A 地该要素的相对稀缺状况必然发生了变化，A 地出口品中大量含有的该要素的价格相对于其他要素而言就会提高。因此，如果 A 地出口农业产品而进口工业产品，那么这两类商品的交换就必然会比 A 地区处于孤立状态时种植的农产品更为有利。如果价格水平保持不变，则该类商品的价格就会升高，与此相对应的是工业产品的价格会下降，这有利于集中优势生产农产品；通过以农产品换取工业品，就会得到比自己生产的更多的工业品。

如果贸易根本没有改变 A 地要素的稀缺状况，则这种交换对该地区是否就没有任何收益了呢？这是不可能的，因为贸易一定能改

---

① 在讨论一国有熟练劳动力和另一国有非熟练劳动力时，朗菲尔德注意到了"交换劳动力产品的商业与劳动力从一个国家流到另一个国家有着同样的效果，并不比生产时移动这些商品需花费更多的支出或便利"。《政治经济学书信集》，第 239 页。

② 与前述假设相同。

变要素的稀缺状况。事实上，如果没有出口商品价格改变的刺激，则 A 地区所使用的要素不可能改变，且区际贸易在无生产改变时也不会发生。①

贸易引起的要素价格上升会给各个地区带来收益，但是，我们并没有分析和考察这些收益是如何分配的。事实上，在没有分配之前作为整体出现的收益，在此有必要对此进行分配。考虑到定量分析的局限性，讨论在何种情况下一地比另一地所获得的收益是徒劳的。收益问题在讨论贸易对谁是否有益是一个更加现实而有待解决的问题（见本书第 8、16 和 24 章）。

现在，我们只要知道贸易引起了以商品表示的生产要素总价值的增长就足够了。换言之，所有地区价格水平的上涨是必然的。因此，以劳动为例子，相对于土地价格的下降意味着以商品表示的工资水平的下降。澳大利亚的劳动力状况会由于国际贸易变得更糟吗？答案是否定的。

租金只是国民收入的很小一部分。假设某地区的租金由 5% 提高到了 10%，那么该地区的总收入可能只会增加 50%，而以商品的形式来看租金可能是以前的 3 倍。如果工资从占总收益的 65% 减少到 60%，则其所得也比以前要大（150 中的 60% 大于 90 中的 65%）。而如果以商品形式来表示，则当租金上升 200% 时，工资将上升 38%。由于工资占总收入的很大一部分，因此，很难想像总收入的大幅上升不会影响工资，即使劳动者得到的比例会有所下降。

其他要素在这一方面与劳动可能有所不同。英国进口食品对农业用地租金的影响很小，不仅表现在国民收入百分比方面与孤立状态相比差别不大，而且从商品的角度来看也会得出相同结论。

这种对区际贸易总收益及其在各地区和生产要素分配的推理是极其严格的，因此，我们没有太大必要对此作进一步分析。至关重要的是，在经济状况改变的研究中由于使用了不变价格进而会遭到强烈的批评，因此，我们难以对孤立状态和存在区域贸易时的情况

---

① 巴斯塔布尔和其他学者认为，大区域很可能难以从中获利。这种错误结论的原因是在生产要素相对价格中没考虑到地租的变化及成本不变的情况。比较巴斯塔布尔的《国际贸易理论》（第六版），第 44 页。

进行比较。总之，比较不同状态下的贸易是有一定价值的，如减少关税和运输成本的差别。对区际贸易结果的分析似乎是很重要的，因为这可以用来解释某些基本关系。

此外，生产要素的总供给会与孤立状态下的有所不同，如目前的英国。在人口还没有达到现行人数的时候，很多人可能就饿死了。因此，在考察生产要素的供给状态时，就应该研究国际贸易对此的影响，我们在随后的第 7 章中会予以进一步讨论。本章仅为后续讨论作铺垫。

§5. 基于比较成本观点的概述 作为许多分析的主题，跨地区的生产分工总能引起人们的注意力，虽然事实上这是一个想像，但通常却难以解释。经典的劳动价值理论认为，虽然一个国家能比出口国使用更少的劳动进行生产，但它可能进口某些商品的事实却总被认为是极端重要的，并且通常将之视为国际贸易的基础。但是，如果采取价格均衡理论进行考察，则事实却未必如此。

各地会出口那些比他国更便宜的商品。在任何情况下，最便宜的某些生产要素的组合一旦形成，即使是区域化也不能改变这一现状。最小成本组合依赖于各种要素的价格，如果某种要素太贵，那就会使用其他要素替代。虽然生产会使用那种较少且较贵的要素，但如果价格差异能补偿价格波动的话，则此就必然会降低生产成本。

假设投入一定量的资本和劳动，在中欧黑麦产量最高的土地可能不会被用来种植黑麦而是种植小麦，原因很简单，种植小麦能负担起更高的租金，而黑麦的成本在不适合种植小麦的土地上会更低。虽然亩产减少，但是低租金能够补偿由此所造成的损失。同样，当小麦和酒争夺同一块土地时，后者的优势更大，因为人们对酒的需求是稳定的，并且酿酒能够负担得起更高的租金。在南欧的许多地方都是将小麦种植在那些产出不及酿酒获益更高的土地上的。

这同样适用于劳动。一个 10 000 美元薪水的劳动力不能被用来做 3 000 美元劳动力就能做的工作。即使一个银行家比打字员的打字速度更快，他也不会自己去打字。如果总成本能够降低，人们更愿意使用大量便宜的要素而不愿使用少量贵的要素。事实上，人们不仅在生产要素使用上会这样决策，而且在原材料和半成品上也会遵循该原则。

迄今我们只分析了在一个地区使用多种要素的情形。在分析的时候，选择了成本最小化的策略组合，在此不需要用特殊的法则去说明，一般的价格理论就足够了。

很难理解要素和原材料在不同地区时情况为什么会不同。最适合种植黑麦的土地会种植小麦，即在这块地上同样的劳动和资本的投入能够产出比其他地多的黑麦，而黑麦只能从二等地的国家进口。在北欧，情况确实是这样的：生产鞋带、上等餐具和医用外科器具不会雇用更贵的美国工人，即使使用一定量的其他资源的美国工人能生产出比比利时和德国工人更多的相应产品，但后者的低工资却能弥补由此造成的低效率。

采用同样的生产方式一国能够生产出更多的商品，即用经典术语来说就是生产力更高的国家。但商品不会从生产力更高的国家出口到生产力更低的国家，原因在于该国的生产价格太高，它在其他工业上可能会更具有优势。

这没有什么奇怪的。基于货币成本而非实际成本的区际贸易的相互依存理论，无法通过比较成本法则来进行分析。比较成本法则使得简单关系复杂化，但从其他观点出发则是极其简单的。事实上，所谓的法则只是生产要素最便宜的这种趋势的一个特例。

生产要素流动的区际边界影响了最小成本组合，进而影响了生产地区化进程，这使所有能匹配组合的要素不可能在同一个区域进行，从而有必要在关联性市场中拓展单一市场理论。①

现转向小麦和土豆的种植，后者比前者需要更多的劳动。生产小麦最好的土地会比其他土地产出更多的土豆，但其租金更高，这就要求更加经济地分配土地。假定把这一地区分为两部分，A 和 B 分别用于种植小麦和土豆。与先前相比，显然使用这一土地仍然是有优势的，除非其他要素供给发生了变化。进一步假定在 B 地发现了丰富的铁矿和煤矿，而劳动在 B 地成了稀缺的资源，则其劳动力价格上涨的幅度势必大于 A 地，这使得 A 地种植土豆和小麦都有优

---

① 使用最小成本生产的趋势与以前毫无差别。因此，在价格问题上就不会出现模棱两可的态度。当用传统劳动力价值理论来分析国际贸易时，比较成本法则就无法用来分析国内贸易。

势，尤其对需要大量劳动力的土豆种植而言更是如此。这一结果也适合于 A 地种植土豆和部分小麦以及在 B 地集中制造业和小麦种植的情况，在单位土地上使用很少的劳动就可完成生产。

在这种情况下，劳动力从 A 地流到 B 地的障碍使得土地使用不是最合理的。如果各种质量的土地集中在同一个地区，那就无法得到有效利用，因为难以找到其他相匹配的大量的协作生产要素。此时，最小成本组合仍然会是最佳选择。但是，如果只与一个地区的生产要素的相对价格不同，那么，要素组合也会与只有一个区域时有差异。

与此相类似，如果不是利率较高，则纸浆就会在波兰而不是在现在的地方生产，因为波兰的劳动和木材都很贵，这足以弥补在次等区域因生产而花费的额外支出，否则，生产成本就会更高。纸浆的最小成本组合不应该是波兰的木材、资本和劳动，而是其他地方的木材、资本和劳动。

只有通过在贸易状态下对价格机制进行研究，才能解释相对价格扭曲以及不同区位要素使用的状况。

§6. **总结** 我们认为，区际贸易的条件是各地要素价格、要素供给和商品需求在破除了隔离状态后，某些要素比其他地方要更便宜以及商品成本也更低，其主要原因是区域厂商生产的差异。由于存在需求因素的影响，有人或许会说贸易的充分条件是生产要素禀赋的不平等，因为这种不平等永远不可能平衡需求的不平等。

区际贸易的影响使商品价格均等化。更进一步地说，有某种生产要素价格均等化的趋势，这意味着要素的更合理使用和生产要素地区分布不合理的劣势相对减少。由于大量相对丰裕和便宜要素的商品出口，因而这种要素在当地就会变得相对稀缺，而大量稀缺要素的商品被进口又会使得该要素变得相对丰裕。如果分析要素转移，也可以得出同样的结论。事实上，跨区域贸易可以替代要素的跨区域流动。

由于商品总量的增加、贸易使得生产要素使用更有效率以及各地生产要素平均价格的上升，由此导致了商品和要素的相对稀缺并进而可能出现价格上涨。

研究价格机制属性与研究单一市场理论基本相同,但也存在一定的差异,如决定实际价格的机制不同。只有通过研究一般价格机制,才能更好地解释劳动的区际分工以及其他定价问题。[①]

[①] 对于第 1 章和第 2 章的数学推理,读者可参考附录一。附录一最好在第 3 章前阅读。

第3章 区际贸易的另外一个条件

§1. 对微观价格理论的修正 前两章所阐述的理论是建立在单一市场定价理论的基础之上的，并假定有充分的流动性和可分性。但是鉴于现行经济发展的状况，必须对这一理论加以修正。许多有关经济学原理的书籍在多方面都意识到了这一点，但都没有对此进行修正。本章及随后几章所要说明的是，地区间价格形成缺乏普遍流动性和可分性的特殊意义，我们通过该视角来描述贸易的真实情况。但值得注意的是，如果无法准确说明所分析的地区究竟属于哪一类，则在现实当中就必然会缺少具体性。区际贸易理论的一般性理论比较抽象，只有当用于特殊情况时才会对此作出调整。

对定价理论的一个重要修正是，我们不能像前面那样假设商品价格都等于生产成本（都以货币表示），因为相当数量的摩擦会使价格在短期或长期内偏离生产成本；也不能假设在一个地区内影响不同商品价格的因素都是一样的。某一行业的非熟练劳动力有时会比另一行业的同样素质的劳动力获得更多的报酬，这也可归因于称之为"经济摩擦"的情形。

然而，趋向于均等的趋势仍然会存在，不均等会通过价格机制得以调整。不过，这种反应需要一定的时间。正因为此，各种试图说明均衡价格存在的解释都会考虑到时间因素，这也是定价理论面临的主要困难。即使没有新的干扰发生，价格也不会回到这种特殊干扰发生前的均等状态。因为在干扰发生后，一些影响均等的基本条件已经发生了变化。

另一项修正也是必需的，尽管存在一些不同属性。在一个摩擦社会中，价格趋向的均衡不同于微观社会中的均衡。变动和扰动并不总是围绕着稳定均衡而上下波动的，即它们不是相互平衡的，而是在某一个方向上有净作用力。最重要的例子就是生产要素和设备的使用通常是不完全的。行业的产能可能不稳定，可能会从百分之六十增长到百分之一百，平均水平是百分之八十。当只有使用到百分之八十的产能时，产品价格才会在长时间内趋向于等于生产成本。不过，在微观社会中，常常使用充分的生产能力，因此，在动态和具有摩擦的条件下，管理费用对价格形成起了重要的作用。

在动态和具有摩擦的社会中，价格均衡在很多方面都不同于微观均衡，在此我们不作详细说明。假设大家都清楚一般定价理论，那么现在我们就要探究在引入摩擦后，它会对地区价格形成有多大影响，从而判断定价理论需要多大程度的修正。

有三种情况特别重要。第一，未使用的暂时存在的产能会影响价格策略，这使得生产者在不同市场会以不同的价格出售产品。这种价格歧视对地区价格形成有重要意义，因为空间的存在或多或少地会导致市场分割。该问题在考虑商品流动的阻碍时我们将会详细讨论。

第二，由于资产专用性，使用生产要素不可避免地会存在巨大的风险。因为它们不易被作为其他用途，特别是当资本投到固定生产领域时或是劳动力进行特定培训时更是如此。这样的风险以及发生差错时造成的损失，对整个社会而言，在正常情况下即使不能通过更高收益来弥补也会存在。这类风险在有些地区比其他地区更大，这会对区际劳动分工产生一定影响。在这一方面最重要的地区是国家，所以，这一问题我们将与国际贸易一起详加论述（第5章和第6章）。

第三，缺乏可分性和流动性致使大规模生产在某一点上比少量生产具有更高效率，而这是影响区际贸易的一个非常重要的因素。事实上，回顾区际贸易是如何产生的以及其影响是必要的，现在我们向转向该方面的分析。

§2. **缺乏可分性**　虽然不能很好地加以类比，比如地区和个人，但它们都可以从专业化生产中获得好处，这与生产设备的差异关系不大。某些商品的专业化生产使得大规模生产变成可能，只有这样组织生产，才能使机器和工具得到最充分的利用。

大多数地区如果不从国外进口，那么它们就只能进行小规模的生产。如果只为小的国内市场加工制造产品，那么现金出纳机、颜料、复杂的机器和工具以及许多其他商品，都会比为世界上其他市场加工时的生产成本更高。显而易见，大规模生产使得区际分工有利可图，因此我们可以不考虑生产要素价格的差异。换句话说，专业化引起的大规模生产带动了国际贸易的发展。获得外部经济的大工厂可以非常廉价地生产商品，这些商品投放到广大市场上可用于满足广大消费者的需求。另一方面，小企业以同样或更高的效率生产商品，例如，定制服装，一般为当地需要当地生产，即使每一地区的需求量相对很小也如此。前一类商品而不是后一类，将在区际贸易中逐渐显露其优势。

我们的目的不是对大规模生产经济进行一般性的讨论，关于这个问题我参考了布洛克（Bulluck）、卡佛（Carver）、兰德里（Landry）、泰勒（Taylor）、奈特（Knight）及克拉克（Clark）等人的著作，在此仅作一些评论。

假如所有初始的生产要素都完全可分，如原料、工具、器材，则可以建立任何种类的组合，不管它们的绝对数量如何，无论规模大小的最经济的组合（即每单位产品以最低成本生产）都可能出现。可以有最优的比例（依赖要素价格），但未必就会有最优的规模。

事实上，工厂或企业的规模是非常重要的。只有使用相当数量的生产要素和器材时，才能获得最低的成本组合。这可能由于某些组合的最小单位比较大，或者较大单位比较小单位而言更有效率。总之，所谓的内部经济是缺乏可分性的结果。

外部经济同样具有不完全的可分性。例如，一个工厂集中生产而获得的好处，其在很大程度上依赖于这个地方或区域劳动分工的市场状况。比如说，如果大量的纺织工厂分散在广大地区，则这种优势就不复存在，失业率上升就会导致就业人员工资增加，并且厂商也不一定能立刻找到所需要的足够多的技术工人。换句话说，劳动力市场需要在一定规模上有效率地组织起来。很明显，这可以认为是一种不完整的可分性。

当然，工业的地域集中还有许多其他好处。但一个组织得好的劳工市场常常是最重要的，尤其是那些技术工人占重要地位的工业更是如此。例如，德国的福兹默小镇拥有 1 000 个珠宝加工厂，大约有 30 000 名珠宝工人。不必再举更多的例子，上述事例足以说明大规模生产是可视为缺乏可分性的结果的。

§3. 规模经济是贸易产生的原因 前面已经指出,大量生产一种商品而不是少量生产各种商品必然会导致区际贸易。每一地区的生产要素供给有限,不可能有效地生产需求所需要的一切物品。通过专业生产某些商品,可以使该商品价格更低;而同时,可以通过部分出口来换取需要的商品。为了说明这一重要性,假设地区之间彼此互相孤立,以及它们的要素禀赋和需求如此平衡,以致要素和商品的价格完全一样。由第1章的分析可知,只有打破了这一孤立的局面,才有可能发生贸易。事实上,每个地区都有一些商品的市场还未达到最有效率的生产规模,而此时的劳动分工和贸易仍对该地区有利。每个地区都会专业化地生产某些物品以换取其他物品。如果要素禀赋到处都是一样的,那么贸易发生与否就完全是个机会问题,因为某一地区专业化生产这种或那种商品都可以,这好比天赋相同的个人从事任何一种工作都会获得同样的好处一样。

不同类别的贸易将会随之出现。在那些由于大规模生产而使得生产廉价的工业中,对生产要素的需求也会随之变动,此时,一些商品需要相对更多的劳动力,而另一些商品则需要更多的资本。结果,这些工业在不同地区就会出现不同的增长,其相对稀缺性的差异就引起了生产要素需求的转移;这些要素在某一地区比在另一地区更便宜些,这更加有利于分工的进一步深化,即与前述两章的相关研究一致,每个地区将出口生产要素丰裕的产品。

如果一个地区有一些大规模的工业需要很多资本和某些自然资源,比如铁和煤资源,那么,对劳动和农地的需求就会相对少一些,这必然会导致劳动和土地的相对便宜,结果,使用大量劳动和农地的工业将增长起来,对大量使用资本和自然资源的工业形成"补充"。

没有必要对此进行更为深入的讨论,因为在现实世界中这种情况从未发生过。生产要素禀赋和需求条件经常如此,以致要素和货物的相对价格都不相同,因此,贸易源自两方面的因素。与对产品的需求相比,在大规模生产最有效率时,由于生产要素禀赋差异而显现的生产分工能够强化大规模生产的好处。在有些情况下,生产要素禀赋带来的初始优越性不再显露出来。某一工业之所以位于某

第3章 区际贸易的另外一个条件

一地区而非在另一地区，也许可能由于该工业在某一地区获得了机会并达到了有效规模。由于总需求很小，不可能在每一地区都获利，故倾向于在第一次选址的地方设厂，虽然这种可能性不大，但不应被忽略。总之，除非区域很小，否则，生产要素禀赋差异决定着区际贸易的进程，进而各地区都会得到大规模生产的好处。此时，要素属性就成为了次要的影响因素，虽说这有利于劳动的分工和贸易的改善，但不会改变整体格局。

如果实际的生产位置不是所需生产要素的供应地，通常的解释是，这个生产地在早期已经形成，那么，一旦某些工业在一个地方建立，就有一种在该地区生产的趋势。这和以后将要讨论的各种各样的摩擦有关。例如，燃料煤在别处较为廉价地供应时，玻璃工业仍趋向于在木材供应很充足的地方生产。随着时间的推移，将会向具有区位优势的地区转移并通过贸易来完成。然而，令人惊讶的是，一些工业有这样的趋势，它们愿意在有一些初始发展起来的不利的地方多停留一段时间，尽管这些工业本来可以很容易地转移。

各种工业对大规模生产的敏感度不同。有些工业只能小规模地生产，它们从大规模生产中得不到什么好处；另一些工业只能以大工厂的形式才能在竞争状态下生存。因此，较小的企业要么变大要么很快被消灭。人们常以靴鞋工业作为前一种情况的例证，汽车工业作为后一种情况的例证。当然，如果小单位生产与大单位生产一样好或者更好，那么，人们就会选择小单位生产。不过在讨论个问题时应持谨慎的态度。即使是在典型的大规模产业中，小公司在相当一段时间内或许也运作得不错。大规模组织在农业生产中表现得很明显，例如，丹麦的整个农业就可以视为一个单位生产。农民合作形成大的经济单位进行科学实验，控制产品质量，它们生产和销售鸡蛋、黄油和熏猪肉，还完成许多其他的重要职能。从某种意义上来讲，情况也确实如此：生产鸡蛋的最小单位是母鸡，而且也是有效率的单位，人们可以公正地说，整个丹麦的家禽业是一个经济单位；而如果其规模只有百分之十或百分之一，那么效率将会相对较低。从某方面来讲，整个丹麦的农业从大规模组织生产上获得了很多好处。事实上，丹麦是第一个在这种基础上组织农业的国家，这使得它比其他国家的农业更具有优势，而当别国的农业也以这种形式组织生产时，它的优势即使会消失也会消失得比较慢。

§4. 大规模生产对贸易的影响　那么由不可分性形成的大规模经济生产，对于区际贸易或者说贸易的扩展会产生什么影响呢？这样的贸易意味着工业组织会比小范围生产能更有效地利用生产要素，即由于可分性缺乏而产生的不利条件大为减少。如果具有完全的可分性，则会出现最有效利用生产要素的趋势。但是，由于种种原因，这种趋势无法完全达到。规模扩张不仅会使生产要素的利用更有效率，而且会引起一些方面的浪费。在一定的均衡点之上，由此产生的不利因素会超过有利条件，结果最大规模并没有取得完全均衡，而这种均衡是充分可分性的基本属性。

这种区际贸易能够减少因可分性缺乏而引起的不利因素，这与前面章节所得出的贸易缓解了生产要素地区分布不均匀的结论是一致的。如果生产要素能充分流动，那么，通过有效分配就能满足各地区的需求。事实上，贸易或者说货物的流动性，在一定程度上弥补了生产要素在地区间缺乏流动性的不足。结合这两点，可以说，区际贸易有减少生产要素缺乏流动性和可分性的不利条件的趋势。不过，前一论点可以视为包括了后一论点。生产要素完全流动就会形成集聚，由此产生的缺乏可分性就必然会是最小的不利条件；而缺乏可分性导致的区际贸易也存在这种情况。因此，无论是由何种原因引起的区际贸易，都可理解为它替代了生产要素的区间流动。更明确地说，贸易是由于生产要素分布不均①和缺乏可分性形成的，因而能减少由此引起的不利因素。②

---

① "不均"当然是相对于需求而言的。
② 为避免误解也许应当指出，如果许多企业的产量小于最大规模的话，那么，商品价格符合平均成本的趋势就会很弱，这时，边际成本即使增加一个单位产量的成本也会低于平均成本。不过，这种情况与长期均衡并不一致。分析这个问题要联系国际贸易的变化，尤其是要考虑经济周期与未使用资本等因素的影响。这些问题我们将在随后的第15章中的第4节和第23章中的第6节进行简单讨论。

第4章 区域贸易变动

§1. 需求变化后的要素相对价格和贸易条件　为尽可能清楚地阐述区际贸易的实质，需要将一个完全孤立的国家与另一个有贸易往来的国家进行比较。虽然这种比较体现了一些区际贸易的基本影响，但多少有些不真实。只有对发生在经济生活中的贸易的一些变化加以研究时，才能更清楚地阐明存在贸易往来的地区的现有贸易和价格机制的本质。在本章，我们将简要地讨论价格机制对需求变化的反应，以便解释较为抽象的假设，并为后续复杂的分析作铺垫。

设定有这样两个地区，它们的商品不是进口就是出口；如不考虑阻碍贸易的因素（第1章的假设），这是最可能发生的情况。虽然可以设想有些产品的生产成本在两个地区有可能一样，但是不会发生贸易。

现在假设 B 对 A 的某些物品的需求增加，则生产那些物品的生产要素的相对稀缺状况也会增加。对某些物品的需求的增加势必会减少对另一物品的需求，① 并且减少了后一种物品作为生产要素的相对稀缺性。相对于其他要素的所有者，拥有第一种生产要素会比以前获得更高的收入。由于这些生产要素大部分属于 A，因此，A 的总收入相对于 B 会有所提高。A 能够买到的共同产品比以前更多了，而 B 就会相对减少。例如，假设 B 对 A 的纸张、纸浆和木材的需求有所增加，则这一地区的林木价值就必然会提高。如果这两个地区产品的总货币价值不变，那么，A 就能比以前获得更高的收入，而 B 只能获得比以前更低的收入。

---

① 假设这类需求的减少均匀地分配在其他产品上，不管是在 A 生产还是在 B 生产。

这种推理同样适用于单一地区的两组生产要素的情况。当需求变化有利于生产要素（如制造业中的劳动力）的所有者时（我们称之为 A），他们的收入就会增加，而另一些人（我们称之为 B）如农民的收入就会降低，A 就会购买更多的 B 生产的产品。但是，对于 B 而言，由于只能买到较少的商品，因此，只能消费较少的商品，可能购买一小部分 A 生产的商品。任何一方都不能买到多于或少于全部收入的产品，除非其中的一方将产品借给另一方，因此，其各自的进出口一致就不足为奇了。

如果 A 和 B 是两个独立的国家，例如，一个是木材生产国，一个是小麦生产国，则 A 和 B 的共同产品的资源配置就会有一些特殊属性。B 对 A 木材产品的需求增加，不仅会导致 A 国林木的相对稀缺，而且还会引起其他要素（共同制成这种产品的要素，如劳动力）的稀缺状况的相应改变。即使 B 与 A 有同样多的劳动力供给，但相对于 B 来说，A 的林木资源丰裕，因此不会去购买 A 的劳动产品，此时，A 的一般工资水平与 B 相比就会上升。可见，对商品的需求往往是对某些生产要素的共同需求，在这种情况下，对 B 有较大的需求不仅会影响林木这种要素，而且还会影响 A 的劳动力，即 A 的劳动力获得了较高的工资。但是，如果是在同一个地区，由于 A 与 B 的劳动力可以自由流动，因此，工资水平不均衡就不可能出现。

不过，一方面，B 的所有生产要素的稀缺状况的改变会增加 A 的生产要素的稀缺性；另一方面，与 A 的其他生产要素相比，A 生产木材需要的大量要素变得更稀缺了。如果 A 与 B 的总体价格水平保持不变，那么，A 的要素价格水平将上升，而 B 的要素价格水平将下降。但是，在 A 国没有用于木材行业的那些要素就会比以前更加便宜。

不仅仅是木材，而且 A 的其他商品也会比以前贵，假如使用与木材工业相同的生产要素的话。其他产品变得更便宜，但 A 生产的这些商品和出口商品的价格水平还是提高了，同时，B 的价格水平降低了。由此可知，贸易条件朝着有利于 A 的方向变化。

贸易收支会自动均衡，尽管 B 从 A 进口的木材总价值增加了，因为 A 的购买力①更强而 B 的购买力相对变弱，但都不能购买高于或低于自己收入的产品。B 的收入减少了，但花费在木制品上的金额增加了，所以，能够购买 A 的其他产品和 B 自身生产的产品的金额较以前少了。因此，在两个地区的共同商品中，A 会占有较大份额，而 B 则只能占有较小份额。

这种对贸易收支重新调整的分析与传统分析方法不同。根据传统观点，对木材产品需求的增加意味着 B 会出现贸易逆差，即进口大于出口，为了吸引 A 购买更多的的 B 产品以保持 A 与 B 的贸易平衡，B 就必须降低价格出售商品，即"较低价格增加了出口商品的需求"。②

穆勒及其追随者假定每一地区的购买力和总需求与以前相同，在不考虑初始变动之外需求曲线不变，即与埃奇沃思和马歇尔设定的曲线一样，此时，B 才能向 A 提供更加诱人的贸易条件以增加 B 的出口，虽然这些条件朝着有利于 A 的方向移动（前面已解释过）。但是该假设明显与事实不符。需求的初始变动会改变 A 和 B 生产要素（各视为一组）的相对稀缺性，而且朝着有利于 A 的方向移动，因此，A 的总购买力会上升，而 B 的总购买力会下降。每一地区的总购买力总是与其需求曲线相对应的，如果忽视这一点就忽视了一个重要环节，即区域贸易价格机制的重要组成部分。随后我们在深入研究资本流动和其他变动的货币机制时，将对这一点进行详细阐述。

在对需求变动进行古典分析时，有一方面常常提到，即 B 降低商品价格用以平衡进口增长诱使 A 购买 B 的大量产品，但如果需求曲线的弹性小于 1，则 B 出口的总价值会不升反降，此时就不会存在贸易均衡。古典经济学家认为，如果把所有商品都视为一个整体，则需求弹性就不会小于 1，但事实是否如此还难以论断。不过，即使需求弹性远小于 1，那么，它也会由于 A 的购买力增加和 B 的购买

---

① 用"buying power"而非"purchasing power"表示购买力，目的是为了避免由此产生的误解。因为后者通常用货币表示购买力，而前者则通常表示毛收入，即借款增加而贷款减少，在一定时期内用货币来表示。

② 阿什利：《政治经济学原理》，1920 年版，第 18 章第 4 节。

力下降而影响所需商品的数量，这也能平衡贸易。

§2. **要素供给的作用**　现在只是研究了大规模生产能带来的规模经济，但还没有考察存在经济摩擦的情况。经济摩擦无法在原有的框架中进行分析，使人们意识到有必要考虑生产要素从一个企业转移到另一企业所需的时间以及诸如此类的问题；而且，生产要素供给的反作用被忽视了，甚至有人假定它们不受价格波动的影响。在那种情况下，需求增加将提高商品及有关生产要素的价格。总的趋势是，只有降低成本才能生产更多的商品（成本用货币衡量的生产费用来表示），尽管规模经济对于这种趋势转变有一定的影响，但在刚开始变动的短时间内，这种影响不是很大。因此，这就必然使得在期初的需求增加导致价格的上涨。

随着时间的推移，那些生产社会大量需求商品的部门会在一定程度上降低生产费用。不过，更为重要的是，报酬增加会影响许多生产要素的供给。工资提高，劳动力数量就会增多，劳动力价格就会降低，但也可能使得劳动力供给减少，假如生活水平提高使得人们不愿意从事繁重而乏味的工作的话。问题的主要难点就在于，要素供给的"价格敏感度"显然用一般方法是不能很好地解决的。因此，有必要对具体问题进行分析，如规模经济和生产要素供给增加在多大程度上会造成大量需求该要素的商品价格下降，即与最初描述的阶段特征呈完全相反的趋势，这就是一个值得研究的问题。

因此，研究生产要素供给的作用是十分重要的，而在以前的研究中从未谈及到这一点。由于假设价格形成的基本条件，如生产要素、一般需求、生产的物质条件以及生产要素的所有权等，都不会对贸易放开和由基本要素的变化导致的变动发生作用，例如对木材产品的需求，因此，贸易的主要特征就如前四章所讨论的那样。事实上，生产要素的供给和需求的欲望及满足程度都受贸易及其波动的影响而发生变化。仅举一例，不同地区人口的增加更多的是受贸易而不是其他条件的影响。此外，贸易非常有利于创造对一种新产品的新需求。在我们的日常经济生活中，都能察觉到贸易及其变化对生产要素的供给和需求所产生的影响，即所谓"基本要素也并非不受其影响"。当然，这种反馈存在一个时间的问题，而这在前述几种情况中已经指出。因为分析每种贸易的影响应该是对一个时间过程的描述，因此，在讨论不同国家的具体情况时，我们将会通过详细的例子来分析。

第二部分 国际贸易简介

第5章 生产要素的国际比较

§1. 导言 第2章对第一部分所阐述的理论进行了应用与修正。国家是所有地区中最重要的，因此，区际贸易理论就是区际贸易一般理论的主要应用。生产流动最重要的边界是国界，而各国家内部的流动无疑要比地区间的流动要大，因此，在研究国际贸易时，也必须要满足各个地区发生贸易的条件，即第一部分的分析是非常有必要的。当然，如果没有对此进行重大修正还是不能应用的，因为那是建立在十分简化的假设条件之上的。最重要的是，生产要素的供给并不是永远恒定的，它不仅受价格差异的影响，而且也受到与贸易和定价无关的环境的影响，并且这类要素的供给往往是由价格变化决定的，如劳动只有当需要时才会去培训。总之，工业生产要素的供给是贸易的结果而非贸易的起因，这可能更加合理，而初始的经济状况并不会阻碍解释和决定当前贸易的本质。关于生产要素的供给弹性，我们将在第7章中进行讨论。

第一部分的另一简单假设是，区际边界不会阻碍商品的流动，但会阻碍要素在区际间的自由流动，这一假定条件直到第三部分才会放弃。第二部分将考虑到边界对商品流动、生产要素国际间的流动性以及对国际贸易的重要影响。该部分证实了国际贸易的一些重要属性可以通过区际贸易来得到解释，即使是在不考虑商品运输成本和生产要素国际流动的情况下也是如此。

如前所述，第二部分是把区际贸易的一般理论应用到一种特殊情况中，即地区是不同的国家，强调了在这些地区中各种情况的基本属性。但是，本部分也将修正上述要素供给的相关假设，这将有助于将区际贸易理论应用到不同类型的区域中去。

国际贸易区别于其他类型贸易的本质就是货币机制。它在变化时发生作用，这一点总是吸引了许多经济学家的注意。不过，由于章节安排的原因，我们对这些问题将在第 5 章中进行讨论，但即使如此，我们也不处理金本位制和货币剧烈波动时贸易的波动。我们仍然能够记起大多数国家在战前采用了金本位制，它在一般价格水平上都不会发生剧烈变化。

§2. **不同劳动的类型** 在解释生产要素对价格变化的反应之前，我们有必要清楚了解"生产要素"这个概念。许多不同的工业生产要素可以而且应该按不同的用途划分成不同的类型。本书不会过分强调古典的三要素划分方法，虽然劳动力、土地、资本这三个要素常常会用到。由于一些原因，一种与生产要素供给弹性相关的划分方式是客观存在的，无论是否有劳动力参与都是非常富有成效的。不过，如果没有特殊的原因，我们仍用三要素划分法作为分析的起点。

我们可以先从劳动力开始。劳动力如资本一样被认为是一种要素，而土地却作为另外的类型被提出。如在前述例子中所提及的，不需要对生产要素作更为复杂的分类，如果劳动的区际分工和贸易能够满足分析需求的话。但不能忽视的是，不同类型的劳动力完成不同工作会得到不同的工资，而且劳动力类型的转换也不是随便就能够进行的。像这样不同的劳动力类型不该被认为是不同的生产要素吗？答案是毫无疑问的。由于存在国际分工，一些人在一个国家比在另一国家得到较高的工资，拥有高技能劳动力的国家能够比劳动力匮乏的国家生产出大量廉价的商品。受过良好教育的工人，不仅可以比非熟练劳动力多获得两倍或三倍的工资，而且还可以在需要大量熟练劳动力的工业中取得优势。简而言之，如果一个国家各种劳动力的类型的工资差异持续了足够长的时间并且影响到了国际劳动分工，那么，这些生产要素最好视为不同的生产要素，正如不同等级的土地也视为不同的生产要素一样。

但是，区分不同类型的劳动力比较困难，因为他们是很容易转移的。在某一种行业中工作的劳动者进入其他行业，假如需要的技能相对较低的话，则就可能不需要或者只需要短时间的培训就行。当一个行业的工资高于一般标准的其他行业时，这种转移就可能发生。除非某种垄断政策参与其中，否则，在同等级的劳动者中，较大的工资差别不会持续很久。非熟练劳动力会变成熟练劳动力，某一种熟练劳动力的优势在工人非常简单地掌握了另一种工作所需要的技能后就能转移到另一部门。结果，在一定范围内，不同种类的劳动力供给就能自我调整以满足需求，而且由于可能随时发生的变化，因此，在某一特定时间内的供给状况并不是十分重要。这不会决定工业布局，反而能通过调整自身来适应其他要素所需要的那种生产。

关于如何把劳动者化为单独的要素，这取决于有待讨论的相关问题的属性。如果只考虑一段相对较短的时间内的生产和贸易趋势，那么进行划分的意义就不是很大，因为较短时间内供给的变化相对较小，这并不会影响我们所要得出的结论。另一方面，研究区际贸易和生产条件细小变化的影响，如考察基本的决定因素，只能将劳动力大体分为几类进行研究，尽管这些劳动力类型不是完全分离的，但是从一组到另一组的转变的细微变化也是值得考虑的。

换句话说，不同劳动力类型的差别在于他们的相对收入会发生变化，如果持续的时间足够长的话，那将会对生产和贸易产生影响。按照转移的难易程度可对此进行界定，如果从一种行业转移到另一种行业很容易，那这些生产要素就被视为同一种类型，因为相对工资不会发生重大变化，或者说这种变化不会持续很长时间。

在随后的章节中，我们将讨论在与其他类型不存在竞争的条件下，劳动力如何随着时间而改变状态，这种流动会被视为供给变化的一个重要部分，我们将会在随后着重进行分析。

在通常情况下，将劳动力分为三类就足够了：(1) 非熟练工人；(2) 熟练工人；(3) 技术工人。第二类包括机械师、工头、办事员等，第三类代表了生产过程中需要的技术工人和行政领导。在一些工业当中，女工和童工也特别重要，在研究这些工业的布局时，必须把这两类工人作为另外的要素来对待。有着这两类充足廉价工人的国家会吸引这类工业，如果生产条件在其他方面也相对较好的话。"由于能在更大程度上得到女工和童工，纺织业向着容易获得这种劳动力而且管理和立法相对较松的地区转移"。[①]

---

① 陶西格：《关税问题的某些方面》，剑桥，1915年，第232页。

但在某些场合,非熟练工人通常包括两类或更多类型的劳动力,他们具有不同的能力,并在生产上视为单独要素,典型的例子存在于当一个国家有很多民族时。例如,南非有大量的黑、白种非熟练工人,他们的工资待遇极不平等。他们的能力差别是众所周知的,而且两种类型基本上不能相互转移,因此,应把他们看成是单独的生产要素,虽然他们不会为相同类型的工作而展开相互竞争。

然而,值得怀疑的是,南非白人究竟在多大程度上能被称为"非熟练劳动工人"?黑人和白人的工作效率差异在大多数职业中不会被工资差异所抵消?在南非存在这样一种趋势,黑人劳工几乎独占了非熟练工种,而白种劳工则集中在半熟练或熟练工种上。在南非,"白人已完全摆脱了非熟练工种的领域,正在逐渐摆脱半熟练工种的领域,白人确实可以得到比黑人更高的工资。当经济危机发生时,顾主可能就需要停业或以黑人非熟练工代替白人熟练工,当经济压力过大时,解雇白人工人也只是一个时间问题"。①

这样一个过程完成后,实际上留给本地非技术行业和本地很少从事的技术行业之间的工资差别,就比种族单一的国家的行业间的工资差别要大。这就会影响到生产和国际贸易的布局,使得南非成为一个制造业集聚地。这些企业使用大量技术含量较低的非熟练工人,例如,一部分金矿业就依赖于本地廉价劳动力的大量供给。

很明显,将白人和黑人劳动力视为不同的生产要素是必要的,黑人工人的相对稀缺性就如同自然资源的相对稀缺性一样,会对白人的工资产生不利影响;这两种劳动力要素是相辅相成的,不是互相竞争的。②

在讨论这一问题时,还应该注意到工会的排他政策。几十年前,人们还不认为工会会设置障碍阻碍非熟练工人的流动,以及工会会长期维持相当大的工资差别,但后来的经验表明,工会的政策成功了。在熟练行业中,排他政策更加有效。首先,非熟练工人在不同

---

① 《民族》(月刊),1928年1月14日。
② "同时,它们(白人贸易协会)会察觉到南非熟练白人的高工资是建立在本地相对便宜的国内劳动力工资之上的,而国内劳动力工资的大幅上涨将肯定会导致白人高工资的下降"。《泰晤士报》,1927年12月16日。

的行业间转移是非常困难的,因为通常需要较长时间的特殊培训;其次,工会会对可能进入该行业的年轻工人施加巨大影响,进而控制劳动力供给。后面一种影响的意义更加重大,因为工资差别引致的供给变化并非总以人员流动的形式出现,而是以新一代工人更多地转向那些收入较高行业的形式出现。事实上,通过限制自由选择的行业,工会经常能够影响熟练和非熟练劳动行业的劳动力供给,进而影响工人相对工资的水平。这些工资的差异会持续存在,并会对国际分工产生显著影响。

不难找出这样的例子。在一些繁荣的部门,强大的工会经常提高工资,使其大大高于其他部门类似工作的工资水平。事实上,这些工会有时会成功攫取企业的一部分利润,虽然这通常要经过一场激烈且代价高昂的商业博弈才能获得。由此导致的结果是,工业发展受到很大阻碍,而那些以一般工资水平支付工人工资的条件相对欠佳的国家的工业却得以发展或免于衰退。前一类国家的工人工资的这种特殊增加和后一类国家中劳动力的普遍不足,都会影响着工业的布局。可见,工会的排他政策就是试图人为导致某些工种出现劳动力缺乏,如剪羊毛工会强行要求高工资必然会阻碍某些"自然"部门的发展。

在某些国家,工会致使制造业的工资水平大大高于农业的工资水平,这必然会阻碍制造业发展进而保护农产品生产。很明显,工业中的工人供给会受到限制,而农业中劳动力的供给会增加,此时,工业工人和农业工人应当被视为两种不同的生产要素来区别对待。在某个国家中,如果工资差别大大高于其他国家,则这可能会严重影响其经济的发展和贸易进程。

不同种类的非熟练工人之间长期存在重大差别,虽然他们都是同一要素的一部分,但把他们视为不同要素显然是比较合适的,对熟练工人如有必要也应该如此。技术工种多种多样,在某一工种相对于其他工种长期缺乏劳动力时,把他们视为不同要素也可能会更好,因为狭义的熟练工人与所谓的半熟练工人的差别是非常明显的。

就技术人员而言,在短时间内也同样有必要将之分为不同类型的生产要素。电力工程师和造船技师不可能做同样的工作,机械工程师和化学技师也是如此。例如,在某个国家中,虽然发展新的电力工业部门的其他条件都非常不错,但是缺少足够的电力工程师,因此,即使有再多的化学技师也是徒劳的。

但是,在讨论国际贸易的基本特征和长期趋势时,人们往往忽略了从一般意义上讨论不同类型的劳动力工资差异的影响,如老练的非熟练工人或受过高等教育的工程师。上面提到的三种劳动力要素(非熟练工人、熟练工人和技术工人)的划分,通常就已经足够了。但是在一些特殊的情况下,女工和童工也必须加以考虑,就如同必须考虑由于工会政策和其他各种垄断限制导致不同类型的劳动力存在一样。

显然,如果没有非常明确的界限,对要素也就不能有效地归类。非熟练工人可分为很多不同的类型并获得不同的工资水平,尽管也许还可就其中的一种进行细分,但在很大程度上没有必要那样做。一个行业的工资有时会比其他行业稍高一些,而在某些时候可能相反,但经济摩擦所导致的情况并不可能随时得到有效调整。在一个国家中,某一地区的工业可能比其他地区更繁荣,因此它能支付较高的工资,并且这种工资差别会缓慢得到调整。切记,即使存在很多限制条件,但劳动力的差异必然要求对此进行分类,而如果在起始阶段能够意识到这一点就更好。

§3. **不同的自然资源** 现在简要讨论一下通常称为"自然资源"的生产要素。自然资源在质上的巨大差别是显而易见的,对此我们也应该进行区分。事实上,除了是大自然的产物这一共性外,所有大自然资源基本上没有共同之处。虽然从经济学的角度来看它们之间的区别不是很重要,但也存在着许多本质差别,因此,我们有必要把这些自然资源划分为不同类型的生产要素。此时,划分的难点与把劳动力细分为不同的生产要素时的情形不一样,因为劳动力在部门之间转移相对容易,而且这种转移将影响着每个部门内部的劳动力供给,但不同自然资源的转移却只能通过资本投资的方式才能发生。从长期来看,将自然资源进行分类也是可能的。

为达到上述目的,我们只处理有限的几类相似的自然资源并且不考虑它们间的不对等性比较好,至少在最初分析时是这样。

自然资源有多种分类方式,例如,根据自然资源对经济目的的用途可以进行分类。自然资源的某些性质十分接近,绝大多数地区的地表水平度和硬度都能适应建筑房屋的需要，对于此类性质我们无需考虑，只有在特殊情况下才考虑这种性质。按照不同产业的特点来区分自然资源的属性是一种简单的方法，通常分为五类产业：(1) 农业和林业；(2) 渔业和狩猎业；(3) 矿产；(4) 水利发电；(5) 运输业。根据以上这些产业的相应特征，我们不仅可以对不同国家的自然禀赋有个大概的了解，而且还能基本清楚这些国家的生产分工和贸易情况。这种分类法不会因为某些要素相互替代（如煤和水之间）而失效。事实上，劳动力和自然资源在很大程度上也是可以相互替代的。

为了解引致国际贸易的各种条件，通常还要考虑更多的因素，如土壤、气候、风力、湿度和地表等。由于每种要素可能会存在质量差别，故将之分为不同等级更合乎实际。如果它们存在很多差异但在经济上却并不重要，那么就可以不予考虑这种差别。而在其他情况下可能就必须对同一种要素进行区分，甚至还必须考虑在同一等级上的生产要素在质量上的细微差别。

§4. 不同的资本要素　　为便于比较，把一国可利用的资本用货币额来表示，这个货币额代表了扣除折旧和废弃后的现存资本货物的可用于再生产的资本，其在某个时期的使用价格就是利率。[①]

利率会根据交易情况的不同而变化。一定数量的资本可在较长或较短的时间内通过贷款获得，期限不同将影响到使用用途。当仅有短期资本可用时，这种使用就会受到限制，即使能连续借入短期贷款也不能完全弥补在一段时间内借出的资本。资本家的"等待"有着不同的属性，如果他有权以短期通知的形式而非等待的一段时间来停止贷款的话，那么，短期资本的回报率通常与长期利益会有所不同，这在某些方面与家庭劳动者和工厂工人之间的差异相同。前者并非不愿到工厂工作，而只是想在家中自由支配自己的劳动力。这种长期和短期资本的差别是永久的，在某些情况下必须被视为不同的生产要素，以此来区别它们的属性差异。

为避免误解，需要补充的是，所谓的"资本流动性"指的是抽

[①] 事实上，很多资本品的技术形式与随后要考虑的经济学意义上的资本品存在着较大差别。

象资本,而不是资本货物。资本在国际间的不完全流动是因为资本家喜欢在国内投资,而不是说资本货物流动有多困难,这一点在分析商品不完全流动时我们再作论述。然而,一国净资本流动的上限是由国内流动资本的供应量所决定的,这种流动资本来源于储蓄的增加,或是从早期投资于资本货物的储蓄中逐步分离出来的。

把生产要素划分为劳动力、土地和资本,这对于简单的说明和分析已经足够了。非常遗憾的是,在分析区际贸易和国际贸易时,瓦尔拉斯—卡塞尔(Valras-Cassel)的单一市场理论对限定和说明各种生产要素等方面的分析很少,他们没有为建立现在市场理论留下多少有价值的结论。因此,我们在前面对劳动力、土地、资本等生产要素的意义作了论述。

§5. **风险要素** 在分析本章的主要内容即生产要素间的国际比较之前,有必要论述一下工业活动的另一个条件,即这类活动通常都是建立在对未来事件的预期之上的,因此,它就会存在风险。对于这种风险,我们假设有人愿意承担,所以,承担风险有时也被视为一种独立的生产要素。但这种观点有着误导的嫌疑,因为承担风险不是一种特殊的经济活动,而是所有经济活动的特殊一面。生活本身就是一笔有风险的交易,不断为自身充电深造也需要承担一定风险。人们也在计算将来对他这种服务的需求是否能给他带来一笔可观的收入,这就有点像那些为生产一种商品而购买某种机器设备的资本家一样,也希望能把这些商品以有利可图的价格卖出去。

人们这种承担风险的意愿会影响劳动力的供给价格,同时也会影响到投资与不同风险的资本利率。因此,如果两种工作需要同一种劳动力,而其中的一种工作给予的报酬未定但有可能会获得较大的酬偿,而另一种工作却几乎可以肯定会得到一定收入,那么,人们就会拿前者的平均收入和后者的所得进行比较来决定究竟应该选择哪种工作。有时也会提到两种不同素质的劳动力,因为他们完成的工作是不一样的。

同理,风险资本于安全资本而言也是不同的服务,将之视为一种特殊的要素更为妥当。这种区别就如同长短期资本一样。战前法国缓慢的经济发展可能与法国资本家喜欢安全投资有关,例如,投资俄国的国库券。然而,从后来发展的经验来看,这种说法是非常具有讽刺意味的。

§6. 非熟练劳动力的国际比较 现在我们来论述前面提到的生产要素的国际比较。生产要素在质量上千差万别，故此将它们进行比较是极其困难的。本文采纳的分析方法的一个基本原则是一开始就正视它，这似乎使理论更加复杂化，但从长远来看它更有助于理清头绪。因为以忽视问题的根本为代价仅仅只能获得简化处理的方式，但最终会被证明是徒劳的。

我们先从劳动力开始。一国的非熟练劳动力与其他国家的非熟练劳动力一样吗？或者说在素质上有什么重要差别吗？对于后一个问题答案是肯定的。但为说明这一点，就需要更为深入详细的论述。不同国家的非熟练劳动力是由效率不同的人组成的，爪哇人的劳动力同荷兰人的劳动力各不相同，而俄国人不如美国人效率高，甚至连非熟练工人的素质结构也会存在一定差别。在现代生产中，要求工人具有一定的可靠性、诚实、守纪、受过普通教育以及其他品质，而如果工人在一方面或几方面有着一定缺陷，就会表现为较低的生产率。

工作不同其要求也会存在差异，这也是为什么殖民地的土著劳动力在温暖湿润的气候下比白人要做得更好，而白人劳动力在适宜的气候下通常更有效率。这在那些需要一定资质而本土劳动力又很少具备的工作中更为明显。所有这些大家都已非常熟悉，在此就不作过多描述了。显然，如果他们的效率非常不均等，则不同种族的人们就应该视为不同的生产要素。是气候、生活水平和普通教育上的不同导致了工人效率的差异，即使在同一个国家内部，这种不均等也会同样很明显，在此就不再细述了。

但是，非熟练劳动力的"效率"在国际间的差别，很难说应该归因于品质差异还是协作要素供给的不同。在棉纺厂，一个美国工人比英国工人生产的要更多，至少低档产品是如此，而英国人比意大利人又生产的要更多。但是，一个在美国的意大利移民，当他适应了新环境后，会比英国工人在英国工厂生产的要更多，也许有他在英国的美国工厂或者美国生产的两倍那么多。此时，用资质改变来解释这一点似乎不太合理，因为如果机器和生产组织条件相似，那么效率就应该基本相同。更好的方法是把这些人列入同一类型的劳动力中而不考虑个人差异，这或许适用于意大利、英国和美国工人，假设他们的生活水平相似又受过相似的教育的话。

美国关税委员会声称，美国棉纺织劳动力的效率提高不是由于棉纺织工人的个人素质的提高，而是由于产业政策方面的差异。因此，可以很自然地把意大利、英国和美国的非熟练劳动力看做是相同的生产要素，而不必考虑由于技术差别引起的生产率不同。人均产量在美国这样的国家会高一些，其中的每一个非熟练劳动力配有比较多的熟练劳动力、技术劳动力和资本，而且可以进行大规模的生产。

显然，素质差别并非起初看上去那么重要，但该差别足以把广大具有不同能力的非熟练劳动力视为单独的生产要素。大多数例子中的非熟练工人是一组相关要素，如中国人和欧洲人。但是，即使是属于同一种要素的劳动力，也显示出了对贸易影响的差异性，至少当他们处于不同水平时是如此。我们来比较一下瑞典人和爱沙尼亚人以及英国人和意大利人，他们也许会被看做是不同的次级要素。当与欧洲与世界其他部分进行贸易时，就没有必要把他们进行区分。但是，对于波罗的海地区的国家的外贸而言，那里的非熟练劳动力与一些更为古老的手工业国家的非熟练劳动力不一样就显得非常重要，故此有必要进行区分。

在分析当前贸易时，没有必要去考虑劳动力能力差异在多大程度上是由于环境造成的，以及这种差异在多大程度上可以通过培训和更高的生活水平来弥补，[①] 对此有所了解就已经足够了。这种差别可能会在一定时间内存在并足以从根本上影响工业的选址和贸易的进程；通过查阅历史和对未来趋势进行预测，就可知这些差别的永久性程度非常重要。

然而，除非次级要素的数量大得不合乎实际，否则使用不合理甚至使用属于同一级次级要素的工人就不会存在。瑞典人和丹麦人在素质上有差别，这影响了工业生产和国际贸易的进程。农民合作天赋是丹麦农业强的一个原因，甚至拥有相同自然资源的瑞典南方的农业也无法与之匹敌。总之，需要考察不同的社会角色，如大小

---

① 陶西格：《关税问题的某些方面》，剑桥，1915年，第194~196页。

地主、房客、独立的农民、计件或计时的手工业工人等，这些都会对生产商品的能力产生影响。这种现象可视为不同国家不同等级的劳动力的素质差异，也可看做是"生产的社会条件"的差异。

另一个例子是英国劳动力与法国劳动力的差别，这通常用来解释法国奢侈品的出口需要特定的品位和手工艺，这些手工艺不仅来自技术劳动力，而且还来自非熟练劳动力和半熟练劳动力。

研究国际贸易的具体问题时，在刚开始时仅考虑一定数量的劳动要素而忽略次级要素的差异（如爱沙尼亚人和瑞典人）是非常有利的，随后再考虑这些次级要素的存在，最后分析属于同一种次级要素的劳动力所承担的工作的质量上的国际差别。显而易见，要求越高，只有越复杂的描述才能分析清楚。因此，刚开始忽略某些细小的情况如相关国家的整体实力差异，这就非常有利于分析，至少在理论上是可行的。

从原则上看，这些差异并不会对概括描述互相均衡的系统带来困难，这有助于理解制约国际贸易的因素。在均衡系统中，不同要素和次级要素在方程组中可用独立的等式表示出来。虽然丹麦和瑞典的劳动力采取相同的等式，但事实上他们完全不同质，因此可通过使用不同的技术系数加以区别。即使两国所有要素的相对价格都相同，但生产组合也会有所差异，因而技术系数不能在所有国家都表现为相同的生产要素相对价格的函数；相反地，质量差异与社会生产条件差异一样，可通过选择最经济的技术来影响每一个国家的函数形式和生产成本。[①]

函数形式是通过相关问题的数据表现出来的，与"生产的初始条件"同等重要。由此造成的结果是，对价格机制的分析还是简单明了的，虽然增加了一个新的影响要素。[②] 只有在具体描述时整个关系才会显得更复杂。因此，不仅要对需求条件以及更多或更少的相似质量的生产要素进行分析，而且还要考察它们在质量上的细小差别。

---

① 国际贸易的结果将在下一章进行讨论。
② 上述论点足以说明附录一所指的变化。想要了解第 5 章的整个主题，请参阅附录一第 4 节。

只有在考察了所有的影响要素时，才能正确地描述国际生产。

然而，生产要素禀赋差异如此之大，以至于在价格上会以某种方式表现出来，因此，国际贸易的重要结论就可由各国生产要素的简要比较得出，即使这种比较是用很简单的方式得出且没有考虑所有要素的质量差异。与澳大利亚相比，意大利拥有较多的劳动力和较少的自然资源，但这不会因为意大利和澳大利亚的劳动力不完全相同而不能成立。

不过，不应当过分强调的是，生产和需求条件的不同将导致贸易的发生，或者说贸易是由这种条件引致的。正如在第一部分中所指出的，在描述国内外需求和生产的基本条件与贸易的关联性时，必需满足一定的条件。

我们现在已经明白，即使是如生产要素的供给这样的生产条件也不能用基本的形式描述出来。正如前面所指出的，简单的描述不能充分解释复杂的世界。

§7. 其他劳动力素质的国际比较　在详细讨论了非熟练劳动力的国际比较之后，我们来简要研究一下另一类生产要素。在比较这类生产要素时会遇到相似的困难，因此，描述的方法多少有些类似。

美国、德国、意大利和俄国的熟练劳动力能够完成不同的工作，原因之一是他们具有不同的能力，但还有更重要的原因，即其他要素和国内市场规模的差异所导致的生产组织的差异。虽然不同国家的熟练劳动力的素质差异很重要，但正如最初的简单假设所指出的，这也许不足以成为劣势，因为通常可以将之视为相同的生产要素。

所有落后的国家都有某些非熟练劳动力，他们通常与主要工业国的非熟练劳动力不同。如果后者没有相当数量的熟练劳动力的供给，那我们就可以认为它缺少这种生产要素。因此，熟练劳动力并不包含这种国际间的不均衡，非熟练劳动力也一样。尽管各种各样的非熟练劳动力必须视为不同要素，但是熟练劳动力应当作为一种生产要素来看待。

毫无疑问，熟练劳动力应可分为一些次级要素，这在有的情况下更应引起注意。但需要强调的是，这些次级要素间的差别比看起来的要小，意大利和美国熟练劳动力之间的差别，原因在于他们有不同的技术背景，如果这些工人转移到相似的工业环境下，那他们的差别可能就会非常小。

高级劳动力如上文提及的"技术劳动力",也可以看成是同样的。虽然很明显他们的素质差别比熟练劳动力更多而且更重要,但事实上技术劳动力的差别比他们看上去要小。美国生产效率高不完全在于它的技术劳动力与欧洲有所不同,从欧洲移民到美国的工程师,也可以同美国工程师工作得一样出色,而他们在本国却很少有机会进行大规模生产。

事实是,第一次世界大战之前,德国技术劳动力的供给比美国的既充裕又便宜,这是德国化学工业在世界上遥遥领先于其他国家的理由之一。虽然在此没有考虑到整体实力上的差别,但这一事实也足以反映了我们需要说明的问题。

不过,我们还需要更明确的表述来对此进行说明。人们必须考虑到技术劳动力有多种形式。电器工程师不能很容易地承担机械工程师的工作,反之亦然。因此,他们最好被看做是不同的次级要素,除非是在一般性的分析中。在比较各国的工业生产配置时,重要的是要常常注意到某一国某些工程师的供给比较多,而另一国另一种类型的工程师的供给比较多。这种差别也许仅是暂时的,然而,它同非熟练的非竞争劳动力的影响相似,不能完全忽略掉(详见第6章)。

对那些甚至用很多次级要素也不能作很好描述的素质差异,也应给予极大关注。在德国和美国,受教育程度和培训大体相同的电器工程师,最好作为同等的生产要素来对待。但他们的素质可能在某些重要方面有所差别,就像商品生产成本和国际贸易受此影响一样,技术过程和整个生产组织也会受到这种影响。

下述情况也会影响着相互依赖的价格体系,正如上述提到的其他要素质量差别的影响一样。每一国的技术系数并不完全由生产要素和次级要素的相对价格来决定,它们也由质量上的差异来决定,如果各国这种函数的形式差别之大以致作为同一次级要素的劳动[①](不管是较熟练还是不熟练)的效率差别明显的话,那该系数就可能表现为生产要素相对价格的函数。

---

① 这种差别产生的后果详见下一章。

在技术劳动力素质上起重要作用的要素中，有三点特别值得注意，即组织能力、发明能力和创新能力。在第一次世界大战之前，俄国制造业的发展似乎仅仅依赖于外国工程师和商人的资助，但事实上是俄国人自己缺乏组织生产的才能。每个国家的发明能力是不同的，某些国家高度发达的制造业发展在一定程度上就得益于此。对瑞典机器出口的调查表明，其工业是建立在一系列的发明基础之上的，这就足以解释一个没有煤矿资源的小国却有生产滚珠轴承、电话、分离器、涡轮机、灯塔的照明设备等商品的大型工厂。它们自由出口高级的瑞典矿石，提供给那些与瑞典有平等贸易往来的国家，这对于机器工业发展起着重要作用。

发明能力有各种各样的形式，如德国可能在某一方面强一些，而美国在另一方面则有着一定的优势。德国人有条不紊、辛勤地工作，而美国人似乎更善于提出新的想法。当然是否果真如此，这还不好定论。但可以肯定的是，无论一国拥有怎样的发明能力，通常都因为某些原因而存在于工业中，结果那些工业的技术得到了改善，即它强化了与劳动国际分工关联的其他要素的联系，而非将生产转向其他方向。这就是第3章所描述的专业化生产优势的一个例子。

从事新事物的创新能力，这在某些方面是同发明才能相联系的。创新能力同发明才能一样，在某些国家比另一些国家更显著，这既体现在技术劳动力中也体现在初级劳动力中。在一个激烈竞争的世界里，这是最有价值的一种素质，对新工业的选址和国际贸易的影响很大。

§8. 资本要素和自然资源的比较　对资本设备的国际比较，如同比较劳动力一样有着诸多难题。在前述内容中已经指出，资本优势可视为同质的生产要素，但在如"长"、"短"期资本的情形中，就必须成为不同的次级要素。虽然在这些次级要素间不存在严格的界限，但它们之间的价格关系却显然会影响到工业布局。

用一些简单概念就能阐述不同国家生产要素配置的国际比较，其中"资本"、"长期"、"短期"和"风险"有着普遍的意义。例如，比较第一次世界大战前的法国、英国和美国，人们也许会说法国比英国拥有更多的"安全"资本，而英国又比美国拥有更多的"安全"资本。法国投在"冒险"企业中的资本很少，而英国总资本中却有相当大的一部分都投资到了有风险的企业中,但比起美国资本来说其比重又少很多。这种情况大大影响了这些国家的经济发展,它几乎主导着战前的国际资本流动。

在一定时期内,资本采取资本品的形式可能会存在更大的困难。从长远的角度来看,资本可以取得新的形式,但在取得新形式前其消耗的时间也许会相当长,这可能会影响到生产、国际分工和国际贸易。

在比较各国的生产配置时,人们不仅要重点关注资本数量,而且对资本货物的技术形式也要重点审视。为要描述一国的这种情形或者说是总结各国差异,只用简单语言是不可能的:这种不均衡非常大,而且性质也非常不同。

一种可行的方法是以对待自然资源的方式来对待资本品,此时可以按照时间将之划分为一些独立的要素或者次级要素。这一过程就如同不同的劳动力一样,其期间的转变是可能的但会很缓慢。这种方法已经被证实了并不是很复杂,如一个国家总是采取最经济的技术来建立生产资本品的工厂。与其他国家相比,竞争力大小是由这些货物的成本和当前利率来决定的,而不是由不适合的资本品的成本来决定的,如旧机器。旧机器只有能与新机器竞争时才会有价值。结果,与企业家的观点相反,如果使用老设备的工厂还有价值的话,那它们生产的货物就必须同使用新机器的工厂生产出来的一样廉价。

因此,在一定时期内,资本品采取不合适的技术形式就不可能使一个国家生产所需要的商品,这正如高利率所表现出的情形一样。

但是,使用最经济类型的资本品的新工厂很可能并不适合该国,而一些老工厂只要旧建筑和机器还没有被消耗掉,就能够或多或少地获取一些收益。因此,相对于高利率和高其他要素价格而言,一个国家某些时候在某些工业方面会更有竞争力。这一事实应当被认为是仅仅建立在仅有一两个资本要素的假设的基础之上。

这类情况的显著例证并不难找到。由于第一次世界大战前和战时预期市场会增长,大量订购使得战后英国的粗棉纺织业获得了大量的收益。

对自然资源进行国际比较时,会碰到与在比较非熟练劳动力时相似的困难。这并不奇怪,最好的方法就是采取相同的方法,把自然资源集中分为几种要素,而每一要素又包含一些次级要素。

§9. 生产条件和风险稳定的国际差异 在进行生产条件的国际比较前,我们先来考察一下风险的影响。这些情况不仅表现为或多或少有些风险的企业提供的资本供给和可获得的劳动力存在差异,而且企业内部的风险也会有所不同。同样的生产在某一国也许比另一国风险更大,预期不到的损失和关联性风险承担可能不同,即使其他方面的生产特征相同。

如果其他条件不变,生产情况越稳定以及能预料到的各种风险越多,则其损失就会越小。在某些国家,毁灭性的霜冻、虫灾和洪水等导致农业损失较大,而制造业受到的影响较小。结果是与其他产业相比,农业自然深受打击。

频繁的社会变革也会产生相似的负向影响。此时,经常会对建筑、机器和已建立的市场等资本造成打击,因此,会给工业带来比农业更大的损失。南美各国工业发展缓慢或多或少就与此有关。

舞弊和无效率的政府、偏袒和无能的法院、企业道德信誉低下以及许多其他因素也会加大一国企业经营者的损失。战争危险以及由此引发的正常经济活动的中断和财产损失,也许是这类影响的最好例证。在波罗的海沿岸的一流的外国公司,1926年投资这些国家要向英国借款并支付 15%~18% 的利息,而在斯堪的那维亚国家进行同样投资,向英国借款只需付 6% 或更少的利息。这种 9%~12% 的利息差额主要是为了弥补对俄战争的风险。

的确,许多这样的风险要素与自然资源和人口属性有关。比起其他地方同样肥沃而气候变化不大的土地,在气候变化无常的土地上进行生产的产量要不稳定得多。因此,在详细描述生产要素的不同属性时,也必须重视这一点:使用某些生产要素会导致突然损失,因此,它们只能同能承担风险的资本和劳动力要素联合使用。同样,不良的政府、社会变革和战争的危险是影响成本和引致风险的"社会"的生产条件。

但是,似乎可以把生产条件波动如缺乏稳定性,最好看做是生产要素配置和一定时期的社会生产条件的特殊情况。① 总之，无论用哪种方式来对待这一问题，由于不稳定性和很难作出正确预测而造成的损失在国际间是不相同的，因此，在研究国际贸易时必须加以考虑。

---

① 第一部分的修正分析对下一章的分析非常必要。社会生产条件差异既可以看成是技术系数函数形式的不同所造成的，也可以视为使用特定数量的特殊种类的生产要素所造成的附加成本因素的影响，见附录一。

第6章 国际贸易的基本原理

§1. 第一部分结论摘要 本章主要对第一部分得出的有关区际贸易的性质和影响进行总结并重新加以阐述和修正,此时不考虑简单的推理过程,而是采取更复杂的方法,即在基于前一章得出的关于"生产要素"这一术语的定义以及不同国家生产能力对比的可能性的基础上进行分析。

首先,不应该疏漏对贸易的最为确切的描述,无论是国家还是地区间,都是通过分析相互独立的定价系统进行的,这种分析同时考虑了生产要素存在的若干市场。区际贸易理论认为,不同地区的相对生产成本和价格在没有贸易时会存在差别。也就是说,每个国家的要素供给和货物需求间存在不同关系,这种孤立状态的相对生产成本的差异在贸易发生时就会表现为价格差异。这种差异具有这样的特性,即在每一地区某些货物变得比外国更加便宜,价格通过外汇交易由某种货币来表示。

在孤立状态下,不同地区的生产要素供给与消费需求不同,必须给这种条件下一个更加具体的定义,我们应该充分兼顾第1章提及的生产要素的相对价格。于是,得到了这样一个结论:在孤立状态下,要素价格的不同等足以导致商品价格不同进而发生贸易。当生产要素在不同地区的数量不同时,消费者需求的差异即间接对生产要素所引起的需求产生的差异,应该能抵消要素供给的差异,但这一点实际上很难满足。

总体说来,各个地区的丰裕的生产资料相对便宜,稀缺的生产材料相对较贵,因而便出口大量使用前一种要素和少量使用后一种要素的商品,而进口与此相反的商品。这也就是说,出口相对富裕的要素,而进口相对稀缺的要素。

然而，这只是贸易的一个方面。其实，商品的大规模生产还导致区域间商品生产的分工。进一步地说，生产要素的数量不同在研究贸易时也是必须要考虑的因素。产品使用要素比例不但取决于要素价格，而且还取决于生产的数量，结果是不同的技术系数在同一时间内被不同的国家用来生产相同的商品。

这就是第1章得到的贸易的基本结论，这些结论在某种程度上需要修改和检验。

§2. 相同次级要素质量差异的影响　生产要素的数量很大，并且在很多情况下，一些生产要素须划分为许多次级要素，这在先前的理论基础上也能将其考虑进来。尽管在第一部分中提到的生产要素相对较少，但这个推理并不依赖于相对较少的生产要素。关键的一点是，根据第1章的分类，任何时候要素都是相对充足的，相对便宜的要素出口是必然的。对生产要素的一般了解不足以判断在进行一项生产活动时，某些要素是否相对充足，如在一个封闭的国家里，某种要素相对于其他国家的要素价格，会不会比其他大多数要素的价格相对便宜，需求状况是否也会产生影响。

在上述情况下，许多要素尤其是一些次级要素，可以完成相同的任务：它们是"竞争性"的，而不是"合作性"的。许多不同质量的自然资源就是例子，例如，肥沃程度不同的麦田，虽然某个国家麦田资源充裕但其肥力很低，因此，这种缺少肥力的土地价格（这种肥力被看做是次级要素）就会很低。在考虑到某种次级要素时，一定要考虑到与它具有同等供给程度的其他次级要素。① 因为该要素的价格也会受到其他要素供给的影响，就像受到自身供给量的影响一样。故此，从某种意义上讲，没有一种要素是稀缺的，供给的稀缺或充足就是一个经济学意义上的概念。

因此，一种生产要素的供给要通过其他要素供给和生产的产品对该要素的需求量来衡量。当然，在人们判断一种要素的价格或间接判断一种商品的价格和区际贸易的特点时，这只是一种特殊的处理方法。

由于一些认为是相同次级的生产要素的质量差异较大，因此需

---

① 对这类例子的详细讨论见第5节。

要对此进行更加详细的划分。① 从总体上来说，这意味着这些理论和结论并不像第一部分所论述的那样精确。各国商品的成本不仅仅是由生产要素的价格来决定的，它还取决于质量差异，这已在上一章节中指出过。所以，即使投入的要素相同，但商品价格和要素价格的关系也并不总是具有相同的特征的，例如要素运作方式不同就反映了这种情况。即使要素的相对价格相同，但一个国家的要素组合与其他国家也会存在差异，例如，瑞典和丹麦的劳动力在不同工业中使用不同，因而生产也是基于这个事实安排的，因此，丹麦和瑞典的农业组织形式也会不同，这会对这些国家间的贸易产生长远影响。

在大多数情况下，质量差异是次要因素。人们可以说澳大利亚与英国相比有更多的土地和较少的资本与劳动力，但是无须过多考虑两国土地间的质量差异，这可以视为是一种极端的情况。但是，至少在大多数情况下，对一些要素和次级要素作更加详细的区分时，可以完全忽略质量差异，或者是对此进行微小的修正。

将不同国家的男性员工和女性员工的工资作一对比，我们就可以发现，工资差异在一些特殊情况下是如此之大，以致淡化了作为特殊目的使用的工资差异，这也是为什么国家需要大量女性职工，以及得出相对工资决定社会工资标准的原因所在。

有人会反驳说，在其他场合，质量差异是决定性因素。一个国家的少数工程师可能具有一种特殊技术的专业知识，或者拥有独立使用的专利权，并且可能由于这种原因，他们能够生产比其他国家成本更低的产品。在这种情况下，无疑是最好把不同种类的技术服务看做是工程师之间的素质差异的一种重要表现，并当做独立的次级因素来处理。把各种工业要素分成生产要素和次级生产要素的原则是，"生产要素"应该包含大致相似的因素，而次级因素应该几乎在所有相关经济方面都相似。由此应该得出这样的结论，即拥有相同的次级要素间的质量差别是微不足道的。

§3. 商品和劳务的质量差异 本节将对前面论述的内容加以修正和扩充。上一节考察了生产要素质量的国际差异，我们由此知道

---

① 相似困难出现在单一市场理论中。

了要作一个足够现实而又清晰简单的分析是不可能的,而探讨对不同质量贸易品的影响可能更为实际。

商品与生产要素的情况实际上是相似的。正如不同国家的非熟练工人基本不可能有相同的素质一样,不同地方生产出来的产品也就或多或少地都会有一些显著差别。事实上,相互竞争的公司,无论在相同国家还是不同国家,都很少生产出完全相同的产品。不过,通常这些产品差异很微小,以至于对贸易的影响很小或者根本没影响;而在特定情况下这种差异或许可能非常大。

英国和捷克斯洛伐克生产的普通皮鞋不可能完全相同,这就不能说前者比后者更值钱,比如说高百分之十。如果前者的价格高百分之十,那么一些人会喜欢这一种,而另外一些人则会喜欢另一种。如果价格差异为百分之二十,那么这些人还会继续买英国的靴子;如果差异消失了,还是有人会买捷克斯洛伐克的靴子。销售无疑会受价格变动的影响,但是只能在一定时间内一定程度上受到影响,因为两种价格不同的商品对应着不同的销售量。

前述已经假定,一个国家出口生产成本比其他国家更低的产品,而进口其他产品。这一陈述清楚地假定货物的质量完全相同,但是在这一条件发生变化时,价格与国际贸易之间的关系就会变得更为复杂。

相似的例子不胜枚举,如汽车、棉布、茶叶,甚至质量标准的商品如小麦和铁,无一不显示出国际贸易的重要差异。英国的生铁和德国的不尽相同,美国的小麦和阿根廷的差别很大,美国和埃及的棉花差别更大。

人们不得不把这些商品作为不同商品来差别对待,可以将之称为"次级产品",以表明属于同一等级。两种类型的小麦的相似程度会比小麦和黑麦高,因而在消费者需求层面上的竞争就更为激烈。尽管在既定市场上它们的相对价格会不同,但这种差异一般很小;而对于完全不同的商品的相对价格来说,则这种差异是不存在的。

据海关统计,许多国家对同类商品既有出口也有进口,这部分地归因于运输费用(随后展开论述),部分地是由于进口商品质量不同。例如,第一次世界大战前,丹麦从西伯利亚进口黄油,同时又向英国出口黄油,原因在于这两种黄油的质量存在差别。对国际贸易统计的研究可以发现很多相似的情况。

为了理解国际贸易的竞争条件,就必须把不同国家生产的同类商品当做不同商品,但由于能够满足相似的需要,故又是紧密相连的。而如果是质量差异很小的话,则在分析时最好不要考虑这种差异,而在随后也可很容易对此作出修正。

§4. 贸易促使生产要素价格均等　在第一部分我们对国际贸易性质这一推理的限定条件作了简要处理,现在我们进一步说明该假定对贸易的影响。通过对孤立状态和发生贸易的国家的价格体系进行比较,我们可以获得确切的信息。通过上述比较,我们发现贸易会引起价格的变动,它包括商品价格均等和生产要素价格的趋同。与孤立状态相比较,就必须说明相对价格为何会相等,因为没有贸易就不存在外汇比率,这样一国的绝对价格就无法与另一国的价格相比较。我们认为,一旦贸易和汇率能确定,那么,以货币表示的各部分贸易都会相等。也就是说,它会减少国际价格差异,即含有较大比例的相对丰裕的便宜要素的商品就会出口,从而使这些要素变得稀缺;反之,含有较大比例供给稀少的昂贵要素的货物就会进口,后者就会变得不那么稀缺。因而,贸易对生产要素的转移起到了替代作用,它降低了由于要素不能流动而产生的影响,大规模生产的可能性减少了非完全细分可能带来的不利。

如果对前几章提到的情况作一些重要修正,那么这个结论就会是正确的。但是,当生产要素很多时会不会使该问题复杂化?当只有两种生产要素时,其相对价格显而易见会趋于相同;但当要素很多时,则对其中某些要素的影响可能会相反。可以想像,在孤立状态下的国家,只有当丰裕且廉价的要素使用得差不多了,才会使用那些稀缺且相对昂贵的要素进行生产。廉价要素可能会完全抵消稀缺要素引致的高价,因此,这种商品可能出口,因而贸易也就意味着昂贵要素更加稀缺了。

这种情况当然是个例外。大多数要素用于生产大量商品,它们中的大多数会对要素的稀缺状况产生普遍的影响。因为要求使用上述要素的产品都非常廉价这是不可能的,否则,要素价格均等化就会有很强的倾向。毫无疑问,这种普遍倾向可能影响在第2章中描述的价格均等化趋势。

必须进一步考虑生产要素的质量以及各种商品的不同,即使当它们被看做是同样的商品或者次级要素被看做是相同的商品时,这在一定程度上也会有碍于实现贸易价格的均等。①

用相似的技术手段如相似的生产要素,在一个国家生产一种商品这会比在其他国家更便宜,那么,很明显,这就会使该国一些生产要素比其他国家更便宜。但是,当不同国家的要素质量存在差别时,是否可以说一种要素在一国比其他国家更便宜?当然,质量和用途是比较价格的最有效的方法。但是,要比较这些要素的质量和用途,就必须依靠各自的条件,而这些条件在不同的地方不尽相同。因此,这种比较缺乏公正性。通常,这些要素的用途差异还是可以辨别的,质量稍好的某些要素在某国可能会比在其他国家的价格更高,如可能高达10%~20%,具体价差幅度与使用这些要素的条件有关。所以,如果某种因素的质量相对较高,则在该国的价格可能比别国高出40%。这样,我们就可以说,效率最低的国家的要素价格也最便宜。

在爱沙尼亚,非熟练工人的工资大约是瑞典同样工人的三分之一。这些非熟练工人由于生活水平低和缺乏教育导致用处较小,但在现行的生产条件下,低工资有存在的必要。如在爱沙尼亚的工厂,其一台瑞典最新款式报机在1926年要9个工人维护,而在瑞典只需要5个工人维护。依此类推,5个瑞典工人提供的服务就相当于9个爱沙尼亚工人提供的服务。或许,此时我们夸大了要素有用性的差异,但因为瑞典人的技术管理可能更加出色,因而这也会部分地影响着工人的人数。

与此相似,丹麦工人与德国工人在机器制造业方面的劳动技能不同,人们也可能认为丹麦人的技能更高,虽然丹麦人应能得到更好的教育和更高的生活水平,但这不足以抵消工资的巨大差异。再如,德国熟练工人的工资比丹麦同行要低得多,造成德国大量向丹麦出口机器,而丹麦只是出口少量的专业技能产品。因此,在德国,对机器工人的需求就会增加,而在丹麦会下降,从而导致生产要素

---

① 绝大部分的主流经济学理论都缺少相似的精准分析,如可变比例法则、管理成本原理和价格水平的变动分析等。

价格出现均等化的趋势。

§5. 进一步的限定 在不同国家，如果某种工业所需的要素质量差异显著，就有必要将其划分为不同的次级要素。由于没有必要使我们的分析过于复杂，因此我们可以只考虑两个国家的情况。

首先，假定 A 国使用某些次级要素，B 国使用其他次级要素来生产同样或类似的产品。两种质量的土地都可用来种植小麦，但它们的差别很大，因此，最好将它们视为不同的次级要素。A 国有大量质量为 Q 的优质土地以及少量质量为 K 的劣质土地，B 国有少量的 Q 土地和大量的 K 土地，这是两国现有的自然禀赋。如果只考虑 K，则此时 B 国能够大量供给。但作为整个小麦用地，有必要将两种质量的土地一并考虑，这样就显示出 A 国的条件的相对优越性。基于此，在孤立状态下的 K 土地，A 国的 K 和 Q 会比 B 国的相对更便宜，尽管 K 要素在 B 国有相对较大的供给。此外，在其他条件不变的情况下，A 国能比 B 国生产出更便宜的小麦，并且还向 B 国出口。由此产生的结果是，两种质量的土地在 A 国上涨而在 B 国下降，这可以称之为均等化趋势。显然，必须同时供给优质和劣质土地才可以理解贸易是如何发生的。这显然归因于上述提到的事实，即许多次级要素间的竞争也很激烈，原因在于可以将它们视为相同和相似质量的要素的替代品。

如果不同次等要素的竞争是由此产生的，并且这些商品在消费中可以互为替代，那么从经济学的观点来看，这些条件是基本相同的。假设孤立状态下的 A 国在贫瘠的土地上生产黑麦而不是生产小麦，而如果它可以从 B 国进口黑麦，那么，A 国就不会种植和消费黑麦，因为土地可以用做其他用途，由此产生的对要素价格的影响就会与上述相同。然而，只有在同样的次级要素存在于不同国家时才可能会出现价格均等的趋势。如果 A 国只有优质的土地而 B 国只有贫瘠的土地，则"价格均等化"的含义就会有所差别。但如若是仅对于相同的次级要素而言，则这一术语也能反映贸易的影响。比如，用瑞典的优质铁矿来换取德国的优质煤炭，此时，瑞典只有劣质煤矿而德国缺少优质铁矿。如果我们同时考虑两种煤矿和两种铁矿，则当贸易发生时，瑞典的煤矿和德国的铁矿的价格就都会相对较低，这就出现了所谓的价格均等化情况。换言之，当次级要素竞争激烈并可以加以考虑时,贸易的价格均等化倾向是不容否定的。

§6. **特例** 当一种工业生产同一产品或相似产品且提供不同的服务时,由于不同要素间的彼此竞争激烈,贸易就不可能使要素价格均等。这种情况并不少见,并且大量产品都是通过不同技术流程来进行生产的。

例如,美国大农场生产小麦需要复杂且昂贵的机器、大片土地以及较少的非熟练劳动力,这与在非洲北部的阿拉伯的过时种植方法有很大区别。那时,种植每蒲式耳小麦大多需要五十或一百倍的非熟练劳动力,与中国和日本几百年前种植水稻的方法极为相似。在过去几十年间,美国开始在种植业上使用新发明的机器。尽管工资差异巨大,但战后美国仍能向东亚大量出口小麦。又如,种植亚麻也需要非熟练劳动力,波罗的海周边国家以及俄罗斯位于波罗的海沿岸的地区工资非常低,而在苏格兰则由于工资太高出现了种植衰退的现象。但是,由于第一次世界大战之后发明了可以节省劳动力的亚麻剥皮及压碾技术,致使美国和加拿大都可以大规模种植亚麻。

玻璃工业也是很好的例子。一直以来窗户玻璃都是用简单工具制作的,即使有所改变也只是体现在配料的熔炼上。在过去的二十年间,美国的机器吹制方法和比利时的拉制薄板玻璃方法得到了很大的改进,至少在高工资国家已经摒弃了旧的生产方法。对于生产玻璃瓶,欧文的吹制方法在几年前也是一场变革。不过,尽管如此,窗户玻璃和玻璃瓶仍然在相当数量上是用旧方法生产的。此时,如果技术劳动力和资产将替代技术和半技术劳动力,则就可能需要更高水平的劳动力了。

这里不研究为什么有些商品可以用这种方法生产,而有些商品却不可以,即使是在报酬比较高的情况下也如此。知道许多重要产品是不同国家用不同技术生产的就已经足够了,此时,出口会增加需求并且会影响到不同的要素,因为当国内生产过剩时其进口就会减少。这不同于当国内生产过剩时,这些要素在进口国需求会减少的情况。上述分析依赖于假设商品交换只在发达国家和不发达国家之间进行,而这也是分析贸易国家时通常采用的分析方法。

假设现阶段两要素 Q 和 K 在同样成本条件下可生产某种产品,

这种商品的贸易由于某些原因被禁止但突然又被允许。同时令 A 国的要素 Q 比 B 国的更便宜，而要素 K 则要贵一些。在贸易前，A 国使用要素 Q 而 B 国则使用要素 K 来生产这种产品。此时，由于 A 国的生产成本比 B 国低，因此它将会向 B 国出口这种产品。A 国对要素 Q 的需求会变大，同时 B 国对要素 K 的需求会减少。就要素 Q 而言，两国价格差减少了，但使 K 在 B 国变得更便宜了。

当然，对贸易的影响远不止上述提到的这些。为对冲新的进口，商品必须从 B 国出口到 A 国，这就会增加对 B 国某些要素的需求。可以想像，要素 K 会由于出口而在生产中大量使用，因此其相对价格就至少会与 A 国一样高。不过情况未必就会完全如此。在新的贸易发生前，要素 K 的国际差价依旧变大的可能性确实存在，这是通行规则的一个重要特例。

生产要素最优组合理论，对如收益增加及减少规律的分析，其立论点是，一种要素的一定数量的增加（意味着减少其他要素）在降低前者相对稀缺性的同时会增加后者的相对稀缺性。这个论点的重要例外是，某些要素竞争激烈，以至于其中一种要素的数量会降低其余要素的边际生产率。

对国际贸易影响的结论和上述完全一致。要素竞争可能太激烈了，以至于相对价格朝向我们认为的基本规律的相反方向运动。

这些例外有多重要？这么重要又这么多的例外，它会使贸易价格均等化趋势的一般论述失效吗？这等同于问：不同的生产要素是竞争还是合作。为了回答这一问题，人们应该记住，生产要素可能是竞争的，不仅仅因为其生产相同或相似的商品，而且就总体而言，如果由于用其他要素生产进口货物而在生产中使用某种要素的话，则就必然会导致生产的相关商品的过剩。

在上述例子中，商品是否部分地由要素 Q 进行生产与不再用要素 K 在其他国家进行生产没有什么不同，如降低关税壁垒就会出现这种情况。因为进口会减少某些商品的生产；同样，出口也会增加一些商品的生产，这就会影响到要素的相对价格。不过，进口比以前更多的商品以及在国外生产比以前更多的商品，不一定会与已经停止生产的商品质量完全一样。因此，国外增加生产要素的需求不会导致同样要素的需求的减少。如若真是这样的话，就没有理由假设要素价格会均等。

假如贸易不影响每一国的商品消费类型，也就是说，进口只不过是替代以前国内生产的相同商品，那么，毫无疑问，不同要素的相互替代的范围就会相对减少。然而，很多进口商品不会在国内生产，与此同时，其他商品的生产也会减少或停止。因此，这就有可能会加大国际价格的差异。对于出口国而言，需求增加可能主要影响某些要素，而非进口国的需求则会减少。

如果芬兰进口德国的煤炭以取代国内木材来作为燃料，那么，芬兰木材的价格就会下降，尽管在芬兰比在德国还要便宜，但它的价格差异就会拉大。此时，我们应该假设木材还有其他用途，否则在德国就不会那么昂贵。贸易就有价格均等化的作用，这对芬兰出口木料、纸浆和纸张来说同样也是如此。毫无疑问，国际贸易在增加芬兰木材稀缺性的同时也减少了德国木材的稀缺性，这就形成了某种程度上的价格均等化。

由此可见，大多数要素都有不同的用途，而包含着多重商品的国际贸易则增加了价格均等化趋势的可能性。由此可以肯定地说，严格的贸易限制会加大生产要素价格的国际差别。在研究贸易的特殊情况时，必须把相反的结果作为一种可能性包括在内。

所有这些情况要求对原来关于贸易对商品价格影响的陈述作另外一种限定。一旦商品流动的障碍不复存在，则就会造成价格的完全均等化转向为商品供给的完全均等化。如果考虑到这样的事实，那么，某些并不在一国内部生产的商品，以及其他国家处于孤立状态下也不生产的某些商品，它们的供给条件的均等化就不仅仅为价格均等化，而且还应包括那些比国内生产价格更低的新商品的供给的均等化。例如，在斯堪的那维亚，茶的生产成本会格外高，比进口价格高出许多。但既然不进口就无茶叶使用，那么把贸易的所有的影响放进一个价格均等的公式中来研究就有点牵强。如果在下面使用这种表示方法，则为简明起见就必须包含商品供给均等化对贸易的影响。

§7. 贸易品成本均等趋势　关于贸易能使要素价格在国际范围内均等化的陈述，只是指那些可以找到这些要素的国家。然而，许多要素仅存在于某些特定的国家中。以铜矿为例，没有铜矿的国家与铜矿非常少的国家处于相同的状况，要素价格由于贸易会更低，此时，这些国家的人民的经济生活就会受到同样影响。

如果某一国的某一要素处于世界垄断的情形，则贸易就会提高该国该要素的价格，因为世界的需求都依赖于这个国家。严格说来，贸易不能降低这种要素在国外的价值，因为除该国外没有其他的要素可以供给。因而，对于这种要素而言，不可能存在一种国际价格均等化的趋势，尽管这与对缺乏和能够少量提供这种要素的国家的影响相似。总结上述各种情况，我们应该根据实际和潜在的生产成本来考察价格均等化趋势。没有这种要素供给的国家可能会使用完全不同的要素来生产同样商品，虽然生产成本会比较高；而如果进口商品，那么，这些要素的价格和潜在生产成本就会降低。显然，上述情况表明，不同国家用全然不同的技术生产同样商品，其要素价格均等化没有随之出现，但人们可以说有这样一种要素价格均等化的趋势存在。由于生产要素需求增长，因此，商品生产成本在出口国会上涨，而在进口国则会由于要素需求较小进而导致潜在成本的下降，否则要素就会被用来在国内生产原先需要进口的商品。只有当一种商品进口取代国内生产的完全不同的商品时，其成本价格均等化才可能不发生。现在我们应该知道，贸易的变化对价格均等化的影响实际很小，如关税改变而导致的贸易变化。

§8. 贸易和大规模的生产经济　国际贸易或多或少地独立于生产要素的不同布局，它产生于大规模的生产经济。就像在第 3 章中详细解释的那样，生产存在一定程度的自然分工是必然的。我们在那一章中没有就原因进行实质性的推理，就是因为第 5 章所阐述的全新环境。贸易减少了要素不完全信息带来的缺陷，因为它使大规模生产变得可能，这对小国尤为重要。没有贸易就得自己生产一切，而这只能由效率较低的工厂来完成。

就像在第 3 章中所指出的那样，大规模生产所产生的贸易影响与要素价格具有国际关联性。随着贸易和生产分工的进一步发展，每国对工业要素的需求都将增加。一国的要素价格相对便宜（这也是某些工业建立的原因），则大规模建立工业很可能就会导致对这种要素的需求增长，随后，要素的国内价格就会高于国外价格。不过，与这些工业所在的那些国家相比，其价格不会上涨那么多。

生产要素布局的不同导致了生产的国际分工，而大规模生产对这种分工起着推动作用，因此，它也会强化价格均等的可能性。但如前所指出的那样，这可能会进一步引起生产要素的新的国际价格的差别。

考虑不同国家的生产条件时，必须注意到与生产要素的质量有关的可分性程度。当在小企业生产时，相对不可分的要素只有与大量其他要素共同使用时才能更富有效率，其价格才会相对较低。由于可能进行大规模的生产，因此，国际贸易增加了对这种要素的需求。换言之，贸易显而易见会有利于在大工厂中那些比较重要的要素，例如，作为生产要素某些类型的技术和管理人员，他们在有广大国内市场的国家中获得的酬偿比小国家多也证实了这一点。简而言之，国际贸易使世界需求转向了那些对大规模企业十分重要的要素。

由于生产要素存在国际差别，因此，这会在一定程度上不利于认识的可分性。美国的技术工人，其工作技术和经济环境与欧洲不同，难道他们就拥有只有在大企业下才能充分发挥的才能吗？难道这就是为什么美国的大规模生产比其他国家发挥着更重要作用的原因吗？或者是因为较大市场、不同要素相对价格以及建国相对较短才使美国成为一个制造业的国家吗？

对这些问题没有确切的答案。但是，不能否认的是，对第一个问题的回答是肯定的。如果真是这样的话，那么国际贸易势必就会提高在美国较多使用的那种要素的价格。

必须强调的是，大规模生产经济和要素的不同布局与贸易并非是各自完全独立的，而是在诸多方面有着相互影响。对某种商品来说，最合适的生产要素布局取决于生产数量的多少，因为稍大规模的生产意味着要采用不同的技术。与此相应的是，大规模生产经济的优势受要素相对价格的影响。在大规模生产具有优势这一基础上，不同要素布局引起的贸易要靠改变要素价格才能起到作用。在熟练工人获得高工资的国家里，必须在大工厂里充分使用这些要素，而小企业则无力对此进行竞争。另一方面，大企业的优势在低工资的国家里通常不那么明显。主要环境的变化在引起相对要素价格变化的同时也会影响贸易，这种影响是双重的：一方面就像在第1章的前几节中所阐述的那样影响贸易;另一方面在每个国家都会以最经济的方式改变生产规模。

需要再次强调的是,就像在第 4 章中所指出的那样,贸易扩张所带来的生产数量的增加以及进口国相应工业生产数量的减少,并不像影响要素价格那样影响生产成本。虽然在这些工业中大量使用的要素价格在进口国会下降而在出口国会上涨,但是相关产品的生产成本却不一定会上升,而大规模生产的增长则会抵消较高的要素价格。在第 5 章的多样需求的分析中,我们已深入讨论过这一点。不可否认的是,贸易使不同国家的实际的和潜在的生产成本均趋于均等,不过,这种观点应按照商品的单位成本来加以验证。

§9. 经济条件稳定性差异 现在要讨论上一章中分析得出的另一个推论,即风险对国际贸易的影响。两种风险已经在上一章的第 10 节讨论过了。不同的劳动和资本有不同风险的承受能力,这在考虑决定性要素和次级要素时很重要,例如,在区分风险性和安全性的资本时,环境对贸易的影响就很明显。

在有着很多愿意冒险的资本家的国家里,风险性和安全性投资的利息差异相对较小。因此,与其他国家相比,这里会有着更多的风险性企业。当需要大量的风险资本时,那些需要大量资本并且风险较高的工业就会在这些国家建立。这时,这些国家对风险资本的需求增加了,而其他国家则对这种需求减少了;该国的风险资本价格会上升,而在其他国家会下降。因此,贸易将驱使不同国家的不同资本的价格趋于均等化。

这与前述理论基本相同,承担风险的意愿是吸引生产要素的原因。

然而,首先需要指出的是,与其他生产要素相比,用于风险投资的资本流动更强。这种资本可转移到生产条件最好的地方,进而导致该区域的风险资本的供给增加,在随后讨论生产要素的国际流动时,我们会对此作进一步分析。简而言之,这种资本供给不会因为以上原因而对工业的国际区位得出与传统理论一样的结论。更深层的原因可能是,风险资本会在某一地方的某一工业中积聚。

其次,国际范围内的经济条件波动相对不稳定。有些国家由于作出错误预测所带来的风险损失要远大于其他国家,如战争、改革、糟糕的政府和诸如此类的原因。由此产生了两种结果：（1）该国风险更大。这是生产条件的重要方面，而且必须在影响国际分工的生产要素中加以考虑。（2）这些国家的产品价格不仅包括风险和不确定因素的回报，而且还应包括风险溢价。由此产生的收益就应该要超出生产、预期和未被预期的风险成本。风险溢价与火灾和事故的保险一样，从长远来看都不能构成生产者的收入，但却可以通过损失来抵冲，并且它们都是影响生产成本的重要因素。

下面我们将讨论与风险有关的环境因素。首先需要强调的是，不稳定国家比稳定国家的风险要更大。如果这些国家的风险偏好弱于其他国家的话，那它就会专业化地生产相对安全的商品，否则就有可能会为此付出很高的代价。就如同供给差异很少被人注意到一样，由于适应了环境，所以在不稳定的国家里，人们对骚乱和风险都没那么厌恶，因此，大量的供给减少了风险。不过，后一因素势必将不稳定的国家的工业排挤在外，因为这些国家的不稳定意味着很大的"不确定"。

在深入讨论之前，需要强调的是，风险约束性很强，以至于人们可以确定风险回报是积极的还是消极的。我们的上述讨论都是假设风险的回报是积极的，否则，不同程度的风险将会与得出的结论刚好相反。

风险溢价很重要也很容易识别。风险溢价在不稳定的国家如中美洲一带的国家，相对于其他国家会更高，这会使不稳定国家的生产要素的价格上升。在风险及相关费用相对小的国家，工业会相对集中；而风险较高的国家则必须付出比较高的成本，否则，其产业就会转向其他地方。

总的来说，大规模使用较多固定资本的制造业极有可能受到不稳情况的影响，如变革、战争和不可靠的政府，而农业和类似工业受到的影响则较小。因此，不稳定因素趋于使制造业从中美洲这些国家中撤出，这种生产的国际分工明显降低了由各种干扰所造成的损失，换言之，贸易降低了风险费用。

名义利率通常不是纯利率，即对保全本金和承担风险的回报同样应该包括风险溢价。借贷利息的国际差异取决于这种环境的差异，如波罗的海沿岸诸国的18%的利率和斯堪的那维亚半岛国家的5%

的利率之间的差异,但国际分工可以减少这种差异。

§10. 税收和社会其他情况对贸易的影响 在第一部分对价格机制的描述中,我们忽略了一定的社会条件。然而,工业效率和生产成本的高低明显受到这些因素的影响,例如社会机构。从长远来看,雇主和雇员间的合作精神会给企业带来更大的收益。前面讨论的要素质量在一般的讨论中也要慎重处理。

尤其要考虑到税收制度的影响。税收不仅影响生产成本和国际贸易,而且还影响生产要素的价格。如果税收在不同工业中存在差异,那就必然会影响到不同产业的生产和贸易的进程。

税收不是额外的费用项目,它会影响着各种要素的正常成本和商品价格,孤立状态下的国家的价格体系会随着税收制度的变化和影响范围而发生变化。贸易国的价格体系和贸易性质也受不同税收制度的影响,而这可以用随机理论来解释。由于贸易通常都受税收方式、商家心理反应以及其他因素的影响,因此,我们现在将不分析这些因素。① 举一个例子,有的国家对制造业征税比农业多,如有限公司需要承担双重税收(如失业救助和意外损失),这些费用都是由企业而不是由社会整体来承担的,由此导致了制造业在这些国家发展滞后,而在其他国家则发展得较快,且导致劳动力价格的上涨。这也许就是在1913年,美国和其他中立国比交战国的工资上涨较慢的一个重要原因。

简而言之,除上述因素以外,税收也会影响国际贸易。而进出口税只是税收的一种,这在后面会特别指出。贸易增长在国际范围内使生产要素价格均等的趋势会受到另一种趋势的补充,即每一个国家里"能与低税收合作"的生产要素的需求的增长趋势,则某国就会在工业上使用那些税收较少的要素。税收成本差异使商品从A国流向B国,反之亦然。因此,税收差异在一定程度上不利于要素价格实现均等。当然,它在多大程度上会影响生产成本,这取决于不同国家不同工业的税收差异。

还有很多其他的社会制度也会间接影响生产和贸易,如禁令和

---

① 对关税进行详细的分析必须包括对经济动态的分析,它或许比其他价格问题还要考虑更多的影响因素。

垄断。国际贸易的垄断管制在许多工业部门都普遍存在。在生产如火柴、电话、人造丝的工业中，一些主要的出口公司在拓展国外市场时往往达成协议，其实力的大小与能否得到重要的订单有很大的关联性。在某些国家，专利权的法律管制是另一种因素。在国内生产商品是获得专利的一个条件，而这对当今的国际贸易有着重大影响。不过，由于它不适合一般处理，因此在此我们不作讨论。作为补充，有必要从这些及其他方面来解释国际贸易的属性。

§11. **总结** 通过这一章的分析可知，国际贸易受众多因素的影响，而这些因素与第一部分所分析的一样，很难用具体的术语来描述。对于贸易促使要素在国际范围内趋于均等化的论断，必须在诸多方面进行修正。不同国家生产要素的质量差异、使用完全不同技术的可能性、大规模生产以及经济稳定性和税收的差异等因素，不仅使上述分析模糊不清，而且还使国际贸易在多大程度上能使要素价格趋于均等化也不确定，并且贸易国会消耗某种商品进而在根本上影响贸易开放这一事实也会增加这种不确定性。以上情况都会弱化贸易在国际间形成相同的实际的和潜在的成本的结论。在进行大规模经济生产时，就必须对上述结论作出相应的修正。

第 7 章 商品需求和生产要素供给的相互影响

§1. 偏好的影响 在这里我们要再次强调，前面对国际贸易性质和影响的作用原理的分析是基于某种假设的，即以孤立状态和发生贸易对比为基础。假如影响定价的主要要素不受贸易的影响的话，那么我们就没必要对此进行分析，比如，由于个人偏好和所有权条件引致的商品需求，以及由于生产要素供给和要素属性引致的商品供给条件。① 但事实并非如此，需求和供给在根本上受生产国际分工和贸易的影响。因此，到目前为止，我们显然仅仅研究了贸易的一个方面，即在工业生产供给和需求特点不受影响的条件下对国际贸易的影响。下面我们要简单讨论一下这些情况会带来何种变化，首先从影响需求的因素展开分析。

贸易通过改变消费者偏好来影响需求属性，但不会直接影响商品所有权。很明显，一个国家如果不进口许多商品，同时又不在国内进行生产，那么就根本不会有这种商品的供给，当然也不会有对这种商品的需求。例如，香料的供给就创造出了一个新的需求。总之，国际贸易是传播文明的极其有利的一个因素，这里的"人造"需求就是文明的一个部分。从短期来看，这种影响也是很明显的，比如，商人不仅提供所需商品，而且还使人们产生对他们想要出售的商品的需求，最近对中国近半个世纪以来国际贸易的调查显然就说明了这个事实。②

总体来说，商品的需求与供给大致相同。有些气候条件不利于小麦生长但有利于黑麦生长的国家逐渐形成了吃黑麦面包的习惯，

---

① 上述比较考虑了要素价格变化和消费者需求变化对个人收入的影响。
② 利玛（Remer）：《中国的对外贸易》，上海，1926 年。

而这在不产黑麦的国家是很少见的。这是由于世界黑麦总产量中仅仅有2.5%用于出口，与此相应的小麦出口比重为16%；并且大部分用于出口的黑麦都出口到了如捷克斯洛伐克、斯堪的那维亚半岛这样也能生产黑麦的一些国家，东亚对水稻的大量消费也是一个很好的例子。

上述情形表明，国际贸易对各种因素的影响比前几章中所提及的影响要更深远，但对贸易消失或严重削减的影响却没有像前几章中所介绍的那样具有灾难性，因为人类可以适应环境变化。偏好随供给的改变而改变仅仅是这种适应能力的一个方面，显然这种适应能力不易受到动乱和变革的影响。

§2. **要素供给的影响** 现在我们再来讨论国际贸易和生产要素供给之间的关系。国际贸易影响了生产要素的价格，进而影响了生产要素的供给，而国际贸易的部分影响也正是由此造成的。要阐释这种影响的本质，一般来说，应从分析供给弹性入手。为了弄清楚该问题，有必要区别一下供给要素的两种影响，即对相对价格变动的影响，以及对以某种商品形式表现出的某种要素价格变化的影响。

首先，我们来研究一下各种不同类型的劳动力要素的供给，如非熟练劳动工人、熟练劳动工人和技术工人。某一种劳动力要素价格的提高可能会增加该要素的供给数量，就像熟练工人和非熟练工人的薪水差距那样，价格差距越大，非熟练工人就更倾向于培养成为熟练工人。虽然可能需要较长的时间才能出现显著效果，但是总体来说，供给与相对价格是正相关的。在考虑供给变动时，我们有必要记住，在开始时数量的变动可能很小，而随着时间的推移会逐渐增大，因为某一种劳动要素在短时间内的价格上升并不能吸引新的劳动者进入。

显然，劳动力要素的供给很大程度上受其他要素价格的水平，也即自身经济状况变化的影响。工厂付给女工的薪水越高，就有越多的女人希望到工厂工作。与此相同，男工薪水的显著提高也会减少女工的数量。因此，男工薪水的普遍增加会导致女性工人的数量相对减少。

这也引出了另一个问题，即劳动力商品价格的上升。也就是说，劳动力生活水平的提高并不是由相对工资的变化所引致的。虽然这种变化有着一定正向的影响，但却很难对此进行预测，因为正向变化的提法是非常不具体的。我们并不能确定工资水平的普遍提高会导致工作人口比例的增加进而增加劳动力的数量，同样也不能确定这是否会增加工人的平均工作时间和提高工作效率。更好的生活质量可能以更多的休闲时间这种形式出现，生活水平的提高从长远来看可能会增加用于休闲的时间，也会减少对童工的使用。唯一不用仔细分析和收集数据就可以得到的结论是，劳动力商品的供给与高额的工资之间没有必然的关联性。

现在我们回到对相对薪水变化影响的分析。必须强调的是，作为独立要素的劳动力群体越小，相对供给的差异就越重要。人数较少的生产要素流动要比数量较大的生产要素的流动容易得多，如熟练工人之间的流动就非常容易。因此，劳动力要素数量越多，就越应注意到其供给的反作用，这在短期内也应该如此。

这个规律最明显的一个例外可能是由交易联盟的自我封闭政策造成的。一个小而强大的联盟可以成功地增加工资并控制成员数量，因此，泥瓦工薪水的提高并不会影响泥瓦工的数量。在某些国家，这些可成功实施自我封闭政策的联盟在其工业中扮演着重要角色，因此，在描述生产资源配置时我们不能将之忽视。因为这不仅会大大影响不同工业部门的收益和发展，而且还会影响国际贸易的基本属性。例如，如果建筑工会迫使工资水平的涨幅高于正常的水平的话，那么那些大量进行建筑的工业部门就会遇到很大困难，特别是在某个地理环境特别糟糕的国家，在房屋需求特别稳定的情况下更是如此。

关于劳动力要素供给问题的讨论就到此为止，现在我们转而研究自然资源这种生产要素。一般认为，自然资源供给对价格变化不敏感，这在一定意义上是对的。但是，资本投资通常会增加自然资源的供给，如排水或灌水会扩大世界可耕地的面积。荷兰通过建造昂贵的拦海坝系统从海洋中得到了大量土地，如果土地价格越高，则就会有越多的公司来建造拦海坝。黄金或者铜的价值升高会使人们投入更多的金钱来寻找新矿，同时也会投入更多的资本用于开发已经十分贫瘠的矿床。总之，自然资源的供给就会相应增加。

汇率改变会对资本供给产生多大影响和哪些因素会影响汇率，

目前还没有非常明确的答案。从长期来看,非常低的利率会减少储蓄,同样,高利率则会增加储蓄。但是,利率如果只是围绕均衡水平上下波动的话,那就不会对储蓄产生任何影响,反而还会导致储蓄向相反方向变化,即利率越低储蓄越高。有很多事情都是不确定的。然而,无论在长期会产生何种影响,低利率在短期内都可能会大大减少储蓄,反之亦然。原因很简单,因为相当部分的储蓄来源于利息收入,当来源本身的增减发生变化时,进入资本渠道的储蓄就可能受到相应的影响。

和安全资本的收益率相比,当风险投资的收益率较高时,风险投资就会大量增加。不确定性的溢价越高,就会有更多的人希望从事这种事业,这也同样适用于回报不确定的职业的劳动供给,因为不确定因素带来的额外收益会使更多的人从事这项工作。

§3. 贸易拉大了国际间要素供给的差异　正如以上所说,通过影响生产要素的价格,国际贸易不可避免地就会影响到要素的供给,而供给反过来又会影响贸易的特点和范围。现在我们对影响方式作一简单分析。

生产要素分布不均产生了贸易,贸易又会大大提高相对丰裕而且便宜的生产要素的价格,并降低其他要素的价格。① 这会如何影响要素供给? 这种影响在多数情况下是正向的,即使当相对便宜的生产要素的供给已经十分充足并价格升高时,其需求依然会大幅上升。同样,相对短缺的生产要素的价格的下降也会导致其需求减少。显然,这会造成国际间要素分配更加不均匀,并且强化了贸易倾向。只要要素供给差距增加,国际贸易就会发生并且增加,由此导致国际分工的进一步发展。

19世纪初英国比其他国家有更多的资本和受过教育的劳动力。除英国良好的运输条件和丰富的煤铁矿资源外,这也可能是制造业在英格兰和苏格兰产生并发展的重要原因。对资本和技术工人的需求增加了,这些要素的高报酬使其供给不断增加,这样,资本和技术工人的薪酬与其他国家的差距也就拉大,在英国的工厂和进口食

---

① 这种说法指的是要素价格的相对水平,如果以商品来衡量,那么所有或绝大部分都会由于贸易而获得更高的收益。

物的数量也就增加。

下面我们考察一下贸易对商品要素价格的影响。生产分工给英国带来了很多好处,以至于当商品价格上升时大多数生产要素的价格都上升,即使某些要素处于比过去更为不利的地位,或许只有如土地之类的某种自然资源的价格会随商品价格上升而下降时其情形会如此。由此显而易见的是就会产生较高的工资,这对于劳动力的供给会产生极大的正向作用,即使小孩子也会由于劳动短缺而到工厂去工作,由此工人的数量就会急剧上升,土地的价格也会上涨。

许多国家在20世纪前五十年对国际贸易的管制相对放松,这有利于维持英国制造业集中和人口增长的趋势。假设由于某种原因国际分工和贸易没有实现,那么,英国的人口增长速度将比实际增长的速度要慢很多。

再来看一看其他的一些革命性的变革。德国技术劳动者的薪酬水平要比英国和美国的技术工人低得多。因为现代商品的生产需要大量的技术工人才成完成,而德国通过使用廉价的技术工人获得了丰厚的利润,故此可以靠出口由大量技术工人才能完成的化工产品获得较大的收益。国际贸易使德国在增加这种生产要素的同时也增加了劳动者的工资水平,这必然会增加技术工人的劳动供给。其他供给的条件,如教育条件、中产阶级的简朴生活,将会增加技术工人的数量,这样就同时增加了技术工人的供给和需求。因此,这种劳动要素的工资在需求增长期即使没有增加,但技术工人的相对工资水平也可能会下降。在德国,如果中产阶级因为数量增加而维持生活水平不变,那么国内化工和其他工业的发展则会提高文化水平较低的劳动者的工资标准,此时,技术工人的相对工资水平就会降低。

很显然,由于国际贸易使要素价格在国际间趋于均衡,从而使国际间劳动力要素的供给更加不均衡,因此要素供给便会抵消价格均衡。

现在我们转向资本这种要素。资本价格低会吸引那些对资本需求很大的国家;对资本需求越大,该国利率就会越高,而同时其他国的利率就会相对下降。如果储蓄对利率的变动是正向的,那么上述情形将会增大国际间的资本禀赋的差距。但从长期看,高利率会增加储蓄,低利率会降低储蓄,这样,贫穷的国家就会缩小与富国的差距。如果真是这样的话，那么贸易就会对价格均衡起到双重影响，即直接通过影响产品重新分配改变生产要素的需求以及间接影响要素供给。但是，我们不能基于目前所了解的储蓄的决定机制进行判断，虽说在通常情况下能增加要素的供给。

尽管现实中自然资源的供给并不一定会严格按照一定的规律变化，但如同供给差异对价格的影响一样，资本投资与劳动力要素同样对价格有着相似的作用。自然要素价格的相同或多或少地减少了缺乏这种要素的国家的投资，同时增加了自然要素富裕的国家的投资，从而使生产要素禀赋变得更加不均衡。

很明显，劳动力要素不同会对贸易价格均衡产生一系列的阻碍作用，[①] 并且要素供给弹性不同也可能会产生不同的影响。

如果相同要素价格不受贸易的影响而保持相对稳定的话，那么我们就称之为是完全弹性的，德国的情况就说明了这一点。从长期来看，技术工人、熟练工人和非熟练工人的工资水平可能不会随彼此的改变而改变，即使是贸易导致一种工人的需求急剧上升时也是如此。因为日益增长的工人供给会完全满足贸易而引致的需求的增加。

> "在寒冷的北方需要更多的劳动力，这与其他工作一样都是需要下工厂的体力劳动。而在南方工作的人们会要求更高的工资，因为相对来说人们不愿意下工厂工作"。[②] 在其他条件不变的情况下，工厂将集中在北方国家，并且这些国家的大多数居民都将成为工人，但是他们却不比国内其他人挣得多。在另一方面，南方国家的工厂没有必要降低工人工资使其与北方工人的工资一致，即使存在贸易时也是如此。

这种供给完全弹性的例子可能很少见，通常是贸易促使要素价格均等化，并且由此产生的供给变化会缩小原有的要素价格差距。[③]

[①] 与此相似的是，供给反应倾向于抵消贸易增长带来的不同情况下的要素价格差异的增加（详见前面一章）。

[②] 拉塞尔·史密斯：《工业和商业》，第175页。

[③] 陶西格（《国际贸易》，第56页）对此持不同的观点。他不认为外国需求会改变薪酬规模，部分地是由于这种需求相对于国内需求很小，部分地是由于各种劳动供给质量的反应。"社会分层源于已经建立的国内条件，并且似乎根深蒂固"。很明显，国外需求对小国很重要，但对于美国就未必如此。

这种分析得出的另一个重要结论是，生产和贸易的国际分工条件并不能在特定时间内用要素的实际供给来描述，由此必须深入研究隐藏在这些要素供给背后的规律。对于这些要素的属性和影响通常是心理要素方面要展开详细分析的，这在本书中将不会加以分析，但是在具体分析中就必须要尽可能地考虑要素供给变化的影响。

毫无疑问，这种影响与要素价格变化的时间有关。在某些情况下，供给在一年内几乎不变，但在其他情况下，一年的时间足以使原有的相对价格改变并建立起新的相对价格，甚至仅在几个月内就可能出现显著的波动。当人们可以不受约束地从某一种工种转换成另一种工种时，价格差异就必然会是暂时的。所以，当一个新工种出现时，人们可以很容易地从事该工作并且获得很高的工资，这在上述讨论时必须加以考虑。显然，当我们讨论供给弹性和供给对国际贸易变化的影响时必须给出明确的时间。总之，这种反应起作用的时间越长，则对原有价格影响的抵消作用就越强。下面我们来进一步研究这一问题。

§4. 一个动态的观点　对国际贸易变化的研究一定是一个关于时间变化的动态过程，无论是商品需求还是生产要素的供给都会或多或少地因时间而异。这一方法由马歇尔在"供给理论"中提出，此时，某一要素的供给价格是指在某一时间内对每单位供给应给付的报酬。

假如国际贸易增加导致了某一国家的某一产业的扩张，而导致了另一个产业的衰退，这两个产业雇用不同素质的劳动者，而且其中一个产业的熟练工人和技术工人的培训和经验也与另一个产业有所不同。为避免扩张产业工资水平上涨以及衰退产业工资水平下降，衰退行业的劳动者向扩张行业流动是必然的。如果实际的劳动流动未能达到所需要的数量，则扩张行业的劳动者所得的回报将相对于其他行业的劳动者就会上涨，尤其是那些衰退的行业。因此，不同劳动群体[1]之间的流动劳动者供给会对需求作出调整，并且与规模报酬变动的幅度保持一致。换句话说，最初变动的强度和易变的程度必须与考虑的时间相对应。这种比较必须是在不同情况下作出的，

---

[1] 当然，不仅要考虑群体间的流动，而且还要考虑因新劳动力进入而增加流动的情形。

因为最初变动以及变动的程度会随时间的改变而改变。

需求变动和供给影响均衡作用的时刻会使得劳动力的相对缺乏发生改变，规模报酬的时间决定了所需数量的一系列要素的供给价格。

供给弹性的这种推论能够扩展，不仅可以运用于严格意义上的生产要素，而且还可以用于资本品的各种形式。生产要素价格无疑与生产成本趋于相同。当需求很大时，价格通常会高于这个水平，此时，厂商就会增加生产能力，而产出的增加和成本的相对下降会导致劳动力的相对稀缺。

另一方面，生产要素价格经常低于生产成本，甚至在很长时间内都会如此。如果此时要素不能被其他产业所使用，那么，即使是价格很低也会存在供给。经验表明，一个行业的生产能力增加50%往往要比减少相同的幅度简单得多，供给弹性往往会增加而非减小。

总结上述分析，可以认为国际贸易会通过对价格的影响反作用于供给，无论是相对的还是通过商品、生产要素和工具等，这通常会都抵消贸易引致的生产要素的禀赋不均所引起的价格趋同。假如更高的价格会导致更低的供给，那么，生产要素的国际分布将会更加不均。此外，贸易对生产资源的影响很复杂，不可能对其作出一个全面的概括。不过，虽然如此，但供给的影响通常还会趋于抵消贸易所引致的价格均等化的趋势。

§5. **贸易对劳动力素质和资本的影响**[①] 现在考虑国际贸易对生产要素配置的其他影响。上述关于要素供给弹性的分析仅仅包括国际贸易对生产要素配置的直接影响。国际贸易大大改变了贸易国的经济状况，并且能够以多种方式影响各种支配劳动和资本产量的要素。如果有人问在没有贸易时世界人口和资源配置与当今会有何种差别，那么我们就能非常清楚地认识到贸易间接影响的深远性。人们只能说它们有很大差别，而这并无法用量来表示。贸易改变了人们的基本状况，教会了他们消费新的东西及用新方法来使用旧东

---

① 陶西格在《关税问题的某些方面》中提出了这个悬而未决的问题，我认为自穆勒以来国际贸易理论已经有了重大改进。我并不打算总结陶西格的结论，尽管很困难但还是可行的，建议读者自己看这本书。

西。技术知识在很大程度上是专业化的产物，而贸易又使专业化成为可能。不仅所谓的技术劳动的特点，而且还包括熟练和非熟练的劳动的特点也受到贸易的影响。

从一个更加缜密的角度来考察，我们就可得到更加精确的结论。贸易意味着专业化和大规模生产会导致与大量生产相适应的生产方法的出现，并且影响不同劳动者的素质。劳动力培养和训练的导向在一定程度上是受贸易所支配的，如美国工程师擅长于汽车技术，而德国的工程师则擅长于染料和其他化工产品，英国的工程师在纺织技术方面有所特长。这样，无论是何种原因所引致的生产分工都会在生产要素间形成差别，而这种差别反过来又会维持现有的生产组织，这是老工业国早期工业发展具有的优势之一。为考察如今的贸易，必须考察数十年前的生产条件和贸易状况。

劳动要素满足工业需求是贸易扩大的一个原因。各国由先天和后天的生产要素差异会形成专业化生产，也即导致国际贸易的发生。于是，贸易引起更多的贸易，造成这种状况的原因是劳动力素质出现差异和生产要素国际间分配不均加大。前者与后者的影响一样，都表明了各国的要素配置的差别加大了。

在某种程度上，贸易对资本货物技术形式的影响类似于对劳动要素质量的影响。在每个国家，这种形式是由曾经存在和现存的工业所决定的。在上一章中已经提到，即使流动资本的价格使资本货物的技术形式改变到了有利可图的程度，但仍会使现代贸易遵循着早期贸易的路径发展。

§6. **当今国际贸易的发展趋势**　前述分析引出了一个经济学家长期讨论的有趣的问题，那就是国际贸易规模会持续扩大还是会逐渐缩减？

如上述所讨论的，国际贸易对各国生产资源的影响将会增大未来的贸易规模，但还有其他一些经济发展因素会促使各国贸易出现更大程度的趋同。目前，世界上只有少数几个国家的制造业的历史悠久到了足以提高更高效率的程度，而多数国家仍处在发展初期阶段或仍未起步。然而，随着时间的推移和新兴工业国的成长，它们的劳动者会学习到工艺并掌握到相应的技巧，且得到技术培训的人数会不断增加，由此，老工业国的优势会逐渐减弱或消失。上世纪中叶，英国的工业发展远远超过了其他国家,而现在,美国和德国以及其他一些国家已经赶上了英国。

这里没有分析造成此结果的动因,而国际贸易可能可以对此作出解释。新兴工业国进口机械设备是工厂生产快速增长的必要条件,当国内生产达到了一定程度时,国际贸易就会将该国的技能传给其他国家,从而使技术工人的素质趋同。

一些著名学者认为,更多国家在未来会赶上工业先驱国。如果真是这样的话,那么,国际贸易的特点将会发生很大变化,因为处在同一阶段的国家间的贸易不同于处在不同工业发展阶段的国家间的贸易。落后国家在发展初期阶段出口原材料和农产品以换回工业制成品,而当它们发展到一个新的阶段开始生产技术要求不高的制成品时,就会进口高级的制成品、半成品和机械设备,并进口那些落后国家出口的产品。而制造业发达的国家则出口高度专业化的产品,如汽车、电子设备和化工产品,并且这类贸易的规模往往很大。因此,国际贸易是提高新兴国家制造业效率的重要手段,它们能够促使一些国家在本国生产那些现在仍需进口的多种产品,但另一方面,它们又对现今仍未使用或不能大量消费的产品的未来贸易产生重要影响。

举几个主要制造业国家的例子来说明。1927年,美国至少有17.3%的商品输往英国,有9.9%的商品输往德国,而德国也有大约1/4的外贸是针对美国、英国和法国的,英国有1/4的外贸是针对3个国家的,而法国有多于1/3的外贸是对美国、英国和德国的进出口的。

上述数字并不支持马歇尔的观点,即认为"由自然禀赋差异所引起的世界贸易的比重会增加,而由工业发展水平差异以及某种和某等级的制造业偏好所引起的世界贸易的比重会下降"。[①] 马歇尔可能低估了大规模生产和专业化快速发展的重要性,低估了使一国适于生产某种产品而另一国专门生产其他产品的重要性,而通过研究各主要工业国机械设备的贸易往来就可以非常清楚地说明上述事实。

此外,人的素质的自然差别,无论是遗传的还是经过后天努力

[①] 《货币、信贷和商业》,伦敦,1923年,第105页。

获得的，马歇尔都认为与自然资源差异同等重要。下面是他所描述的关于美洲的情况：

> 欧亚大陆的历史在美洲迅速再现，那些最不容易产出财富的地区现在是最富庶的地区。北美洲国家比南美洲国家富裕，南美洲国家比那些靠近赤道且居住着南欧移民的国家更加富裕。两块大陆的人力资源的南北差异，大大影响了当今的贸易方向，但这种影响是自身作用而非最终原因。因为从长远来看，国家的财富是由人口属性而非自然禀赋所主导的。①

如果是这样的话，那么，人的差异而不是自然资源的差异，不仅将继续影响着财富，而且还会影响到国际贸易和生产的方向。社会制度和生活方式的差异在短时间内难以改变。一个不爱节俭、缺乏远见而又没有组织和发明天才的民族，无论从别的民族学到多少东西，都总是在资本匹配和技术劳动力方面不如其他国家，结果，这样的民族就只能专门生产那些对这类要素需要较少的产品，而进口其他商品。就如同要适应自然要素的质量一样，各种工业的出现必须与本地人的素质相匹配。

然而，人们可能会提出一个论点来支持马歇尔关于自然资源差异对贸易有决定性影响的观点，即人的素质的不同在某种程度上是由不同的自然环境造成的。气候和土壤会影响人们的性格，良好的自然环境会使人的精神涣散，甚至会使那些精力充沛的人难以努力工作。"气候条件就像影响蔬菜的生长那样支配着人的本性"。②

另一方面，自然条件差异在某种程度上也是人造成的。那些人们不知道或没有利用的自然特性，就如同不存在这些特性一样。人们对如何利用自然资源的知识面的扩大，从某种意义上讲，相当于改变了自然条件的各种性质。出于该原因，在白人居住的温带，自然资源在很多方面要比热带的资源更有利用价值。

自然资源和人的素质差异，无论两者关系如何，但从长远来看，它都将导致南北贸易比东西贸易更加重要，而专业化的优势可能将

---

① 《货币、信贷和商业》，伦敦，1923 年
② 同①，第 100 页。

使后者的贸易规模更加扩大。

§7. **总结** 为了重述自然资源及其他要素对国际贸易的影响，应该撇开上一章的相关叙述。虽然生产要素供给随价格的变化而时刻发生变动，但贸易在一定程度上是由相互依存的定价体系确定的实际供给所决定的，这是现有形式的一个逼真写照。如果进一步探讨发展趋势，则会看到要素供给极大地受贸易及其波动的影响。以往的贸易与当今的贸易的性质有密切关联性，生产国际分工的基础与其说是生产要素的实际供给，还不如说是支配要素供给的各种条件，如心理因素、社会习惯及体系、教育设施等。

当然，贸易也取决于商品需求。这里所说的需求是指在某一既定时间内的实际需求，而该需求深受国际贸易的影响。

问题的实质在于，国际贸易、生产要素的供给以及商品的需求是相互影响的。虽然如此，但如我们在前述分析价格机制时所知的那样，价格和贸易是实际需求和供给条件的结果。①

在分析具体情况时，必须考察供给和需求如何反应，以及要修正原有的结论。一般来说，假如只把大的劳动组织看做是单个因素的话，那么在研究贸易的微小变动时，除非考察的时间比较长，否则不必在意这类变化。因为这种贸易变动所导致的大量的生产要素的供给并不重要。德国化工出口的发展就得益于大量的有一定技术水平的廉价的脑力劳动者。不过，只要对这一行业发展进行解释，那我们就会发现这种劳动力供给的变化是退居次要地位了。毫无疑问，化工业的发展的确促使人们去研究化学，但总体对脑力劳动的供给影响不大。中产阶级刻苦努力，这可能与国际贸易有密切联系，但中产阶级的存在并不依赖于当时德国化工业的出口。因此，有充分理由认为，脑力劳动的供给是化工发展的原因之一，而并非这种工业是脑力劳动大量供给的原因。

供给如何引致国际贸易的变动是个复杂的问题。此外，鉴于对实际情况了解甚少，因而使我们无法进行扼要概括。而在存在多种

---

① 通过多种方式简单重复这种机制是令人厌烦的。我们忽视了时间因素而没有进行动态分析，除非在与空间有关的定价分析中有必要将之考虑进来。这正是本书的宗旨所在。

等级的劳动要素时，相对较高的报酬会导致更大的供给，且供给的增加就会扩大贸易规模，即贸易会使要素的国际间价格趋同；同时，也将加大国际间生产要素分布的不均衡，致使或多或少地产生前述的倾向。虽然影响要素价格均等趋势的因素不确定，但使实际的和潜在的生产成本均等化的趋势是明显的（见最后一章）。由此可知，要素供给在一定程度上会影响国际贸易。

对此进行简单描述还是不够的，因为国际贸易不仅影响着生产要素的数量，而且还影响其质量。这种影响甚至会引起贸易的扩大，进而与其他常见因素一起，可能会缩小国际间熟练和有经验的劳动力要素之间的差别缩小。

在研究具体问题时，有一种情况肯定是十分重要的，那就是要素供给的影响，这与对商品需求的影响一样，是随时间的长短而变化的。而如果人们对某些变动的短期效应感兴趣的话，那么，这种影响就可以略而不计。在适当考虑大规模生产时，研究简单的价格机制更可能揭示事物的本质，即上述详细分析的各种关联性是其主要的影响因素。人们越是希望看得远些，就越要重视要素供给的影响，因为这在长期会起决定性的作用。

§8. 国际贸易所得　总的来说，前面提到的国际贸易的各种效应中包含着贸易量增加带来的各种"利益"。但对于我们前述分析的各种关系，"利益"这个词就没有什么意义了。当情况变化明显时，指数法的弱点就非常明显，尤其是当需求属性也发生变化时。因为如果衡量标准发生了变化，或者需要不同比例的新产品，那么比较就失去了存在的基础。以中国为例，利玛教授[①]总结如下：

> 中国正在经历一场经济革命，这可以视为国外贸易不断渗透的结果，结果使中国的外贸不再是无足轻重的了。确切地说，贸易是一系列互相关联的现象中最容易把握的，这将使未来的中国不同于过去的中国，就像现代的欧洲不同于中世纪的欧洲一样。

用利益来叙述贸易的作用在此就毫无可能。

---

① 《中国对外贸易》，第 241 页。

最重要的是经济范畴的变化，生产量的扩大可能意味着每个人名下的原来的商品和劳务的减少。尽管生产资源供给是固定的，但假如产量和人口同步增长，我们是否可称其为利益呢？显然，因为贸易影响着经济范畴的特点和数量，所以，谈总体收益是主观的就没有任何意义，更不要说去如何对之进行度量了。结果，如何在国家之间分配贸易利益就是一个设想的问题，它几乎没有任何的理论和实践意义。

只有当贸易变动很小时，利益的概念就如消费者剩余那样才有真实意义，然后才能认为经济范畴的特点和数量会受到贸易的影响。严格意义上来说，人们必须假定收入分配变化不大，在这种情况下，生产或现有商品（用商品表示的国民收入）的增长即经济地位的改善才具有真实含义，可以用经济增长速度来表示利益的大小。

显然，人们或许会说，我们需要知道的是来自贸易扩大带来的利益或贸易造成的损失，而不是来自国际贸易的总利益。这个问题我们将与影响国际贸易的因素共同联系起来进行研究。

§9. 布局的一些例子　举几个关于工业布局的例子会让人们更加容易理解上述各种关系。它不仅会表明生产要素的配置如何决定生产和贸易，而且也表明贸易会对要素配置产生何种影响。在讨论某个国家为什么能专业化地生产某几种商品时，不仅要考虑工业原料的实际供给，而且还要考虑造成这种供给的原因，尤其是要考虑国际贸易的作用。但由于没有大量的详细情况和事实，并且对国家和工业的具体研究超出了本书的范围，因此，我们在此不作过多探讨。下面以实例介绍几种简单情况。

这些例证的目的是为了解释某种工业，而非某个国家的经济的特点，因而假定所有其他工业的布局已知。

为何某工业只集中在一个或一些国家而不在其他国家，这是因为生产成本以要素禀赋为基础，即某种要素在这个国家要比在其他国家更便宜。此外，还必须考虑要素供给和价格的变动对该国特定行业的区位选择会有多大影响。在某些情况下，可能还得进一步研究影响要素供给的一般原因。

对国际布局的分析类似于商人投资前决定在哪里建造厂房一样。首先要考虑工资、资源价格等不同要素的重要性，然后还要考虑需求在要素实际供给不变的条件下如何影响要素价格,以及投资设厂会如何影响要素的供给。

我们先以纺织工业为例。其显著的区域特点在于,只要有纺织工业存在的国家就都能大量生产纺织品。现代工业发展的第一阶段就是引进现代机械生产纺织品。为什么在工业发展初期的国家发展纺织工业比其他工业更容易呢?虽然这部分地归因于税收政策和原材料运输成本较低,但主要原因还是因为劳动力的大量存在,至少在白种人或黄种人的国家是这样的,尤其是在纺织工业的中心区域更是如此。几个世纪以来的手工纺织业已经造就了大量纺羊毛织麻布的工人;而且相对于机械工业而言,即使是对纺织工人进行最前沿的纺织技术培训,这也都是非常容易的。因为在机械工业中,除非工人达到一定的操作标准,否则是无法胜任工作的。

纺织工业很容易建立,但英国能形成纺织工业的霸主地位仍令人惊讶,其部分的原因归结于较早利用新发明的机械用于生产,如英国的纺织品生产是建立在现代化生产基础之上的,而其他国家则在很久以后才采取类似的生产条件。熟练劳动力的大量出现,规模空前的组织机构,这些也带来了许多好处。英国纺织品的大量出口也为纺织工业落后的国家的出口扩张做出了巨大贡献。

然而,英国的这种优势地位正在逐渐丧失,尤其是粗棉、低质毛料和糟纺毛料等,日、德、意、法、美等国也非常具有竞争力,而且它们同样也拥有许多熟练的劳动力和先进设备。当然,一些国家也许没有先进的机械,但廉价的劳动力足以弥补这一不足。

显而易见,除工人工资尚存在差异外,各国的纺织品生产条件已经开始同化。如在盎格鲁—萨克逊这类国家中,由于工人的生产能力较强,所以其工资也就比德、法、意大利等国的工人要高,而与日本的工资差异就更加明显。与竞争对手一样,英国不得不提高工人的工资水平,但由于初始生产条件和成本优势都已趋于消失,因此就导致了英国纺织工业竞争力的下降。

棉花在1913年和1924年的消耗数据就能表明这一趋势,如英国从42.74万捆下降至28.17万捆,而日本和意大利则分别从15.89万捆上升到23.37万捆,以及从7.9万捆上升到9.24万捆。

在意大利和日本的生产能力持续增长,而英国则在战后几乎没有建立任何新的棉毛纺织企业。实际上,大量现存的企业都不能获得令人满意的回报,现有企业试图将英国纺织品的产出和出口维持在一个比较高的水平上,因为在可变成本之上赚取小额利润总比一无所获要好。因此,纺织业价格的下降和棉花供给价格的上升导致英国纺织业的优势不再。

在高端纺织品方面,英国仍然有很强的竞争力,因为工人和工程师所拥有的特殊技能仍然是其他国家无法赶超的。由于起步较早,英国的织造优势足以抵消高工资所带来的不利影响。

亚麻工业也是一个很好的例子。一个世纪以前,爱尔兰北部和苏格兰南部出产大量的亚麻,并在织机上进行手工制造。但在一段长时期内,这两个地区的亚麻都种得很少,因为其生产已转移到一些低工资国家里去了,如比利时和波罗的海沿岸诸国。不过,尽管如此,这两个地区依然是世界上最好的亚麻制造中心,即使是多年来其原料生产已迁移国外,但其技术技能和高效率的劳动力的供给还是使得这些国家保持了这种生产优势。

芬兰的亚麻织造业属于工业高度密集的完全不同于以前的那种工业,在1928年它主要有五家大工厂并影响世界市场,最大的一家拥有约600名工人。究竟哪些因素促使芬兰成为亚麻业织造中心?首先,芬兰的工资水平很低。因为很少有国家有如此高水平的织造业,但劳动者获得的报酬却很低,原因在于它们使用大量女工,而女工的工资水平又相对于男性工人更便宜。亚麻工厂主要雇用女工来进行车床加工,其工资在1928年仅为20马克一天,另加上30%~50%的额外计件工资,而男工通常是技工或领班。其次,一方面芬兰拥有大量的用于工业制造的原材料(高质桦木),关于原材料的重要性将在后面展开详细分析。另一方面,芬兰的利率虽然高(如工业借款约为10%),但因为亚麻工业使用的设备简单,其利息开支并不高。虽然有些国家使用昂贵的全自动设备进行生产,但以芬兰目前的工资和利率水平来看,并不值得引进这些设备。此外,芬兰手工制造的商品的质量高也是一个重要原因。由此可见,新方法和老方法对于芬兰的成本差异影响均很小。

生活水平、社会条件、习俗以及其他影响劳动力供给的因素对国际生产布局均有着重要影响。例如,德国、波兰、捷克等国,雇用廉价的女工和童工生产甜菜,但在高工资水平的国家,如英国,其女工和童工的劳动价格不可能那么便宜,因此,要建立赢利的甜菜产业似乎不大可能。

同样,在贫穷或有特殊社会习惯的国家,其大量廉价的家庭劳动力也是一个重要因素。德国和奥地利的玩具、波西米亚的玻璃、比利时的丝带等都很便宜,甚至能够打破高额关税壁垒进入美国市场,这些"祖传秘籍"也是很重要的。廉价的国内劳动力供给尤其取决于是否存在那些主要在一年的某几个季节或一天的某几个时段里使用劳动力的部门,如比利时的农民就是在农场劳动间隔期制作丝带的。

通常,一个工业的存在是以互补其他工业的形式而出现的。生产要素供给必须从上述两个工业入手进行分析。更确切地说,某些条件适合于一个工业部分地是由于另一个工业的存在,反之亦然。例如,瑞典北部农业的兴衰就与林业密切相关。农民冬季在森林中劳作,只要雪不融化就砍伐和运输木材;而在短暂的夏季,则集中从事农业劳动。

显然,一个国可以与其他国家一样在某些工业中实行专业化生产,这时,机遇在决定工业布局中也起重要作用。某个国家的一项发明可能会促使这个国家开始生产某些机器,而其他国家的某些发明也将使那些国家生产另一些机器。这样,各种发明的不同分布也会造成生产布局的差异。

最后,对制造业的出口进行全局考虑。哪些国家制造业的净资本出口额最大?目前主要为英国、德国、日本和瑞士。英国和德国拥有劳动力和其他方面的资源优势,比如资本、铁矿石和煤炭,但是农用土地和其他方面的自然资源则相对较少;日本和瑞士缺少矿产资源和自然资源,但却拥有充足的劳动力和资本供给。造成这种现象的原因是人口增长不同所引致的早期贸易的发展,没有食物的进口将不可能维持现在的数字。事实上,对一个其他生产要素较多而食物生产相对缺乏的经济体来说,其数字要小得多,同时也不会积累多少财富。

显然,20世纪制造业生产区位的形成在很大程度上是由早期的资本和劳动供给所导致的,而自然因素的影响则相对较小。基于此,需要稀缺自然资源的工业被限制在特定地区，这就是生产原材料而不是将它们加工为产成品的原因。在原材料准备好之后，便被长途运输到制造厂。虽然不良或炎热的气候对运输极为不利，但制造业生产通常不受气候条件的影响，因而制造业生产会遍布到远比原料生产更为广泛的区域。正如前面所强调的，原材料必将成为国际贸易中愈来愈重要的一个因素。人力资源差异也很重要，尽管劳动力供给容易波动，但与之相对应的自然资源则是相对固定的，因此，劳动力的素质和种类在全球不同的国家里是不可能平均分配的（参见第 12 章）。

第三部分　商品和要素流动及其关联性

第8章 地区间商品转运的费用

§1. 导言 自古典经济学家创立了国际贸易理论的框架以来，生产要素相对不流动性就被视为独立于一般价格的理论而存在。除西奇威克（Sidgwick）外，几乎所有的经济学家都接受了这个观点。西奇威克认为，是"距离使国际交换昂贵"[1] 这一事实使一个特殊的国际贸易价值理论成为必要，而不是不完全的劳动流动。

当然，不能无条件地接受西奇威克的这种看法，因为国内贸易有时与国际贸易相当，但更多时候低于国际贸易的费用。西奇威克的观点是有根据的，人们很少注意到运输成本的多样性，因为运输成本的多样性不亚于生产要素的不流动性，所以，有必要修正一般价值理论。不论是在国内贸易还是在国际贸易中，这些影响要素事实上都存在，而这一点我们将在随后的一章中进行详述。因此，重要的区别不在于国内贸易和国际贸易理论之间，而在于一个和多个市场的价格理论之间。[2]

货物和生产要素有不同的市场，对于一般布局理论来说，市场间流动的障碍是非常重要的。的确，在对布局理论进行研究时，国际贸易是需要特别关注的，要素缺乏流动性也许是最重要的因素（尽管在国际商品流动中还会碰到其他阻碍因素）。但是，国际贸易或多或少地与一般布局理论紧密相连，因此，商品和要素的流动性缺乏之间对于贸易同等重要。

本书的第三部分就是要考虑这些问题，比较可行的办法是直接依据在本书第一部分中发展而来的简化的国际贸易理论，同时充分

---

[1] 《政治经济学原理》，伦敦，1883年，第229页。
[2] 参阅简介。

考虑本书第二部分的限制条件并逐步引入复杂的影响因素。我们首先应该考虑的是地区间商品流动的障碍，其中最重要的是转运成本。"转运成本"意味着运输成本和克服其他障碍需要花费的成本，比如关税壁垒。

在第9章中我们将分析地区间要素流动及其与地区间商品流通的关系。接下来的两章会简要介绍一般布局理论的一些方面，还会考虑内部运输费用和内部因素流动等障碍的影响。基于这种分析而对国际贸易的详细讨论，将会在第四部分和第五部分中进行。

§2. 对地区间商品流动障碍影响的初步分析 运输费用在不同商品间差别明显，有的商品笨重并且易碎，因此，运输费用就会比较高，而有的商品则相对于其价值来说运输成本基本可以忽略不计。

在不同地区间，商品价格因运输费用不同而存在差异，但这仅限于区际贸易。如果运输费用高于不同地区生产成本的差别，那么，每个地区就会自己生产这种商品，而不从其他区域进口这种商品。我们这里把这种商品称为"区域内市场商品"以有别于进出口商品，进出口商品统称为"区际商品"。这两类商品之间不存在非常明确的界限，但还有必要进行区分。为方便起见，在后续分析中，我们有时把区域内市场商品分为两类，即与进出口商品竞争激烈和基本不会产生竞争的商品。

在广义上，"货物"也包括个人劳务，因此，在消费区附近生产的物品和劳务自然就被视为区域内市场货物。事实上，个人劳务所占的比重很大，它是区域内市场货物的重要组成部分，如本地服务和消费者使用的商品服务。区域内市场货物的其他例子是砖、牛奶这样的笨重商品，对于其本身的价格而言其转运费用比较高。

运输成本如何影响区际贸易？换句话说，考虑到地区间运输成本时，在第一部分提出的价格体系的简化形式会出现何种变化？这些成本显然会随价格体系中的其他要素变化而变化。只有通过某些生产要素，才能把商品从一个地区转运到另一个地区。从狭义上讲，运输也与生产一样，同样使用这些生产要素。这样看来，运输服务[1]与其他劳务和商品一样，在价格体系中有着同等重要的作用。

---

[1] 关于其他转运成本，参阅第97~98页。

此外，还有更多更重要的差别。在第 1 章中我讨论了在简单条件下影响价格体系的各种因素，[①] 但当引入运输劳务后就必须考虑到其他因素。对各种生产要素的总需求不仅包括为满足内部消费和出口而进行的生产，而且还包括运输带来的影响。运输成本也像其他劳务和货物一样受所需要素的价格和数量的影响。对"国外商品"的需求是建立在国外价格和运输成本之上的，因此会产生对区际运输服务的需求。

而且，一种商品的国内生产成本与国外价格（即国外成本加运输成本）的关联性决定了是否应该进口、出口或者在国内生产，这会对进出口的数量产生决定性的影响。与此相似的是，生产要素的价格决定着每一个区域的运输服务供给量，而这种劳务影响着进出口的平衡。通过引入这些关系，就可勾勒出生产要素、商品和运输服务的价格体系的基本情况。

A、B 两地间的运输可能也需要使用其他地区的生产要素，比如进行陆地运输时，在 C 地区的火车运输成本取决于 C 地区运输要素的质量和价格，尽管运输成本事实上受所需要素的价格和数量的影响，但有必要把所有地区的影响因素都包括在内。当然，在 A 地和 B 地间商品有着多种相互可以替代的路线和方案，但如同生产一样，也需要依据成本进行选择。

作为价格体系的一部分，在供求及其他因素变化的影响下，运输服务自然会随价格体系的变化而变化。通过对铁路运费和船只运费的研究可以发现，不同货物的运费取决于运输设备的供需状况。更进一步，由于运输需求的变化，运费在不同地区会呈现出相应的变化。运费是联合供给的较为典型的例子，对某一方向的运输有较大需求时，该方向的运费就会相对较高。

在英国，通常是出口运费高而进口运费低，这是因为出口煤比出口其他重要货物需要更大的吨位。但在英国与斯堪的那维亚地区的贸易中，国内运输比国外运输要贵，因为那里的商品，比如木材和纸浆，其体积庞大笨重，比英国出口的煤需要更大的吨位。

在 19 世纪，欧洲向南美洲出口的货物比进口货物的数量要大很

[①] 见附录一。

多，因此，出口南美洲的运费一般高于出口到欧洲的运费。现在由于南美出口大批较为笨重的商品，比如粮食，这样就改变了原来的那种状况。

对于运费以外的其他区域间的转运费用可采取相似的方法进行分析，如在与"经济关税"、法律、语言不同的地区间进行贸易时产生的特殊费用。进出口关税属于特殊范畴，必须支付一定的款项来疏通这些障碍，但这并不是如同运输成本那样是使用某些生产要素的报酬。结果，除了少数海关官员、职员和工人为办理关税手续而需要付出的额外的工作外，并不需要其他要素的参与。在研究价格体系的区际运输成本时，应该要知道这并非偶然事件。所有这些都可以用类似分析运输成本的方法来处理。

现在很容易解释转运费用对区域贸易的影响。显而易见，如果没有这种费用，就几乎所有的商品都可以进行贸易。换句话说，转运费用减少了贸易，削弱了进行贸易的商品和要素的价格趋同的可能性。而在第一部分中，我们通常认为贸易能使商品和要素价格在国际间趋同。① 但运输成本弱化了这种趋势，尽管此时可能会出现一个新的趋同。交易是指外部需求作用于内部供给以及内部需求作用于外部供给。运输成本干预该过程并减少了其对不同市场价格的影响。

因为货物运输比其他种类的经济行为需要更多的生产因素，因此就会产生一种特殊的影响。长距离运输可能需要大量的资本、铁和煤，因此，长距离交易的发展毫无疑问地会加剧这些要素的不足。很多运输工具需要大量的自然因素，完全不牵涉工业，比如海水和河水，这些通常是"免费"的，故此不可能出现短缺。

另外，地区间交易的高运输成本下降会影响其他产业的生产规模。如采取第一部分的术语，假定贸易不受交易成本阻碍的话，那么生产要素缺乏可分性就会体现得更为明显。

在某些情况下，运输费用比其他因素会更不利于市场规模的扩大和生产的顺利进行。一些地区比其他地区的生产规模要更大，但这在很大程度上会影响贸易的相关属性。

---

① 应该记住，在本书的第二部分已经对这些修正进行了讨论。

要素运用的技巧随生产规模的不同而不同。在小的技术单元里，大部分商品是手工制作的，很少运用机器；而大的企业在相当程度上可用全自动和半自动的机器来取代人力劳动。一个地区可能有能力生产在一定程度上比其他地区更便宜的产品，因为前者的劳动力更便宜，而后者或许大规模生产另一种产品会更便宜，原因在于大规模生产需要大量的资金和劳动力的供给。

　　美国大量生产以及出口机器，但是却进口很少数量的机器，[①] 为什么？原因显而易见，大多数小规模机器需要很多劳动力尤其是技工，但却需要很少的资本和行政劳动力，而美国的技工是很贵的。但是，当需求很大时，大规模生产就成为可能，行政劳动力和资本在一定程度上乐意取代一般技工，因此，成本也就降低了。但在一些情况下成本依然会比欧洲高，不过，美国的工业还是能在贸易壁垒下进行贸易的。在另外的情况下，欧洲的生产规模相对于美国较小，可能是因为只有旧的厂房和小型市场或缺乏行政工人从而导致不能出口，而美国由于具备了较好的条件因此便能够出口。

　　汽车工业就是一个很好的例子。如美国出口中型便宜汽车但进口高档汽车。在其他产业中，高质量的货物可能依赖进口，而其他的可以由美国供给来进行解释：在一般商品的生产上，可以采取标准化的大量生产模式和使用节省劳动力的机器。很明显，区际运输成本会不利于市场大规模的扩大，这在分析贸易时应该重点考虑。[②]

　　§3. 距离关系和贸易的特点　　在简要阐述了运费影响的一方面后，我们还要着重讨论另一方面的影响。我们将会更深入地探讨什么是所谓的"转运关系"，首先想到的就是市场距离。为简化处理，可以假设转运费用与距离成正比，而贸易只是交换制成品，并且整个生产过程都是在一个地区中进行的。

　　A 地和 B 地相距很近，C 地远一些。A 地集中于制造业，B 地和 C 地主要是农区。A 地自然要向 B 地和 C 地出口工业产品，而 B 地和 C 地则以农产品作为交换，但这两个地区向 A 地出口不尽相同的农产品。C 地离 A 地远，所以它不利于出口笨重及容易损坏的农产

---

① 陶西格：《国际贸易》，第 191 页。
② 关于这一问题的进一步分析见第 5 节。

品，但 B 地可以主要出口这样的农产品。即使 B 地和 C 地都拥有同样的生产要素，但 A 地和 B 地之间的贸易与 A 地与 C 地间的贸易差别较大。A 地和 C 地间的贸易不如 A 地和 B 地之间的活跃，C 地自己生产 B 地从 A 地进口的工业品。显然，这两个农业区域的进口和出口都不尽相同。

距离会对贸易产生影响，这样的例子随处可见，尽管同时还有很多因素会对贸易产生影响。假设丹麦向英国出口黄油和蛋类，澳大利亚向英国出口羊毛，则其部分原因可能是两者到市场的距离存在差异。

当然，转运费用不仅受到距离的影响，而且也受运输路径情况的影响。C 地和 B 地离 A 地的距离都差不多，但 A 地可以用更先进的陆地交通工具，而 B 地则只可以使用较为便宜的海运，不过，由此产生的经济效果可能会相同。

§4. 原材料和成品运输费的关系　当涉及到把原材料、辅助材料和机械运往生产地区时，问题就复杂了。生产过程经常是在几个地区间进行的，例如，可能在某一个地区采掘铁矿石，而在另一个地区冶炼。显然，在生产过程的各个阶段，生产成本也包括了从各不同地区间转运原料的费用。

某种商品 f 在 A 地区生产还是需要进口，不仅取决于原料 r 制成 f 的成本，也取决于转运 f 的费用与从生产地 B 转运 r 的费用之间的关系。如果 A 地区的运输费用较高，那么，在 r 的产地 B 生产 f 就比在 A 地生产便宜。尽管如此，如果还是在 A 地区生产 f，那么，就是因为这里的生产成本比在 B 地区低得多，就可以冲抵较高的运输费用；相反，如果运输成品 f 比 r 困难，而为 A 地区消费而生产，就应该在 A 地区设厂，除非补偿费用高于这个地区的生产成本。

但是，人们往往很难把这种商品运往特定的地区。如果这种商品是 f，则生产就在市场附近进行；如果是 r，那么，在原料附近的地区都适合生产。不过，只有在为 A 地区消费而生产 f 时才可能这样。在确定从最有利地区 A 或 B 向 C 地区出口 f 时，情况就不同了。这时，在 A 地区生产 f，那么，运往 C 地区就需要额外的转运费用，除非 A 位于 B 到 C 地区的最便宜的运输路线上。如果同样的工厂要向其他许多地区出口，那么，A 地区的位置就不如 B 地区有利。总之，转运关系有助于原料产区为其他地区的出口提供最有利的产业布局。

当某些地区大规模生产比少量效率更高和成本更低以及其区域内市场不是很大时，那么，以出口生产为目的的原料区域就比其他区域更有优势。由于这个原因，因此这些地区的生产成本很低，都可以向生产要素适合于这些产业但生产还未达到最适当规模的地区出口。这样，再加上转运原料比转运制成品更困难，就可以说明为什么制造业都集中在可以提供原料的地区了。

不同地区的转运关系常常更加复杂。也许 B 和 D 两个地区都生产原材料 r 但成本不同，C 地区是否从 A、B、D 地进口 f，不仅取决于这些地区的生产成本和转运费用，而且还取决于 r 的供给差异。远离廉价原料供给地区与靠近更昂贵的地区，意义是不一样的。

有些时候生产 f 需要多种辅助材料和机械。A 地区可能具有比 B 地区更便宜的某些材料和机械，而 B 地区则有其他的便宜材料和机械，这样，从不同地区进口材料和机器，就可以得到最便宜的物品。炼铁工业要靠近铁矿石、煤矿区和市场，当知道了它们各自的位置后就可把转运费用降到最低，从而很容易推论出炼铁业的布局。

生产 f 的每一选址与某种原料生产和转运总费用有关。要明确生产成本最低的地点，事先就必须比较生产过程的成本（即使这种生产分布在了不同地区），再加上在各种可能情况下的转运费用，以及其他方面可能存在的成本。

工业选址和区域贸易处于相对平衡时，就可以这样来解释它们之间的关系，即在适当考虑运输费用时，企业就不能选择在其他能降低生产成本的地点设厂。一个地区要从另一个地区获取生产资料，这种需求就决定了需要何种的原料或机械及其数量。这种需求在"相互需要"中增加了消费需要，这也可视为对附录一中的价格机制体系的另一修正。[1]

转运初级产品和高级产品的费用可能会从根本上影响工厂选址，最明显的是进口关税对成品的影响，它导致进口原料及其在保护区内生产成品更加便宜。因此，把加工从原料产区迁往市场区，在某

---

[1] 在第 2 节中提到了其他方面。

种程度上就可以用原料贸易代替成品贸易,如纸浆可能代替纸从斯堪的那维亚地区运往英国。

贸易量也会对运转费用产生极大的影响。贸易联系越密切,地区间大量交换产品的运输费用就越便宜。这样,人口密集、资本充裕并且贸易量大的地区,就比人口稀少且相对贫困以及在其他方面条件相似的地区在经济上更加"靠近"市场。

没有简单的公式可用以表明转运关系对布局和贸易的影响,同样也无法确切描述生产要素不同的地区间的贸易的实质。仅就后一点来说,如果知晓某些限制条件,那么,肯定会在某一地区专业化生产某种商品,而这些商品生产所需要的大量生产要素正是各自地区相对丰裕的。至于运输条件,我们也应该对此进行相应论述。我们必须了解各种条件在相互依存的价格体系中的各自位置,如贸易、转运费用、生产和市场的区域分布。只有对于上述各要素在这一价格体系下的作用进行深入分析,我们才能得出相应的结论。

§5. 地区间的价格关系 现在回到贸易地区价格关系这个问题上来。为简便起见,假设有两个地区,并在这一基础上研究商品价格。地区间转运费用的差别使得各地区贸易品的价格不同。

一个地区的商品出口价格比另一个地区的更便宜,这就意味着进口商品的价格更贵。假如两种商品对价格影响的权重相同,同时假定两种商品的转运成本促使进口价格增加了同样的幅度,那么,区域间贸易品的价格增长也一定会相同。假如 A 地区进口商品的价格相对于 B 地区的出口商品增加比后者的进口价格与前者的出口价格增加要少,那么,两种商品权重的差异就会产生显著的影响,即 A 地区的区际贸易水平就必然会比 B 地区要低。

转运费用的这种差别,从运输上讲,可能是由于 A 地区进口货物比 B 地区容易,也许是因为通往 A 地区的运输需求量不那么大,由此导致了运输费用较低。进口关税也会使 B 地区的商品价格超过 A 地区。因此,第一次世界大战后,流行于货币争论中的普遍看法是,国际价格水平差异是由地区内的市场价格差别造成的,这是没有任何根据的。

由于转运费用的不同,地区间的价格也会不同,但是地区内市场商品价格的差额常常低于这些费用。当然,这是因为这些商品是在两个地区生产的，也就是说，它们是地区内市场的商品。在转运费用的限度内，地区内市场商品的转运费用常常高于地区间商品的转运费用，地区内市场商品的价格在不同地区有不同的变化。瑞典的房屋越来越便宜，而英国的则越来越贵，没有什么能阻止这一趋势。但是，一个地区的区内市场价格在多方面会与其他地区的区内市场价格有间接的关联性，对于这个复杂的问题应该要仔细考虑。

我们通过这种方式提出了这样一个问题：如果地区间差价超过了转运费用，那么，通过可能发生的那些商品的潜在交易和其他货物的实际贸易，地区内市场地区间差价会保持在何种水平？

应该注意到不同生产阶段的商品生产，如原料、半成品、工具和机器一类的辅助材料、成品消费品，它们都可能存在地区间的交换。有时贸易只在成品中进行，而有时只在原料中进行，不过，各地区的价格都会趋于平稳。当 A 地区向 B 地区输出木材时，转移费用抵消差价后仍较在 B 地区以高成本生产的木材更便宜，这将会有助于缩减 A 地区和 B 地区的房屋成本差价。不同地区的面包差价在地区间比没有小麦贸易时更低。地区间黄油贸易有助于减少牛奶差价，虽然牛奶很难进入这种贸易。在可以生产黄油的地区，尽管输入大量黄油（如在英国），但牛奶价格与输入黄油的价格之间有相当固定的关系。扣除转运费用后，输出地区（如丹麦）的牛奶价格也同样受到黄油价格的影响。这样，黄油贸易把牛奶价格的地区差价保持在较小的幅度内。

显然，初级产品（包括机器）的贸易会使各地区高级阶段的区内市场商品价格与生产成本价差很接近。同样，高级阶段商品的贸易会影响到初级产品的区内市场价格。如同一种原料可以制成不同的商品那样，价格均衡的趋势将会对所有这些产品均产生影响。用冷杉木制成的家具和建筑木材都同样便宜，这就是一个典型的例子。

同一种原料以同样的生产过程生产出两种或两种以上的商品，这种情况类似于两种或更多的商品的同时供给，它们彼此之间的价格有必然的内在联系。如果在某个国家，其中一种商品进入国际贸易，那么其他属于国内市场商品的价格也会受到国际贸易的影响。贸易商品的需求增长以及在进口国家该商品的高价格，都会提高这种商品在该国内的市场的价格。换句话说，所有国家的国内市场价格都会以同样的方式变化。

还有一种类似的间接影响。生产要素不进行国际贸易以及随之而来的价格均衡,均会使要素价格处于类似地区的内市场价格的状况。但各种商品的贸易逐渐会使各国要素的价格彼此接近,并且使得不进入国际贸易的地区的市场商品的生产成本更加一致。一套公寓的租金在很大程度上取决于利率。如果贸易减少了地区间利率的差别,则即使在其他方面保持不变也会促使房屋价格出现趋同的趋势。简而言之,如果某一地区的商品价格和生产要素价格与其他地区的这两种商品的价格差别不大,那么,生产成本和地区内市场商品价格就会更加一致。

如果一个地区的跨地区商品和生产要素的价格与其他地区大致相同,那么,生产成本和国内市场商品价格也就会趋于相等。假定在 A 地区的市场商品的需求减少了,而这种需求在 B 地区却增加了,那么,A 地区的市场价格就会下降,而 B 地区的价格就会提高,各种相关的生产要素也会受到这种变化的影响,这将导致贸易品的生产和贸易也一定会受到影响。于是,这种要素价格的差异会抵消,而地区内市场价格的变化就会被限制在最小的范围内。

更进一步地讲,假设区际贸易的障碍大大减少,那么,各地区间的商品价格就会更接近一致。而在这些商品被计入区内市场货物的成本时,其区内市场货物价格也应该接近一致。这种分析涉及到区内市场货物的供给方面,同时,也必需考虑到导致不同地区间区内市场价格联系的需求因素,尽管这种联系是有一定弹性的。

如果进出口商品的竞争激烈,那么,地区内市场商品的价格与进出口的商品的价格就不会相差太大。如果国内电器价格高于进口的同类电器的价格,则就会进口这种电器,这样,对"竞争性的地区内市场货物"的需求就很容易抵消任何地区排外性的价差倾向。虽然某一种商品在 A 地区是出口商品(向 C 地区出口),而在 B 地区是地区内市场商品,但是这种商品价格不会随意变化。不过,"竞争者需要"是一个特例,即一种商品可以被另一种商品所替代。人造奶油的国际贸易就阻碍了某些国家之间黄油的巨大差价,因为在这些国家黄油是地区内市场商品。

另外,B 地和 C 地都可从 A 地进口同样的商品,这两个地区与进口相互竞争的地区内市场价格或多或少地会同步变化。如果进口商品与区内商品竞争不相上下,那么,B 地和 C 地的区内市场价格就应该趋于一致。不过,由于运费因素的影响,可能会导致超过 A 地区的出口价格。

对地区内市场价格的某一方面应给予特别注意,那就是个人劳务的价格。大部分劳务价格均受到进入劳务成本的那些商品贸易的微小影响,因为几乎全部成本都包括了工资。因此,在不同的国家,劳务价格均受到贸易的影响,这种贸易通过对生产要素价格(这里指劳动工资)的影响而起作用。显然,各地区的工资不可能相同,正如投资者所知道的那样,各地区的个人劳务价格也不尽相同,它们比起任何一种商品的地区间差价都要大。

显然,不同地区的区内市场价格受到以下因素的约束:(1)影响贸易的生产要素的价格;(2)其他相对独立的商品进行贸易时影响贸易品价格的可能性。

总之,不同地区的区内市场价格的关系会比刚开始看起来时要更为固定。①

对国际市场价格的讨论不仅用于许多地区的贸易,也适用于两地贸易,这也简要描述了前一例中的跨地区间的商品价格的关系。

§6. 地区间的价格关联性(续) 假设有四个地区,A 地从 B 地进口货物,C 地从 D 地进口同样货物。也许因为两个地区间的转运费用不同,因而 B 地和 D 地的生产成本差别很大。进一步说,B 地到 A 地与 D 地到 C 地的转运费用也不同。虽然不会多于两地间的转运费用,但是 A、C 两地间的进口价格会不同。在大多数情况下,这种差异会逐渐减少,但是无法给出详细的数据。地区间价格的关联性与贸易地区之间的转运费用密切相关,而不进行贸易的两地的跨区商品价格不会对此产生直接影响。

显然,即使被称为"地区间货物"的商品中都包含着 A 地和 C 地的同样的商品,但这两个地区的地区间价格水平仍可能存在差异,这不仅仅是因为转运费用的差别,而且是因为存在一个以上的出口地区。A 地区的生产成本和出口价格可能比 B 地区高很多。欧洲多

---

① 这种关系存在某些差别,见第 24 章。

数国家从斯堪的那维亚地区购买纸浆,但其中某些国家从邻国购买,如匈牙利就从捷克斯洛伐克购买,这些国家的价格低于斯堪的那维亚地区的价格加运费。

从上述分析中可导出一个一直被忽视的结论:认为地区间货物价格容易随转运费用而变化。① 这种说法是没有意义的,因为只涉及某个出口地区和从这个地区进口的某些地区。如果要比较不同进口地区间的某种商品价格,则这种说法就更不切合实际,因为这些地区间的价差常低于地区间的转运费用。与不同类别的地区进行比较,也就是说不与上面提到的那些地区进行这种商品贸易,那就只能说其差价低于或相当于到最远点的转运费用。

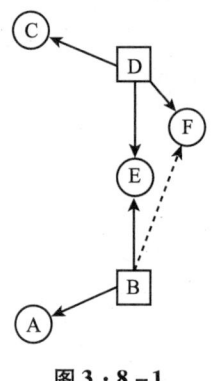

图 3·8-1

但是,不同的出口地区常有共同的市场,这种共同市场与各地区的价格紧密相连,比如纸浆。斯堪的那维亚地区的价格变化不仅影响到从斯堪的那维亚地区进口纸浆的地区的进口价格,同样也间接影响和冲击着该地区纸浆出口到其他地区的价格,进而对世界价格产生影响。不同生产地区的价格关系并非固定不变,即使不考虑转运费用的差异,共同市场的地位也可能会发生变化。

在图 3·8-1 中,B 地和 D 地在 E 地有共同市场,如果 A 地需求减少的话,那么,B、E 两地就会降价。D 地就可能由于 B 地而被迫退出这个市场,而 B 地则可能进入 F 地;而在过去,F 地只向 D

---

① 见凯恩斯:《货币论》,伦敦,1930 年,第 5 章第 2 节。该书有关国际价格关系的观点与本书不同。

地购买。假定出口地区在工厂为所有顾客开同样的价格,那么,由于运输成本的关系,A、B、E 三地的价格就会比 C、D、F 三地低得多。除了仅有一个地区生产的商品外,在涉及到世界市场价格时,为了解某一地区的价格仅简单加上转运的费用,这显然是不合时宜的。

对地区间价格条件的研究不仅包括不同生产中心的生产成本和价格,而且也包含从这些中心到不同进口地区的贸易趋势。在均衡体系中考虑地区间的转运费用,就可以对地区间价格关系有一个大致的了解,其特征在本章前一部分就已经阐述了(比较附录一和附录二)。上述分析说明,在这样一个价格机制中,一般价格水平与地区间的价格大不相同。① 所有贸易地区的价格是相互联系的,但不会仅以简单的方式出现。初看起来,地区内市场商品的相互依存关系比较紧密,地区间货物的相互依存关系则相对差些。

§7. 价格指数比较的困难 与这种分析有关的是在比较地区间价格指数时的某些困难,使用"地区间价格水平"这个概念时要特别注意。

重要原因之一是,区际贸易的商品在各地区并不一样。不仅有很多有碍价格准确性的质量上的差别,而且更麻烦的是,某种商品在某一地区可能属于地区内市场商品,而在另一地区则可能属于区域间的市场商品,由此造成 A 地区所有地区间的商品价格指数不能同 B 地区的地区间商品价格指数相比较。一般说来,在对同一地区两个不同时期进行比较时,地区内市场价格和地区间价格与一般价格的差别更大。

重要原因之二是,指数法也有其内在的困难,其结果取决于如何加权计算。严格地讲,一切都依赖于这样一个不言而喻的假设,即不同地区间的商品或商品类别、生产要素或要素类别是相当均等的。如果预算是一样的或相似的,那么,这就可以比较生活费用。

---

① 第一次世界大战后,对于外汇问题的讨论由于价格水平均等的不切实际的假设而遭到了严重质疑,即使像霍特里和卡塞尔这样的学者也应该对此承担相应的责任。参看他们在 1926 年的著作,如霍特里的《经济问题》(伦敦,1926 年),第 113 页;卡塞尔的《外汇》(《大英百科全书》,第一卷,第 1080 页)。与此相关的观点请参阅维克塞尔的《利息和商品价格》(斯德哥尔摩)和凯恩斯的《货币论》第 7 章。

不同地区间的价格总额涉及到的商品差别越大,这种比较的意义就越小。

如果一些货物在 A 地区的预算比在 B 地区的预算的作用更大,而另外一些货物只是在其中一个地区消费,那么,比较生活费用就毫无意义了。不过,如果基本相同,那么根据预算就可计算出每个地区的生活费用的指数。假如 A 地区与 B 地区之间的指数关系相似的话,那么,其得出的结果在一定程度上也是正确的。

对不同地区的一般批发价格水平进行比较通常是没有多大意义的。如果权重的确定是以每一地区货物的经济重要性为基础的,那么作为计算基础的货物总体差别必然很大。既然比较价格指数只是对不同地区某些商品的总价值进行比较,那么,当货物总体不同时,其结果就没意义;如果选择同样的货物总体,那么,这就不一定能使其与不同地区的经济实际发展水平相吻合。

显然,在经济结构差别很大的地区,一般价格指数不能表明价格的真实情况。说 A 地区的商品和生产要素的一般价格水平比 B 地区高 10%,这种说法实际上毫无意义。如果要作比较,其必须着眼于为某种特殊目的而建立的特殊指数,如人们的饮食习惯相似,这样就可以说 A 地区的食品价格指数比 B 地区高 10%。如果某种工业都以同样比例使用两个地区的相同原料的话,那么,其指数可以表示原料价格。同样,当考虑要素价格时,只有涉及到不同地区类似的要素或要素类别时才可以在地区之间进行比较。奇怪的是,尽管价格指数的适用性不言自明,但是人们常常会忽略其基本属性,而对不同国家的总体物价水平常常在无效的情况下作出比较。

区分不同地区的价格绝对水平和价格差别是很重要的。比较不同地区的价格差别,不是对 A 和 B 的价格进行比较,而是通过价格比较来找出价格差异,例如价格是高了还是低了。对价格指数变化的计算只涉及对同一地区不同时期的比较,例如,从 1900 年到 1914 年,A 地区的总批发价格提高了 20%,而 B 地区则提高了 30%。假如 A 地区与 B 地区生产和使用更多的商品,或者某一地区使用的货物比另一地区的更为重要,则此时进行价格比较是可行的。

不同指数可以应用于不同的目的。计算总产品的净值变化特别有意思,如同比较两个时期包括利润在内的该地区的所有生产要素的价值，由此得出的结果是同样的，即用货币表示的国家收入的变化相同。当经济形势发生变化时，一个地区的收入比另一个地区的变动更大，这种情况就有着很重要的意义，详见第 8 小节。

无论是一种还是一组生产要素的价格发生变化，都可以像商品价格那样进行比较。假设两个地区间的技术工人和非技术工人的比例不同，如果 A 地区的体力劳动者的工资提高到 20% 而 B 地区的则提高到 30%，那么由于没有说明是对同一对象进行比较，因此这种比较就没有任何意义。

§8. 不同地区生产要素价格的关系 通过分析给定的情况，我们可以很好地表述这种关联性。在第 3 节的假设中我们提到的 A、B、C 三个地区，其中 B 和 C 两地有相同的生产要素（农田等），C 地离 A 地比 B 地远一些，或因为其他原因使得 C 地区的交通工具不如 B 地，并假定进出口货物的运输费用大致相等。

前述已经假设 A 地对 B 地对生产要素的需求超过 C 地的需求，这就是说价格要高些。用一般的批发价格指数来衡量，那么 B 地的商品价格的一般水平要高于 C 地。确实，C 地区的进口价格要更高些，但这两个地区所需的出口货物在 B 地港口的价格要高于 C 地港口的价格，原因在于离 A 地市场更近些。结果由于 C 地的要素较为便宜，这就使得 C 地区内的商品比 B 地区更便宜。我们应该注意到，C 地区内的一些商品对于 B 地区而言就是进口商品，因此，C 地的价格就要比 B 地高。但 B 地能够出口的某些商品在 C 地就是地区内商品，也许在 C 地就比 B 地要便宜。这两个限制条件并不影响这样一个结论：远离市场地区的一般价格水平要低于离主要贸易交易中心较近的地区。

C 地从 A 地进口货物要比 B 地从 A 地进口货物花费更多，这个事实相对于其他竞争对手而言，就是 C 地从出口中得到的收益较少，并且要为进口付出更高的费用。显然，距离 A 地较远或者其他促使贸易成本上升的因素对于 C 地来说都是劣势。

一般来说，离销售商品市场较近的生产要素，或者说可以比较容易地把产品销往市场的地区，比那些较远地区可以得到较高的价值。由于偏僻地区的要素便宜，而这些地区的商品多为自销，因此，那些地理位置好且收入水平较高的地区就会更多地进口。这是因为区际贸易受制于运转费用和进口价格的影响,而但上述两个原因都对非贸易品生产有利。

与 A 地进行贸易会对 B 地和 C 地的要素和商品价格产生不同影响,这比两地区的贸易价格的可能差别还要大。贸易倾向于促使生产要素的价格均等,这从总体上看是对的,① 但对两个地区的相对要素价格却并不一定适用。如果在两个地区进行贸易(假如 B 地和 C 地),那么,这就会对两地区的均衡价格产生影响。②

§9. 要素供给和价格差异 很明显,由于不同地区贸易品的价格深受转运关系的影响,因此,任何忽视这方面的解释都是不充分的。③ 同样明显的是,根据每一个地区的要素数量,有必要考虑地区内的要素分配,因为要素供给差别也影响地区间价格。当其他条件一致时,在本地工业所需要的重要生产要素相对廉价的地区,其区域内价格也就会相对较低。④

在自然资源供应不平衡的地区,生产要素的影响特别明显。如果用一般批发价格指数来衡量,因为缺少地区内市场工业所需的许多重要要素,那么那里的价格水平就较高。阿根廷南部只产石油,所以那里油价低,而其他物品则都很贵,这就说明了运输成本和要素供给的影响。首先,价格水平高是因为进口货物的运输成本要比油的运输成本高,因此,产油地区的进口价格增长比南阿根廷和石油进口地区的差别要大。其次,石油在一般物价指数中占的权重不是很大,而食物的权重却很大。

在生产黄金的地区可见到另外一种情形,如在阿拉斯加,那里除了金矿外几乎没什么,土壤贫瘠,一切物品都几乎要进口,因此,这些物品的价格比产区都要更高。另外,这里的金价比其他地区要低些,只低一点点,但这并未降低一般价格的指数,因为一般价格指数所包含的商品并不包括金产品。

另一个影响价格关系的因素是市场规模。商品在国内市场大的

---

① 可用地区间价格指数来衡量价格均衡的效果,原因在于与商品价格影响的因素相似,故不再进行详细讨论。
② 详见第二部分。
③ 陶西格:《国际贸易》,第 5 章。
④ 见第 14 章,在该章中将进一步阐述该观点并举例说明。

地区比较便宜，例如，如果某地区人口数量较多且生活标准较高的话，则对商品的需求量就会较大。

§10. 摩擦和地区间价格的关系 我们迄今为止都假设地区间的商品价格会由于运转费用不同而有所差别，但情况并不总是这样的。

首先，可以说商品不会自动地出售。许多被安吉尔教授称之为"部分贸易品"的商品，[1] 在开始时并不需要花费大量的市场费用。要生产某种质量的商品不太容易，也不容易在新市场出售产品。[2] 因此，不同国家间的这种货物间的差价可能大大超过运输、关税和类似费用的总和。在国家 A 中，竞争性厂商可能根本不销售这类产品，即使有销售组织存在并且有大额销售量的情况下，具有开拓市场能力并有冒险精神的企业家也并不总是勇往直前的。除此之外，缺少出口到海外市场的相关信息也被视为一个阻碍因素，这与其他主要的出口商品有所不同，尤其是当出口国和主要进口国价格变化的相关数据缺乏时就体现得更为明显，如天气变化的影响。贸易条件可能每年都会改变，如木材价格在 1926 年到 1927 年秋季之间，芬兰上涨为 55%，瑞典为 20%，德国为 25%，南斯拉夫是 30%～60%，拉脱维亚和波兰则是 20%～40%。

谈到地区内市场价格之间的关系时，只有按照长期趋势来进行解释时，前面提到的涉及不同地区价格间的关联性才能与分析结果一致。当国内不同地区间的商品价格联系不紧密时，其发生变化时所得出的上述相关分析和预测可能就很难有效。

我们首先考虑影响地区间市场价格的供给因素。这些因素都与商品的成本有关，如原料和其他要素被用于中间品参与区际贸易，因此，其价格也基本会处于协调状态。其次，贸易也影响生产要素价格和国内市场的商品成本。这种影响是间接的，且从短时期来看是易变的，A 地区某种要素价格下降，可能使 B 地区使用这种要素的出口工业的工资下降。但至少有时由于工会政策或其他摩擦，B

---

[1] 参见：安吉尔的《国际贸易理论》（剑桥，1926 年），第 379 页；舒勒的《保护性关税与自由贸易》（维恩，1905 年），第 88 页；以及后来的在《现代经济学理论》中的"贸易政策理论"一文（维恩，1928 年）的第四部分。
[2] 在这一市场中，市场开发费用可能会比其他一些国家的花费要大。

地区同样要素可能会维持原有的价格，因此，该地区市场价格暂时不会像 A 地区那样下降。

从短期来看，用于满足本地市场的要素会不同于用于出口而使用的要素。因此，很明显，只有这两种工业使用同样要素时，地区间货物贸易才能直接影响地区内市场工业的要素价格和生产成本。

现在转向需求分析。正如某些地区内市场货物与地区间货物的激烈竞争那样，后者的价格差异也会在前者中有所体现，但这种影响存在一个时滞效应。要维持价格，就要减少销售和增加进口，而进口价格的下降在一段时间后会导致国内市场商品出现相应的变化。生产贸易制成品（如纸）通常会在短期内对原材料价格（如木材）影响显著，即使这些商品不用于区际贸易。但即使是在这种情况下，在经过一段时间后也可能会出现预期的变化。

通常可以用产品供给差别来解释不同地区内的商品价格的暂时差别。要素和原材料价格通过影响生产成本能间接影响商品供给，虽然从长远来看这种影响无疑是具有决定性的，并且假设成本和价格同步是合理的，但显而易见的是，生产成本和价格可能在短期内会有较大差别。某些工业利润高，而有些工业则亏损严重。如果利润在所有地区都以类似的方式改变，则商品价格也将趋同。但实际上，某种工业常在一个地区发达而在另一地区萧条，这两个地区的成本都出现下降。与此相似的是，两个地区的同一种工业的成本变动也不会立刻与销售价格向同方向变化。

最后，应该提到是，与单一产品有关的生产成本并不完全是数量的问题。划分同一生产过程中的不同商品或不同大类商品的生产费用即使是相同质量的，也多少有些专断，这有可能使价格政策按不同的方向改变，"倾销"政策或价格歧视政策就是最明显的例子。例如，根据用途差异以不同的价格向私人和工厂出售电能，这种歧视在瑞典和挪威差别较大，因此，成本降低很有可能以不同的方式影响这两个国家的电的价格，可能会致使一个的国家的用户获益，而另外一个国家则可能是工厂获益。

§11. **摘要** 这一章分析了地区间转运费用对贸易的影响，研究表明，转运费用不仅妨碍区域贸易，而且也改变国际贸易，即在某种程度上也影响贸易的效果。本章对不同地区间商品和要素价格之间的关系进行了详细描述。与最初的假设相比,地区间货物价格的联系不是那么直接,而地区内市场货物价格的联系则更直接些。从长远的观点来看,相互作用的价格体系间的联系会更为紧密些,而不同地区间在发展过程中则可能暂时会出现一些差异。

第9章 地区间的要素流动及其同商品流动的关系①

§1. 替代贸易的要素流动 前面一章已经阐述了地区间商品流动障碍的影响，现在转向研究要素在地区间的流动。到目前为止，我们都是假定这些要素在地区内可以完全自由流动的，在地区间是不能流动的，这种假设与实际是不相符的。人们应当考虑由一个地区向另一地区转移生产要素的可能性，而且还要考虑要素在地区内部流动的障碍问题。地区内部商品流动过程中的障碍和相应的困难将在下章讨论。现在，我们考察地区间要素的流动及其对区际贸易的影响，以及贸易对这种要素流动的影响，而不考虑地区内部的价格差异问题。

地区间要素流动的障碍在某种程度上会由于所考察的地区类别的不同而不同。一般说来，当这些地区在某一国比某一地区的障碍更严重时，以及只有在研究某一具体的地区时，我们才可能描述实际障碍。在下面一章关于国际贸易的研究中，我们将回到这一问题，也即大致可这样说：(1) 自然资源是不流动的。(2) 对劳动力流动的障碍主要不是运送他个人、家属和私人财产的费用问题，更主要的是心理偏好变动，尤其是对多少带点陌生的情况的厌恶。(3) 资本流动障碍也有类似的心理因素。② 因为这样的障碍与商品的情况不同，因此，我们无法确切计算运输费用。

---

① 劳动力和资本的国际流动在传统论文中多被忽略，而这种流动理论不应从属于商品流动的理论。当我1922～1923年在哈佛大学读书时，约翰·威廉姆斯教授的上述观点引起了我的注意。参见他的论文《国际贸易理论再思考》，载于《经济学》（1929年）。

② 调整贸易机制，包括资本流动是另外的事情，见第5节。

然而，使劳动力和资本家克服障碍的刺激因素主要是接受较高价格（高工资、高利息）的愿望，而足以诱使劳动力和资本转移的价格差价问题还不能引起大规模的转移。因而，如果障碍的严重程度必须要由克服障碍的刺激因素来衡量的话，那么，不同的劳动力和资本单位就可应付不同程度的障碍。在这方面我们不能和商品流动障碍作比较，诸如运输的困难和关税等，而必须用经济的观点来看待转移的代价。在其他方面，要素流动障碍可以用类似的方式得以解决。

当生产要素由价格较低的地区流向价格较高的地区时，在价格较低地区的生产要素就会变少，而报酬则增加了；但在价格较高的地区的价格就会下降，除非同时发生相互抵消的趋势，否则地区间流动的趋势会使有关地区的价格趋于一致，这正如人们发现地区间的商品流动那样。

同方向的流动趋势能相互影响。通过商品交换，不仅商品价格而且生产要素价格在某种程度上也会趋于相同，即生产要素价格的地区间差异会由于流动而逐渐减少。商品流动在某种程度上替代了要素流动。换言之，如果不发生贸易，则价格差异以及随之而来的生产要素流动将会相当大。贸易使资本和劳动力的国际流动部分地变为没有必要，而有时是全部地变为没有必要。

不过，商品交换并不能促使要素价格完全均衡。地区间差异仍然存在，当差异大到足以克服障碍时就会引起要素流动，这样，不同地区的要素价格就接近了，而地区间的贸易量就会逐渐减少。要素流动是商品流动的替代物，由于要素和商品会向遇到障碍较少的一方流动，因而这更有利于推动地区间的价格均衡。

如果要素流动增加，那么将会发生新的转移，从而不同地区间的要素价格会更趋于一致，这将会减少部分商品的贸易。然而，运输技术进步会减少运费，这将会增加贸易，因此，要素差价的减小常常会减少地区间要素流动的量。贸易变动依赖于当时的要素价格以及要素转移的强度，而要素流动的变动则依赖于商品的价格以及贸易的反应强度。

有时，商品交换可以单独运行，可能形成地区间价格的高度一致，以至于不会引起地区间资本和劳动力的移动。不同地区间工资和利率的差距也许会变得很小,在这种情况下,生产要素的流动就不会影响到生产和价格。不过,如果要素差价或流动性增加,那么,其结果就会有所不同。

理论上可以设想在另一种情况下,两个地区间有要素流动而却没有贸易,双方都发觉同其他地区进行贸易是有利的,但是,只有要素在两地间充分流动时才能消除价差。然而,实际上,人们可以假定在各地区间或者有商品移动,或者有商品和要素移动。

研究区际贸易的变化时,无论其原因是由于需求、技术或是别的因素的变化,都必须考虑对价格均等化趋势的影响。价格差异变化会由于贸易变化(直接影响商品价格,间接影响要素价格)和要素流动(直接影响要素价格,间接影响商品价格)而抵消部分影响。因此,价格均等化趋势是以两种方式进行的。

§2. 生产要素流动对贸易量和贸易属性的影响 当经济变化的主要原因是由于要素的流动性变化而引起时,就可以考虑贸易的反作用;而当主要原因是贸易障碍的变化时,就应该考虑要素流动的反作用。

假设由于某种原因极大地增加了生产要素地区间的流动,这时,要素价格中现有的差异大到足以造成要素流动,而这种流动有助于均衡地区间的要素价格。当差价减少时,要素价格会再次稳定,这时贸易又会如何呢?

由以上分析可知,人们可以假设要素价格均衡会减少一部分贸易的量,这如同在生产要素中有更多的类似情况那样。事实也确实如此,假如 A 地向 B 地输出资本而 B 地向 A 地输出劳动力,如果 A 地的总收入即所有生产要素的价值总额与 B 地的总收入不发生变化,那么贸易量就会减少。① 然而,生产要素再分配增加了 A 地和 B 地用商品表示的总的实际收入,② 这样,在其他条件不变的情况下就会增加贸易。可以想像,这种趋势要比前一种趋势更明显。

当一个地区的收入同另一地区的总收入相比增加时,其结果就会更加不确定。如果 B 地是个自然资源丰富的新国家,那么,生产

---

① 在动态条件下,国民收入可能与要素价格总额不同,不过现在我们不考虑这种情况。
② 使用"贸易量"和"生产量"这两个概念务须谨慎,请参考第 15 章。

要素就可能只以一种方式流动，即劳动力和资本就会从 A 地或其他几个地区流入 B 地；B 地的总收入增加了，而 A 地的总收入减少了。如果 B 地的纯收入一直比 A 地低，那么，它们之间的收入就会由于贸易的增加而趋同。例如，劳动力和资本都从欧洲流入南美，这极大地增加了两地的贸易量，人们对这点恐怕不会有什么疑问，虽然劳动力和资本的流动使得南美的生产装备更像欧洲的生产装备，南美的经济生活水平也由此得到很大发展，而要是没有劳动力和资本的流入的话，这简直是不可能的。

贸易量不仅取决于不同地区生产要素的禀赋差别，而且还取决于这些地区生产（厂商总收入）的绝对量。需求水平既受不同地区生产要素的数量、价格、所有权的影响，也受到人们偏好的影响，它在影响供给条件的同时也影响贸易量。英格兰和冰岛的要素供给差别很大，它们之间的贸易量也小于英格兰与荷兰之间的贸易量，而英格兰与荷兰间的要素禀赋却几乎完全一样。

当然，如果 B 地的纯收入大于 A 地的总收入，那么，A 地到 B 地的要素流动增加自然就会减少地区间的贸易。生产要素和消费者越集中在同一个地区，则对地区间贸易的需求就越少，这种集中至少意味着要素价格更加趋于相等。

实际上，劳动力和资本常常流向这些要素供给稀缺、总收入相对低的地区。移民极大地增加了总收入，因而增加了地区间的贸易量。在很多情况下，因为要素价格中类似情况更多，因此，这种增加趋势比减少贸易的趋势要强。不过，要素流动在大多数时候会减少地区间的贸易量。

收入规模和贸易之间没有固定不变的关系。要素流动不仅表示生产技术的变化，而且在某些情况下也表示需求的变化。劳动力移民不一定要同移居国外的资本家需求的商品相同。

简而言之，除了商品运输费用以外，贸易量还取决于以下三个因素：（1）要素供给差异；（2）各自总收入的规模，即不同地区的需求量；（3）需求。要素流动影响这三个因素,[①] 并且以两种方式

[①] 贸易量当然受价格体系中的各种要素的影响，但有些条件如所有者并不受要素流动的影响，因而在此我们不进行分析。

影响第二个因素：可以改变不同地区间总收入之间的关系；要素再分配意味着提高了要素的使用效率，这就是说，它趋于提高了各处的生产和收入。

§3. 要素流动对贸易的影响（续） 此外，还要考虑几种类似的问题。第一种与在广义上称为的"大规模经济"有关。在某些情况下，从其他地区流入的要素数量增加，并不意味着要素价格在相对没有增加时会下降。在自然资源供给丰裕的地区，可以得到资本和劳动力而又不必降低利率和工资。众所周知，当一种要素数量增加而其他相关的要素数量不变时，前者每单位的利润率在开始时可能会提高，可能四千人的产量相当于新国家两千人产量的两倍以上。就增加的要素而言，其报酬递减倾向只有在一段时间后才能体现出来。由于外部经济的作用，劳动力和资本供给稀缺的新地区，在劳动力和资本供给增加的情况下，可以得到较高的人均和单位资本的产量，经济发展史已经充分证明了这一点。

即使在每个企业中都存在着显著的报酬递减趋势，不过，它还没有达到劳动力进一步流入而减少工资的地步。对于开设和维持通讯、教育设施等，人口密集是必需的。虽然每个农场多雇用一个人其人均产量就会少，但是从人口密度增加中可以得到间接的好处。劳动力和资本流入南美，直到上个世纪末还没出现减少工资或利率的趋势，至少在开始时是这样，但地租却可能会提高工资和利率。这一时期，那里和欧洲的要素价格的变化很可能同向。从欧洲外流的劳动力和资本肯定提高了该地工资和利率。如果是那样的话，则要素价格没有发生变化，贸易就不会出现减少的趋势。要素流动也没有任何改变贸易特征的趋势，因为含有相对大量的自然资源的货物一直是南美的天然出口商品。

不过，在到达某一点后，工资和利息就不会像地租那样增长得那么快了，此时，相对的要素价格趋于地区间均衡。在劳动力和资本增加的影响下，当工资和利润趋于下降时，情况就更是如此。

最后一个的限制条件是，当流入的劳动力和资本产生的大规模经济扩大了市场时，其对各个企业的影响完全不同。如果这些经济只体现在出口企业中，那么，贸易就会趋于增加。但是，如果是在与进口商品竞争的生产企业中，那么，要素增加就会对贸易有相反的作用。不能说从国外接受劳动力和资本的新国家,其哪一种选择最可能产生替代作用,但制造业的确在新地区内部产生的经济效应比较大,因此,这就会减少这种制成品的进口。不过,也许农业的外部经济更加重要因而会导致出口的增加。用货物表示的较高的要素价格可以抵消这些趋势以维护进出口平衡,这样,贸易量就可能减少。也可以这样表述,即由于大规模经济导致所需要的生产要素的比例发生变化,因而就无法用一般术语来描述贸易的特征以及贸易的量。

显然,由国际要素流动造成的数量的增大,必然会导致贸易量和贸易特征的净结果呈现出相应变化。

要素流动常使不同地区的要素趋于均衡,不过并不永远是这样。要素流动的刺激存在于地区间的价格差异中,即使要素供给是同样的,也会存在这种价差。需求、转运条件、社会条件及其他类似条件的差异都会引起要素价格差异,这足以导致要素流动。

假设有三个地区 A、B、C,其中 B 和 C 两地的要素布局相似,C 地比 B 地离 A 地远些。A 地是 B、C 两地商品出口的重要市场,B 地大部分要素的价格都高于 C 地。结果,C 地的一部分要素会流向 B 地,这样,B、C 两地的要素布局就会比以前差别更大。

要素流向外部引起了本地整个经济的变化,而生产条件变化只是其中的一个方面。要素供给以及其价格的差异,也以影响工业再分配和区际贸易的方式改变转运费用。第一,转运费用取决于运输所需的生产要素的价格。由于影响到要素价格,因此,地区间要素流动也影响到转运费用。因为运输劳务与其他劳务和商品一样,在价格体系中占有重要地位。第二,大规模经济也以商品生产的同样方式影响劳务的运输。例如,既然流入新国家的要素增加了那里的生产,那么,要素流动就会增加劳务的运输,这样就能得到较为便宜的供给。港口和铁路可以用较低的费用来修建和经营,这就明显地会影响贸易的数量及其特征。

关于地区间要素流动对地区间贸易的不同影响就讨论到此,尽管不能作总体论述,但以上分析足以说明要素和商品流动之间的关联性。

§4. 转运条件变化对要素流动的影响

由于要素流动取决于地

区间的价格差异,因此,价格体系中的基本因素的任何变化都会影响要素流动。为说明清楚贸易与要素流动之间的关系,必须强调它们在价格体系中的位置。迄今为止,我们只考虑到影响定价的基本因素是短缺和需求、所有权条件、生产要素的供给和生产的自然条件,而影响大规模经济的条件、生产的社会条件和社会稳定性也在第二部分的最后一章中进行了讨论;我们在那里还分析了转运费用即转运劳务的价格,它在价格体系中的绩效与其他劳务一样,必须使用一定价格的生产要素,而其所需要的数量则取决于要素和商品的质量,即原材料的基本属性。换句话说,同样的物质条件对生产起主导作用,从狭义上讲,它同支配运输的条件相同。确切地讲,第四组基本因素可以成为生产和运输的自然条件,① 但是社会条件例如关税和税收对生产也起到了相同作用,它也会提高转运和生产成本。

地区间要素流动需要少量的转运劳务,移民或许有艘船坐就可以了。资本流动是否还需要额外的运输手段就值得怀疑了,它不需要增加贸易总额,因为它可以在一个方向上减少商品流动量,也可在相反方向增加这种流动量。不管价格高低,随之而来的对运输劳务的需求类似于旅行或者其他情况对劳务的需求。因为要素流动而引起的价格机制的重要变化,促使各个地区的总需求受到个人的偏好、供给、要素所有权和要素价格等多重因素的影响。由于购买力的原因,资本由贷出国转移到借入国,而改变这方面价格机制的均衡机制是很简单的。关于购买力改变和经济生活方式改变的影响我们随后会进行详细分析。

要素流动会改变各个地区的要素供给,但不会改变价格体系的地位。价格体系在特定的时期对要素实际供给是非常重要的。这种国内资源供给是流入还是流出并不重要,然而,在研究经济波动时,我们应该考虑要素供给变化的影响。因为这与区际要素流动引致的

---

① 在很多情况下,"运转条件"指的是所有地区的生产要素配置以及生产和运输的自然条件。世界不同地区的土地质量与不同地区间的距离一样,都是非常重要的影响因素。从生产的角度来看,"生产条件"指的是不同地区的要素供给以及生产和运输的自然条件。

国内要素供给变化显著不同。

在讨论了定价的基本因素后，我们将进一步讨论要素流动和贸易间的关系。

在前一章里我们研究了要素流动性（即引起了地区间的要素流动）的主要变化对价格体系的影响，特别是分析了对贸易量及其特征的影响，尤其注意到了地区间要素流动可能会存在反作用（在第五部分将进行研究），但也可能存在以下例外：影响转运条件的基本变化特别有意义，它直接影响到区域贸易，进而影响到价格机制的其他部分，如影响要素价格及其在地区间的流动。显然，这与上一章中讨论的情况相反，要素流动变化能直接影响要素流动或间接影响贸易。对这两种情况进行分析能很好地弄清楚商品国和要素国之间的流动关系。后一种情况我们已经进行了讨论；由于运输技术的改进，对前一种情况的讨论应从对外贸易中要素变化的影响开始。

对要素价格来说，这种变化的作用可能非常接近均衡，以至于使得所发生的要素流动成为多余（否则将会发生）。但是，偏远地区十分可能成为某些工业的理想位置，通过吸收劳动力和资本增加地区间的要素流动。由于对要素流动的影响不同，因此，地区间要素价格的差异有时会增大，有时会减小，转运费用的减少和增加都会这样，如壁垒政策对要素流动的影响。对这一问题的进一步讨论详见16章。

前述章节已经表明，转运费用的变化对贸易的影响不能用贸易量的增加和减少来解释，因为贸易的趋势完全改变了。显然，也可以说变化了的转运费用对要素流动的可能影响也是如此。要素被吸引到适于建立工业的地区，这样，世界要素的分布就由少数地区朝不同的地区平衡发展；与之相反的是，要素配置就会与新的运转条件相一致。

在研究了几个贸易地区价格机制的变化后，我们就能解释以下各种情况下所发生的变化。现在我们从整体上总结这种机制的关系及特点。

§5. **作为替代商品和要素流动的各种组合**　上述研究已经表明，在某些情况下，要素和商品流动可以互相替代；而在其他情况下，其中的一种商品或要素出现新的流动，这将会使另外一种商品或要素发生更大的流动。

现在我们来考虑这样一种事实，即一些要素流动可以替代另外一些要素的流动，这正像一些商品的流动可替代另外一些商品的流动那样。后面这种现象是不言自明的，如工业制成品的进口税，它常常导致用进口原料在国内生产同样的货物。因此，原料代替了制成品进而进入贸易。一般说来，转运费用在一定生产条件下决定了是进行后期物品的贸易还是进行初期物品的贸易。

同样，一种要素可以从 A 地流往 B 地，B 地的其他要素相对多一些。如果这种流动困难的话，那么，其他要素就可能从 B 地流往 A 地。例如，资本以一种方式流动，而劳动力则可能以另外一种方式流动，这可能就是地区间资本流动的结果。

然而，资本和劳动力的流动也可以互补。如果欧洲资本没有流入南美洲的话，那么，我们就不可想像在上个世纪末欧洲移民会到南美洲去。甚至在这种情况下，也可以说某种要素流动会取代其他要素的流动。因为自然资源不可能从南美洲流往欧洲，而其他要素则只好从相反的方向流入南美洲，这样便增加了区际贸易。更准确地说，是要素流动和一种类型的贸易取代了另一种类型的贸易。

一般来说，要素和商品流动的一种结合可以取代另外一种结合。转运困难中的变化可以导致这种替代发生，就像所有其他类型的经济变化所带来的结果一样。

要素和商品流动是经济机制的反作用，上述两种流动都表明，地区间商品的供给与需求条件是相适应性。要素流动主要体现了生产条件对转运和需求条件的相互适应，[①] 同时也表明了对转运条件和地区需求分配的适应。商品流动及其表现出来的地区间的生产分配则表明在一定的生产和转运条件下，本地商品的供给和需求具有一定的相互适应性。

我们可把许多种类的要素和商品划分到同一级别，地区间难以计数的流动的组合将会沿着阻力最小的方向进行，它们代表了对经济存在条件的适应性，以及对经济发展可能施加的影响。

从长远来看，地区适应性的主要因素是自然资源的不可流动性，

---

① 为简便起见，我不再每次重复稳定的条件、征税和其他类似的条件对其他生产、需求等因素所起的类似作用。

而劳动力和资本则可以流动。大多数其他要素是可以流动的（当然也包括许多不同类的劳动力），大多数货物都可以在很多地区间运输。因此，可行的结合流动方式很多。这在很多情况下，它会使关税和地区间经济关系的其他障碍不起任何作用。

§6. 要素流动及其与贸易的动态关系 到目前为止，这种分析涉及到变化发生前后的情况，这种比较实际上是静态的。要素流动需要时间，当要素流动完成时，我们仅仅了解环境是不够的。因为影响要素价格的经济变化会不断出现，因此，这种要素流动也会无限期地继续下去。另外，某些要素在流动中会有特殊影响，因此，我们必须考虑环境的变化。

资本在某些方面是独一无二的，它可以以货物或服务的形式从一个地区流往另一个地区。资本输出可以表现为商品的出口超过进口；同样，希望输入资本的地区则必须进口更多的商品，或者减少出口，或进出口都减少。因此，可以说，资本流动在某种意义上是商品的流动。

资本流动在这方面的特点表现为商品与进出口方向的某种关系，这种关系只能在不同地区的一般经济形势发生全面变化时才会产生。这种变化的实质（地区间资本流动的机制）我们将在第五部分从国内和国际流动的两个视角进行单独分析。

如果资本流动而资本家不动的话，那么，借入地区必须以商品或劳务的形式付给借出地区利息。除了没有提高新的利息支付外，这种支付同样在最初以资本流动的方式影响贸易。就贸易机制而言，方向相反的资本流动和利息支付的作用均可以达到均衡，而余额则以货物或劳务的形式在一定方向上流动。分析地区间的资本流动时，必须考虑利息提高和余额在不同时间的流动，即使资本以平稳的速度流入时也必须如此。由于众多的原因，这种分析必须要充分考虑时间的因素。

另外一种情况是，新的变化不断出现，不同地区间的要素差价很大，以致要素继续流动。一段时间后这种要素流动就会减少价格差异，但其他经济变化又增加了价格差异，例外情况除外。

假如劳动力从 A 地流往 B 地，而 B 地的工资与 A 地的工资相比趋于下降，那么同 B 地的其他要素价格相比，它也同样下降。但是，

B地的经济发展和生产方法会迅速改进，以商品表示的工资提高速度也会与A地相同。这也就是说，它不会出现相对下降的情况。较高的利息与这种情况有关：要素流动以及随之而来的贸易变化可能是经济变化的直接原因，这可以抵消其他可能作用的影响。

这正如我们已经所指出的那样，资本流动表示购买力转移，因此，只要资本流动和利息支付继续进行的话，那就会对地区间的定价产生长远影响。我们现在应该处理要素流动和定价之间的关系。贸易对要素价格的影响通常会改变国内要素的供给，可能带来新的储蓄、增加教育、更多的人口或其他类似的结果。现在，要素流动也会影响要素价格，这或多或少地会影响要素供给，当然，这主要取决于要素供给对价格的敏感程度。资本出口倾向于提高利率和增加储蓄，而劳动力的进口会间接降低移民地区的出生率。

要素供给不但能改变要素的价格，而且还能促使贸易产生相应的变化。英国在19世纪输出资本不仅提高了英国的利息水平，而且也增加了大西洋彼岸国家的食品生产，因此，它降低了英国国内食品的供给价格，也可能对英国的经济发展包括储存量产生巨大的影响。

由此可以得出的结论是，在研究经济变化特别是研究这些变化对区际贸易的影响时，就不能如第二部分的分析那样仅限于分析变化了的要素价格供给对国内变化了的价格的影响，还应该考察所引起的地区间要素流动减少的程度对要素价格、贸易以及地区内要素供给的影响。一些影响很快就会显现，一些影响则要过一段时间才会出现，还有一些可能会持续很长时间，而有一些则会在短期内就消失，因此，分析就必须包括各种趋势的时间过程。

这样，对区域贸易的性质和变化的研究就变成了对多边市场价格体系的一般研究。地区间要素流动所起的作用，不论是直接的或间接的，它们都是不可忽略的。区际贸易理论和地区间要素流动的理论在很大程度上是重叠的，只是地区间要素流动理论的某些方面我们在此不予考虑。①

---

① 由于在第五部分才对本章的结论进行实证研究，因此，读者可能会晚一些才能形成这种观点。

第10章 地区内的转运费用和要素流动：一般区位理论的几个方面

§1. **杜能实例** 在此之前，我们的研究只限于地区间商品转运的费用和生产要素的流动。在本章我们将讨论地区内部缺少商品和要素流动时会产生什么影响，而这一问题在前面章节中是略去不谈的。

区域的概念在此打破，现在我们把一个无法确定边界的地区作为研究的基础。区内缺少商品和要素的流动会对生产布局和贸易产生什么影响呢？为简便起见，我们假设劳动力和资本是完全流动的，从这个意义上讲，整个区内的每一种劳动力和资本都只有一个以商品表示的价格。换句话说，自然资源的不流动、商品的运转成本和贸易的影响都会在本章得到讨论。

在第一种的几个简单实例中，假定在适于商品运输的范围内整个地区的条件都相同，那么，这种共同的因素称为"运输特点相同"。在本章的后半部分，我们将分析运输特点和"运输便利程度"（人类改造过的运输特点）的影响，如在地区内某部分有铁路，而另外一些部分则没有铁路。

事实上，第一种实例与杜能认真研究过的例子一样。[①] 地区中部是煤或铁矿等自然资源的中心，这是主要机器制造业生产所需要的原料；周围是适于耕种的土地，而土地的质量是一样的。结果，在地区中心发展成为一个城市，用工业制成品与周围地区进行商品交换。

如果只生产一种农产品，那情况就更简单了。在扣除运输成本后，地区内的价格与城里的价格相同。土地离城市越远，耕种越粗

---

① 《孤立国》（新版，耶拿，1910年）。

放，人口越少，则土地租金就会越低。在某些更远的地方，① 其土地免租金；而在最远的地方，土地就根本只能用于耕种。

如果要生产几种农产品的话，那情况就复杂得多了。不过，城市附近郊区的价格要高些，这是因为运输成本少的缘故。问题是，每种农产品会在什么地方生产？是不是在城市附近生产笨重或难以运输的产品，还是在远一些的地方生产其他产品？就目前这种假设来说，答案是肯定的。如果运输动物饲料比运输蔬菜食品更困难的话，那么，动物饲料就要在城市附近生产。这里不考虑不同土地的质量不同问题，也不假定每一种产品必须在适于生产自己的土地上生产。如果具有某种质量的一块土地最适于生产酒或小麦，那么，它用于生产什么好呢？自然要用于生产能够付出最高租金的产品，而另外的一种产品就要在人们认为次等重要的土地上生产。事实上，在一些国家，最适合种小麦的土地却在种植适合生产酒的原材料，同样小麦在美国谷物中只属于次级作物。不严格地说，适合谷物生长的地区比小麦的生长地区受到更多的限制。但正确的说法是，高价产品能赢得土地。假如其他条件一样的话，那么，生产笨重产品就会比起轻便产品离城市近些，这是因为离市场近，它可以降低运输成本，这样，笨重产品也可以付较高的租金。

只有根据相互作用的一般价格体系才能确定哪一种产品能付较高的租金。② 在通常的单一市场价格体系中，对质量相同但位置不同的土地可以进行简单的描述，如同质量不同的土地一样。换句话说，土地位置应如同土地肥沃程度那样来看待。"技术指数"可以表明生产（包括向市场运输）每种产品时，每块土地需要多少其他生产要素。根据这样的价格体系，它可以确定包括土地在内的各种生产要素应怎样结合以及可用来进行哪种类型的生产。③

§2. 简单情况下的原料和成品的相对流动性 现在我们应该考虑划分生产区域的可能性，即原料在某一地方生产，而成品在另一

---

① 距离在此不作分析，系统分析详见下章。
② 见下一章。
③ 在绝大部分的经济学论文中，地租理论通常采取如下的处理方式：假定消费只发生在一个地区，否则，就必须考虑不同地区的消费区位问题，而这就必然会影响生产区位。下面的部分将会显示这样一种理论与先前的分析没有任何差别。

第10章 地区内的转运费用和要素流动:一般区位理论的几个方面

地方生产。首先,应该讨论自然资源的不可移动性和商品转运费用的影响。假定地区内劳动力和资本价格相一致,以及运输特点和便利程度相同,那么,我们认为生产成品的工业布局将取决于:(1)原料和成品的相对可转运性;(2)可能的生产中心到原料产区和市场间的距离。假设已知消费者市场和原料产区(包括生食品)的位置。[①] 对于工业生产所需要的原材料的市场区位我们将在随后(第4~5节)进行分析,此时,第二条假设被剔除,即要包括运输特点和设施、转运费用和大规模经济等的差别。下一章我们将分析劳动力和资本供给的地区间差异,以及工业对贸易的影响。

回到韦伯(Weber)所描述的例子中,如果商品只由一种原料制成,那么,对原料产区和重要的市场来说,生产制造应该怎样布局?答案很简单,有两种不同的可能性:如果成品比原料难运输,比如像啤酒和面包,那么,生产就应设在市场附近;相反,如果原料比成品难运输,那么,生产就应设在原料产区附近。市场距离的所有劣势在此时都十分重要,而不单单是运输的实际困难。

严格地讲,面包业需要用几种原料,但只有其中的一种运费高昂。同样,造纸工业要使用很多原料,但纸浆最为重要。在18世纪时,许多纺织业和其他一些行业都迁往水力资源丰富的地区,因为运输羊毛、棉花和布匹比运输动力要容易些。

如果原材料比由它生产出来的产品更容易运输,那么,产品就会在当地生产。在许多情况下,原料在生产过程中常常会减轻重量,这就是打谷经常在谷物产地进行、运输黄油而不运牛奶、运输砖而不运粘土、罐头食品工业在蔬菜生产过剩地区进行的原因。由此可以得出结论,改善成品的运输一定会使工业更加靠近原料产区。采用人工制冷和密封技术后,屠宰业和食品加工工厂从大的消费中心都迁往牲畜产区。

另外,还要考虑到大多数商品都是由产于不同地方的原料共同制成的。"到处都有的"原料其由于不需要运输,当然就不会受到直接的影响,但我们还必须比较成品运输成本和地区性原料的成本。

---

① 韦伯在其名著中对此进行了详细分析,最近在美国出版了新的版本。本书在随后的五六页对此进行了详细阐述。

应该注意到,在很多情况下,"到处都有的"原料会使成品比地区性原料相对重些。

很多情况下,使用几种地区性原料的运费会比运输成品要高很多。① 煤和铁都是会损失重量的材料,因此,炼铁和采煤业要设在原料产区而不是设在市场。但如果煤矿和铁矿彼此间有段距离时,工厂的最佳位置应在哪里?

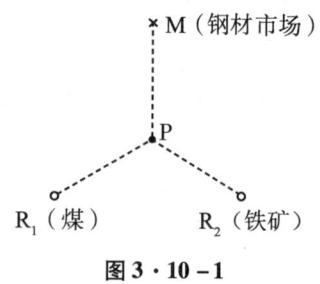

图 3·10 - 1

答案是,如图 3·10 - 1 所示,可以找到"最低运输成本点"。对于市场而言,在钢铁、煤、矿石上的运输花费越多,那么,煤矿和铁矿的吸引力就会越大,钢铁业就会离它们更近,不过,装卸费用常常很高,以致两趟短途运输比一趟长途运输费用还要高。因此,如果制造业位于原料的某一个产区,那么,总运输成本常常是最低的,如钢铁工业设在煤产区(P 和 R 的重合点)。在这种工业中,常把铁矿石运到产煤区,但是在其他金属工业中,例如炼铜工业,常把煤运到矿石产区。减少运输次数的经济和节约,自然会使工业从主要市场邻近地区迁往市场区,如果从原料产区到市场的距离会形成较优的布局时更是如此。但是,如果运输货物成本高和路途长,而制造业又设在其中一个产区,那么,选择其他地点设厂以及担负多趟运输的费用还是合算的。②

§3. 复杂情况下的相对流动性　更为复杂的情况是几个市场和许多具有相似原料来源的产品。我们假定把这些原料称为 a、b、c

---

① 假如运输后者更困难的话,那么,这就必然会产生"市场区位"。
② 选择这样一个中间点的重要原因是,此时有必要将运输分成几个部分,见本章第 7 节。

第10章 地区内的转运费用和要素流动:一般区位理论的几个方面

等,而 a 的产地为 A_I、A_{II}、A_{III} 等,b 的产地为 B_I、B_{II}、B_{III} 等,市场为 M_I、M_{II}、M_{III} 等,其他依此类推,那么,是不是就应该用 A_I、B_I、C_I 或其结合起来生产的货物提供给市场 M_I 呢?

对于每一个市场来说,每一种可能的原料结合都必须要考虑到市场的最低运输成本。如果在所有的原料产区的原料价格都一样的话,那么,问题就比较简单。制造地区就会是在每一个市场运输成本的最低点,以便能更充分地利用该地区的原材料。当然,同样的原料产地还可以向几个市场提供原料,但不同产地的原料价格可能不同。关于这方面的影响我们将在本章的后面加以分析。进一步地说,如果规模经济会减少生产地点,而每一生产地点又可以同时供应几个市场,那么,就要选择这样的地方进行生产:(1)保证一定的产量规模;(2)肯定会节约生产成本,提高运输成本的可能性最小。生产单位达到一定规模后如果再增加产出,那么,成本就会超过经济效益。

如果一个已知的原料产地结合其他要素可以供应许多市场的话,并且其市场地理位置各不相同,那么,每个市场作为生产点的吸引力或多或少地就会被其他市场的吸引力所平衡。如果原料是逐渐减轻重量的话,那么,市场更可能设在原料产地附近。这就是前述论点的另外一个原因,它可以解释为什么原料产区的布局比简单布局更为合理。

市场并不总是集中在特定的地方,人们总是谈到"市场区",每一个这样的地区都有一些消费点或可能存在的消费点,这是因为每一个地区在那里或周围地区都有消费"量"。我们可以把每个消费点都看做是集中的市场,并且可以计算运输点的最低成本,这样,加权的大规模经济的好处就会超过运输成本提高带来的不利影响。

如原材料的地区及据点可能会围绕着原材料的资源,其余原材料的供给和市场的关系也可在此得到解释。如果规模优势很大,那么,一个生产地点将会把原材料从一个大地区引进,并且把产品销往其他地区。布法罗的工厂能够从美国各地以及加拿大得到小麦,并把面粉出口到东部地区和欧洲,堪萨斯州在西南地区也是如此。如果比较磨粉工业的分布,那么,奶酪也是把材料由各地集中到一起进行生产的。影响原材料运输成本的其他因素在后面将要讨论的牛奶工业的例子中更加明显。奶酪工业的规模不是很大，并且分布在农业地区。

实际上，在许多情况下，生产并不是仅仅分为原料生产和成品生产两个阶段的，而是分成很多阶段的，木材、纸浆和纸就是三阶段的例子。半成品纸浆的生产布局由以上提到的因素所决定，唯一的区别是，这时的市场是生产者购买的市场，而不是消费者市场。所有的生产资料都是这样，例如，对机械的需求来自制造工业。市场布局就是半制成品和机械（在随后称之为"半材料"）可以像成品一样在同样地区生产，典型的例子是马萨诸塞州的乌司特郡，它在建立纺织工业时就制造纺织机械；丹佛仍然生产重型采矿机械；芝加哥是农机生产的中心。一般说来，机械工业设在机器的使用和维修区，这样，不仅在运输成本方面有优势，而且也与消费者较早接触有关，它带动着其他辅助工业的发展。

生产者购买成品（如纸）的市场布局由成品的市场位置和"半材料"生产（纸浆）的布局所决定。因此，它影响因素包括：（1）各种货物的可运性；（2）原料生产工业和消费者市场的布局。应予以修正的是，生产可能分为几阶段进行，每一阶段对于前者来说就都是一个市场；生产半成品的地方同时又是一个生产点和原材料产地。因此，如果已知原料产地和市场的某种布局，那么，生产较后阶段的布局就主要与不同种类商品的运输便利性有关。换句话说，主要受各生产阶段商品的运输难易程度、原料供应和不同市场距离的影响。

§4. 原料的生产布局 接下来我们讨论一下原材料分布。即使所有原料来源和质量完全相同，但由于离重要的购买市场间的距离不同，因此，对其中一部分的需求大于另外一部分的需求。有时，本地只能供给有限的一部分，而通常需要以高价购买较大的部分。这样，不同产地某种原料的供给价格就会差别很大。

靠近钢铁中心的地区，以及位置很好的铁矿地区出产的矿石，其价格要高于没有煤矿的偏僻地区的价格。很多潜在的铁矿石资源，由于地点不好以致无法使用。同样，很多石灰石和粘土矿缺少经济效益。波特兰水泥的产地彼此很靠近，而且都离港口不远。

自然资源不仅布局不同，而且质量也不同，但是都可用于某种目的。天气的不同变化以及不同类型的土壤可用于农业生产。使用不同质量和位置的土地是由价格决定的,出最多租金的生产者能得到适于自己目的的土地,这样就决定了原料产地、生产数量及生产成本。假如已知某一地区内市场的布局,那么,地区内各种自然资源的布局就影响到原料工业的布局,而且地区内各种自然资源的布局就会影响到原料工业的布局,即受到市场与各种自然资源间距离的制约。[①]

原料市场就是后期生产地区,而后期生产的选址又由不同货物的相对可运性、消费者市场同原料产区的距离以及原材料的供给共同决定。

显而易见的是,第一阶段的布局和后期产品相互影响,影响的因素包括:(1)地区内的自然资源以及消费者市场的分布;(2)货物的可运性。换句话说,工业布局依赖于:(1)自然资源与消费市场的距离;(2)各种货物运输的难易程度。

区分称之为"原料"的前期生产和后期生产的主要原因是,自然资源对前期生产更为重要。没有煤层的地区不能产煤,没有适于小麦生成的土地不能产麦,但是到处都可以生产铁和面粉,而自然合作仅在于为生产者提供一块场地进行生产。当然,也应满足其他许多的自然条件,不过,因为它们几乎到处都同样存在,因此,它们并不影响后期生产的布局。当然,也有重要的例外情况,如在某种特殊天气里,人们不能或不愿在某种自然环境下生活和工作。

除此之外,自然条件对制造业生产过程的影响很小。[②] 天气潮湿有利于纺棉花,在干燥的天气增加湿度就要花钱。还有其他类似的例子我们不在此讨论了。总之,除了运输的属性之外,制造业布局也会受到自然的影响,但这只有通过自然对原料供给、劳动力以及对资本供给的地点分布产生影响时才会这样。第一点我们已经研究过了,第二点将会在本章的后半部分进行讨论。

---

① 在某些情况下,原材料生产需要大量机器和"半材料"的协调,供给的位置也会有着相似的影响。
② 自然条件对运输有较大影响,并且生产和运输往往是交织在一起的。土地运输属性的不同影响将在本章的第6、7节展开论述。

§5. 消费者市场的布局 到目前为止，我们对生产布局的分析是建立在已经知道消费市场假设的基础之上的。事实上，这是经济力量和工业分工的双重作用的结果。总的来说，人们总是在居住地工作、生活和消费，因此，当劳动力从一个地方转移到另一个地方时，这就意味着消费市场的转移。在大多数情况下，可以说地区内生产要素的分布决定着消费市场的布局。

劳动力资本移动及其对生产因素的影响我们会在后面章节进行讨论，在这里我们先假定自然资源、劳动力和资本的分布都是已知的，然后再研究这些因素分布和消费者市场位置与规模的关系。如果人们所有的收入都用来消费而没有储蓄，并且在地区内居住的人们拥有这里的土地和资本，那么，事情就会简单多了。现在我们就先假设情况就是这样。

对于生产因素来说，在特定时期的收入和付出的价格相等。① 因此，如果知道当地这些因素的分布和价格是由价格机制所决定的，那么，就可以确定该地的收入和购买力。假定个人想要拥有和控制这些生产因素，那么，个人收入和消费品需求就会通过价格机制发生关系，此时，我们就可确定消费市场的特点和分布状况。②

然而，应该花费在这个指定区域的部分收入被用在了其他地方，而其他地方的部分收入又被花费到了这个区域。假定地区 A 的自然资源和资本可能被那些居住和消费在外的人所拥有，同时地区 A 的居民也可以从其他地区获取收入，那么，这就影响了在地区 A 和其他地区货物的购买量和卖出量。每个地方消费市场的规模和特性不仅由当地的生产要素的分布和个人偏好所决定，③ 而且也取决于生产要素的所有权。

另外一个复杂的原因是，有部分赚得的收入没有被消费而是用来储蓄了，如在收入的地区内或地区外用来购买资本货物而非消费货物。当储蓄被用来投资到同一个地方时，消费品的市场就削弱了，

---

① 在对这一问题进行更为动态的分析时必须要考虑利润。
② 原材料、半成品及其当地需求分布通过前述章节解释的那种方式，我们可以看到它主要受生产区位的影响。
③ 不在"本区域"的旅游和其他形式的消费不应该在特殊案例中给予考虑，但应该注意到这些因素的影响。

而资本品则被增强了。当资金被投入到另一个地方时，这就出现了购买力的转移，就像当资金被消费到外域或收入从外域那里获得那样，储蓄转移到的地方的资本品市场就会增加。

总的来说，每一个地区的消费品市场会由于储蓄而减弱，相对于完全被整个生产要素所控制的生产而言，它会因为购买力的流入或流出而扩大或缩小。再者，资本品市场也会因新的储蓄投入而增加。[1]

假如这些限定条件确实存在的话，那么我们就可以说消费品市场的性质和规模受到生产因素分布的影响。

§6. 运输和运输条件的区域差别 我们已经说明产业布局受以下三种因素的制约：（1）地区内自然资源和其他生产要素的分布；（2）货物的可运性；（3）生产要素的分布。换句话说，某一特定区域内的产品属性与这个产品的自然资源以及它与消费品市场间的距离和运输的可能性有关，但地区内消费者市场的分布主要取决于地区内自然资源、劳动力和资本的分布。在下一章，我们将谈劳动力和资本的分布问题。[2]

在分析前我们应该考虑一些几乎一直被忽视的因素。首先，地球表面不会为运输提供相同的机会，运输工具也不会均匀地分布；相反，运输特点和运输设施对工业布局却有着重要的影响。其次，累积性和分散性的趋势，即要进一步分析以规模经济形式出现的产业布局。

在这一部分，我们要考虑的运输成本与流动商品的距离不成比例，最明显的例子就是吨公里的成本，如陆上的运输费用就比海运要高得多。因此，我们要更正一下前面的分析，即应该考虑运输成本的问题而不是运输距离的问题。冯·杜能所说的"圈"并不是环状的，而是从城市沿着有效的商品运输路线延伸到更远的地区。相临的两个地点，其中接近资源和市场的一个地点可能比另一地点要

---

[1] 资本品市场会通过如对旧的资本品折旧等产生影响，因此，我们有必要在此进行处理。然而，在本章不需要非常严格地了解其一般推理过程，因而没必要进行长篇论述。

[2] 在本章第9节对此进行了基本论述。

便宜得多。布局还受到自然资源和市场间运输便利程度的影响；反过来，运输便利程度不仅取决于地区内的资源和市场的分布，而且也取决于地面的特点、其他能力和设施。①

我们将试着阐明运输关系的一般特征及其对区位的影响。

我们已经谈到海运比陆运便宜，至少距离超过某一最低限度时是这样的。因此，在不缺少港口设施的情况下，所有临海地点和其他位置的相似地点有着同样有利的运输关系。从经济的观点来看，美国大西洋海岸地区离欧洲海岸地区实际上比离美国中西部地区要近些。一般而言，沿海地区与内陆地区在运输便利程度方面有明显的不同，特别有价值的是漫长不规则的海岸线提供了很多天然港口。中世纪时，欧洲对非洲的经济优势很大程度上可能就是由于这方面的显著不同所造成的。

内陆河流如湖泊、可通航河流及运河，尤其是能使海运船只到达内港的河流，都能产生同样的影响。交通统计数字表明，这些运输手段具有非常重要的意义。不能通航的河流也能在运输中发挥重要的作用，例如，在不通向海的内陆河里运输木材，当然，水运这种方式较陆路运输方式在效果方面存在着较大的不同。

由于地形条件、温度和其他类似条件的影响，陆运能力也有同样的特点。平原地区的公路和铁路运输比山区要容易得多，而在寒冷或炎热地区，建设和使用运输道路都存在着很多困难。

我们认为，一个地区的运输能力不光与地面条件有关，动力也是各种运输要考虑的因素，取得动力能源的费用实际上也会影响到运输的成本。好的煤矿和水利资源产生的影响是显而易见的，但是它们与地表影响存在着差别：动力可以从其他地区得到。因此，从狭义上来说，动力在运输中的作用就好比原材料在生产中的作用那样重要。各种动力的供应能力和可运输性影响着区内的运输成本，比如离廉价煤的供应地近或容易获取的地区，即使地形特点不利于运输，通常也会拥有相当好的运输设施。

地区间运输便利程度的差别往往不如地点间的差别那么明显，

---

① 此概念可通过下述方法得到更为清楚的表达，简而言之，运输资源意味着自然资源的质量。

除了海洋湖泊外，运输的便利条件一般不遍布整个地区，而只限于狭窄的交通沿线，如山谷地区的铁路运输条件比周围地区要更好。铁路运输网络像商队网络一样，它是一个不完全遍及整个地区的交通系统。河流或运河流域对沿线地区比边缘地区更有用处。这样的交通沿线地区就好比沿海地区，而别的地区则类似于内陆地区，前者会有更多适合于运输的便利条件，如同世界上很多地区拥有更好的运输网络一样。

§7. 资源和设施转移的区域差别　运输线集中的地方与其他地方有非常密切的运输关系。最重要的就是大港口，那里海运交通与铁路运输网络相连，有时还与可通航的河流相连。正是由于从一个运输系统转换成另一个运输系统时需要卸载和重装，所以，这样的运输中心有着独特的优越性，它为制造业发展提供了较为有利的运输条件。原因在于：（1）存在运输网络；（2）减少了货物再装卸的次数。例如，对于制造商而言，从一个港口进口原材料省去了装载货物到火车上的费用；而如果工厂离火车站比港口近的话，那就需要支付这笔开支。类似的是，由于省去了卸载和重装的费用，因此，消费者通过这种运输得到的商品的价格往往会相对便宜。

运输网络一旦出现暂时停顿，[①] 就要在那里安排生产和消费，以便避免中断费用。同样的运输中心如铁路线，就不会出现这样的暂时停顿，因为汽车可以从某一运输线开往另一运输线。因此，这样的中心对企业的吸引力比起各种运输系统汇合地点就要小得多。而如果是通过铁路运输商品比其他方式更方便的话，那就是另一种情形了。但如果一定规模的生产[②]与较少单位的生产相比，在其成本低得多时，一个工厂就可供应一个大地区，由此就会形成运输中心，即使运输线路不出现暂时停顿时也是如此。

这样的例子还很多。实际上，世界上所有大城市几乎都是重要的港口，这些城市的工业都是大规模发展的，尽管实际上有些所需的原材料都是从远处运来的。远离原材料产区自然不利，但良好的运输能力及其便利程度所带来的优越性超过这种不利条件。

[①]　对这些问题的有趣的讨论，详见霍特里：《经济问题》，伦敦，1926年，第10章。
[②]　对大规模生产经济的论述，详见随后第8节。

运输线集中和运输会暂时停顿的地区可能与原材料产区有很好的运输网络，即使这一地区远离原材料产区也一样。著名的例子就是芝加哥地区的钢铁工业，那里是铁路和内河运输中心，它从肯塔基地区进煤，从苏必利尔湖地区进矿石，这个地区通往煤和铁矿石产区的运输条件同样好或较好。此外，芝加哥本身①制造农业机械和火车机车等商品。因此，芝加哥通往市场和原料产区的运输设施十分便利，在那里的钢铁工业会得到迅速发展。②

还有一个例子就是两百年前的工业布局。那时水运方面的顺水而下的运输出现了，同时，这也是较为廉价的运输方式。因为这两个方面的原因，很多工业都建立在有水的地方，城市就在这些地方建立起来了，尤其是那些需要大量用水的工业如造纸、毛纺厂，它们自然就会建立在瀑布的周围。

斯堪的那维亚的纸浆出口工业主要位于一些小港口边上，在那里，运输木材的河流与波罗的海相连，这是典型的"停顿布局"。斯堪的那维亚的纸浆有相当数量是在其他地区生产的，那里有适宜造纸工业发展的条件。

同其他运输成本相比，卸货与再装货的成本较高，因此，长途运输比短途运输要便宜得多，海运尤其是这样。比较说来，距离对海运的影响不大，如拉普拉塔到北欧，选择丹麦港还是瑞典港的运费是相同的，虽然后者的运输距离更长。所以，一趟长途海运比相当于该距离的两趟短途运输要便宜得多。我们已经指出，要是运输成本与距离成比例的话，那么，运输成本的最低点就常常远离原料产区和市场地区，这实际上对选择原料产区或市场中心常常是有利的。这样，运输趟数减少一次，收益就会足够补偿因整个运输距离而产生的相关费用。

在短途运输中，汽车可以把货物直接送到消费者手里，因此，它省去了在火车站卸货和再装货的过程，这是其优势所在。不过，

---

① "工业倾向于转移到海岸线上，原因在于矿厂旁边的熔炉可以在蒸汽船上卸载，而这在从水牛城到芝加哥的任何海岸线上都可以实施"。拉塞尔·史密斯：《工业和商业》，第 179 页。

② "美国的大规模钢铁生产能够在离矿厂和煤厂比较远的地方进行，这是很令人惊讶的"。陶西格：《关税问题的某些方面》，第 125 页。

在开始和最后的费用还是很大的。就因为这一点，如果必须用汽车从火车站运走货物的话，那么，铁路附近工厂运输关系的优势就会大大消失，布局也就没有什么意义了。不过，如果工厂自己有铁路的话，那么，就可以把货物直接送到厂里，这样就节省了再装卸费用。显然，对原料和市场来说，不同地区、地方的运输便利程度差别很大，即使相邻地区也是如此。从经济的观点来看，一些地区比附近另一些地区更靠近重要的市场和原材料产地，这会对工业选址产生决定性的影响，就如前面所提到的那样，不是因为距离，而是因为运输便利的程度具有经济上的重要意义。

毫无疑问，一些国家总比另一些国家在原材料和市场方面有着运输优势，然而，后者可能在其他资源和市场上更有优势。这就是为什么有的工业在一个地方而有的却在另一个地方的原因。

我们应该记住的是，每一个生产单位都设在生产成本最低的地区，即全部运输成本最低或略高于最低的地区，以致所提供的较为便宜的自然资源和原料的所得会超过补偿运费。运输成本和自然资源及原材料价格是由原材料的运输费和消费市场所决定的，后者主要由自然资源的分布、劳动力和资本来决定。因为它对每种商品来说，全部运输成本也取决于各种原料和"后期生产"货物的可运输性。对于"后期生产"的商品我们将会在后面章节作进一步的解释。因此，可以说，工业布局取决于每一地点到自然资源地区的运输的便利程度，也取决于支配消费市场生产要素的分布情况。

§8. 运输的规模经济和运输劳务的定价　　还有另外一类情况，虽然它对运输成本和工业布局有很大的影响，但我们只是简略地提到过。从狭义上讲，大规模经济在运输业上的重要意义不亚于在生产中的意义。我们首先分析运输服务供给的规模经济效应。[1] 如果运输量大的话，那么，每单位的运输成本就可以控制在很低的水平。在港口或火车站装货，采取水运或铁路运输手段，虽然程度不同，但确实存在这种情况。此外，重要的是，如果运输量大的话，那么，就可以在一个港口到世界上另一个港口直接定期开航；而小港口城市的企业则必须等候合适的航运机会，或者用小船向大港口运送或

---

[1] 与大规模生产经济的一般性问题，详见第10节。

运回货物。同样,陆运量决定了是否应修建铁路以及怎样经营使用等问题。

在其他条件一样的情况下,如果某一地点的运输量大的话,那么,这个地区就会与其他地区有着良好的运输关系。因此,运输成本差别不仅取决于距离和运输能力的差别,而且也取决于在运输劳务组织体制中可以利用大规模经济的程度,如影响运输设备的特性,这与产品成本不但取决于生产要素的分布,而且或多或少地取决于产品是如何被组织生产的是一样的。

在某些沙漠地区,甚至不能修筑公路,而只能靠骆驼运输货物,即使这样的话,但定期有骆驼队去的地方与偶尔有骆驼队去的很远的地方之间还是有很大差别的。

一般说来,土地肥沃的农区能支撑与港口相连的分散的铁路运输网。只有在人口稠密的工业区,那里运输量很大,才有可能拥有最有效的运输体系和各种运输手段。

简而言之,运输费用就像其他劳务价格一样,它是由供求关系决定的,受到距离、运输能力(地面条件和动力来源①)和运输设施的特点及规模的影响。商品本身的特点也十分重要,比如采取海运从某地运出商品,其运出的商品比运进的货物笨重,甚至有些船会空船返回,这样,回程的运费会低于外运的运费。贸易实际上是互惠的,它对于价值和运输条件都是如此。如果不是这样的话,那么,运输成本就会处于混乱的状态,由此就必然会影响到工业的布局。

在考虑到运输市场的定价时,比如铁路运输,我们也应该注意管理费用的重要性,它会影响到运输费率并使之处于不确定状态,且会为不同形式的税收政策如"按运输的负担能力收费"或者其他方式留有余地。一个地区内基础牢靠并发展繁荣的工业可能会付出相对较高的运输费用,而其他地区位置不利的小企业则会付出较少的铁路运输费用。总的来说,对于不太笨重的货物按每吨公里收较高的运费,这会不利于制成品(与原料运输相比)但有利于市场布局。

§9. 劳动力和资本的地区分布 我们现在直接分析导致运输关系出现地区差异的各种条件。在这种情况下,很容易说劳动力和资

---

① 劳动力和资本的区域差异随后考虑。

本的流动会影响运输关系（随后会对此进行全面讨论），正如运输线路必须适应交通需要一样，交通也必须适应运输条件。运输设施好的地区，即容易运送包括食物在内的原料产区和市场就能吸引劳动力和资本。对于经济活动而言，这里的条件自然要优于其他地区，流动的生产要素在这里汇集。当运输量增加时，大规模经济会进一步降低运输成本，贸易线路（海运航线和铁路沿线）就会逐渐组织起来，并促使这些地区在运输条件方面更具有优势。设施在需要的地方组织起来以满足运输需要，这既是地方企业分布的原因也是其后果。[①]

在劳动力和资本已经产生良好效应的地区，通过劳动力和资本的集中改善了运输的便利程度，这样的地点成为重要市场，成为有利于工业发展的适宜位置；而且，邻近地区提供的工具、机器以及半制成品增加了，从而在很多情况下就会缩短运输距离。然而，随着制造业中心的扩大，必须从更远的地区获得原料，为支付这些进口原料，货物也得运往更远的地方。

正如上面所提到的，在海洋运输上，长距离的运输成本并不是非常大，因此，拥有近距离的供给来源以及销售市场的优越条件，以及减少航程的次数在此即可能会变得很有效。大口岸有良好的货物运输条件，并将通过对劳动力和资本的集中变得更好。

§10. 工业规模经济　在经济发展较好的地区，由于经济活动集中，其改善了运输便利程度，因此，它能进一步吸引人口和生产。对于工业的布局和地区内贸易来说，经济活动集中还有其他好处。这些好处未必与运输差别有关，但也可能在任何地方都起作用。不过，既然运输能力差别会把生产吸引到某些地区，那么，这种集中的经济就会扩大如下效应，这可从以下三个方面加以考虑：（1）一般工业集中的经济；（2）某个工业集中的外部经济；（3）生产单位内部的大规模经济。

第一种情况的经济几乎完全依靠运输设施的改善，如上所述，外部经济也部分地属于这一类。相关的工业出现了，向主要企业提供材料和附件。距离近、买卖双方接触比较方便，就会形成较好的

---

① 生产要素的供给在第 7 章和第 11 章进行了总结。

运输关系。① 与此同时,部分的外部经济也会存在于完全发展起来的熟练的有专门技能的劳动力市场中。关于劳动力供给的地区差异我们在以后章节将进行分析。内部经济与运输没什么关系。对于纯技术环境,如以某种最小规模的机器和其他不可分的形式出现,那么,这在其中也就发挥了重要的作用。不论能不能改善运输关系,所有这种经济均会使工业集中在少数地点。在其他条件相同的情况下,该趋势是把工业设在运输能力最好的地点。

这种集中趋势受到分散趋势的冲击。首先,原料和制成品的长距离运输意味着较高的运输成本。如果一个工厂或几个工厂供应一个大地区,那么,到消费者那里的平均距离就会大于工厂分散在整个地区的距离。其次,地区内集中提高了自然资源的价格,因此,它也提高了生产成本。这就直接影响到了某些企业的布局,例如,需要大量土地的农业以及需要专门对自然资源的采煤业,还有城市的地租水平也影响到大多数制造工业的布局。第三种情况与工业多样化经营的影响有关,我们随后将对企业集中和分散趋势以及工业布局的一般趋势进行探讨。

按照布莱克②教授的说法,把生产某一商品的单位称为"企业单位",显然,很多生产单位如一个工厂或一个农场,都包括几个企业单位。为什么呢?为什么不专业化生产某种商品?答案在于,企业间在原材料和其他方面是互补的。前一种情况被称为联合生产企业,染料工业就是很好的例子,它是用煤焦油生产不同产品的;同样,棉花和棉籽也是一起生产出来的。通过更有效地使用劳动力和工具,企业单位之间可以相互补充。一个企业单位在某一季节可能比其他季节使用更多的一种生产要素,在淡季向其他企业提供这种要素对该企业是有利的。由于不可能在几个月内把这些生产要素运往其他地区,因此,其他企业单位要设在第一个企业单位所在的地区。把几个企业单位联合起来成为一个生产单位(农场或工厂)的另一个原因是,大规模生产可以带来诸多好处。在某种条件下,有必要同时生产几种商品,并充分使用某种机器、市场组织和经营管

---

① 参阅第12节中的与运输关系不同的转运关系。
② 《生产经济学》,纽约,1926年。

理部门。

在农业零售贸易中，可以见到这种互为补充的企业结合的诸多例子，而在制造业中已经发展得非常完善了。实际上，几乎在所有的企业和贸易中都可以见到这种情况。

从布局来看，以不同方式处理互为补充的各种材料是很有效的，当副产品作为原料用于与主要生产过程紧密相连的其他生产时，在现场生产是有利的。这种情况属于前面讨论过的一种，即与供给制成品相比，原料运输更加困难，这是制造业的优势所在。在补充生产的第一阶段，统一生产出如焦炭和气体两种商品，就可以把这阶段视为一个单元进而按照同一种商品来进行布局，而不是从制造业的角度把它视为两种不同商品的市场。

现在回到劳动力需求关系的季节性变化①上，这种变化对于淡季生产的劳动力是有益的补充，可能存在于一个或不同的厂家内，而这些厂家在不同季节对劳动力都有最大的需求。在这两种情况下，生产被吸引到了应该设厂的地区，显然，这是因为淡季的劳动力价格低。这就是劳动力供给方面不充分流动和地方差别的例子，我们将在下一章节进行详细讨论。

对于大规模生产经济，由于市场的限制，只有在几个企业单位结合成一个生产单位时才可行，此时，对产业布局的影响与只生产一种产品时差别不大。因为经济效果抵消了运输成本的增加，所以，企业集中在少数单位和地方。这在一定程度上改变了企业的布局，而这种布局本来是地方自然资源分布和各种货物可运输性的结果。除了说这是一种聚集外，不可能把这种偏离泛化。

我们暂时不考虑自然资源和运输设施的差别，此时的企业集中和分散处于平衡状态。如果运输成本越高、企业分布越均匀，那么每一生产单位完全或部分供应的市场就越小；而如果大生产单位对小生产单位的优势越大，那么集中在一起的生产单位对孤立的生产单位的优势就越大；而如果所有企业越是集中的话，那么在某些地区的经济集中量越大，则相互临近设立的企业就会越多。

不同工业对这种聚集和分散的趋势的反应各不相同。有些工业

---

① 如果以每天的不同时间点为单位，那也可以对工作进行相似的分析。

如制砖业，它分布在很广的地区；而其他工业，如底特律的汽车制造业，它则基本上供应全世界。

总之，大规模生产的经济使得每一种商品的生产和有较好转运关系的商品集中在一个地方，即需对商品和商品组合的生产提供足够的原材料和消费这种产品的市场。在确定工业布局的最佳地点之前，有必要考察不同资源和原料的供给价格差别、卖价差别、工资和每单位商品的利息费用以及运输成本的差异。

§11. 前述有关布局分析的回顾 在分析了聚集和分散的布局因素之后，我们现在进行讨论的影响因素则包括：（1）自然资源和市场间的距离；① （2）不同货物的运输；② （3）运输能力③和运输设施的区域差别。这三种因素共同决定每一地方和每一产品在自然资源和市场情况下的运输条件。在其他因素不变时，这三种因素影响到企业布局；（4）某种集中趋势对上述三种因素的影响；（5）而某种分散的趋势则抵消了集中的趋势，限制了生产集中和规模的扩大。因素（4）和（5）可能使布局遵循前三种因素的轨道有所偏离。

例如，加利福尼亚的某些地区，其气候及其他条件有利于水果和蔬菜的生长（1），其中的某些产品可以像制成品那样容易运到各种很远的市场，而一部分有待消费，另一部分则由于不好运输就制成制成品再运（2）。美国一部分地区和世界其他各国到加州各地区有便利的交通条件，可以到那里购买产品；但其他国家或地区则从如佛罗里达和意大利这些竞争性产区购买（3）。在加州水果蔬菜产区有很多小型的专门化地区生产香橼、桃子、李子、番茄等，这种集中在很大程度上是因为外部经济的缘故（4）和其他经济的集中，其中包括由于大规模运输引起的不同产品的运输改善（3）。但是，其中一些地区的高租金以及运往世界各地的高昂运费，则阻止了专门化生产在这些地区的进一步集中（5）。

在举出一些特殊的例子后，我们现在对上述五个条件在产业布局方面的主要影响作一些具体分析。

---

① 市场拓展主要取决于生产要素、自然资源、劳动和资本的分布。
② （a）原材料和高阶段的商品的运输和（b）一般意义上的货物相对运输。
③ 从运输的视角来看，这与自然资源的属性没有任何差别。

我们已经看到交通运输便利的地区能吸引大量的劳动力和资本，并且能成为重要市场，因此，具有以下特点就可以进行专业化生产：（1）市场周边，在大规模经济上显示出重要的优越性；（2）生产难以运输的产品。另一方面，运输不方便的地区将变得人口稀少，它们对易于运输、小规模生产可以获利的产品会进行专门化生产。

假设其他条件一样，即各地区拥有的自然资源有类似的供给和地区分布，那么以上观点是可信的。此时，运输能力差别拉大不是来自距离方面的差别，而是来自更好的或更差的运输资源和设施。但是，运输便利程度差别在很大程度上常常是因为自然资源的供应和分布不同而产生的，因而必须要同时考虑要素供给不均等的直接影响，以及不平衡的运输关系的间接影响。

首先，原料和未加工产品显然是初级产品，必须在自然条件较好的地区生产。在满足这一条件的地方，如果交通便利，就会吸引这类生产。当然，如果在附近发现其他有价值的资源或者只需要简易的交通，那么那里也会吸引生产。

如果原料是"逐渐消失重量"的，或比半成品或成品更难以运输，那么，"高阶段产品"应该在原料产品附近产区生产。通常，若需要不同类型的原料，那么，企业通常会设在最难运输的材料产区附近。但其他在主要市场附近生产的更为便利的后期产品，将会由于某些原因而在人口聚集的地方生产。从选址的角度来说，这些产品是"被动型"的，裁缝制衣就是一例。那些需要自然资源属性的前期产品或多或少地是"主动型"的。当它们是减轻重量型或需要制造力时，就设在其原料附近"主动"生产。当然，提供一定自然资源的集中供应并以这些资源为基础生产的后期产品，其所需要的劳动力和资本越多，设立市场的重要性就越大，从选址角度来看，这些产品的主动性就会越大。

煤可能是众多产品中最具"主动型"的了：（1）煤是很多工业的重要原料。（2）在比较狭窄的地区采煤，需要大量的劳动力和资本。（3）煤特别容易减轻重量，制造工业就倾向于设在煤区附近。（4）对一些这样的工业而言，大规模经济能发挥重要作用，在大规模的生产单位和制造业地区集中生产是有利的。由于这些原因，重要的市场在产煤区发展起来了，"主动型"的产品也会大量生产。

羊毛是初级阶段商品的一个"被动型"的例子。与煤对比，其用途有限，羊毛和羊毛制品特别容易运输。饲养羊、剪羊毛需要较少的劳动力，可以小规模进行生产。因此，这种工业适于建立在自然资源缺乏、人口稀少、运输条件差、土壤相对贫瘠的农业区，例如，每人平均拥有三百只羊的总共人口为两千两百人的福克兰岛。

如果能生产其他初级阶段的重要原料的地区的交通不很便利，那么，对煤这样的货物的吸引力自然就会很小，如斯瓦巴德群岛，煤的蕴藏量很大，但产煤却很少。另外，如果其他重要产品如铁矿石和食物，能在这附近生产或很容易运到这儿，那么，产煤区就会成为人口和工业的中心，除非不利的气候条件造成了很大障碍。

总而言之，自然资源影响产业布局，即它们有助于形成产业，这在一定程度上是因为：(1) 用这种资源制成的产品很重要，它们是减轻重量的；(2) 大量使用劳动力和资本；(3) 靠近其他自然产区，或者运输便利程度高。如果其他资源也有很大吸引力的话，那么，合在一起的吸引力就会把世界经济活动的大部分吸引到这个地区，其中那些最具吸引力且交通便利的自然资源（主要指同一地区的煤矿和铁矿）获益最大；这种获益来源于不同的资源组合，集中生产这些地方能找到有特殊吸引力的资源，会比那些没有什么资源的地方受益更多。例如，在欧洲，集中在一起的自然资源极大地满足了以上三个条件，使经济活动集中到这一地区，煤、铁产区的特殊吸引力使欧洲工业异常集中。

§12. 与运费不同的转运费用　我们已经注意到运输费用的问题，但对商品流通的其他障碍几乎未提。实际上存在很多这样的障碍，如运输易碎品的质量和价值损耗，缺乏对远离市场的消费者的密切联系，进出口关税，这些都应包括在"转运费用"中。因此，我们必须就转运费用而非运输费用进行讨论。

当然，转运费用与转运货物的距离不成比例。在讨论运输费用时我们已经充分说明了这一点。特别是运输的中途停顿，因为涉及到装卸过程而耗费较大，因此，任何时候都要尽可能地减少这种停顿，即减少装载次数已经成为一种必然。如上所述，可通过在原料运输的停顿之处使用连续的生产流程来实现，这可使一个地区的原料以较低转运成本成为另一地区的产成品。

第10章 地区内的转运费用和要素流动:一般区位理论的几个方面

同样,进口免税或税率低的原料而不进口高关税的制成品,在关税壁垒区域设厂生产,就好像在位于地区内生产一样,用卡车就可以很方便地到达目的地。在这两种情况下,企业布局同样受到影响,关税和运输停顿是转运的重要方面。

显然,本章前一部分的推理适用于转运费用而不是运输费用,它解释了不同类型的分散的运输路线的地区布局的某些方面,如集聚点、停顿点以及关税边界等。

必须记住,对于许多易于运输、不缴纳关税的货物而言,转运费用没用什么重要意义。但这并不是说转运费用不影响它们,恰恰相反,其他货物的转运费用会影响不同地点的要素供给和价格,并因此影响所有产业的布局。要说明其重要的关联性,必须放弃在这一章中已经建立的假设:所有地方的工资率和利率都一样。因此,它就需要研究不同地方的劳动力和资本供给对工业布局的影响。

第 11 章 劳动力和资本供给区域差别理论（续）

§1. 均衡工资差别 工资均等化的假设（假设劳动力素质相同）不同于劳动力自由流动的假设。然而，劳动力更关注实际工资，比如说工资可以买到的货物和劳务并不仅仅是货币本身。由于这个原因，劳动力的自由流动将会导致持续的和相当大的名义工资的差异，因为食物、衣物、住房的零售价格[①]各地间有很大差别。在瑞典，物价较高地区的生活费用比较低地区高 50% 左右。当然，后者的名义工资要低些，而前者则要高些。

假设各地名义工资与生活费用不同，我们将之称为工资均衡差异。从工业上看，消费品视为未经加工的原料，工人购买商品的价格就是他对雇主的劳动成本，这样，成本就等于工资。显然，这种转移关系影响着工业布局，同样也影响着普通原料及半成品。这是用以考虑各地货币工资的差别以及这种差别对企业布局产生的影响的简单方法。我们回到均衡工资差异的影响上，但均衡工资差异这一术语的含义是含糊不清的，在一国内部的工人家庭生活预算不尽相同，在不同国家就更是如此了。人们的衣食习惯自然要适应气候条件，同时也极大地受传统的影响，因此，生活标准这一概念并不那么严谨。即使不存在这个困难，人们也很难期望自由流动的劳动力会导致实际工资的相同，例如，在气候恶劣地区，企业必须支付较高的工资才能吸引劳动力。我们会很自然地认为各地区在工资均衡后对劳动力的吸引力相同，但这一点却是无法预测的。人们的习

---

① 农场的居民以批发价格获得很多食物，与即使是低生活成本的城镇和村庄相比，其生活成本也会相对更低。

惯和兴趣各不相同，对某个人是合适的，而对另一人个就未必合适。不同国家的两个人，或是一个来自农业区，另一个来自山区，移居到对方地区双方都会觉得不适应。最好把这种情况视为劳动力流动的限制，它解决工资差别像解决实际差别那样，把均衡的这种差别视为不同的生活费用。但是必须记住，"均衡差别"的概念并不那么严谨，这在比较两个生活习惯比较接近的地区时才能较好地起作用。

采用这样的术语，我们可以说实际工资差别会在一定时期内存在，因为劳动力缺少流动性，因此，这在某种程度上会造成长期存在的实际差别以及短期的更大差别，直至劳动力流动慢慢减小时才能缩小这些差异。如果新的经济变化不像劳动力流动那样能消除这些差别，而是产生这些差别的话，那么，这种差别就会在相当长时间内存在。例如，在对发展地区与衰落地区的工资进行比较时，我们就会看到这一点。

§2. 均衡工资的影响 上一章我们提到所有价格都是由相互依存的价格体系决定的，它包括各地区的转运便利程度、自然资源类的商品和市场。现在我们假定，各地区工资的差别也类似于生活费用的差别，正像我们所指出的那样，处理这个问题最简单的方法就是把工人的生活费用预算当成原料纳入成本中而不是工资单中。远离食品产地或得到食品的困难的地区，即食品供应费用高的地区，类似于以高价获取煤和其他原料的地区，只有拥有良好的自然资源或能较方便地获得转运原料（不是食品），才适宜建立企业进行生产。当然，如果企业需要的劳动力较少，那么，食品相对就不是那么重要的原料了。获取食品条件较差的地区吸引这样的企业，而不是需要劳动力多的企业如食品业。只有考虑到自然资源和原料供应良好等优点时，才能考虑在那里建立需要劳动力多的企业。

现在考虑几个均衡工资差别影响企业布局的例子。人口稠密地区的食品转运便利程度低，因为它们需要从远方运来食品，于是，名义工资和地租都上升了。由于这些原因，某些企业就离开人口稠密的地区，而其他企业又来此设厂，因为它们能够从以下三方面获利：(1) 较好的通往市场和原料产地的转运设施；(2) 特有的自然资源；(3) 规模经济[①]。实际上，同时具备上述三方面也是该地区

[①] 或者由于聚集劳动力市场的存在，参见第3节。

人口稠密的主要原因。

许多人口稀少的地区具有天然的食品资源，或者具有良好的获得食品的便利条件，而获取其他原料的条件则较差，结果，此地食品便宜且工资低，而低工资就有可能廉价地生产需要大量劳动力的商品。但在某些人口稀少却拥有良好自然资源的地区，或者对于少量原料的转运条件好而对于其他原料（包括食品）的转运条件差的地区，那里的工人工资就高，除了那些用本地的自然资源生产的食品以及能够很方便地得到的自然资源外它们进口一切商品，原因在于在很多企业就业少、交通不便以及人口稀少（偏僻地区）。

因为食品可能是最重要的原料（对大部分生产过程来说，工资是非常重要的成本），因此，优越的自然资源和便利的转运条件一般都会吸引大批人口。其他自然资源有更加专业的用途（为特殊商品生产提供特别原料），吸引生产和有流动性的生产要素的力量较小。这种地区会专业化地生产以及从别的地区进口包括食品在内的绝大部分物品，而只生产自然资源以及转运便利程度具有特别优势的商品的工人的工资就会较高。

例如，瑞典工人生活费用中的食品价格数据值得注意，见下表3·11-1。第Ⅰ组地区在很多方面拥有较好的转运条件，人口稠密，工业多样化。第Ⅱ组是偏僻农区，人口稀少。第Ⅲ组地区为瑞典北部，那里气候恶劣，农业不发达，林业和采矿业是主要产业，人口稀少。从这几组数字可以看出，1927年各地区的食品零售价格指数差别很大：①

表3·11-1

区域	农业区	工业区	城镇
Ⅰ	1 462	1 526	1 593
Ⅱ	1 356	1 384	1 453
Ⅲ	1 630	1 635	1 713

第Ⅲ组的某些城市中的食物和燃料价格比第Ⅱ组中同规模的城

---

① 由社会部在1927年收集的未公布的数据计算得出。

市要高 30%。

城市和小镇的价格差别也是重要的，下列数字是 1927 年瑞典城市的零售价格指数：

表 3·11-2

人口	食品和燃料价格	房租①
<5 000	1 757	363
5 000~20 000	1 803	478
>20 000	1 840	588

各地区影响价格和工资的另一个在生产设施上的差别，与"进口"的原料和商品的可运输性有关。如果自然资源和转运条件导致出口商品容易，那么，当地这些商品的价格就比其他地区略为便宜；如果"进口"商品运输困难，那么，其成本就比其他地区高，而较高的价格水平、生活费用和工资就会削弱生产。在那些难以运输的商品的生产区域，比如笨重的农产品地区，其情况则正好相反，这类商品在"出口"地区比"进口"地区要更便宜，而在其他的土地充裕、地价低廉的产区也很廉价。正因为这类产品在生活消费的支出中占主导地位，因而后者的比例就会很低。当然，这里也有工业制成品这类消费品，且在该地区还相对昂贵，但它们却是便于运输的，并且占生活消费预算的比例也比农产品要小，而且产品运输成本也相对较低。价格低廉的食物和租金造成了该地区较低的名义工资。当然，不仅是产品运输，而且几乎是所有服务在这里都很便宜。

§3. **实际工资差别** 众所周知，地方工资差别正在"均等"化，但是有些地区的工资高于其他地区的程度，远远高于生活费用的差别。实际上，正如所指出的那样，生活费用与实际工资这两个概念是含糊不清的。虽然名义工资差别容易证实，但是计算实际工资差别却永远不会那么精确。由于这一原因，最好要遵循不同于前一章所提及的方法，即以名义工资的现有差别来研究生活费用的差别，这是解释劳动力流动为什么不能与名义工资相同的客观原因之一。

---

① 大城市的住房质量可能更高，这不利于数据进行比较。

第11章 劳动力和资本供给区域差别理论（续）

不同的工作条件和气候条件是造成各地工资差别的原因之一。瑞典北部阴冷黑暗的冬天长达半年之久，那里矿工的工资比瑞典中部矿工的工资要高两倍。拉塞尔·史密斯教授举了一个相反的例子，即加利福尼亚南部的气候条件很好很吸引人，他写道："寻求健康比资源更能吸引人，因此，寻求健康的人们的突然流入，使许多行业过于拥挤。这与西部的一般水平相比，这里的工资低得可怜。"① 他还写道："靠近自由土地的北密西西比河流域的农业劳动者的工资，比波特马克河流域的要高出一倍多。"②

在许多国家，工农业名义工资差别很大，如1928年斯德哥尔摩附近的农业区的筑路工人（他们正常工作的一部分）的工资仅相当于城市建筑工人的1/3。

在瑞典生活费用最高的地区，工人的平均工资比生活费用最低的地区要高70%，估计生活费用差别为50%，详细描述见下表3·11-3（根据生活费用标准将瑞典的工业地点分为七类）：③

表3·11-3

类别	生活费用指数	工人小时收入 （欧尔，1926年第一季度）
G	>1 230	167
F	1 171~1 230	125
E	1 111~1 170	115
D	1 051~1 110	108
C、B、A	<1 051	98

出现这种差别的原因，可能是生活费用高的地区的劳动力中的很大一部分是熟练劳动力。

对比人口稠密的丹麦，各工业区生活费用基本相同，因此，名义工资差异很小。在1928年的第四季度，哥本哈根非熟练工人每小时的平均工资是136，而其他地区则为120。④ 在1914年，该值分别

---

① 《工业和商业》，第170页。
② 同①，第169页。
③ 《社会导报》（斯德哥尔摩，1926年）。
④ 统计部，《统计年鉴》（哥本哈根，1929年）。

为475和408，它表明这种差异始终保持着同样的相对指数。

这些例子表明，名义工资差别可能很重要，但也不应忽视一些国家和企业中的城市劳动力素质比小城镇和农业区的劳动力要高，而雇主愿意以较高工资雇用前者而非后者。因为单位产品分摊到了同样的劳动成本。至少在一些国家，城市吸引了最好的劳动力，这似乎已成为一种趋势。

当然，我们不可能只比较"单位劳动生产率"而不比较小时工资。从企业角度来看，城市较高的小时工资被较高生产率抵消以后还有余，而在其他地区生产的企业却没有得到较高生产率的补偿。假如一个工人比别的工人的生产率高10%，那么，他就可以更好地利用固定资本，并且雇主多给他20%~30%的工资也合算。解决这些质上差别的最好方法是，把非熟练的城市劳动力和农村劳动力视为不同的"次级要素"。在很多情况下，这种差别的经济意义可以忽略，但在计算时却应该将之考虑在内。

总之，各地工资差别与工人预算中的食物、其他商品、劳务等的价格差别不成比例。尽管劳动力供给的各地差别受生活费用差别的影响很大，但也必须像对待地方自然资源的差别那样。大城市的劳动力市场集中，可以得到所需要的各种劳动力，这是农村所不能比拟的。不论何时需要，都可以得到任何素质的劳动力，这种接近劳动力市场的优越性是许多工业布局的重要影响因素；小地方缺乏这种优越性，这可以认为是某些劳动力要素缺少流动的结果。

虽然劳动力供给存在的这些差别同自然资源差别一样在价格体系中占有重要位置，但是劳动力差别对布局的最终影响并不相同，它们可以使某些工业设在大城市，而其他工业则设在农区，不过无法确认国内城市将位于何处。在某个国家内，某个地区的大城市的劳动力市场与其他地区的劳动力市场很可能有同样的特点，城市布局主要取决于转运的便利条件。显然，劳动力供给也要与这种情况一致。大城市聚集了大部分人口，这一趋势也影响到劳动力的素质，它与人口较少地区的情况形成对比。对劳动力供给的另一个类似影响是农业地区的地方专业化生产。这正如我们已经所指出的那样，美国某些地区的专业化生产已达到了令人惊奇的地步，这些地区集中生产单一产品，其部分原因显然是拥有特有的技术。

这里我们不再进一步探讨就国家范围内的影响劳动力供给和工资差别的情况。要想知道这些差别的重要性，我们只需知道没有简单的规则遵循就够了。两个地区间的分工和贸易受到这样一个事实的深刻影响，即在其中的一个地区，转运条件导致了大城市的产生，结果又形成了专业化的劳动力市场，而另外一个地区的转运条件只能产生小城市。

不过，应提到前面已经阐述过的事实，即某些企业在一年内的某些季节会比其他季节使用更多的劳动力，因为淡季的劳动力比较便宜。劳动力供给的这种状况有利于在特定季节使用劳动力的企业。要是没有这个事实，即使为数不多的农民在整个冬天伐木并把木头运到河边，在瑞典的北部也会没有什么农业。纺织业特别需要妇女劳动力，在纺织业集中的地区有着类似的补充关系；纺织业的女性劳动力的工资相对较高，而男劳动力的工资则相对较低，结果，这样的地区却吸引了只使用男性劳动力的机械工业。

至此，本章只讨论了工资和劳动力供给的国内差别。国际差别对企业布局的影响与国内工资和劳动力供给差别的影响完全相同。瑞典北部与其他地方的贸易无疑更多地被瑞典南部和丹麦之间的差别所影响。

§4. **利息差别** 一般来说，国内资本供给的区域间的差异并不大，但是也绝不可以一概忽视。下表 3·11-4 列举了 1927 年到 1928 年之间丹麦储蓄银行在某些典型地方的利率:[①]

表 3·11-4

地区	存款利率	贷款利率
哥本哈根	3.83%	4.96%
北西兰岛	4.56%	5.18%
日德兰岛（不包括南日德兰）	4.74%	5.56%
南日德兰岛	4.69%	6.02%

南日德兰岛（1919 年从德国收回）的存款和贷款利率差额存在

---

① 《统计年鉴》，哥本哈根，1929 年。

很大的差别，原因可能是这里不如其他地区稳定，经济条件也不那么有利，从而存在较大的危险因素。如果国家政策不直接鼓励资本流向其信贷机构，那么，南日德兰岛的利率水平肯定会更高些。

谈到美国的情况时，我们可以再引用布莱克教授的一段话：①

"蒙大拿州的利率大致相当于马萨诸塞州的 2 倍。在美国南部，这种利率都比较高，南达科他州西部比东部高 2%，明尼苏达州的北部比南部高 2%。但对于大企业来说，东部资本家都很少愿意把资本投放到西部和南部。"

显然，资本流动或多或少地依赖于使用目的。《国民会议委员会新闻公报》（1928 年 5 月）提到另一种有意思的情况：

"南部缺少工人就业是因为这里的工资比其他地区低。资本供给最多的地区往往工资都是最高的。一直到最近投放到南部的资本都是相对稀缺的。"

除了资本供应少利率高以外，企业在南方没有得到扩充无疑还有其他的原因。然而，与东部资本的供给相比较，南部资本供给的属性肯定会对企业的布局产生影响。今年以来，在资本供给比较均匀的影响下，已有迹象表明，美国某些企业受到南部低工资的吸引有南移的趋势，这个特殊的例子就是棉纺工业。

国际上利率差别很大，这是人所共知的，我们就不在这里叙述了（详见第 1 章和第 5 章）。当然，比起国内的差别来讲，国际差别还要大很多，但国内差别同样影响着贸易和企业的布局。

§5. 劳动力和资本供给区域差别的影响　毫无疑问，劳动力和资本供给的区域差异会影响不同地方的自然资源租金和商品价格。在其他条件相同的条件下，工资和利率水平高的地区的相对租金要低于工资和利率水平相对较低的区域。这种影响的明显的证据是，离城市园艺地区不远的农业用地的租金要低于更远土地的租金，尽管前者的地理位置更好，其原因在于城市水平的工资水平更高。

---

① 《生产经济学》，第 199 页。

在瑞典的低工资区域上的土地将没有任何价值,假如无论在什么地方都必须得付高工资的话。这至少在目前地租是需要充分考虑的。基于相同的原理,如果丹麦的高工资水平和德国的低工资水平在各个区域都存在的话,那么,丹麦—德国边境南部的地租就会相对较高,而北部则会相对较低。

显而易见,劳动力和资本供给的区域差别也会影响到商品价格。在绝大多数的商品生产中,工资是成本的重要组成部分,比如,大多数的个人服务,如果不必要考虑大规模因素的话,那么,城市的价格都会比较昂贵。同样地,在高工资的国家(如美国)的服务价格比低收入水平的欧洲国家要高。[①]

简而言之,一个地区的任何商品或生产要素的价格或多或少地与该地区和其他地区的所有其他商品以及生产要素的价格有直接关系。一个地区的土地租金受工资、利率和商品价格的影响,所有这些都是主导价格和生产的区位价格体系的组成部分。因此,在分析自然资源区位分布对价格的影响时,我们不考虑其他生产要素和市场的区位分布以及工资、利率和商品价格的区位差异是无法对此进行解释的。很明显,租金理论是一般区位理论的组成部分,它对单一市场定价理论进行了极大简化,因此,自然资源的区位分布就如土地的特殊质量和经济的区位分布那样。

劳动力和资本供给的区位差异对产业布局的影响我们已经在本章的第2节中有所介绍,即我们对上一章中的价格差异趋同进行了修订;我们将食品视为工业的原材料,并且将它作为一个成本因素纳入工资账单。我们在放宽不同地区的工资率和生活成本差异的假设时,关注了劳动力和资本差异的影响。不幸的是,基于此的一般分析是非常困难的,前述得出的结论都是在一定简化条件下作出的。城市或其他地区的高工资不利于工业的发展,除非有一些特别的优势能弥补由此造成的劣势。这也通常如此,对特定工业有着便利条件的城市往往能发展该工业,如能提供原材料资源和市场或有效的劳动市场的话。在上述第2节中,我们没有分析对劳动力供给的特殊属性的补偿。其实,劳动力的数量差异应与名义工资差异共同进

---

① 参阅第8章的第3~4节和第14章。

行分析。同时，必须记住的是，工资差异可能比生活成本差异大，也可能比生长成本差异小。毫无疑问，此时就必须考虑利率差异。

为免受高工资的影响，家具的手工生产就是一个例子。商品的高质量只有与客户的需求保持一致才是至关重要的；另一方面，衣服、帽子、手套和鞋等成品的工厂通常是在城里。与此相似，一些工业会规避高工资和资本较贵的国家，类似的很多例子都可以在第一部分中找到。然而，假如转运关系比较好的话，那么，即使是需要大量劳动力的商品也可以在高工资的国家里进行生产；在另一方面，一些工业也可能会主要集中在低工资的国家里生产以便充分获取低工资对生产的优势，即使是转运关系在其他国家更好也会如此。通过这种方式，假如不存在国际工资差异的话，那么，有着大量小城市的国家就会出现大城市。这种累积效应影响了劳动力供给的素质，它有助于大规模生产，它间接地影响了生产的国际分布。①

区位受众多环境因素的影响，人们可以在某地生产，也可以在低成本的地方进行生产。显然，在不同的地方和国家生产同一种商品，其生产成本应该是基本相同的。因此，可以预期的是，即使是生产便于转移的商品，其生产也会是遍布全球的。

§6. 要素和商品流的交互作用　不能把影响工业区位的各种环境都视为基本因素（如已知的经济数据），这在一定程度上与影响产生区位的原因相似，正如上一章所简要地指出的那样。劳动力和资本供给的区位差异尤其②与经济驱动力有关，现在我们要对这些驱动力作出解释。

显而易见，我们必须面对为什么在不同的地方劳动力和资本供给会不同。该问题已经在本书的第 7 章通过一国内部的要素供给反应进行了一定的研究，而与此同等重要的是区域间的劳动力和资本的流动。③

对产业区位产生的原因的先前分析在一定程度上可以用以分析

---

① 顺便说一下，这显示了经济地理学者如果仅仅考虑转运关系来分析城市区位就会存在一定缺陷。
② 其他要素的影响见下一章。由前述分析可知，劳动力和资本供给的区域差异通过两种方式影响工业区位：改变生产和运输条件以及消费者市场的区位。
③ 该问题在本章的第 9～10 节将会有所涉及，但是值得进一步关注。

第 11 章 劳动力和资本供给区域差别理论（续）

劳动力和资本的分布。在相同的情况下，这会有利于特定的区域吸纳劳动力和资本。假定生产要素分布和产业区位确定的话，那么，我们就应充分考虑不同地区和生产要素的当地价格差异。但是，由于要素流动能力很低，因而不它能用以分析要素流动。当差异较大时，要素流动在很小程度上会减小价格差异，此时就应该假定存在贸易。与此同时，劳动力和资本的分布是价格和要素流动的结果。价格体系的任何改变通过改变要素价格都会导致要素流动，然后，劳动力和资本的重新分布就会基于新的产业区位和贸易而形成。

假如多种商品的转运成本下降致使转运关系发生了变化，那么，区域间的贸易和要素价格就会改变。例如，可能会有利于制成品而非原料更接近市场；前者对劳动力和资本的需求会增加，而后者会下降，工资和利率也会呈现出相应的升降。如果阻碍不是很大的话，那么，资本和劳动力的流动还会有所减少。与此相似的是，要素流动阻碍的减少会引致更多的这样的流动；而在另一方面，劳动力和资本也会有相应的改变。

这样的流动会影响生产要素的分布，否则，要素供给就会与我们修正前的按照出生、死亡和储蓄时的分布相同。因此，可以说，给定时间的实际分布是如下要素的函数：（1）早期区位；（2）由出生、储蓄等因素引致的国内供给的改变；（3）尽管劳动力和资本完全不能流动，但当地的价格差异也会影响区域间的流动。任何时间的价格差异均由所有要素共同发生作用的相互关联的价格体系来决定。

很明显，要想对流动要素的区位分布进行简单描述是不可能的，除非流动性与各自的名义价格相同。在那种情况下，影响价格体系的关联性也会决定要素的分布。因此，对劳动力和资本实际供给的详细描述也就必须要研究隐藏在（2）和（3）背后的因素，而这超出了本书研究的范围。我们必须将要素供给流动视为影响定价的基本要素之一，尽管它部分地也受早期价格和经济变动对分布①变动的影响。

应该有一些一般性的研究。第一，由于依赖于价格体系或者说

---

① 是否要素流动就是劳动力和资本国内供给的反应。

是更加依赖于相应的环境，因此，从价格经济的视角来看，要素流动隐含着要素的供给要适应环境的因素。有着很好的转运资源或者自然资源的地区会吸引劳动力和资本，结果不会在各处均出现"要素供给均等"的情况；与此相反，各地区会由于转运条件和自然资源而出现很大的差别。因此，在劳动力和资本供给上也会有相应的差别。当然，假如在需求条件上存在很大差别的话，那么，它就会进行自我调整，这在后面的章节中我们要进行考虑。

第二，国家内部的劳动力和资本流动通常要比国家间大。因此，从自然和运输资源的国内差别的价格体系来看，这些要素的供给会更好地进行自我调整，当地的生产条件会比这些差别有着更大的影响。然而，生产要素配置在一国的不同地区间差别很大，而这会对工业和贸易区位以及国际贸易的国际差异施加同样的影响。问题是一样的，只是通过要素流动的供给反应相对于国内贸易而言更快更有效，尽管它并不一直都是这样的。

第三，劳动力流动可能导致城市人口剧增，并且名义工资和实际工资通常要比乡村地区高。在特定的情况下，要素流动会增加要素价格的区域差异。

这样的要素流动如何影响贸易？一般而言，要素流动与商品流动一样，倾向于促使不同地区间的要素价格均等，[①] 且这两种流动可以相互替代。假如商品转运成本高的话，那么，工业和必要的劳动力与资本就会流动而不是替代。[②] 但是，假如要素流动困难的话，那么，工业就会留在原地，而贸易就会由此产生。这种贸易的成本很大，但是不如要素价格差异所导致要素替代商品流动的成本大。在另一方面，一定的要素流动不仅强化了地区间的要素供给不平等，而且还增加了要素价格的区域差异，因此，要素流动会增加贸易。改进的运转条件和大规模生产的经济就促成了聚焦经济的出现。

§7. **说明** 商品转运条件的改变影响了产业区位、劳动力及资本的分布，例如，有着非常好的自然条件生产可口产品的地区如蔬

---

① 下述原因是对第9章结论的重述。
② "在一个民族的经济生活中，昂贵的土地转运所起的作用越大，工业偏离的趋势就会越大"。舒马赫（Schumacher）：《荷兰大规模产业群变迁研究》，第2页。

菜、水果、肉和鱼，灌装和冰冻意味着运输的极大改进，这有利于这些商品和地区进入世界市场，从而对工业发展起着极大的刺激作用。

无法得到便宜的煤和其他能源的地区的供给条件改善对于该地区的工业区位改变有着重大的影响。"新能源如石油和水力发电及使用新的输电方式，致使在不产煤的地区使用机器成为可能"。①

新的铁路致使一个地区的经济生活发生了翻天覆地的变化，这样的例子值得探讨。美国工业在1870年代集中在西南部，而在西北部地区专业化种植玉米，以及南部地区主产棉花，而在那些人口稀少的地区，其很差的转运关系使得当地市场很小和交通设施很差，人口和工业都无法发展，直到铁路在此建立，它就如同商品转运一样需要大量移民。因此，建设铁路在开始并没有对经济发展有很大的促进作用，而当交通改善并且人口增加时，随之而来的转运关系也就得到了改善，它就适合了原来位于东部的那些制造工业。当然，相似的工业转移也可能发生在国家之间。"新贸易路线的发现对一国贸易有促进作用，并且会给其他国家带来好处"。② "很容易给出一国城镇衰退和乡村大片兴旺以及其他地方欣荣的例子。确切地说，通过这种方式尽管世界会获利，但一国仍有可能会由于兴隆的产业转移到其他国家而出现损失"。③

德国的经济史很明显地揭示了新铁路和改进的水路如何在东部和西部形成聚焦经济。劳动力和资本并不如美国那样更加均等，而是向着相反的方向发展。这部分地是由于更便宜的运输增加了很多工业并出现了规模经济效应，因而倾向于将工业吸引到那些生产条件最好的地区；而另一方面，一些地区从此也就失去了这些工业。

---

① 伊迪（Edie）：《经济学原理和问题》，伦敦，1926年，第660页。
② 尼科尔森：《政治经济学原理》（第二版），伦敦，1908年，第326页。
③ 同②，第327页。

第 12 章　作为布局理论的区际贸易理论

§1. 导言　前述分析很显然说明了这样一个事实，即一切经济活动都依赖于周围环境及其自身因素。在上一章中，我们主要描述了生产要素的供给、运输、生产布局以及各种价格的相互关系。

应该着重指出，对于地区间情况的分析（如第三部分修正的那样）还必须考虑到地理差异，即某些生产要素会在区际间流动。这不仅适用于国际贸易，同样也适用于国内贸易。要素流动对国内不同地方的价格变化起着重要作用，这些各个地方的要素成本和供给的差别也影响到国内生产的布局和区际贸易，这正像国际上的差别会影响到外贸易一样。除此之外，转运条件的差别也决定了各地的特点，这与要素分布差异的作用相同。

有必要强调一下，如果国内所有各地区都存在劳动力和资本的自由流动的话，那么，即使国家之间没有这种流动，但类似的地区间理论也同样适用于国际贸易。唯一的区别是，在研究经济变化的短期影响时，我们更应注意前者对要素供给的反作用。通过国内供给和跨区流动的变化，对短期影响有兴趣的学者会更加注意对要素供给的反作用，虽然这在国际上被称为地区内。事实上，哪怕是小且相邻的不同地区，它们在自然资源、转运能力、便利程度以及劳动力的供给等方面都存在很大差别。这些差别在很大程度上是产业布局的原因，而不是结果。

§2. 定价概述　假设将世界划分为很多区域，以至于可以将运输费用包括在生产成本中。当然，生产在一定意义上总是包括很多运输环节的，因此，这个假设是真实的。

显然，瓦尔拉斯—卡塞尔（Walras – Cassel）模型（与第一、三部分已经用到的以及在附录中的解释相似）能够显示静态定价的特性。我们进而假设已知生产要素的价格,也知道每个地区消费者对各种商品的不同需求,因此,把可以这种需求看做是商品价格的函数。① 此外,还假设已知生产成本和商品价格(因此知道实际需求,同时也知道不同地区的转运费用)。② 从这一假设出发,可以推断:(1)各地什么商品比其他地区的更便宜;(2)考虑生产和转运费用的差别,哪个地区供给的商品更便宜。每种商品的生产和消费必须平衡,因此,人们能够判断每个地区必须生产的数量,这种产量所需要的生产要素(按假定价格计算)必须与每个地区的要素供应相等。

只有各地区有着共同的货币体制,前面的论述才是正确的。但是,如果有两类地区都有自己的货币,那么这就会增加汇率这一未知的因素。另一个公式也适用,即对外币的需求必须与它的供给相等,即国际收支必须保持平衡。另外,对"外"货的需求也是国际收支的一个重要项目,消费者物品的需求直接来自个人的需求属性。当然,对生产资料的需求直接取决于各个地区生产什么样的产品,以及必须进口什么样的生产资料。

假如有很多不同的地区,且各地区都有其独自的货币体制,那么,这样的等式就适用于每一组地区与其他组地区的关系。如果有 n 组地区,那么就会有 n 个等式,并且最后一个等式的关系可以从 $n-1$ 个等式中得出,这足以决定汇率。

§3. 地区概念的重要性 使用同一种货币体制的地区会有相似的关系,我们通常把它们作为同一地区对待。从其他观点来看,这种划分区域的方式是令人满意的。通常我们认为在某些地区组的要素和物品在其间流动要比在地区内流动困难得多,原因在于应该将之视为不同的地区。对于不同地区要素供给反应的分析就会比较简单,这就像商品流动那样。

对不同类型的地区必须加以分析。或者由于劳动力和资本的显

---

① 已知所有权和偏好的某些情况,为简明起见我们不考虑新的储蓄对资本货物的需求,见第10章。
② 由于已知每个地区的各种生产要素的数量,因此,从运输的角度看我们就知道了自然资源质量,即称之为"运输能力"的东西。

著流动,或者由于要素分布方面的基本相似,其中有些地区的工资和利率差别很小,但在另外一些地方却明显不同。此外,商品和要素在有些地区很容易流动,而在其他地区流动却很困难。人们很自然地就会想到整个世界由许多大区组成,而每个大区包括很多较小区(次级地区),这些小区包括更多的小地区。怎样才能最好地划分区域,这显然取决于所分析问题的类型。

如果自然资源和转运能力相似,并且劳动力和资本在地区间容易流动,或者说商品在这些地区间容易流动而在其他地区间流动困难,那么,相邻的地区可以被认为是属于同一次级地区的。在任何情况下,区域划分与所要分析的问题密切相关,比如货币体制的一致性在研究布局时就没有什么重要意义,但在研究贸易调节机制时却非常重要。

对于某些大区(国家)我们也应给予特殊的关注,但也不能忽视国内的分区和小地区。国内的生产要素、转运能力和工具分布不仅影响到国际工业布局,也影响到国内生产和贸易的分布,虽然在生产条件上相似且拥有较好运输条件的地区所吸引的产业与运输条件较差的地区的运输条件存在显著不同。与其中一个国家的工资高度一致,而与其他国家有较大差别,但是两地有相同的平均工资水平,这就会影响到这些国家的国际贸易。

例如,只有当国家由相似的分区或"细胞"组成时,[1] 在研究大区间的生产分工和贸易时才能忽视其内部布局。在大多数情况下,这种相似是不存在的。像古典理论这样的分析我们在本书前九章曾讨论过,当时我们并没有考虑到国内布局的问题,不过,即使我们忽略了问题的实质部分,其情况也如此。

§4. 定价基本因素的反作用

在前面的分析中,我们把一切所谓的"基本因素"都假设为已知,或者是因为非经济原因而变化,这种分析只探讨了问题的一部分。正像本书前面已经指出的那样,[2] 这些因素对价格体系的变化有反作用力。换句话说,这些基本因素反作用于价格的变化,因此,这些因素或多或少地是先前布局的结

---

[1] 即有类似的生产要素分布:海岸线、港口和地面的类似设施以及其他转运能力等。
[2] 本章第3节的观点可在前两章的总结中得到体现。

果,尽管它们支配着当前布局的变化。现在我们从生产要素的供给开始讨论。

着手研究生产要素的供给时,我们并没有必要谈论以前的自然资源供给对布局的影响,例如,矿藏可能会被挖尽或者开采困难;森林可能被伐光;农田可能会耗尽或者没有什么肥力了。在国内外贸易中,这种影响都起着作用。

但更重要的是,每一地区的工业类型对不同素质的劳动力供给也会产生影响(在第 7 章中已经对此进行了简要论述);储蓄量也会起反作用。对于要素的流入和流出对价格体系变化引起的地区间要素流动的反作用我们已作过分析,随后我们将从国际贸易的视角举例说明这样的流动具有重要意义。由于引起迁移或者影响到国内供应的来源等问题,价格体系的变化有时在国内对于劳动力的供给会有极大的影响。

我们已经指出,在小的和大的地区的劳动力的供给方式相似,它们都会对经济变化产生作用。这种反应大小的差别,除了在国内比在国际间劳动力迁移容易外(至少现在是这样),它并没有什么规律可循。[①] 更为明显的是,在待讨论的例子中我们都要考虑它影响的特性和强度,同时也应注意到它稍后情况的变化(已经分析过这种影响)以及时间差异的影响。价格体系和分布的问题我们将会在随后给予解释。

对要素供给的讨论就到此为止,转运便利程度对企业布局和贸易的影响很大,并且对经济也会有所影响。例如,铁路和港口建在需要的地方,这就是说,运输能力并不决定运输工具,而是由资本投资决定的。事实上,从类似的运输和生产的观点来看,很多资本投放都会暂时或长期地影响自然资源。换句话说,在运输能力和运输工具之间,或者在自然资源和资本货物之间,不可能划分出明显的界限。在很多讨论中,最好不要试图划分这一界限,而应在同一框架下讨论。

商品生产和运输的特点及分布在很大程度上要与经济状况相协

[①] 城乡劳动力和资本供应的差别是要素流动的结果,这主要是由于运输能力和经济集中的差别所引致的。"常见到的是,每国的贸易发生在城乡之间,这就是用工业品交换食品和原料"。见尼科尔森的《原理》,第 325 页。

调一致。例如，如果发现某一种原料对新的工业布局有利，那么它就很容易流动，而其他的原料则较难运输或不可能运输。但是，如果持续了数年，那么每年的分期偿还将会成为流动资本并被运往其他地区。因此，在研究经济变化时，对于直接或间接地从一处流往另一处，或者改变技术形式的生产和运输物资的流动的可能性，我们都必须用类似的分析布局和劳动力素质变化的方法来论述。

这就是说，要准确说明工业的布局就必须描述历史的进程。对价格体系的静态分析，如在第2节中的那样，只能解释关系中的一部分，因为各种变化对价格和布局的直接影响是由价格体系决定的。

没有必要说明早期工业布局因受基本要素的影响而详细讨论现在布局的实际情况。发明可以偶然地导致在一国或一个地区内兴起制造业，这在别的地区也如此。然而，工业倾向于留在首次布局的地方，因为劳动力要素适应这里的情况，生产投资、运输和贸易联系等方面也是这样。把生产移到另一地区要花费极大的成本，而在某一地区维持工业能力则远远要超过吸引工业的能力。现在很多工业仍然设在水资源附近，尽管电力输送很方便，但从本质上讲，工业可以设在任何地方。很多国家的民用玻璃工业仍留在古老林区，这种工业始于几百年前，因为当时可以从森林中获得廉价的燃料，而现在则把煤从遥远的煤矿运到那里。

§5. 企业选址的随机因素 前面讨论过历史上的某些影响会导致产生不经济的企业布局。从工厂的角度出发，[1] 非经济性这个词只有在生产成本高于运输成本时才适用。一个古老的工业仍然在其原始布局的地方的事实不能说明这是一个不经济的布局。

然而，在许多情况下，生产的最初布局绝不是最好的。例如，在很多情况下缺少对实际情况的了解就作出决定，这不能正确地判断与布局有关的未来变化。总之，错误在布局中有着重要影响，它们显然不可能制定出任何原则。[2] 此外，一个工厂的布局错误会以多种方式反作用于其他生产布局。对企业来说，出售原料或半成品的

---

[1] 预测实际区位和引致最大国民收入的最优区位的差别似乎是很难的。
[2] 在一些实例中，区位受到曾经发生的事情的影响。因此，当要素数量比较大时，机会的影响就更大。

市场应设在后期生产阶段所在地并随其移动而移动。在一个地区内，由于本可以设在其他地区的工业可以满足生产要素的需求，因此，这可能提高该地区的一些要素价格，而对那些将在此设厂的工业来讲就不那么合适了。

应该注意到，消费市场的布局在某种程度上受非经济原因的支配，如陆海军营地、首都和政府中心都可以产生重大影响。

政府机关通过税收也会对布局产生深刻影响，尤其是在地区间税收差异很大而又不能为企业提供相应便利的国家。第一次世界大战后，在英国有很多例子都表明企业避开"被破坏的地区"，这些地区企业陈旧、无盈利、失业过多，地方税率重到难以负荷的程度。税率的这种地方差别自然会影响到工资差别，特别是地租的地方差别。税收的国际不平等也影响到我们在第6章中就已经提到的生产要素的价格和国际贸易。

另一种影响布局的情况是，影响生产成本的因素如此之多而且变化莫测，以致有些地区可能出现相似的利益。有的地区可能对原料供给更合适，有的地区则对劳动力供给更合适。大规模生产的经济可能限制了生产单位的数量，在这种情况下，哪个地区接受了该工业，哪个地区就会或多或少地存在一个机会问题。

在许多工业部门，生产成本和价格相对于销售来说只起到较小的作用，这对具有艺术价值的私人品尤其如此。因为对于这些商品，成本最小化的生产地域不是那么重要，而成本差异产生的刺激效应非常小。

考虑到厂家以不同成本生产而以相同的价格出售，[①] 这样，低成本生产的企业就能够发展起来，而高成本生产的企业却通常衰落了。很多时候，以高成本生产的企业处于不利地位，只要这些企业存在，就会助长企业在布局方面的不合理性。

显而易见，商品是通过几个不同的过程生产的，一个企业的生产最优对于其他企业而言未必是最优的，并且不同企业的生产过程生产的产品质量也有所不同。事实上，这并不奇怪，生产不同等级物品的厂家的厂址是不同的，严格地讲，是不同的企业进行生产。比较高级的成衣在柏林生产，柏林有专门的熟练技术的劳动力市场，

---

① 瑞典1927年普通铁的成本相差近50%。

而且在这里非常注意时装变化;较低级的成衣主要在德国农业区的小镇和乡村生产,其中一部分是农民家庭制作的。这样,这儿出现了某些外部经济的增长,如建立了劳动力市场,但主要影响的是廉价劳动力的供给。

所有这一切以及其他许多的情况都说明,为什么只有很少工业产品和原料有其合理的市场范围。贸易趋势的不规则性是一个不变的属性。

毫无疑问,这一推理既适用于国内贸易也适用于国际贸易,尽管有时候高关税使市场地区范围与国家范围一致,致使市场出现了明确的界限。国际贸易是在企业间进行的,而不是在国家间进行的。有些企业出口,有些企业则不出口;有的只向少数几个专门的外国市场出口;有的则向许多外国市场出口;有些厂商在国内占有部分国内市场,并且与国内外的企业进行竞争,有的在国内没有市场份额的企业也希望进口那些自己国家能够生产的产品。通常,国际贸易显示不出规律性,初看好像是抗拒一切原则似的,只有对具体例子进行分析才能表明实际情况究竟如何。在所有情况下,工业布局不论是国内的或国际的,显然都不能用本章第1~4节提出的分析方法得到有效解释。

§6. **随机性的区域价差** 如上一部分分析的那样,其他因素为弥合抽象理论与实际的差距架起了一道桥梁。在这里和前一部分我们已经假定,贸易商品价格由于不同地点间的转运费用不同而存在差距,但贸易并不足以产生这种结果。任何时间对地方价格差别的调查都表明不能用转运费来解释变化的不规律性。① 受季节影响的商品的地区间临时差价很大,例如,农产品就是这样,其价格均等就很难发生。这些价格差别引起了往返运输和其他不规律的贸易趋势。但是,价格表面的波动是无关紧要的。长期如数年的价格平均数表明没有太背离转运费用的这种惯常关系,影响工业布局的是一个较长时期内的价格形势,而不是每天的价格形势或不规律的变化。②

---

① 尤其要参看美国铁路经济局的详细调查报告。
② 美国铁路经济局对桔子价格的调查表明,任何一天桔子的价格都在不规则地变动。但令人惊奇的是,整个季节的价格平均数却有规律性。

显然，时间和空间这两个因素是相互联系在一起的，因此，可以肯定地说，在短期内以不规律的方式影响价格的地方力量，可能在较长时期内互相抵消。布莱克教授指出，关于每日价格的平均数，芝加哥和圣保罗决不会有相同的牲畜市场价格；关于每月价格的平均数，其差别就不那么大了；而年价格的平均数，则几乎所有重要的因素都是相同的。

地方价格关系这一问题的其他复杂方面可能影响到布局，这是同一地区内的价格相同的某些产业间交易商品的通行规则，这与运输成本无关。例如，丹麦合作屠宰，付给农场主生猪的运输费用，不论农场是远是近，所有的农场主都得到相同的净收入。有时，丹麦的水泥产业在各个港口对运输水泥采取相同的价格。[①] 这一政策限制了工厂的数量，即距离已经建成的工厂的较远的地方很难建成新工厂，从而影响了价格的结构，如农业租金。

---

① 另外，对不同买者有着很强的价格歧视。

第四部分 国际贸易和要素流动

第13章 国际贸易

§1. 导言 在这一部分,我们将运用第三部分的结论来分析国际贸易问题,尤其是讨论第二部分中没有分析的阻碍商品和生产要素流动的因素。

国家是一个特殊的区域,因此,区域之间的贸易理论对国际贸易同样适用。这就是第 1~9 章当中忽略内部商品和生产要素流动不足时的情况。然而,当考虑运输成本时,就需要一个既区分不同区域又区分不同国家的区位理论来解释。由于区位理论可以说明拥有企业的地区的贸易情况,所以,区位理论既包括国内也包括国际的贸易情况。国际贸易理论必须建立在一般区位理论之上。实际上,国际贸易理论是由考虑到许多国家存在的贸易环境的区位理论构成的。

这一章的目的不是介绍一般区位理论,而是介绍国际贸易。因此,只有在需要时我们才会介绍一些抽象的区位理论的相关知识。

将国际贸易和其他区际贸易问题(如城乡问题)分开研究,这是因为国界和一个国家内部各地区的划界不同,并且在某些方面国界更重要。国界对商品流通及生产要素的流通起着不同的阻碍作用,而且货币体系的不同使国际贸易机制与其他类型的贸易不同。此外,在一国的成员之间有着相似的旨趣,[①] 这使得研究国际贸易更加有意义,对于指导国家的政策也有价值。最后,许多重要的经济变动在国内的不同地区间存在着共同点,因而与国外地区不同。这样,我

---

① 有共同旨趣的社会部分地是建立在情感的基础之上的,同时,生产要素的移动也起着一定的作用。例如,在一个国家内,资本大量的流动就能使这个国内的资本家产生共同的兴趣。

们自然会把国家看作为一个整体,研究它与其他国家的贸易关系。许多社会机构只关心特定国家的居民,但这却间接地影响外国居民。例如,关于工资及劳动条件的集体协议往往影响着整个国家工业,但对国外相同的工业却并不产生影响。一般而言,一国的税制和规章制度有所变化会直接影响本国经济生活的方方面面,而不会直接影响其他国家的经济生活。[1]

把其中任何一种情况作为区分国际贸易和其他地区性贸易的唯一原因都是错误的。古典经济学家过于强调商品因素的国际流动困难。

如上所述,应该将不同类型的贸易分开研究,比如,大小不同的地区间的贸易,不同自然特性(热带和温带)或不同居民(白色人种和其他人种)的区域之间的贸易,城乡间的交易,等等,这些也同样重要。这些和其他类型的贸易的研究都适合一般或完全区位理论。

本部分的目的是解释国际贸易形成的原因,分析国际经济关系的有关问题。在第二部分我们已对国际贸易作了简要说明,现在,我们将第二部分中忽略的情况加以考虑:生产要素的转移、商品的可转移性、转移的便利性以及与之相关的聚集和分散趋势。最好回顾一下第三部分中相关问题的重要结论,并将其中的有关国际方面的问题加以讨论,我们将在第 13～15 章中作具体说明。在决定布局和贸易问题方面进口税占有重要地位,因此,我们必须专门论述关税问题(第 16 章)。最后,在第四部分,我们将讨论生产要素的国际流动及其与国际贸易的关系。

§2. 国际商品的流动障碍　诸如运输成本等国际商品流动的障

---

[1] 从某种观点来看,"国民经济"是一个有机的统一体,因此,它必然是布局和贸易理论的基本概念之一。国际贸易和各大小地区之间的贸易在性质上无本质区别。这种观点并没有影响到我们关于国际贸易的论述。我们认为,只有通过一种纯粹的分析才能把有机体这一概念抛弃(这种有机体与组成它本身的部分不同),才能为国际贸易理论打下坚实基础。对于质量差异,我们以后再加以说明。同时从两种角度以及用两套方式解决一个问题,不会有所帮助,只会造成混乱。关于这一问题的讨论可参阅汉姆斯(Harms)的《国民经济与世界经济》(耶拿,1915 年),在他看来,世界经济是一门新的经济科学,它是在国民经济概念的基础之上研究国际经济关系的。试比较维塞尔著的《社会经济理论》(图宾根,1924 年)。

碍会导致贸易减少，商品运输距离及运输路线取决于运输成本和各地不同的生产成本。欧洲从美国和澳大利亚进口大量蔬菜，并且在欧洲生产较多牲畜饲料，因为蔬菜比较容易运输。

国界是贸易的障碍，对国际贸易尤其是如此，关税壁垒的影响显而易见。其他因素还有如语言、法律、银行体系、习性及习俗等，它们都使国际贸易比国内贸易困难，而与某些国家的贸易比与另外一些国家的贸易则可能更加困难。安斯奥克斯（Ansiaux）教授把这些称为"习惯经济"。另一类因素则与国界直接相关：繁琐的报关手续，政府对本国产品的支持，各种诱使人们认为本国商品比外国商品好的行为及偏见，等等。

这些因素都或多或少地影响着国际贸易的发展。尽管英联邦一些成员国的进口关税很高，但我们却可以从英联邦各成员国之间的大规模交易中看出一些因素（即使这种因素不存在）十分重要。例如，在1927年，英联邦内其他成员国从英国进口的货物占英国出口总额的46%，而在进口的货物中有49%是制成品。

"优惠关税"差别的影响很难用数字描述，因为一国不同地区间的贸易几乎没有统计数字。显然，贸易在很大程度上依赖于生产者和市场的紧密联系，但是，当"优惠关税"发生作用时，这种关系又难以建立。像丹麦这样的小国，其关税率很低，通往其他国家的水运运费低廉，它生产的制成品约占其消费总量的75%，而同类商品的出口则微乎其微。现在，我们再关注本国拥有市场的情况下，其与市场保持密切联系的重要性。另一方面，丹麦的例子说明，当大规模交易（出口咸肉和黄油）被专门引向国外某一特定市场时，就能以低成本克服一些贸易障碍。伦敦的零售商销售的丹麦黄油比哥本哈根（丹麦首都）的同类商品价格低，然而，这种情况比较少见。在英国，黄油和咸肉没受到关税保护，也很少受到有利于国内商品的歧视待遇。生产者为特定市场如此专业化密集生产也不常见。

就某些商品而言，国际间设置的障碍之大以致国际贸易无利可图。商品成本的差异不足以弥补关税和其他障碍；对于这些商品，它们只能在本国自销。像第8章中所提到的，这些商品称为"国内市场商品"，包括所有只为国内市场生产的商品；涉及外国交易的商品称为"国际市场商品"，它包括进口和出口两类商品。

有时进口商品与本国商品为满足消费者的需求而相互竞争。一国可能生产质量较差的棉纺织品而进口精品棉，其价格比决定消费者该使用哪种质量的商品。因此，不同质量的商品或多或少地相互竞争。有时，不同的物品很容易相互取代，例如，瓦是国内市场的商品，但同时却可以进口其他屋顶的覆盖物，这些产品自然要竞争以争取消费者。很明显，这些商品的价格趋于协调。当进口商品价格低时，本国的相关商品的价格就会下降，否则消费者就会买进口商品。也有其他的本国商品不与外国商品直接竞争，其价格时常与进口商品价格变动不一致。这种商品称之为"非竞争性本国市场商品"，以区别于"竞争性本国市场商品"。这种划分在分析相关价格变动时很重要。因为虽然后者受进口商品价格变动的影响，且在某种程度上也影响进口商品价格，但前者更独立。

当然，某些本国市场商品也与本国出口的商品相竞争，其价格也随出口价格的变动而变动。

总之，不同类型的商品分为如下几种：国际商品，其参与国际贸易；竞争性国内市场商品，它或多或少地与国际商品相竞争；非竞争性国内市场商品，它与其他商品很少有直接的关系。国际商品可能是进口商品也可能是出口商品，具有竞争性的国内市场商品能与进口商品或出口商品相竞争。

毫无疑问，这种分类没有固定的界限，① 经济情况的任何变化都可能导致某些商品的国际贸易终止，或者使一些商品从国内市场转移到国际市场，不过，这并无损于商品种类区分的实用性，而且掌握划分的识别力也很重要。

1913～1923年间，各国出口额占各国生产总产出的比重是：英国23%，德国23%，加拿大29%，日本20%，美国10%。1925年，德国制造业中有43%的工人生产出口商品，而另外10%的工人生产的商品也有少量出口，剩下的47%的工人生产国内市场的商品。根据鲍尔弗（Balfour）委员会的估计，1924年英国参加保险的1 160万人中，其中有430万人在出口行业中工作。

---

① 这种分类不考虑与运输成本的关系。某种商品由一国进口而从另一个地方出口，瑞典的砖就是如此。这是将一国作为整体而不考虑一些细小的差别。

哪种商品属于不同类别？许多国家的生产资料相差悬殊，它们是否也能概括分类？当然，一个国家的进口商品就是另一个国家的出口商品。但是，国际商品和国内商品该如何划分？是不是世界各地的某些商品都属于同一类？

显然，难以运输的商品是在使用地生产的，这种商品属于国内市场商品，大部分最重要的商品和服务都属于此类。熟食品很少能长途运输，这就是"国内制造"的本义。房屋建立在使用的地方，这没有显著的例外，这两个重要的生产过程只能是在使用的国家里进行，谈不上生产的国际分工问题。

服务是由国内供应的。在"消费"一种劳务前，供应劳务只需很短时间，因此它排除了任何进口的可能性。不仅烹饪和所有的家务劳动都属这一范畴，而且零售和几乎全部批发业务都属此类。

所有的国家都是这样。此外，每个国家都有自己的国内市场商品，不过，这在别的国家看来这些商品可能就是国际商品。在德国，重要的国内市场商品有黑煤、除水泥之外的建筑材料、布料、木材、毛纺织物、家具以及许多食物。有些国家如西班牙通常实行禁止性关税，但在英国，进口税只起很小作用，商品划分为哪类在很大程度是根据关税决定的，它很难加以概括。

一般而言，原材料的进口关税相对较低，半成品的进口关税要高些，而制成品的则更高，所以，在很多国家，原材料是进口品或出口品，它们的运输成本比买卖原材料本身的成本还要高。由于制成品进口税高，因此，国内商品往往取代进口制成品。

§3. **国内市场划分**　自然地，如果进口商品阻碍太大的话，那么本国市场就会完全由国内商品所控制；如果太小的话，则国外生产商能满足某种商品的所有需求。事实上，对于制成品（更确切地说是非初级产品）来说都遵循这种规律。虽然从统计上看，进口的商品在很大程度上本国也制造，但这种统计数字很容易使人产生误解。[①]

对于陶西格教授的上述说法需要补充一点，虽然国外和国内商品在质量上有时不同，但它们的竞争不相上下，把它们看成是不同

[①] 参阅陶西格的《关税问题的一些方面》，第10页。

商品可能不切合实际。这种不同可能是通过某种品牌的广告而产生的,不能简单地相信一家公司的产品比另一家公司的更好。例如,靴子和鞋进入许多国家,进口国本身也大量生产这种商品。国内市场可分为进口商品和国内商品。至少可以这样解释,在现有的价格上,有些人因某些原因喜欢进口商品,而有些人则喜欢国内商品。又如,某些大的汽车出口国同时进口与本国汽车在用途和价格上并没有什么区别的外国汽车,即使美国也不例外。尽管美国汽车进口关税很高,并且美国汽车工业总体水平很高。

这样,在同一国内,某种商品在同一时期内有着进口物品以及与之竞争的国内市场商品。

一些外国商品的价格既不会很低以致使国内商品无利可图,也不会很高以致失去进入国内市场并与之相竞争的机会。这种情况也可通过其他因素来解释,其中最重要的就是国内运输费。某种商品从生产中心销售到市场通常不以国界为限,除非国与国之间设置了巨大的障碍。一般情况下并不会有障碍,商品可以通过国界,这就是说,货物可以进入国际贸易。有些商品比如砖,不会运到很远的国家,只是运到易于到达的地方,而且生产地分散在各地,接近市场的很多。生产地在瑞典南部的工厂,它的市场区域可以延伸到丹麦;在挪威及芬兰的砖厂,其时常可达到瑞典的毗邻地区。

当涉及国家的整个情况时,我们就不能解释这种贸易趋势了,只有涉及构成这种贸易趋势的区域或地区时,更确切地说是地方的条件时,我们才能进行这样的分析。德国的西南部可以延伸到法国和比利时北部地区的一部分,该地区煤和铁丰富,并且有优越的交通资源和设施,这些条件意味着德国可以低成本将出口商品运到附近的国内或国外的农业地区。另一方面,德国北部和东部从英国和波兰进口相似的商品。[①] 德国从英国进口煤是因为运输成本比从德国西部进口煤运费成本低。从威斯特伐利亚到汉堡的优惠铁路费是8马克,这几乎是将英国煤炭从矿井通过铁路和船运到汉堡所需路费的两倍。同理,英国的煤和铁出售到法国西部,而新斯科舍的采矿业则遭遇到进口煤炭的激烈竞争,但同时英国哥伦比亚区的煤矿却

---

① 参阅马歇尔的《货币、信贷和商业》,第104、105页。

向美国出口煤炭。

显然，划分国内商品和国际商品必须谨慎。如果没有内部运输成本和高昂的国际运输成本的话，那么，国内和国际商品的划分就会非常明确并且十分重要。在进口物品中，有些只运到某些港口，但即使价格有大的变化，它也不会太大地改变进口物品与国内消费品的比例；其他进口物品也容易渗透到进口国各地，如果这些外国物品足以与本国物品激烈竞争的话，那么，价格一旦有小小的变化，就会影响进口物品的数量。当然，出口物品之间也会有相应的差别。

导致某些商品的国内市场划分为国内和国外生产，这是由于不同公司的生产成本存在很大的差异。[①] 生产成本较低的国内企业能够在与国外企业的竞争中占据一定的国内市场，但它们也不能将国外商品挤出本国市场。我们不禁要探究一下是什么因素导致了在同一个国家内，某些厂商相比以前或其他潜在的竞争者更具有竞争优势。这可能有以下几种因素：优越的地理位置、便捷的能源和原材料的获得渠道、更高效的管理等。可是，这些优越条件并不一定能以同样低廉的单位生产成本扩大生产，进而它阻碍了任何试图占领整个国内市场的努力。在一些情况下，某些公司产品的低成本是一些暂时的条件造成的，而随着时间的推移，这些公司越来越衰退直至被淘汰，将整个市场留给了国外厂商；反之，如果本国企业通过技术发明或相关改造也可能在竞争中居于上风，并且将外国竞争者排挤出国内市场。这样的过程需要时间，在国外的优秀企业退出竞争之前，它们会和那些占据大部分市场份额的国内企业进行长期竞争。在这段期间，国内市场的供给一部分来自于国内商品，另一部分来自于进口商品。

应该注意到，竞争不只是依靠价格差异。许多产品的销售，尽管面临着竞争厂家的低价格挑战，但却能成功地继续下去。这不仅是因为真正的或想像的产品质量差异，同时也归因于影响现代销售的诸多条件，如商誉、商标、给予少数零售商独家代理权等。例如，一家制作妇女成衣的企业，常常发现在大的区域将自己的产品通过有限的几家零售商出售比在较小地区仅通过一家零售商出售有利。

[①] 参阅布莱克：《生产经济学》，第825页；舒勒：《贸易政策理论》，第51页。

由于其他零售商也会代销类似产品，因此，一家公司不能占据整个国内市场，这样就有国内或国外其他厂商存在的市场空间。对于低档品，价格是重要的考虑因素。一家瑞典公司，尽管在所属行业具有绝对优势，但也发现要供给国内一半以上的需求是不可能的，剩下的市场份额会被国内小厂商和国外大厂商所分摊。

在其他情况下，销售依赖实现资金最大价值的能力，同时也依赖于商业关系。例如，电话行业就是这种情况。该行业有六大生产厂商，每家企业都有利益相关的公司长期从它们那里购货，同样，在电子设备的生产领域也如此。企业之间这样的关系似乎会在利益的关系上不断巩固。①

最后，可以看到价格差异也能使一家公司进入国外市场，尽管国外市场产品成本同样很低。倾销是一种进入新市场的方法，并可以用以替代或补充实际的销售成本。这种方法通常用来处理超出主要市场需求的剩余商品。上面提到的瑞典公司，它的产品在除去关税以后，以低于瑞典10%的价格在丹麦出售，它发现，即使瑞典市场处于旺季，保留丹麦市场也是有利可图的。

这些问题都很复杂，用"经济冲突"这个原有的术语也无法解释。我们这里只是分析了导致国内市场供给划分为国外和本国厂家的几种因素。

到目前为止，我们主要讨论了工业制成品。而来自农业和矿业的初级产品就是另一种情况了。通常只有在价格上涨时，这类产品的供给才会增加，其进口常常是由于国内产出不能满足国内需求时形成的，部分需求只能靠进口来满足。降低进口商品的价格会导致国内产量减少但不会停产，这类例子很多。大多数欧洲国家在生产小麦的同时也从大西洋彼岸的国家进口小麦，部分原因是进口小麦与欧洲原产小麦混合磨出的面粉更好。19世纪后半期，美国廉价小麦的输入并没有导致欧洲小麦种植业的消失。另一方面，在制造业方面，廉价的进口货却经常导致国内生产完全停止。比利时和美国的窗玻璃是用机器生产的，这导致许多国家的手工制作玻璃快速消

---

① 此时价格垄断起着重要作用，因为本书始终没有考虑这种情况，因此在此不详加分析。

失，转而适应新方法或者放弃生产。

农矿业产品和工业制成品的区别，主要是在农矿业的成本中很大一部分是自然资源的租金，而这种资源没有别的竞争用途。小麦跌价降低了麦田的价格，但是用某些田地多种小麦可能比种植其他谷物更能获利，因为小麦地的租金比较低。这与资本及劳动力不同，后两者有许多竞争性的用途，劳动力只有在某些季节其工资比一般水平低得多；而对于资本，只有当固定在某种不易转向其他用途的生产资料时其收益才可能在一般利率之下，这时因为报酬不足因而也就没有新的资金投入到这些生产中。产品降价最终会减少产量，除非高额的租金也会相应降低以此冲抵商品价格的下降。工业制成品很少发生这种情况，只有农矿业产品在一定情况下才会如此。农矿业产品在国内生产同时也进口，但如果没有工资暂时下降或资本难以转移的情况发生，工厂就会大量生产工业制成品用以满足国内市场的需求，或者一点也不生产。

现在我们再来谈几点，用以说明 A 国市场上不仅有 A 国和一个外国生产商的竞争，同时也说明不管有没有本国企业参与竞争，A 国市场上都可能有多个外国生产商竞争。当然，由于国际贸易的障碍可能使 B 国的商品出口到 A 国比 C 国出口到 A 国更困难，所以，这几个国家的商品成本不一定相同。A 国和 C 国之间相似的语言、习惯、关税、偏好等，可能使它们的关系更加密切。此外，不能将质量不同的商品全看做是不同商品，这种质量差异会形成市场细分，不管市场上有两个还是多个的竞争者，每个竞争者都能占据市场的一部分。同一个国家内不同企业的生产成本不同，许多商品特有的市场环境也促成市场细分。以上所有这些都对制成品的竞争有特殊意义。至于农矿业产品，市场细分更合乎自然规律。从阿根廷和加拿大出口到欧洲国家的小麦并不比从美国出口的少。

以上主要讨论了商品越过国界的阻碍，下面我们再来讨论不能流动的情况。首先考虑不同的商品，然后再考虑不同的地方。

§4. 各生产阶段商品的相对流动性　第 8 章的分析说明，不同商品或多或少地都能流动，这就是不同生产阶段的商品转移成本的相关性。从商品区位理论来看，这种相关性值得深入研究。在其他条件相同时，某些工业属于"在市场区域设厂"的情况，即企业靠近市场中心，而另一些工业则属于"在原材料区域设厂"的情况。如果生产需要几种原材料的话，那么，后一种形式的工业最好建在离最重的原材料近的地方。① 一般情况下，钢铁工厂离煤矿都不远，这样容易把矿石运到煤矿。

不管工厂是否设在同一个国家里，这样的工业布局都没有什么区别，除非通过国界会遭遇到特别的阻碍，否则这种事情就不会经常发生。诸如进口税这样的障碍会通过改变原材料、半成品和制成品的相对空间位置进而影响工业布局和交易；相对制成品来说，初级产品更具流动性，所以，在各国之间分布着不同阶段的产品。

由于流动性不同，自然资源的地理位置比其他资源的地理位置对经济地带的分布更具影响力。用于生产原材料以供靠近市场的工业适用的自然资源相对"被动"，也就是说，它对经济地带形成的影响力小。然而，靠近原材料的工业相对"活跃"，因为资源不仅吸引那些以原材料为基础而设厂的工业，也吸引许多以市场为基础而设厂的工业，原因在于市场有成长潜力。例如，煤矿靠近铁矿且交通便利时就会吸引许多工业。

如果生产分处各地，那么运输总成本将会有所不同，而这会是决定工业布局的唯一条件。当然，像本书第一、二部分所介绍的，生产要素配置的差异会导致生产成本不同，同时也会影响工业布局。

§5. 转运便利程度的地区差异　接下来我们要讨论不同地区的转运便利程度以及对国际贸易的影响。

在第三部分我们分析了运输距离、运输资源和运输设施对国际贸易的影响，这些因素通过价格机制连同劳动力和资本的供给以及运输业中的规模经济共同影响着运输成本，并导致不同地区的转运便利程度有所差别。因为除了运输成本外，也存着在其他相关因素。因此，这用"转运便利程度"一词来概括就十分妥当。这些结论已用来研究国家之间的情况，尤其是阻碍国际商品流动的影响。在其

---

① 地处较远的原料产地，原料重量容易亏蚀，这是研究区位问题的专家帕兰德（Palander）博士告诉我的。

他条件相同的情况下,这些障碍会使国家间的转运远比在国内转运要困难。关税也产生类似的影响,这将在本章中进一步讨论。

首先,就各国国内条件来说,如果距离近(所需原材料彼此接近并靠近市场)或者运输便利(拥有适于航行的水域、良好的铁路运输等),那么,运输成本将会比较低,这对于需要多种原材料的企业特别有利。英国钢铁工业在这方面有很大的优势,矿石、煤、高炉、钢厂和运输港口都在半径10英里之内。计算表明,英国的平均运输距离在30英里以内,而德国是150英里,法国是200英里,美国则是500英里。在美国,从装配原材料到将成品钢装运到货船上的成本是14.20美元,而在英国,如果使用的是本国矿石,那么,这个成本则只需5.05美元。[①] 即使在比利时,每吨铁的运费率也比英国高。在波兰,白垩、黏土和煤便宜的地方很适合生产水泥,这些地区总是白垩和黏土极易获得的港口地区。

在美国,许多工业凭借优越的运输设备在很大程度上抵消了长距离运转的劣势;相反,德国落后的交通方式则阻碍了一些地区自然资源的交互利用,这就是德国战前制造业发展缓慢的一个重要原因。

其他情况也一样。转运便利的国家如果拥有丰富的自然资源,那么,每个人就可以生产相对较多的产品,同时形成大量的对外贸易,[②] 进而导致实际工资和名义工资都相对比较高。转运条件比较差的国家趋向于生产原材料便于运输的专门产品,在同样条件下,生活水平也比较低。

关于国家之间的转运便利情况,在第8章中我们已经讨论了许多。那些远离原材料地和市场或者缺乏与原材料产地及市场沟通的国家,它们主要出口易运输的产品。瑞典专门经营做工精细的棉、丝织品、高价值的机械等。当然,其他国家也会在国内消费所需要的商品。每个国家都有其特殊的资源,在转运时会有其独特的方式克服可能出现的困难,例如,产于瑞典最北部和智利中部的品级很

[①] 《泰晤士报》(贸易及工程增刊),1927年10月1日版。
[②] "一国对外贸易的发展在很大程度上取决于国内运输的便利程度"。见马歇尔的《货币、信贷和商业》,第112页。

高的铁矿石。我们首先着重分析运输便利程度的不同对国际贸易的影响。

国内和国外便利的运输由生产要素供给的特点决定。通常来讲,拥有许多重要自然资源的国家要比同样大小但自然资源稀缺的国家运输更便利。资源可能在邻近的一些国家,也可能在很远的国家。① 除去关税及类似障碍的影响外,虽然大国拥有的资源比小国多,但大国对外也不一定有较好的转运关系。像丹麦这样的国家比英国、② 德国、美国的一些地方转运更便利。煤、铁、钢、机器等都可能以低价购买。因此,丹麦和荷兰应该拥有制造业,虽然它们没有重要的原材料,但它们的生活水平却很高。

对较高生产阶段的商品而言,重要的不是自然资源,而是良好的转运条件,这一点经常容易被人们忽略。运输条件有利,例如,具有可通航的河道等,那这就和自然资源同等重要,都能形成良好的转运条件,就能够弥补原材料的不足。每个国家的人口不同,这与世界总体存在的差异一样。我们常常认为土地报酬递减规律的出现是由于一国人口增多,并以为这就是生活水平降低的原因。但问题并不是这么简单,这只是对农业和矿产来说土地需要特别的质量要求和相当大的数量,而商品生产的后期与自然无关,它主要受转运便利程度、劳动力和资本供应的影响。因此,在劳动力适合生产的地方,人口增加时生产力下降,这并不是由于自然资源少的缘故,而是由于资本缺乏,尤其是由转运便利程度低造成的。由于这些原因,原材料和食品要从远处进口,出口的制成品有的要运到遥远的市场销售以作交换,更多的却被迫运往一般市场。"制造类服务"的供给在擅长此类服务的国家中增长较快,但是利润增长则呈现出递减的趋势。因此,其他国家会转向其他行业,把市场交给擅长制造这类服务的国家,而这些国家将遭受双重损失:一是在国外市场上不利的交换条件;二是原材料及制成品需支付更多的运费。

就转运便利程度不同的国家作一比较,显然我们会看到小国处于不利地位。其他情况也一样,如果一个国家所有地方的交易在越

---

① 一个地区内各点间的联系通常比其他地区联系更近。
② 丹麦水泥厂可以比其泰晤士河畔的竞争者更能够获得廉价的英国煤。

过国界时都会遭遇到阻碍，那么，它与国外的转运条件就不如在国内交易有利。大国比小国有更多的地区，与国外往来所需要的交通运输比较少，阻碍也比较少。这一点对某些工业比另一些工业而言意义更为重大。当然，难以运过境的商品以及能大批制造的商品，最好在大国生产而不在小国生产，汽车工业就是一个很好的例子。汽车只能在大规模的企业中生产，若将这样的企业建在小国，那么，更多的产品将以高额运输费用运往国外。

凡是国际转运便利程度高的国家都可大量进行对外贸易。它们的某些工业具有优势，这些工业要求从各国运来大量原料而后又将成品销售出去。在这方面，欧洲国家的位置就比新西兰和澳大利亚有利，具有良好港口的国家如捷克斯洛伐克那类国家也有优势。如果捷克斯洛伐克像英国那样是个岛国的话，那么，其工业地位必然会比现在重要，人民的生活水平也一定会比现在高。

运输条件的改变例如有了新的便利条件（像苏伊士运河或巴拿马运河），或是邻近出现了重要的市场，这都会深刻影响一国的经济生活。通过苏伊士运河，印度和伊朗与欧洲之间的经济关系就变得更加密切。美国的经济增长极大地提升了加拿大的经济地位，而对欧洲国家的经济地位则影响甚微。第一次世界大战之前，俄国市场吸收了波罗的海诸国大部分的出口商品；而战后，与俄国市场关系的断绝使这些国家遭受了很大损失，这些国家与芬兰一样不能重新建立它们的经济生活以及在西方寻找新的市场。

毫无疑问，在转运关系下作出任何论断都必须要非常小心。具体到原料供应或产品的销售，所有国家的转运关系都是在某些方面优越而在另一些方面较差的，这些差异深深地影响着工业和商业的性质。

§6. 转运便利程度、生产要素供给及工业的性质　如前所述，工业及商业的性质不仅取决于转运便利程度，而且还取决于供给的因素及其他基本因素。如果所需生产要素的价格较低，则尽管转运便利程度低，但在竞争上仍可居于有利地位。当然，转运便利程度和供给互为影响。一方面，劳动力和资本的配置主要受经济环境的影响，而转运便利条件就包括在经济环境中；另一方面，转运便利程度又受供给的影响。例如，在存在供给因素的市场上，大规模的转运更加便利。除此之外，运输成本和生产成本一样，都受生产要素和价格的影响。

转运便利程度高的地区吸引劳动力和资金，这些劳动力和资金都是从该国内部的其他地区转移而来的，而有时也来自其他国家。此外，人们普遍储蓄和较高的出生率也可能使国内供给增长。过去，贫穷会阻碍人口增长，因此，繁荣地区的人口增长速度会比其他地区快。

一般而言，运输条件比较便利的地方人口会较稠密，这些地区往往会发展成为重要的市场，同时会由于运输方面的规模经济而获利。另一方面，原材料和食物供应则必须从很远的地方获得，这样，人口过于集中就会降低生产效率。显然，这些地方的商品需求呈现一定的特点：（1）商品的原材料往往从较远的不同地方转运而来；（2）商品常常较大难以运输；（3）生产商品需要大量的劳动力和资本，却对土地的要求较少（因为土地在人口密集地区相对稀缺）。此外，假如该地区有丰富的某种自然资源的话，那么，以该种资源为原材料的产品也会大量生产。

欧洲的西北部有完善的交通系统、便利的水运航道（各种运河和天然水道）、优良的港口以及部分由于人口密集的缘故而建成的良好的铁路公路网。同时，十分重要的是，西北欧有丰富的煤矿和铁矿储备以及相当发达的钢铁工业运输系统。彼此之间有良好交通网络的地区，特别能使其有利的自然资源得以有效转运的地区（类似于自己国家有这种有利资源），会比那些没有有利自然资源的地区吸引更多的生产因素。

显然，交通不发达、缺乏或没有自然资源的地区往往人口稀疏，而且易形成规模小、利用本地资源较多和出口导向型的生产工业。

如果除自然资源之外的另一种生产因素（如技术劳动力）在生产商品的第一阶段是必需的，而这种因素又只在拥有自然资源的某些地区存在，那么，这个因素将会在后续的生产阶段中吸引以原材料为中心的工业，同时也将或多或少地对自然资源有利。

这些理论适用于国家，对地区或区域同样也适用。更多关于生产要素国际分布及其变化的内容我们将在第17章中介绍。

总之，国家是由地方区域组成的。由于商品流动在国内及国外受到阻碍，因此，转运便利条件就会影响生产的布局和国际贸易。换言之，生产要素和市场在世界的分布及转运能力和转运便利程度的地区差别都很重要。因此，在每个国家，不仅生产要素供给，而且生产要素的本地配置，都是影响贸易的决定因素；同样，需求的当地分配和不同生产阶段商品的相对流动也很相关。

有时，这方面或那方面可能居于支配地位。在布局问题上，大自然的性质具有决定性，而其他因素则可以忽视。沙漠和北极属于"死亡带"，在那些"生命带"生产手工艺品和某些水果，而在"寒温带"生产小麦。在特殊情况下，可以不考虑转运便利条件的国际差别，只需注意一国国内生产要素的供给情况（相关分析已经在第二部分有所介绍）。不过，在许多布局问题上，各种货物的运输及可转移性具有决定性的影响。此外，某一种类的经济活动布局或多或少地影响着其他布局。无疑，只有对转运便利程度及可转换性进行深入的分析，才能对工业地区的分布和国际贸易有更深的了解。为了在特例中得到正确的结论，我们必须考虑决定布局的所有因素，尤其是劳动力和资本地区布局及国际贸易的因素。

§7. 作为经济发展商品的布局　在第 7 章我们研究了生产要素供给变化的情况，其供给本身就是经济发展的产物。如果一个国家由于某种原因拥有某些制造业的话，那么，就会有技术劳动力的培训，进而随着技术劳动力的供给，还会产生其他工业。固定资产具有的技术属性会影响布局。同样，生产要素和市场的地区分布以及转运条件的便利都是历史发展的结果。此外，像港口和铁路这样的运输方式也会在需要的地方出现和发展。

19 世纪，欧洲的经济优势主要得益于受过技术培训的劳动力多、运输便利程度高以及安排得当，而不是受益于自然资源和运输能力的持久优势。西欧从世界其他地方购买原材料，制造许多产品，这些产品几乎都处于垄断地位；而单从运输看，这些原材料可在其他地方得到更好的加工。北美经济快速增长的原因，就是在人口和资本都增长时当地资源得到了有效的利用。

显然，某些影响分布和价格的基本要素比其他要素更重要，这就是说，这些要素更少地适应了本身。自然界的性质比如"自然资源"或"运输能力"的影响力似乎是长久的；而人口、偏好、资本供应以及交通运输的便利程度会缓慢变化,这些变化会随着经济发展而变动,同时也会影响到经济发展。

现在举几个例子加以说明。煤矿和铁矿在运输条件便利的地方可以很大程度地吸引其他工业,而这不仅是由于以上提到的有利布局,而且是由于煤矿和铁矿也比其他行业如农业有着劳动力培训方面的优势。近代制造业的发展主要来自于钢铁行业在利用其产品时获得的技能。① 国际间劳动力素质的差别在很大程度上受到转运便利程度的间接影响,这可以说明为什么机器制造业几乎都位于煤铁矿区的原因。

英国经济在18世纪领先,主要是因为当时没有其他国家在国内外拥有良好的运输能力、运输便利条件以及彼此靠近的煤铁矿等。英国纺织机械和火车机车的发明并非来自传统技术的优越性,② 而是集中力量发展制造业。由于空气湿润和充沛的水力资源供应,纺织业得到了发展。当棉花更廉价时,英国在煤、铁、技术劳动力以及优良的运输条件方面为进一步发展提供了非常有利的条件。经济扩张使人口可能急剧增加,但人口可以不间断增加,而工资的增加则是有限的。劳动力供给可以看做是刺激经济发展的一个因素。

类似理由可以说明,纺织业在任何利用现代机械发展的制造业中都几乎能得到率先发展。这些工业得益于接近市场和原材料地区的交通便利状况,因此,它们趋向于"在市场附近设厂"。然而,这只能部分地对此进行解释,机械纺织工业的管理人员和工人需要最起码的技术。这种技术很容易获得,部分原因是几个世纪以来人们熟知了毛麻纺织技术。由于不断熟悉对机器的使用,其他工业也随之兴起,直到后来很大程度上这些机器能由国内生产而不依赖进口。

教育普及和技术发展自然会促使工业扩散到各个地区,而这些工业都是由于地理优势而集中在一起的。由这种优势而发展起来的交易是从东到西的,一些权威人士相信,将来的贸易将会是由北向南发展。这主要是自然条件差异造成的,这种趋势不会有所减弱。

---

① 要使钢铁厂能开工生产,技术工人的供给自然是必要的。这一点在中国则是缺乏的,所以,直到最近中国的钢铁工业还是无足轻重的。
② 瑞典人约翰·埃里克森(John Erikson)发明了推进器并制成了火车机车,在各方面都优于史蒂芬森制造的机车。但瑞典并无铁路,他只好移居美国以发挥自己的才能。

"文化交流、平等教育和技能培训、移民导致的人口分散等变更都不会改变气候,不可能使热带水果在出产毛皮的北极地区生长,也不可能使棉花生长在种植春小麦的土地上"。①

如第7章所述,甚至由东向西的贸易也不会衰退,它们能继续存在的原因是,纬度相同的地区运输能力存在很大的差别,这种差别可能使劳动力和资本无论从数量上还是从质量上来说都得由其他国家供给。例如,澳洲和亚洲某些地区的相对落后和五十年前几乎一样,甚至更为严重,而像英国和德国这样高度工业化的国家间的交易却没有衰落的迹象,② 尽管它们与其他国家间的交易也迅速增长。

§8. 美国的对外贸易 现在来看美国的情况,是什么促使其进出口并与其他国家间存在差异?美国1928年的工业制成品的出口额达到了22.6亿美元,其中汽车和机械产品是最重要的组成部分。对于这两类商品来说,拥有一个巨大市场和良好的转运条件是十分有利的,尤其是对汽车工业而言,美国的市场要比其他国家大若干倍。同时,高工资国家鼓励发明节省劳动力的机器,而使高技术的劳动力供给得到了发展。在出口的工业制成品中,包括一些仅仅因为偶然机遇而在美国生产的特殊产品,经过长时间的努力得以维持其技术上的优越性。所有的工业国都有其特殊产品。

诸如铜、石油、小麦、棉花和烟草这样的原材料和食品,显然这类资源供给丰富;像糖、生丝、咖啡、橡胶和毛皮这样的商品由于短缺则需进口。

肉类、面粉等食物制成品也是重要的出口产品。这些产品在美国加工不像其他产品那样以原始形态出口。这主要是运输便利和更容易接近大的原材料产地和大市场所致,也有可能在某种程度上是由于专业技术劳动力的供给,例如,肉类包装产业就是如此。出口钢铁等半制成品也要考虑到转运便利程度,这就使制造业与钢铁厂接近,其部分原因是接近廉价的燃料、动力和技术技能。

---

① 拉塞尔·史密斯:《工业和商业》,第665页。参阅布莱克的《生产经济学》,第767页。
② 有人担心如果出口食品和原材料的国家的经济发展与关税政策沿用现在的方式继续下去的话,那么,欧洲将不可能向这些国家输出制成品以换回食品和原料。这种担心是没有根据的。贸易条件变动可能对欧洲出口不利,但问题可能不至于严重到那种程度,除非关税壁垒比现在提高若干倍或是人口激增。

在进口中除原材料和食品外就是制成品,进口后者需要通过高关税壁垒。这些产品由于某种并不明显的原因成为某些国家的特殊产品,然而,这些进口产品如高级纺织品大都需要大量相关的劳动力,美国的高工资水平使得生产这样的产品十分昂贵。尽管有着高度的保护政策,但在美国仍未得到充分发展,尤其是其技术是无法与那些专业的生产国相比的。

美国也进口一些半成品如纸浆,因为这比原料容易运输,而且美国生产纸浆的原料也不丰富。

当然,如果没有高关税还会有更多的商品进口。在许多情况下,以外国原料生产出的产品更廉价,以制成品形式的运输价格也更加低廉。关税的"相对转移性"以这样的方式影响进口:尽管有更高的制造成本,但一些产品也不得不在美国本土进行生产。

比起欧洲,我们需要花更长的时间对美国技术劳动力的特质及其对工业和贸易产生影响的因素进行研究。①

§9. 国际贸易的收益和效应　关于工业布局和国际贸易的不同方面,我们在前述已经分别进行了讨论。从第一、二部分可知,影响需求的因素主要有:(1)个人的偏好和群体欲望;(2)生产要素所有权的情况。影响供给的因素主要有:(1)自然物质的性能,即生产要素和商品的物质性能;(2)生产要素的供给;(3)经济稳定的情况;(4)生产的社会条件(工业税等);(5)生产要素的不可分割性。严格地说,(5)可包括在(1)之内。

我们同时发现布局也深受以下因素的影响:(6)货物的可运性;(7)距离关系,即生产要素的地区分布;(8)运输能力;(9)运输的便利程度与转运的社会条件(如关税)。像(5)一样,要素(6)也可以包括在(1)中。要素(8)是生产要素质量的一个方面(从运输的观点出发),也可被包括在(1)中。

支配布局的基本要素可以列举为:(1)个人的偏好与欲望;(2)广义的自然物质属性,包括从生产和运输的观点来看产品和要素的质量;(3)生产要素的数量与地区分布,包括所有形式的固定

---

① 参阅陶西格的《关税问题的一些方面》一书的卓越和富有成效的分析,同时参阅第8章的内容。

资本和运输便利程度；（4）所有权、生产、稳定及转运的社会条件。

如上所述，这些条件并非独立于价格的任何变动，任何一种条件的变动都或多或少地影响着整个价格体系和国际贸易，同时也改变其他情况。例如，如果国内生产要素的供给受到影响，那么，人们的偏好也会有所改变。不过，就整体而言，这些变化在性质和范围上是不确定的，最好将之分开论述，而价格体系中的价格和数量对贸易的影响也不能以一种直接和可以预测的方法来考察。

按照这种见解来分析"国际贸易的作用"，如果没有这种作用，那么情况将会作何改变？首先必须考虑的是，什么样的改变能导致一个没有国际贸易的环境。在这方面我们经常使用确切的假设，即它无疑是转运便利程度的改变。换言之，转运障碍会阻止一切国际间商品的转移。同样地，当谈论到国际交易增长时，这意味着这种环境改变可以通过减少障碍来引发国际间商品的转移。

如果国际贸易存在不可逾越的障碍的话，那么，其他基本条件将会完全不同，因此，在这些基本假设固定的条件下，不值得过多地去分析这种交易产生的影响，而且更没有理由讨论国际贸易获得的总利润以及各国之间的分配问题。因为为判断经济活动的结果而设定的各国间的数量以及个人偏好等标准都会受到交易本身的影响，所以，缺少"总利润"的比较基准。① 把国际贸易的作用作为一个整体来分析，必须从基本环境的变化着眼，例如，这种贸易对人口的影响。②

由国际商品流通③障碍的减少或增加而引起的国际贸易的收益和损失的问题是值得研究的。在其他基本情况不变的情况下，这种改

---

① 参阅第7章。对于从国际贸易中得到的总收益分析或对"运输成本变动分配"的一般分析，不能引起人们的兴趣。如果不知道运费消失对一国的地位改变会起多大作用，那就不能说出一国要负担多少运输费用。

② 在过去二百年间，如果英国没有对外贸易，那么英国人口可能会比现在少得多。

③ 把"国际贸易的作用"一词视为对国际商品移动障碍变动的作用，这种说法有些勉强，因为需求条件变动、生产要素供给变动也会带来价格体系的波动，这种变动也包括对外贸易变动（参阅我写的《保护与非竞争性集团》，载于《国民经济档案》，1931年）。新的需求或供给会带来价格体系的变动，但这并不能说是对外贸易的变动。在此，一篇国际贸易论文与一般价格和选址的理论不同，其不同点仅在于特别着重国际贸易一些基本条件的变化，或是对国际运输障碍等这类基本因素变动的效应特别加以研究，这些与国际贸易直接有关，参阅第7章的第的7、8节。

变的影响必须通过价格体系变化来解释。也就是说，在研究关税壁垒时，忽略国内人口数量对国际贸易的影响，要比假设对外贸易全部消失更切合实际。然而，从长远来看，国际间阻碍的一切变化都会在其他要素方面产生反应。因此，分析国际间阻碍减少的影响，唯一令人满意的方法是既考虑其他要素不受影响的情况下可能发生的价格体系的改变，同时又考虑这些要素的实际反应所引起的变化。

这样就引出一个非常有趣的问题，即各国现货①数量会受到怎样的影响。如果货物数量增加，就可以说是"收益"；如果减少，则可以说是"损失"。不过，这些词并不是规范的概念，随着转运情况变动，消费者个人偏好以及收入分配在多大程度的变化才意味着更大的"满足"，这并不是本书要讨论的范畴。②

§10. **国际贸易障碍减少所产生的效应及利益**③　　比较两种情况：在两国之间，一国运输成本较高，一国运输成本较低。通过两国间这种比较可看出，运输成本较低时会发生较多的国际贸易，而且国家间要素价格上升的不平衡较少。生产能较大程度上与生产要素及其他基本要素的供应相适应，以商品和服务形式④计算的国民收入会增加。在一些情况下，要素结合和生产量的影响是一样的，尽管生产要素从一个国家转移到了另一个国家。

即使贸易增加没有产生要素价格均等化的趋势，但不同国家的成本变得均衡就是经济情况变化的标志，这意味着世界生产量的大幅增加。例如，假设 A 国煤铁矿产的价格比 B 国高，A 国可以低廉的价格生产铁产品，因为煤铁矿靠得较近进而减少了国内运输费用。如果两国运输费用的降低可使 A 国向 B 国出口一部分铁矿，那么，A 国的资源价格将上升，而且比 B 国的平均价格水平还高。

---

① 对一国来说，这种数量是衡量国民收入的尺度，包括一国的生产净数量加上进口数量减去出口数量，并且与外国人拥有的某种资源、资本所有权的数量及现在国际资本流动的金额紧密相关。
② 政治家最感兴趣的是国内收入增加，所以经济学家应该分析它的不同情况，参阅附录三。
③ 这个问题的一些特殊方面已在第 8 章有所介绍。
④ 相关论证及例外情况请参阅第 15 章中的第 3 节，其中还讨论了在计算货物和劳务数量的指数对比，如加权不同可能出现的困难。

显然，节省的运输费用比 A 国钢铁工业开发更贵的自然资源的费用要多。

至于减少阻碍对基本环境的影响，我们将在第 16 章讨论进口关税时进行分析。

第14章 国际价格关系

§1. 商品价格 本书研究价格机制在世界上的作用,而不仅限于所谓的价格与分配理论的领域,因此,对不同国家的价格体系的关系予以特别关注。请读者回顾第8章第5~10节中的价格间的特殊关系及典型案例,在此我们不作总结了。根据前面的分析,本章将进一步阐述国际价格差异的性质与范围。

首先从商品价格开始。从下表4·14-1可以看出,一些国家的食品批发价格高于其他国家,尽管这种比较仅限于经济生活水平相似的国家。现以新西兰①的主要食品批发价格为基准,列举四个国家相同食品的百分比批发价格:

表4·14-1

	1914年7月	1929年2月
美国	129	132
加拿大	125	128
澳大利亚	105	115
南非	141	110

第一次世界大战前,澳大利亚的食品价格远低于南非,而1929年的情况则正好相反。

毫无疑问,零售价格差别也很大。下表4·14-2数字表明,尽

---

① 《新西兰统计年鉴》(1930年),第832页。

管存在质量差异,但质量因素还不会造成如此大的差异。

表 4·14-2　　某些国家食品、燃料、电灯和肥皂的价格①

爱沙尼亚	78	葡萄牙	98	英国	100
法国	104	荷兰	105	西班牙	114
德国	114	瑞典	106	丹麦	118
加拿大	120	澳大利亚	123	意大利	125
美国	138				

§2. 工资、利率和租金　　国际工资差异更为明显。各国工人的熟练程度、技术水平和可靠性差异显著,因此,下列数字不具有严格的可比性。瑞士机械工业协会②对欧洲一些国家制造业的工资进行了调查,得出以下结果:

表 4·14-3　　1928 年每小时工资数(按瑞典欧尔*)

	技术工	半技术工	非技术工
瑞典	129	120	107
英国	113	—	76③	—
瑞士	109	—	88④	—
荷兰	102	89	75
德国	98	89	71
奥地利	73	66	58
意大利	71	55	45
法国	66	53	44
比利时	50	47	38

*　挪威、瑞典和丹麦的货币,1 欧尔 = 0.01 克朗。——译者注

英国和美国的工资当然更高,但也没有可以用于比较的统计数据。1928 年,瑞典制造业男工人的平均周工资是 13.90 美元,⑤ 而美国的

---

① 《国际劳工评论》(第二卷,1929 年),第 580、867 页。
② 《工厂车间》(斯德哥尔摩,1929 年),第 6 页。
③④ 非技术工每小时的工资数,半熟练技术工也大致如此。
⑤ 《社会导报》(斯德哥尔摩,1929 年),第 844 页。年收入除以 52。

技术工和半技术工的周工资则不低于31.74美元，非技术工不低于25.17美元。1926年，南非制造业白人工人的工资在32美元以上。①

从生产成本和国际竞争的角度来看，货币工资和劳动力素质是极其重要的。工人所关心的是工资所能购买到的东西，也就是以商品和服务来衡量的实际工资。与货币工资一样，各国实际工资相差很大。国际劳工署计算了下列实际工资指数。由于各国工人的生活方式不同，这些数字不能作为衡量各国制造业工人生活水平的可靠依据。不过，用不同预算作为计算实际工资的基础，可看出当商品及额外开销变化与实际情况相符时，下列数值变化不大。②

表4·14-4　　　　1928年实际工资指数③

葡萄牙	32	德国	71	丹麦	104
爱沙尼亚	41	荷兰	85	澳大利亚	143
意大利	42	英国	100	加拿大	171
西班牙	45	瑞典	101	美国	191
法国	53				

美国的实际工资是葡萄牙的6倍以上，是意大利等重要制造业国家的5倍，而货币工资则几乎是葡萄牙的9倍，是意大利和法国的5倍。

在农业方面更难获得可比较的统计数字。不过，可引用下列布莱克教授得出的数据。④

表4·14-5　　　　1913年农业工人的年工资（按美元）

日本	26（加上伙食费）	德国	200
中国	42	英格兰及威尔士	222⑤
意大利	100	美国	364
瑞典	180	南非	480
丹麦	185		

---

① 《国际劳工评论》（第二卷，1929年），第113页以后。
② 社会保险是另一种复杂的因素，在此不予考虑。
③ 《国际劳工评论》（第二卷，1929年），第580、587页。
④ 《生产经济学》，第946页。
⑤ 取自于1910年的数据。

无需再加上一些其他统计数据表明在短期和长期利率上,尤其是长期利率上,各国差异显著。北欧和西欧1930年工业借款利率为5%,而相距不远的波罗的海沿岸国家则高达4~5倍。

虽然难以得到可比的数字,但地租方面也会存在相似的差异。①

§3. 各国工资不同的原因　价格的基本环境是什么,商品价格和要素价格也就是什么,② 这一点可由以下数字证明,见下表4·14-6。

各国在一些工业方面的竞争激烈程度差不多,为什么工资却不同?当然,亚洲农民极低的工资可部分地由他们代表不同类型的劳动力来解释,但主要是由于用于合作的生产要素不同,即合作的生产要素存在差异,如自然资源、技术劳动力、资本等,可用下表4·14-6进行说明。

表4·14-6

	每平方英里农业土地上的农业工人数	每百名农业工人拥有的牲畜数③
日本	503	23
中国	260	?
意大利	89	117
德国	80	251
瑞典	50	372
丹麦	44	760
美国	11	878
澳大利亚	1	5360
阿根廷	1	8821

显而易见,每个农业工人耕作的土地面积越小,每人拥有的牲畜数就越少。上表表明,日本和中国每个农业工人所占的自然资源和资本最少。从上往下看,每一国的农业占地越多,则和前面的农

---

① 租金差异在国内确定厂址方面有重要作用,例如城乡间、城市与城市间。
② 显而易见,在所有国家的商品价格水平不可能同样高,原因在于要素价格存在巨大差异。
③ 布莱克:《生产经济学》,第945页。

业工人年工资相比,合作生产要素也就越多,同时工资也越高。这是一种因果关系①而非巧合。

毋庸置疑,各国制造业工人均拥有的资本和自然资源也有很大的差异,并且每百名体力劳动工人中技术和组织类工人人数也相差很大。由于种种原因,在一些产业如煤、铁、棉花、窗玻璃②等,从每个体力劳动工人的产出量上看不出各国体力劳动工人在素质和效率上的差异。尽管不能就其直接的经济意义加以比较,但差异还是应该存在的。

虽然不是很合适,但最好的例证或许可从各国生产同类产品的公司的会计成本中得出。在很多情况下,即使工资差异很大,但成本比较却表明单位成本差异很小,尽管各厂的技术设备相同。美国一家标准件的生产公司在第一次世界大战后的几年间曾获得了相应的工资和成本数值。

因为利息和折旧相差可能很小,工资差异会导致单位工资费用的差异很大,尽管差异的相对幅度不同。

相应地如美国通用汽车公司所收集的数字表明,在相同的生产条件下,工人工资的差异要大于其熟练程度的差异。仅仅根据少数特殊工业就作出关于生产的一般结论是很草率的,但这些数字证实了一种观点,即实际工资差异在很大程度上取决于其他原因而非劳动力素质的差异,也就是取决于其他生产要素的设备以及转运等条件。

§4. 美国商品价格水平高于欧洲的原因　现在回到国际商品价格差异的问题上。我们将以特殊案例来分析高物价水平的原因,即人们为什么总认为美国物价比欧洲"高"?

首先,对于国际货物而言,美国比大多数欧洲国家要贵,其原

---

① 由于土地质量、转运条件不可能完全一致,德国的工资是否真高于斯堪的纳维亚诸国还是值得怀疑的,唯一重要的例外是美国的工资高于澳大利亚和阿根廷的工资。
② 这些数字是从该公司得到的,从未正式发表。

	美国	英国	德国	意大利	法国	比利时
工资(美元)	5.5	2.5	2.25	0.75	1	1
成本	20	20	18	14	12.5	12

因不在于进口的运费高于出口运费，而是在于高关税壁垒。就像上面所提到的那样，高关税不仅提高进口价格，而且也提高了生产要素的价格，进而提高了国内市场的价格。此外，在很多情况下，高度保护的国内市场会导致以倾销价出口，这就造成了一些美国货在英国等国比美国国内价格低。

关税保护只是美国物价高的部分原因，即使没有关税保护，美国以一般批发价指数衡量的总体价格水平也会高于欧洲，两地生产要素的供应状况也是美国国内市场价格高于欧洲的重要原因。

以欧洲标准来衡量，美国是一个自然资源丰富、人口相对稀少的国家。在欧洲，劳动力是一种相对充足的生产要素，而在美国则相对稀缺；当然，这种相对稀缺主要是指普通劳动力，即技术工和非技术工，而具有组织能力和技术领导能力的高质量人才在美国却并不比欧洲少。这是由于机遇、社会组织的训练、社会风俗习惯的不同以及经济生活快速发展的缘故，而非种族差异的缘故。目前美国有大量的各种各样的组织人才和技术领导者，其在工业上的天然优势如麦田和铜矿，以及上述人才，这些都是美国工业成功的非常重要的因素。而实际上，所有重要的出口工业都属于这一类。由于自然资源和人的组织才能方面的优势，尽管一般劳动力工资比较高，但他们仍能生产出与其他国家价格一样或更便宜的产品。小麦、棉花和金属业高度依赖自然资源，而机器、汽车及电影则依靠管理才能。

一些供应国内市场的工业因相同原因也能生产出相当便宜的产品，这些产品需要大量廉价的生产要素。棉纺织业和靴鞋业依靠技术工人，而水果种植则主要依靠丰富的自然资源。另一方面，一些产品和服务特别需要一般的劳动力，无论技术工还是非技术工，这些都是美国所相对稀缺的要素。大多数个人服务和高质量的商品属于这一类，如服装、玻璃和家具，这类商品都不能标准化地批量生产，由此导致这些商品在美国比欧洲要贵得多。

零售业是又一种大宗的昂贵的服务业，且很少使用自动化机器。如餐馆和旅馆，尽管由于质量差异很难进行比较，但美国在整体上比欧洲贵。餐旅业都需要建筑物和服务人员，而这些由于美国的高名义工资进而导致价格很贵。

反之，在欧洲，那些需要大量普通劳动力的产品则相对便宜，那些不能标准化生产也不能用自动化机器生产的产品要比美国便宜得多。一个简单的原因就是欧洲普通劳动力的工资要低得多，大量国内市场产品和个人服务属于这一类，而那些需要大量技术工人和自然资源的产品要更贵些，这与大规模生产经济有关。美国生产商特别善于使用大规模生产，很少为国内市场考虑而是着眼于出口，许多商品的生产很便宜并用于出口，这主要是因为大规模生产很有效率。

由于这些原因，美国国内市场价格比欧洲要高得多，几乎所有富裕阶级所购买的产品和服务在美国都比欧洲贵。

由上可以看出，由于普通劳动力的供应不足，[①] 美国国内市场价格要比欧洲诸国都高，这种高工资与高物价密切相关。就国内市场产品和服务而言，支付给普通劳动力的工资是最重要的成本要素。

高工资并不总是伴随着国内高物价，反之亦然。两个国家在以下四方面的差异也能使低工资水平国家的物价更高：（1）劳动力等级不同；（2）所用的生产要素的价格和数量不同；（3）国内转运条件可能造成高运费；（4）国外转运条件造成国际商品价格提高，从而用于国内产品生产的国际商品提高了国内物价。此外，国内物价是高还是低，这主要取决于所需的特定商品。如果商品的质量有所不同，那要进行详细比较是不可能的。

在美国，没有把国内物价压低到欧洲水平之下以冲抵高工资及高关税壁垒的影响。

事实表明，各国名义工资与国内市场价格水平之间的关系并不简单。劳动力价格、要素价格以及各种商品价格之间的关系必须根据相关价格体系得出。

§5. 对陶西格理论的评价 陶西格教授试图发展凯恩斯所阐述的传统学说，但他只考虑名义工资和劳动效率，并根据这两方面[②]解释了造成不同国家间国内市场价格差异的原因。陶西格从出口工业

---

① 此处的简短叙述并不意味着一种因素比其他因素的影响要大，应该牢记价格体系的相关性。
② 《国际贸易》（1928年），第5章。

的劳动效率出发断言,如果一国出口工业的劳动效率高,那么,与其他国家比,其名义工资水平就一定高;高工资意味着高国内市场价格,除非国内市场的工业具有更高的效率。国内市场价格的高低取决于不同国家国内市场工业的名义工资和劳动效率之间的关系。如果国内市场工业优于出口工业,那么,一国可能出现高工资和低的国内市场价格的情况。

这一理论可能因出口工业的规模及其价格和效率并不优越而被认为不够充分。一国出口哪些产品、出口多少、以什么价格出口,都必须由国内市场工业的数量、价格及工资来确定。因此,这不取决于出口工业的工资,而是取决于国内市场价格。没有片面的因果关系,出口工业的工资和国内市场工业的工资以及价格同样不能相互支配。所有工业的供需状况,即整个价格体系决定价格和工资。

怎样衡量劳动效率呢?很显然,根据传统的观点,用非租用土地上每个工人的产出来衡量。但是,每个工人大量的产出可能还包括资本投入,即必须为此支付利息,因此,不能与每单位产出的低成本相一致。如果想要从工资与效率的关系中得出关于生产成本的结论,那么该效率就必须是边际劳动效率。如果一个国家的边际劳动效率比另一个国家高20%,而工资只高10%,那么,该国单位产出的边际生产成本就相对较低。

人们通常忽视了一个不可避免的事实,即边际成本并非不变的而是可变的,这种做法也被认为是不切实际的。因为不可能找到以商品数量来衡量边际劳动产出的数据,必须是固定资产充分利用时的边际生产率,否则,每单位产出的边际成本就会不等于平均成本。因此,陶西格试图证明以每个工人的产出来衡量效率的做法就不足为奇了,[①] 但这并不同于边际生产率。正如所估计的那样,平均产出不仅取决于劳动力的素质,而且还取决于自然资源的数量、技术劳动力、每个工人拥有的资本以及国内国外的运转条件。换句话说,不能从各国平均产出与工资的关系中推出生产成本。本章第3节中的表清楚地表明了一个国家的劳动力可能比其他国家的劳动力拥有更多的合作要素。因此,成本应该包括各种利息费用、管理费用以

---

① 《国际贸易》(1928年),第15章。

及租金费用。更进一步地讲，转运条件可能使进口原材料变贵，而以其为原料的国内市场产品也会随之变贵。考虑到所有这些情况，陶西格的传统理论认为，只有当一国国内市场产品成本低于其他国家时，其国内市场的产品价格才会低一些。没有一个关于价格机制的简短叙述能够解释这些基本因素怎样影响价格状况，因为没有一类价格是独立存在的。在对具体案例的研究中，如上文给出的美国的例子，生产要素和转运关系等因素都要考虑，其作用与以价格机制的描述为背景时不同。

§6. 李嘉图和西尼尔的观点 在解释国际价格水平差异[①]的问题上，李嘉图和西尼尔比陶西格更重视运输成本。如果一个国家需用很多劳动力才能换得黄金，那么其价格水平就会低，因为这意味着低货币工资。以高运费把产品运到产金银的国家，这会使国内产品价格低于运费低时的价格。因此，高运输成本意味着低货币工资和低价格水平；相反，那些靠近产金银国并且交通便利的国家，其价格水平就高。[②]

显然，这种推论涉及一些出口同类产品到产金银的国家。李嘉图作了一种不言而喻的假定，即生产效率是相同的；西尼尔则更深入地研究了这一方面[③]差异的影响；而陶西格则在此基础上探讨了出口工业与国内工业的相对效率。

当然，在其他条件相同的情况下，运输成本高的出口货物必然降价，因为其他国家能把相同货物很便宜地运到市场上去，但这并不包括运输出口货物到产金银的国家中去。没有一个国家会把货物大量出口到任何其他国家。任何国家都可以通过间接交换获得黄金，即把货物卖给其他国家，由它们把货物卖给产金银国以获得黄金，然后支付给原出口国。这样，产金银国的距离对出口价格的高低以及整体价格状况就没有多大影响。如果每个国家都购买黄金作为货

---

① 李嘉图：《政治经济学及赋税原理》（贡纳版），伦敦，1925 年。西尼尔：《关于获得金钱的高昂代价演讲集》，伦敦，1830 年。
② 西尼尔：《关于获得金钱的高昂代价演讲集》，第 13 页："在没有金银矿产的国家，所有非垄断商品的金银价值"都取决于"以当前利润率输出一定量劳动而获得的金银"。
③ 《关于获得金钱的高昂代价演讲集》，第 11 页。

币使用,那么,在纸币体制下就会完全一样。从国际价格关系的观点来看,黄金也是一种商品。李嘉图着重说明了转运条件对相对价格水平的影响,但其分析过于简单。

§7. **国内物价的差异** 各国价格关系不能用总体价格水平或者单项物价来准确描述,因为一国不同地区的物价相差很大。尽管劳动力和资本在国内的流动性比国家间的流动性大一些,但很多时候国内的物价差异比国家间的差异要大。如果偏远地区向其他地区运输货物困难,那其物价就低;而生产要素禀赋单一的地区,其物价就高;地方价格与人口的密集程度有关。所有上述观点我们在第3章中已作过了分析。这充分说明在比较国际价格时,假设一国物价是统一的就过于简单化了,只有充分考虑到各国的生产要素、转运条件的差异以及国际差异的影响才能得到真实的价格关系。

在一国内或各国间的价格差异是不会消失的,这种差异是建立在基本的现状差异之上并随之变化的,因为生产要素、转运条件以及其他基本要素不会处处都是相同的。

第15章 关于倾销

§1. 倾销的不同种类 目前为止,我们均假设商品价格与产品成本趋势相关。一些产品的价格的确在这个水平上上下浮动,当浮动发生时,供给变化就决定了价格与成本之间的关系。

尽管价格与成本的差异属于"短期现象"的范畴,但这并不表示这些差异无足轻重。供给的反应可能会比较慢,许多年来,有的国家持续为国内市场提供产品,但出口产品所得的收入却不能弥补成本,而其他国家却能以相同的价格销售产品并获得相当可观的利润。近几年来的英国和法国钢铁工业的情况就与此相这类似。同样地,尽管成本在相当长的时间内有所不同,但同一国国内的不同公司仍会持续以相同的价格销售产品。

关于长期趋势中的初始价格①与成本之间关系的简单推理还有另外一个不足,② 当谈到单独的商品单位时,它并没有考虑到"生产成本"带来的不确定性。并不是所有的成本都是随产出的变化而变化的,一些成本保持不变,另一些成本则有变化,但变化的程度要比制造出的总量要小。只有剩下的一部分在产出中占一定比例,这种现象通常称做"制造成本"。

除了一些非常规商业运作外,在大多数制造型企业或者在更小范围内的一些农业上,产能未被充分开发使得后者每单位的支出在小幅增加之后的成本仍低于平均成本。换句话说,固定成本的存在将边际成本控制在了平均成本以下。

后者在多大程度上超出前者,这要视情况而定。总体来说,尽

---

① 在随后的分析中也这样采用,但是进行了修订,即成本和价格可能不同并且是重要的。
② 已在第8章第8节有所说明。

管缺乏可分性使得边际成本曲线没有规律可循，但当"固定"生产要素限制生产规模时，后者常有上升趋势。目前暂时不分析变动支出和成本之间的关系。① 通常情况下，生产规模如果很小的话，那么边际成本会随之降低，并低于平均成本水平，这就可以满足当前的分析需要。

现在，如果价格与后者接近，也就是维持"正常"状态的话，那么价格一定会高于边际成本。于是，在这些价格之上，产量与销量的提高会增加大量利润。尽管价格降低了一点，但是增加销量会增加利润。因此，在竞争性的工业中，任何公司都极力尝试夺取其竞争对手的部分市场。

不过，如果价格能保持相对稳定的话，那么就要注意市场的破坏问题。商人永远不会知道价格稍微降低会给整个市场带来什么影响。竞争中的众多公司会采取进一步降价的方法以求自保，并期望价格会被破坏掉以便吸引买家。以往的经验指导着人们，让他们在仅仅得知边际成本时采取价格策略；而当价格接近这些成本时，商人并没有进行销售的意愿。在需求旺盛时，尽管厂家可能生产更多的产品，并且产品成本并不高于价格，但通常情况下价格会抬高；而另一方面，当需求不那么旺盛时，价格就会降低。不过，对边际成本来说，这并不是规律。

然而，一家公司在一定数量的不同市场同时经营，这为制定价格策略带来了新的要素。边际成本要求外部市场有着较好的销售业绩。由于担心市场遭到破坏会抑制价格降低，因而如果在一个相对"普通"的市场中能进行较大批量的产品销售的话，那么，这个因素的影响就不会存在。当普通市场的需求得到满足之后，超出的那部分生产能力就能留存着，并以稍微高于边际支出的价格来销售，进而在外部市场来制造并销售产品，且能获得可观的利润。简单来说，单独存在并联系极少的市场带来了价格歧视，比如在不同市场以不同价格销售产品的政策。

当谈到国内市场时，这样的价格歧视通常被称做"倾销"。然

---

① 克拉克（Clark）：《制造成本经济学》，纽约，1923 年。本章的推理总体上与由于产能没有达到最大规模的生产经济相似，此时边际成本在平均成本之下。

而,这个术语包含了更多的内容,即"特别"市场中的价格会比通常市场中的价格更低。而这一事实也是倾销制造者所关心的。不过,这当然是针对国内市场而言的。所以,倾销经常意味着"出口到国外,在相同时间内和类似的情况下以低于当地市场的价格销售"。① 但有时候公司主攻某一特定外国市场也即正常市场时,也会比在其他国家制定较低的价格,这种做法也与倾销紧密相关;而在普通市场制定的价格从来就会不低于其他市场。为方便起见,倾销可定义为"国家市场间的价格歧视"。

倾销有许多种,其特点和效果各不相同。这里我们简单进行介绍。

当某一厂家或某一工业出现暂时的产量过剩或规模过剩时就可能偶尔引发倾销。这可能源于非正常的情况,或者可能在经济萧条期重复出现。农作物变化起了重要作用,比如说德国的马铃薯产量发生了波动,其价格也随之发生变动。这样的价格变动是相当常见的,因为马铃薯不能在外国市场轻易处理掉,主要原因是高昂的运输费用。当农作物产量超过了德国人的需要时价格就会降得非常低。在丹麦,淀粉工业就利用了这一点来倾销淀粉。当德国的马铃薯价格过高时,这样的倾销同样也可能发生。不过,只有当成本和价格都很低时才可能发生。丹麦的价格可能波动较小,这是因为其从多个国家进货并得益于完善的海上运输。

"外汇倾销"并不是实际意义上的倾销,而是当一个国家的货币贬值或最近一直贬值时,人们的工资和物价水平以黄金作为单位来表示暂时过低。在新的市场中以低价销售来保证市场占有率,这样也算一种特殊的倾销;同样,企业采取类似策略来消除日益强大的竞争对手以保护外国市场,以防新的竞争者蚕食市场,这也算是一种倾销。

所有这些做法都属于零星的倾销。另一种类型为,倾销持续了相当长一段时间,并在很多重要的方面都有所不同,我们将此称为持续倾销。边际成本应该低于平均成本这是必要条件,或者由于为充分利用产能,或者由于大规模生产的节约措施,此时的分析就较

---

① 维纳:《倾销》,《国际经济研讨会备忘录》,日内瓦,1927年。

为简单。最难但同样有趣的问题是，在同一个国家内公司竞争激烈的工业地区持续倾销能否存在，会不会所有的竞争者都喜欢在正常市场中进行销售，也即通常说在国外市场上以更低的价格倾销？如果它们愿意，它们之间的竞争不会压低国内价格。

这些问题的答案看起来是肯定的，除一些关于价格策略的一致观点外，比如说，一个卡特尔联盟制定了国内价格但不管制出口价格，那么竞争性公司就不会继续以低价出口，取而代之的会是提高在国内市场的销售额。不过，这样没有任何限制性条件的答案当然是在误导。同样的经验和探究阻止了竞争者们在任何市场降价，尽管价格远远高于边际成本，但它可以同样阻止他们通过低价来占领国内市场的大部分份额。此时，他们会试着做广告并改进销售手段以提高他们在国内的销售额，同时愿意以低价出口过剩的产品。简单说来，竞争者遵守了"游戏规则"，就像在其他情况下一样。

为弄清楚上述原则，我们对电力能源市场进行了分析。竞争性的能源公司不仅在成本基础上制定价格，如装载因素，而且还期望按交易能够承受的程度收费。两种消费，从成本角度来看，可能收取不同的费用。但很明显，向出高价的客户销售更多的能源，对任何一家竞争中的公司来说都是有利的，可能这些公司还会以稍低的价格向这些客户提供能源。实际上，这些公司并不经常这么做，因为这样做的结果很可能导致价格战，并使得所有的竞争者们都入不敷出。由于这个原因，竞争程度会下降并背离既定的定价策略。这些规则在不同的国家有很大的不同。一个关于瑞典和挪威电力行业的比较令人吃惊的例子就证明了这种差异。这种措施一旦被采用就很难被舍弃。如果竞争不是为了防止价格歧视，而是为了收取交易所需的费用，那么就一定会存在一些相应的规则，这对营利性的生产活动是非常重要的。

回到日用品上来。我们应该注意到，按常理来说，从来就没有"理想"的市场，比如说完全和自由的市场流动特征。商业联系通过广告留给公众的印象以及类似事情，都作为暂时的限制条件存在着，这不仅使得不同公司的产品有些许的价格差异，而且还使得众多公司中很难有一家公司能不加大销售支出或降低产品价格就能快速增长自己的销售量。尤其当商标和品牌在市场中扮演着重要角色时，这种情况就更加明显，此时，很可能一些公司就会持续以低于国内市场的价格出口产品。

不过，当一两家大公司在国内市场上占有统治地位时，尤其是存在某种相当于垄断或垄断的协议时，持续倾销的可能性就会大大增加。在这种情况下，成本对价格的影响就大大降低了。倾销价格会长时期高于边际成本，而低于平均成本之类的规则就不复存在了。倾销价格尽管会比国内价格要低，但仍会很容易地就超过平均成本。

§2. **倾销很重要吗？** 什么样的产品会被倾销？为回答这个问题，我们必须了解以离岸价格销售到国外的商品，其价格和在国内销售价格之间的差异，以及暂时超出从生产国到外国市场并转移回来的转移成本。于是，运输和进口税收越高，价格歧视的空间就越大。如果价格差距比任何一方向另一方的转移成本要高，那么，商品就会回到其国内市场并在那里以低价出售，除非外国购买者保证不直接或间接向原产国转售该商品。

所以，大量被保护的产品就很自然地成了被倾销的商品。其中，一般性的大宗商品就有被零星倾销的可能；很可能被持续倾销的商品就是那些"获得很少关注、被企业联合体生产、统治着整个行业的商品，或者由有品牌的、标志的、专利的或者独立的专业公司生产的商品"。[①]

倾销只在一些国家的某些制造业中存在，还是在所有国家的国际贸易中普遍存在？尽管没有数据能回答这个问题，但几乎所有学者都认为，无论是自由贸易国家还是保护主义盛行的国家，至少目前向倾销提出追索的行业中制造业居多，而农业几乎没有。然而，大家都认为，在第一次世界大战之前，德国通过保护关税和诸多的垄断协议，比其他国家进行了更大规模的倾销。自第一次世界大战开始，一些美国的行业在相同问题上也采取了开放措施。一个特别有趣的例子就是，美国生产的打字机在英国销售的价格远低于在本土的销售价格；实际上，如果除去33.5%的关税的话，那么英国消费者在1923年支付的价格和美国的零售价是一样的。这个措施很可能是源于希望遏制英国日益增加的打字机的产量。

---

① 维纳（Viner）：《倾销》，第5页。

如果所有国家的行业都采取倾销的话，那么可不可以认为所有国家都是被倾销的对象？答案同样是肯定的。保护措施并没有能成功地防止商品以倾销价格不断流入国内，除非关税高到超过国外和国内价格之差，比如说，除非关税没有被完全征收到足以使内价格超过国外价格的程度。在一个实行高度内部保护的国家，总会有一些关税来满足这种情况，以对外来的倾销设置障碍。于是我们可以假设，这样的国家与自由贸易的国家或采取适当关税政策的国家相比，不会对倾销付诸完全的实践。当然，这里我们只不过是推测而已，并没有以实际上的例子来支撑这种观点。

更进一步地讲，一些国家的倾销尽管看上去取得了一定成功，但一些保护主义盛行的国家还会尝试通过一些特别的反倾销法案来遏制倾销，这些法案都是准许对一些类似倾销的商品征收更高关税的。

同样，我们也不可能说清楚到底在制造业的国际贸易中有多少是属于倾销。从事贸易的人都倾向认为倾销只占一小部分比例。当然，这种趋于合作的想法很正常，但某一国家制造者之间的协议、企业联合体以及世界市场竞争的激烈化却带来了更多的价格歧视。我个人的观点是，至少从第一次世界大战起，在关于制造业而不是原材料或食品的国际贸易方面，一个重要的问题就是在国外市场以低于国内的市场价格销售产品。

§3. 倾销的影响　倾销对国际价格的影响很明显。价格并不是随着商品从一个国家到另一个国家的转移的增加而增加的，而是相反。尽管比商品的转移成本少，一些商品在国外的价格甚至比在原产国的价格要低，但产品的国际贸易比我们之前所预想的要复杂得多。转移成本会减少贸易，但因为转移成本导致了众多的独立市场的存在，因而倾销鼓励了国际贸易的发生。如果我们把逐渐扩大的倾销策略以及倾向于对出口行业支付比国内行业更低的工资所带来的影响也加入其中的话，那我们就会发现，自从第一次世界大战开始起，就出现了一种推动生产要素、转移资源以及其他基本因素在国际间进行转移的动力因素。

另外，倾销对行业的布局的影响远不止这些。当半成品倾销到国外时，利用这些半成品来进一步加工的国外厂商就会把这作为与其国内竞争对手竞争的优势，这些竞争对手出口受限，甚至可能不得不去对抗外国制成品对国内市场的冲击。

第一次世界大战后，德国的钢铁产业在很长时间内都在国内以高于出口的价格来销售产品。事实上，自从市场稳定以来它们一直这样做。通过这种方法，英国和荷兰的港口就以低于德国港口的价格来进口钢铁产品，并在它们与德国港口在世界市场甚至是德国市场的竞争中取得了优势地位。比如说，众所周知的德国河流中的蒸汽船大都是荷兰制造的。① 为了避免这种情况的出现，倾销行业经常在对出口自己商品的国内购买者以世界市场的价格来销售。

这种措施并没有被欧洲大陆的煤矿产业所广泛采用，而煤矿产业自第一次世界大战起就在国内以高于国外的价格销售。这个事实表明，具有竞争力的制造行业消耗了大量燃料。

但是，考虑到1928年波兰的煤产品价格策略，尽管这些策略受到了两年前英国煤产品冲击新国外市场价格的影响，但更像是权宜之计。②

> 在国外竞争性市场中销售的煤产品，作为到丹泽和格丁尼亚的离岸价格最近被定到了11~12先令每吨，而实际价格只为7.6~8.6先令每吨，制造者每吨要损失1.6~2.6先令，大约总产量的16%~20%就是这样销售的。另一方面，出口到奥地利、匈牙利和捷克斯洛伐克的产品却得到了大量利润，并且大约10%的产品出口到这些地区。然而，煤产品生产者的利润的主要来源却是在国内市场……总共大约60%的产品被卖到波兰。大量的国内销售价格都是政府制定的……大块煤产品的价格是16.6先令每吨，最高价格不是按所有煤产品的国内价格制定的。国家和铁路部门都得到了各自的利益，市政当局同样以低价购买了煤产品。铁路部门低价购买的煤产品类似于某种对低运货率的补贴。另外，一些产业还受到特殊照顾，于是，销售煤产

---

① 与此相似的是，在同一洲的几个国家的糖制品的出口导致了糖的价格在生产巧克力、听装水果和果酱等产品的英国也很便宜。这与倾销无关，原因在于生产商对糖制品报与国内市场一样的价格。

② 《泰晤士报》，伦敦，1928年9月21日。

品只能得到很少的利润，而且还不足以弥补总成本。

与持续的倾销相比，零星倾销对行业本地化的影响要小得多。但十分明显的是，当市场被突然出现的外国超低价商品打乱秩序时，制造类似产品的吸引力就不那么大了，这在其他情况下也是一样。

§4. 倾销对价格和国民收入的影响　　为考察倾销是否会对众多国家产生积极的影响，我们可以先转向普遍接受的观点，即倾销使得商品的国内市场价格更高。但大体上却不是这样，倾销商品的确在原产国的价格看上去很高，但原因并不是存在倾销，而是因为某种垄断的存在：倾销使得在垄断价格下的国内市场价格更高，而多余产品却销往了国外。

如果不考虑垄断的影响，那么倾销商品的销售价格就要高于成本，并且价格比国内市场还要低。倾销是一种在固定资本下促使行业产量得到完全利用的方法，而这种方法显然可能降低相关产品的成本。

但很可能出现这种效果，即如果倾销不能实现的话，它就会沉寂下去，而倾销于是在长期就不仅决定了行业赖以计算的边际成本，而且还决定了固定成本。这是因为到目前为止倾销还不能在长期引发更大的投资。很有可能的是，因为这个原因，我们就无法确定由价格歧视政策导致的倾销，对某一国家的产品的价格到底有向下还是向上的影响。

另一方面，可以肯定的是，进口国家的商品价格被压低到以往从没有过的程度。在零星倾销的案例中，这是不可避免的。尽管持续倾销能够增加在国外市场上的销售量，但长期倾销仍然会压低商品价格。这为国外市场提供了新的供给来源，并使得其他多数的昂贵来源显得多余。我们几乎可以肯定，这对进口国家来说无疑是个优势。进口商品非常廉价，如长时间持续进口这样的商品，并且国内产品适应了这些进口货，那就会明显提高国民收入。但如果倾销是零星的，就像任何突然的变化一样，这就会导致骚动和损失，这种骚动和损失就会超过廉价进口所带来的优势。也就是说，从商品的角度来看，它会减少国民收入。

对出口国来说，或许很难对优势是否平衡进行判断，但对进行倾销的公司来说，它们显然认为这是优势。假设这有利于国家整体收益的提升的话，那就能有力地证明固定生产设备有可能达到充分的生产规模。但是，如果固定资本投资长期维持在较高水平的话，比如说，如果从影响实际价格政策的短期观点来说，不仅成本会边际化，而且一些固定成本也会归咎于出口倾销，那么这并不能超出多余的花费，这样，进行倾销的国家就变成了输家。

因此，这里并没有确定的答案。在特别的案例中，原材料和半成品在国内的价格要高于国外，这使得国内制造业步履维艰，输给倾销国家的几率要远大于其他情况，但情况并不那么确定。不过，对于这个复杂问题的完整分析已超出了本书的范围。

§5. **倾销和垄断** 最后，应该谈谈垄断和倾销之间的关系，这个问题之前我们曾经谈过。

竞争公司之间有着合作的意愿，这在最近几十年的国际贸易史中都可以找到痕迹。经验表明，控制竞争的协议通常把销售限制在国内市场而没考虑出口。部分原因是国内市场吸引了所有的生产者，而国外市场则通常很少，但最重要的原因却是无法控制国外的销售策略，在面对可以采取任何策略的国外竞争者时，国内生产者无可奈何。很明显，这种对国内市场协议的天然限制刺激了倾销的产生，这很可能就是许多经济学家多年来所关注的问题。

毫无疑问，与独立公司间的协议相比，国内市场上存在的强大的垄断势力会导致更多的倾销。在这个例子中，有利于国外市场的价格歧视无论如何都会低于生产平均成本；相反，当国内市场价格仍然很高时，出口价格则可以弥补产生的费用。

我们已经说过，保护性关税隔离了不同的国内市场，这比转移成本的效果要好得多，从而导致更容易采取倾销的措施。但是，这也同样刺激了垄断协议和真正的垄断，并将倾销向纵深延伸。于是，我们可以假设自由贸易全球化机制会充分减少倾销出现的可能性。

说到这里我们就可以指出，垄断对国际定价和生产分配的影响总体上是深远的。一个有着众多垄断公司的国家，与另一群有着垄断集团的国家进行竞争，有时候，这种竞争类似于国际钢铁企业联盟的国际协议被削弱或被完全规范。在另一些情况下，真正的国际垄断势力如瑞典火柴托拉斯联盟就此形成了。这些组织对贸易的影响很大，但是还不足以普遍化，部分原因是总有一部分企业表现出垄断和竞争，并且有更大的市场权力；还有部分原因可能是政治原因导致这些公司在经济决策中占有重要地位。基于此，垄断对国际贸易的影响就像之前所说的那样，它并不会在本书中进行讨论。这方面的研究最好在单独的垄断条款中进行，至少在目前的经济研究中通常是这样做的。稍后，当我们逐一分析了最近有影响力的国际协议和规则之后，一个总体的讨论就可能可以进行。

第16章 进口税的影响

§1. 关税与工业的布局 与其他国际贸易障碍一样,关税起着限制贸易的作用。① 与自由贸易相比,关税使国际生产分工更加难以展开,从而使一国生产不能专业化,而是更加多样化,进而减弱了国际价格均等的趋势。商品与生产要素价格符合这一点。在关税壁垒政策的保护下,国际商品间的价格差异更大。就一国而言,对那些相对稀缺的要素需求会增加,而对那些相对丰裕的要素需求会下降。工业布局以不同方式适应于生产要素、转运条件及其他基本要素。

进口税与其他关税一样影响着转运条件。关税问题是改变转运条件的一个方面,它影响着国内和国际间的工业布局,还可能影响劳动力与资本的分配。

在某些方面,关税不同于其他的障碍对国际贸易的影响。例如,原材料的运输成本要是高于制成品成本的话,那么,这就会限制原材料的贸易;相反,制造工序后期的产品的进口税如果高一些,这就会促进原材料的流动,使得生产商到消费国生产产品。所以,国际间注重的是工业的市场布局,而非原材料的布局。

对后期产品征收较高的关税,这意味着关税对最后工序产品的布局影响更要大。所有国家,即使没有适合的条件,也认为生产各种制成品有利而不愿生产各种原材料,尽管原材料工业的布局受原材料保护关税的影响不大,但间接受其他税收的影响较大。在重视制造业却不愿大量生产原材料的国家,其他产出会增加。由于国外

---

① 本章主要采取静态分析,也就是说将一个已知的税额与条件相比是增长、下降还是不变。在第23章中我们将采用动态分析。

高度保护制造业，因此，自由贸易国家都愿意多生产原材料。

显然，专业从事后期产品制造的国家和专门从事食品生产的国家，由于同样税收负担而对国外的关税保护制度特别敏感。关税保护减少了国外对最好服务的需求。例如，关税保护对机器制造业布局的影响要远远超过对煤矿和铜矿的影响。虽然自然资源丰富的国家受国外关税保护的影响比其他国家要小，但这些原材料对后期工序工业的吸引力却大大降低。

大部分国际贸易靠海洋运输，因此，海洋运输业发达的国家也受关税保护的影响。但关税保护造成对船运服务的需求是增加还是减少，目前还难以确定。

§2. 对进出口的影响　尽管存在关税壁垒（在第13章中已经讨论过），但国内市场继续由不同的国家提供相同的或相似的产品。在高度保护的国家里，一些工业可以大大提高价格来弥补高价原材料和高工资[①]等带来的成本提高，这些工业从保护中获利从而得以发展。也有些工业的增加的成本部分地得到了补偿，而通常出口工业是得不到补偿的。

不同企业有不同的生产成本。低成本的企业由于可以满足一部分不受保护的国内市场需要，从而在关税壁垒下稍有发展，不过，如第12章所述的，这种发展是有限的。成本稍高的企业能参与竞争，但还有从国外进口的余地。在出口工业中，低成本的企业尽管增加成本，但还能继续出口，而高成本的企业则只能退出市场。对那些难运输的货物，出口工业可能继续持有那些易于到达的市场，而放弃高运费的市场。[②]

显然，进口和出口都会减少，至于下降多少这取决于被保护工业的国内供应曲线[③]的斜率、需求对价格增长的反应、相应的国外供需的反应等。

可以断言，能在国内市场抵挡住国外竞争但却不能把商品出口

[①] 关于保护对生产要素价格的影响以后再探讨。
[②] 在此无须重复为什么产品质量及其他条件差别会导致国内市场的分割。
[③] 其性质不仅受生产要素的影响，而且也受转运条件（内部局限）即整个价格体系的影响。

到国外去的产业，如果在国内市场通过征进口税得到保护，那么，这些产业将会增加出口。人们开始一定会问，为什么有的产业在国内抵挡不过国外产业的竞争。在大多数情况下，这个问题被解释为质量和进出口商品的不同。1929年的英国的毛纺织贸易就是这样。英国从法国进口了大量女装，其价格比在英格兰的生产成本要低得多；而只有征收关税才能在国内生产这些女装，但这似乎不是假定这些产品成为英国出口的原因。出口增长好像不是对商品或前述商品征收关税的结果。

从短期的观点来看，关税的目的是使生产能力得到充分利用从而降低单位产品的成本。不可否认，这种方法只能暂时增加出口。关税也可使国内企业迅速发展到大规模生产的地步并使出口成为可能。这两个例子能达到相同的结果。相对于自由贸易，出口增长很少同时也是暂时的。当经济状况好转以后，所用的生产能力就会相对下降，退出保护市场的国外企业会努力进入其他保护出口工业的市场（可能是该公司的国内市场）。很多时候，这种竞争加剧的结果会减少出口。

就动态而言，在短期内无法得出答案。就长期趋势而言，可以肯定地说，如果摒弃了"教育保护关税"，受保护工业的出口就会减少。当限制进口时，总出口也会减少。因为从长远来看，进口抵消了出口。①

§3. 国民收入 贸易壁垒对国民收入的影响在第23章中的第9节和第10节已分析过了，从中我们可以看出关税和其他国际壁垒同样会减少国民收入，这在一定意义上是一种损失。进一步对此进行论证是比较有意义的。大量的劳动力或"生产力"被用来生产被保护的产品，其人数是否超过了用在生产补偿进口的出口货物上，这还不能完全肯定。因为用在不同工业上的生产要素比例是不同的；同时，相关的要素价格和要素组合也会因保护而变动。从另一方面看，如果一个自由贸易的国家采用新的关税来鼓励国内生产某种商品a，那么，其成本要比进口价格高50%，这样，就会损失50%的本应有的依据自由贸易情况下的要素价格计算的总支付额来衡量的

---

① 也有极少数例外，支出平衡的其他项目所的受影响巨大，见第17章和第23章。

生产要素的使用数量。如果征收了其他税收，则要素价格水平就会提高，那么，商品 a 的生产成本比进口不是高 50%，而是高 90%。①照此推论，"保护幅度"所造成的损失要大于各个税收损失的总和；如果加上"自由贸易幅度的损失"，就可以得到因保护而带来的生产要素的损失，这个损失并非因关税壁垒所导致的要素价格的上升，而是以自由贸易商品价格计算的可用商品指数来衡量的。如果使用保护关税下的价格，那么损失会大一些。主要采用哪种方法，它取决于人们研究的特定问题。以保护贸易或者自由贸易为基础都是正常的，后者受政府的干涉，如税收、工会、垄断②等。

这种分析并未考虑到在某些情况下国际贸易中的交易条件会随着关税的改变而对保护国有利从而抵消其损失。不过，并非任何国家都能以这种方式获利，关于这一点我们以后再作论证。交易条件稍有变化这意味着损失会降低，否则损失会由保护国承担，并造成其他国家的损失的增加。③ 无论如何，关税会减少相关各国的总收入。

虽然从国际贸易得到的"总利益分配"没有什么意义，但有必要考察贸易限制带来的损失是怎样在各贸易国间分配的。人为地先描述世界损失再进行分摊，但实际上却并非如此分配。随着生产和贸易条件的变动，④ 各国商品指数会呈现出相应的变动。这些变动我

---

① 当只征收一种关税时，在该关税实施一段时间后，其实际的成本是 $(50+e)\%$，e 是很小的。

② 可以想像，关税补偿了一定的垄断和税赋。在某些情况下，假设以不存在垄断和税赋时的商品价格来计算，那么，关税、垄断及税赋同时存在时的商品指数就会要大于垄断和税赋。各种劳工集团以垄断的方式限制流动，如果关税是劳动与生产分工朝着无垄断方向发展的，那它们不仅赞成暂时保护（见《保护与非竞争集团》，载于《国民经济档案》，1930 年），而且也赞成永久保护。

③ 巴罗尼（《国民经济学之特点》，波恩，1927 年，第 93～97 页）认为，如果世界市场价格经常激烈变动并导致自由贸易工业的变动，那么，一国就可从保护中获利。此时，固定资本就会受到损失，因为固定资本不能从某一工业转移到其他工业中去。进一步的分析表明，只有当公司拒绝生产和以可变成本进行销售时，情况才会如此。这一问题见第 23 章中的第 6 节。

④ 说生产效率不高的国家会受损失，而损失的增加或减少是由贸易条件变化引起的，这是不正确的。如果用数量指数衡量保护国商品的价格，则不能肯定保护会减少生产的数量，米达尔教授指出了这一点。事实上，人们感兴趣的是一国商品的数量而非生产的数量，除非贸易持续进行，否则，一国不会生产。为国内生产的商品数量加上进口数量才是可用的商品数量。

们在第 23 章中再作分析，目前假设没有这种变动。

保护损失在有的国家大而在有的国家小。关税将市场分割成小市场，工业生产也随之在若干个小的生产单位中进行，所有国家都一样。它们将全部为国内市场生产，而在自由贸易制度下也为出口生产。有些本应进口的商品，现在国内小规模生产。总之，关税遏制了大规模生产，① 尤其在小国。大国能在任何情况下大量生产大多数产品，该类相关统计很多，例如，美国在 1923 年有 40% 的工人在 500 人规模以上的工厂，而在瑞士这个小制造业国家的比重仅为 20%。

由于低效率的工业组织，小国的损失相对大些。较小的国内市场使得它们只能少量生产，甚至在一些不景气的小市场工业中经营很难开展。企业必须尽快出口，否则就会被淘汰。在能够支持多个大规模公司的市场上，成立有足够出口能力的公司是很容易的。因此，当生产要素、转运条件在小国和大国同样有利时，工业会布局在大国。

这一事实对新工业发展有着重要意义。新产品的初始消费如一战前的摩托车，能够支撑在大国生产的大公司。一旦发展了，需要出口时，这个工业就趋于稳定，而小国建立有竞争规模的公司是很难的。

以上所探讨的情况往往是对大国生产要素的直接需求。也就是说，大国倾向于对小国的相关要素提价。正如前面所提到的，绝大部分机器是由美国、英国、德国出口的，这些国家对技术工人和人才的需求会增加，而瑞士、瑞典这样的小机器生产国的需求会减少。小国会出现双重损失，部分是由于贸易保护造成的。换句话说，对拥有大量大规模生产所需要素的小国而言，自由贸易更为有利。

§4. 收入分配　从经济政策的观点来看，贸易保护怎样影响社会各阶层的实际收入是一个很重要的问题。很遗憾，对此问题我们

---

① 可以想像在特殊情况下进口税可扩大某种工业的规模，这种工业无论如何都会存在并从大规模生产中获利，但外部利益不会使额外生产比进口更便宜。在我看来，格雷厄姆的观点超出了理论的可能性。见其文章《保护一些方面的深入考虑》，载于《经济学季刊》，1923 年。

只能作笼统分析。

生产要素的货币价格或多或少地都会上升,即使下降其幅度也很小,商品价格也会上升。如果个人收入的增长超过了他所购买的商品价格的上升幅度,其实际收入就会增长。

首先,我们考虑制造业工人。如果保护工业需要大量劳动力,且生产的产品在工人预算中居于不重要的地位,那么,工人的实际工资就可能增加,就会得益于制造业工人的稀缺性。也就是当其所需购买的商品的增幅较小时,其货币工资增长的幅度会相当大。自由贸易则会降低制造业工人的生活水平,尼科尔森坚持这一观点。①制造业工人与农业工人是两个非竞争集团,那么,保护制造业就会牺牲其他工业,从而提高制造业工人的实际工资。如果断言放弃保护会使整个国家的收入降低,那是错误的,只有在特殊情况下才会这样(见上述第3节)。

相关经济研究忽视了这一类问题。② 少数经济学家谈到了这一点,其一为卡塞尔教授,他阐述了以下例子:③

> 人口稀少且以生产黄金为主要工业的国家,往往决定保护农产品。一般而言,生产要素价格会上涨,尤其是那些需求相对增加的要素,如劳动力和农业耕地;相反,对用于生产黄金的要素来说,处于相对不利地位,其价格会下降,如资本和金矿。在农业方面,工资会升高,黄金工业的工资也会升高,从而导致一部分金矿无法获利甚至停业。随着黄金产量的减少,金矿的价值也随之降低,对资本的需求也就将减少,进而利率会随之下降。

除黄金以及一些需要大量资本的产品外,其他商品的价格自然而然地会上升。卡塞尔教授认为此时工人的实际工资要比实施保护

---

① 《政治经济学原理》,第二部分,第 315 页以后。
② 我认为,国际贸易理论过于关注某些变化如关税对国民收入的影响,而很少关注这些变化对个人收入的影响。国民收入不是可以分割的单元,而是个人收入的总和。在多数情况下,总数变化无足轻重,而个人收入的变化却至关重要。同样的观点见坎南(Cannon):《现代通用经济理论》,载于《现代经济理论》(第四卷),维也纳,1928 年。
③ 《社会经济学理论》(第四版),第 87 页。

之前要高，而我却认为只有在某些特殊情况下才会如此。工人大量购买的是农产品而非黄金，农产品价格上涨对工人不利。即使其他商品的价格涨幅不大，但实际工资的增长也意味着名义工资的涨幅至少要与农产品价格的涨幅相同。如果不实施保护政策，农业是无利可图的；在生产可获利的情况下，如果农产品价格仅高出工资费用一点，那么利率就会急剧下降，但这似乎不可能。尽管每个工人占用的资本要少于黄金工业，但农业依然需要大量资本。此外，经济生活中的直接变化包括固定投资造成的资本损失将不再有任何价值。

毫无疑问，过去半个世纪所实施的关税政策并未提高工人阶级的生活水平。如果说农业税增加了劳动力的相对稀缺性进而使工人的生活费用相对升高的话，那么，这种说法是值得怀疑的。多年前瑞士实施进口关税使食品费用增加了12%。①

对制造业征税可以降低农田地租。制造业使用原材料的数量可能上升也可能下降，很可能在高工业税的国家租金总额会减少。当然，在自由贸易的国家工业税会以相反的方向影响地租，但在许多国家，与劳动力工人的工资总数相比，地租总额是很小的，即使地租大量减少也只能使工资略微增加。由于国民总收入的减少，因此增加的比例是很小的。

工业税会造成劳动力和资本的相对稀缺，这对资本是有利的，尽管还缺乏对此作出可靠结论的统计数字。在欧洲，制造业中的每个工人占用的资本比农业的要大；而在农业工业化的美国，二战前每个农业工人所需的资本与其他工业一样。② 在欧洲，从工业向农业转移，这就意味着对资本需求的相对增加，利率也会随之上升。

如果对使用少量资本和大量劳动力的工业品征收工业税的话，那情况就会不同。但这些不是问题，至少这些国家的相关统计材料是能够得到的。

可以得出结论，在过去半个世纪里，劳动阶级在国民收入中所占的份额减少了，究其原因是关税增加带来的收益不足以抵偿损失；

---

① 瑞契林：《关税负担与瑞士生活水平》，载于《瑞士统计及国民经济杂志》，1925年。
② 沃京斯基：《从数字看世界》，柏林，1926年。

相反，自由贸易却对工人阶级有利。① 上一世纪中期，英国转向自由贸易使贫困阶级得到双重利益：(1) 以土地为代价增加了体力劳动力的稀缺性；(2) 进口商品的价格显著下降，而贫困阶级正是这些商品的消费者。

不过，某些非竞争集团获得改善生活水平的机会远比整个劳动阶级多，它们因保护而受益，但这可能是以牺牲其他劳动集团的利益或资本、自然资源等为代价才得到的。

例如，美国的技术工人可能因保护而受益，因此，其技术工人和非技术工人的工资差距很大。毫无疑问，部分原因是由于压低了非技术移民工人的工资。如果保护关税不能阻止外国低成本产品的流入的话，那么，雇用技术工的高费用将会限制那些需要大量技术工人的工业发展。事实上，美国的制造业或多或少地依赖于关税保护。大部分高质量的产品（如纺织品、鞋子等）的生产需要大量技术工人。这样，关税保护增加了对技术工人的需求，使其报酬高于自由贸易条件下的报酬。

> 我国总体工业的情况和特征是，技术工人和非技术工人的工资与其他国家相比差距很大。机械工人、手工艺者、视觉灵敏的手艺精巧者等可以获得非常高的工资……任何工业，凡需要这类工人，就必须按当时的工资率支付工资。如果该行业得不到相当于支付工资的利润时，或是产品遇到国外竞争时，该行业就需要得到保护，毛纺织业就是这种情况。②

如果技术工人受惠于美国的关税保护，那么，自然资源的所有者就处于不利地位。名义工资上升是广义保护的必然结果，这种上升会使用于出口工业的生产要素的价格下降，农业耕地及出口原材料的矿业就属于这一类。

以牺牲农民及土地所有者的利益为代价使制造业工人受惠，这种情况在出口农产品的国家的可能性很大。对工业制成品征收高关税的国家如丹麦，很有可能提高制造业工人的名义工资而不增加

---

① 不同观点会得出相同的结论。如工业在危机时采取保护政策会使股东减少损失，但具体减少多少还不确定。
② 陶西格：《关税问题的某些方面》，第 359 页。

工人生活费用,也可能提高制造业工人实际工资而降低农业工人的生活水平。

§5. 关税对瑞典的影响 本节以瑞典关税体系为例来分析关税对收入及收入分配的影响。

首先,分析制成品关税及其对制造业发展的影响(以后再分析与农业的关系)。是否可以假设当非保护工业衰退时受到关税保护的工业可以发展?答案是否定的。一些受保护的工业在自由贸易制度下与在贸易保护制度下同样会发展,甚至在自由贸易制度下发展得更好。贸易保护虽然确保了其国内市场安全,但却增加了生产成本,大部分出口工业就属于这一类。

瑞典关税委员会在1924年的年终报告中将工业分四类:(1)出口工业,超过50%的产量出口;(2)出口"关税"工业,20%~50%的产量出口,保护对其国内市场的销售至关重要;(3)非出口"关税"工业,部分少量出口或不出口,完全依赖保护生存,另一部分在自由制度下以简化型存在;①(4)地方工业,不直接涉及国际贸易,如房屋建造业、食品烘焙业。

可以肯定出口工业在自由贸易制度下会发展得更快,甚至大部分第二类工业会因保护而发展停滞。因为从长期来看,不断增加的成本对国内市场的影响超过了安全的影响。当然,部分此类的工业也会因受到贸易保护而得以发展;若不保护它们,就无法达到目前的规模。第三类在自由贸易条件下要弱小一些,而第四类则与关税政策无关。

现在,在这些假设基础上我们分析自然资源的情况。

瑞典最重要的出口商品是木材、木制品、纸浆、铁矿石、铁制品、宝石及火柴,这些产品主要是用自身原材料制成的。换句话说,瑞典的出口工业使用了大量的瑞典自然资源如铁矿石、森林等,而出口关税工业则主要使用进口原材料。尽管其工人数目不到工人总数的三分之一,但其进口的原材料却占总进口量的四分之三。其工人使用进口原材料的量是出口关税工业工人使用进口原材料量的五

---

① 产量减少部分地取决于是否有低成本高利润的企业,其他则取决于生产要素价格的作用。

倍,是出口工业工人使用进口原材料的十倍。

虽然差异比想像得还要大,但也不必过于惊奇。这种情况与前面所提出的理论是一致的。瑞典的出口商品含有大量该国富有的生产要素,并且转运条件良好。

保护引起使用国外原材料工业的扩张,这一定会减少对瑞典自然资源的需求如林木,这样,收入分配就会不利于自然资源的所有者。①

资本和劳动力在不同工业中的比例是不同的。关税委员会②发现下列四类工业工资单与资本支出(6%为资本投资)存在一定的关系:

表 4·16-1

非出口"关税"工业	261
出口"关税"工业	378
出口工业	324
地方工业	279

很显然,受惠于保护的第一类工业,使用的劳动力少于自由贸易制度下发展得更好的第二类和第三类工业,结果,制成品关税使收入分配有利于资本而牺牲了劳动力的利益;另一方面,资本和劳动力都是以自然资源为代价获得的,这样,与自由贸易制度相比,劳动力在国民收入中的份额增加还是减少是不确定的。但可以肯定的是,自然资源份额减少而资本份额增多了。③ 价格与工资水平会因保护而增长,但总货币工资却比自由贸易时要高。

关税影响了不同工业的工资比率吗?会提高得益于关税的工业的工资水平吗?事实可能并非如此。一战之后,瑞典的工会在闭关政策下无法维持不同的工资。某个工业劳动者的经济地位得到了改善,就会从其他工业流入大量劳动力,尤其是年轻劳动力。这种供

---

① 这就是瑞典关税的影响。如果其他国家也保护使用进口原材料(包括瑞典的)的工业的话,那就不会改变瑞典自然资源的稀缺性。
② 《最终报告》,第98页。
③ 忽略了供给反应,见第7节。

给反应就会使工资水平趋于相同的标准。

因此，在纺织业（可能在自由贸易下不能有很大发展）对劳动力需求的增加并不能改善工人的地位，只是人数增加而已；相反，这一工业的男工工资长期低于其他工业，① 而对女工需求的增加则会使她们的工资水平更高。在1913年四类工业的女工比例如下：非出口关税的工业为38.2%；出口关税的工业为5.2%；出口工业为4.5%；地方工业为13.5%。非出口关税工业的扩张会提高女工工资，其影响程度取决于妇女从其他位置（如家务、务农）转向工厂的意愿。

一战以来，在瑞典有一种趋势，即非竞争的国内市场工业的工会迫使其工资水平高于面临国际竞争的工业。高保护关税会使一些面临竞争的工业成为国内市场工业，并给予它们足够的支配权，因而就增加了实施这种政策的机会。尽管如此，对工资的相关研究显示，瑞典的关税并未高到可引起这方面的显著变化。也有一两个例外，即非出口关税工业的工资水平与出口工业相同，但却远低于典型的地方工业，非竞争的国内市场工业如房屋建筑行业就是如此。总之，劳动市场的流动性遏制了因保护造成的工资的剧烈变化，其主要作用在于提高了总体货币工资的水平。

前面的叙述暗示了出口工业在保护制度下的工资成本远高于自由贸易下的工资成本，但1913年的工资统计研究却显示出有例外。如大量出口木制品但工业却位于南部的转运条件差、土地不利于农业的林区，由于缺乏与其他工业的有效竞争，使得第一次世界大战前该地区木制品制造业的工资水平远低于全国的总体水平。但现在这种现象已经消失了。

此前，我们一直关注制造业及对其产品征收关税的情况，接下来我们要分析食品关税对农业的直接作用，并且不考虑组合关税。

情况是显而易见的。瑞典出口一些动物食品（黄油和熏肉），这些产品的生产几乎无法从贸易保护中获利。尽管小麦、黑麦的数量远低于关税所规定的数量，但对小麦、黑麦和糖征收的关税使得这些产品的价格远高于世界市场，因而蔬菜食品的产出也高于自由贸

---

① 这可能是因为女人在纺织业上比其他工业赚得多。

易条件下的产出,而黄油和熏肉的生产则受阻。对瑞典与丹麦这两个相似的国家的农业进行比较也证明了这一观点。现在,动物食品的生产每英亩土地所需要的劳动力超过了粮食生产,很难说每个工人所用的资本是多还是少。因为很可能这种区别很小,由此导致的结果就是提高了耕地价值,而牺牲了资本与劳动力的利益。

在分别讨论了制造业与农业的情况后,我们转而要考虑的问题是,在联合保护下,是不是会有一方得以发展而另一方要受到限制。对这一假想,关税委员会没有作进一步的研究,而资料当然也无法证明这一观点。不过,对农业来讲,其因保护受阻或因保护发展都有可能。

在这种情况下,很可能是提高的耕地价值不足以弥补林木与矿产的价值损失。与资本与劳动力的回报相比,自然资源的租金有所减少。关于这两者的相对地位,资本的变化比劳动力的变化更有可能。尽管资本获得了大部分自然资源损失的价值,但是,很可能国民收入中劳动力所占的比例与资本同样增长。

这表现为国民收入的增长不明显。因为自然资源的年租金是很少的,可能不超过国民收入的10%。即使租金总数大量减少,总工资的增加也是很小的。

既然国民收入减少了,那么,就必然会降低工人的生活水平。在非出口关税工业中,有一些小的无效率的工厂只有在贸易保护下才能继续运转。更进一步地讲,它们的平均规模即使是在自由贸易制度下也可能会减小。① 这些无效率的原因说明,保护制度下可用的商品数量(根据与其他国家的交易,改善是毫无疑问的)比自由贸易环境下要低。劳动力份额比例的微弱增长(是否增长还不确定)不能弥补国民收入的减少。还有另外一个使生活标准降低的原因,即一些占据工人主要预算的商品价格(如面包、糖)因保护而上涨。

这些陈述都依据要素供给反应或要素质量变化的修正。如果较高的利率增加了储蓄或导致外国资本流入,则劳动力的地位就会更

---

① 在自由贸易体系下,在它们与外国生产者抢占国内市场的情况下,进口税确实能帮助一些企业扩张,扩大经济规模,但这是一种特例。从长期来看,市场小意味着企业规模小。

加有利。

§6. 自由贸易对美国的影响 如果美国实行自由贸易或征收较低的关税,结果会怎样?必然很多美国工业无法与进口产品竞争,因而不得不停止经营或集中于少数商品的生产。失业会增多,名义工资会下降;出口工业的利润会上升,会吸引大量的资本与廉价且有创造组织能力的劳动力。

农业收入远低于制造业,那么,农业工人的工资与农场主的收入是否会因大量劳动力的供给而减少还是不确定。如果农业无利可图的话,那么,制造业的工资就会大幅下降;出口工业就会扩张,会充分利用从一些即使工资水平极低也无法应付外来竞争工业转移而来的劳动力。不过,由于农业非但没有从高关税中获利反而承担了大部分高价格的负担,因此,只有关税大幅下降农业才能得以扩张。此时,廉价机器、降低的运输成本以及略低的工资才会使农业生产有利可图。

这种变化会提高自然资源的价值。农业工人的需求会增大,森林、矿产的利用程度也会增加;反之,需要大量劳动力尤其是技术工人的工业会受到阻碍。收入分配会趋向于对自然资源有利的方向变化,而对劳动力的相对地位则不利。

资本需求会增加还是降低,这是很难说的。一个对美国工业的粗浅研究表明,依赖于保护的工业会比出口工业使用更多的劳动力和更少的资本。如果这一观点正确的话,那么,出口工业的扩张就意味着利率更高。但是,资本供给会受到增加的储蓄量和减少的出口资本等因素的影响(比较下一章)。

强大的工会对工资降低的幅度、失业的增长、劳动力从农业中的流入流出以及生产与贸易的转移都会有很大的影响。很显然,劳动力工资的稍微降低并不意味着生活标准的降低,因为当一些低效率的工业的衰退甚至消失时,国民收入会增加。当然,这一增加对像美国这样的大国来说是微不足道的。因为美国即使是在贸易保护制度下大规模生产也是有利的。此外,并非全然无法想像自由贸易下国际贸易的交易比率会比现在不利(比较第23章)。制造业工资的大幅下降会降低竞争激烈的美国企业的出口价格,如生产汽车、电影以及此类机器的工业。如果生产得以扩张,那么,即使像小麦、棉花这样的农产品生产也会下降很少。因此，在自由贸易政策下，美国国民收入的增长是否低于工人生活标准的上升还无法确定，但是农业人口一定会因此而获利。

相反，欧洲的优势相当明显。许多生产高质量产品且使用大量劳动力的工业得以扩张，且从美国进口的商品价格较低。换句话说，美国自由贸易的所得大部分归于欧洲；其他大量出口原材料的大洲则受美国关税的影响不大，因而也不能像欧洲那样从美国关税下降中获利。

§7. **对生产要素供给的影响** 关税保护政策在很大程度上会改变生产要素的相对稀缺状况，至少是在高关税的情况下是如此。当价格发生变化时，[1] 生产要素的供给也会随之变化。因此，关税保护效果在很大程度上取决于生产要素供给带来的变化。[2]

当征收新税或增加旧税时，一些工业会得以扩张，进而增加对劳动力的需求。这种情况如果对工会政策有利的话，那么工会就会要求提高工资；同时，工人也会从别的行业进入该行业，而年轻人也会转向发展中的行业。尽管如此，与其他地方工资相比，工会仍可以维持比以前高的工资。换言之，一定素质的劳动力的供给无法满足新的需求。

在许多欧洲国家，对外来竞争不敏感的工业付出的工资要高于那些直接参与竞争的工业。如果关税提高，一些工业就会转向前一类，增加工资的机会就会多一些。澳大利亚战后的事实也说明了这一点。大多数国家关税保护的程度不高，以至于被保护的工业感受不到外来的竞争；相反，当工业发展出现困难时，[3] 国家总是会不断提高关税来抵消外来竞争者的优势，同时还保留某些外来竞争者与本国企业之间的竞争，因而会导致被保护的工业的工资水平较低。瑞典的纺织工业就是如此。经济衰退期，失业及工会停止运转，这

---

[1] 见第7章。
[2] 赫克歇尔教授的论文、我的《贸易理论》以及卡塞尔教授的《社会经济学理论》（第四版，柏林，1926年）都以同一方式对这一问题进行了阐述，此后麦肯诺斯（Mackenroth）教授（斯德哥尔摩的一名学生）根据卡塞尔的理论，也在《海关政策和生产资料供给》中作了类似的阐述（见《国民经济档案》，1929年）。
[3] 经济状况不同则关税影响也不同。分析关税问题时必须注意动态形势。

说明劳动力过量供给在此就显得不合时宜。

较稳固的非竞争集团（如技术工人与非技术工人）从某一工业向其他工业转移比较困难，即使保护增加了一部分人的报酬，但劳动供给的反应还是很慢的。不过，从长期来看，反应还是相当大的。以美国的技术工人为例，保护不仅增加了对技术工人的需求，进而提高了市场价格，而且也增加了工人得到训练获得经验的机会，相当一部分人成为商人，可能自然界所赋予的有才能的人为数很多。就长期而言，保护是否使技术工人的工资高于非技术工人还不能确定。当供给弹性很大时，报酬对暂时变动的幅度就可以诱使一些人获得培训，这是很有可能的。这样原有的工资比率又恢复了。事实上，供给的反应一旦开始就会走得很远，甚至引起技术工人工资的相对降低。

一战以来，许多国家的制造业和农业工人形成了两个非竞争集团。因为工厂失业过多，虽然工厂工资高，但考虑到农村较低的生活成本，农民也不愿转入工厂。高关税的国家如加拿大、澳大利亚，它们在以下方面卓有成效：提高对制造业工人的需求及相应报酬，同时以增加工业制成品的成本及运输费用来降低农业工人的实际工资。但是，失业、工会政策、农业工人的转移等因素会使生产力的供给无法得到调整，从而无法恢复原有的工资水平。

关税保护最直接的影响体现在所谓的技术劳动力或有组织能力的劳动力的供给上。不同工业对这类工人的素质要求不同。关税会刺激某些工业成长，促使这些技术工人进行教育和训练。不过，多数情况下是技术工人在某一方面术有专攻，其供给是不变的，尤其是在总供给不变的情况下更是如此。所谓"幼稚工业论"的基础是，工人所应具备的技术和才干是创造出来的。不过，也应注意在这一方面的成功并不总意味着有所收获。"受过教育"的工人不但要能自立，而且还需要在成长期受到保护。即使一些技术工人（有创造和组织能力的人）转向了其他领域，但也不能确定效果是否优于自由贸易制度下的情况。不过，即使这些工人没有进入到被保护的工业行业中去，但他们也能为其他工业所用。集中意味着增加效率，那么成效也会更显著。

在关税保护制度下，通过技术训练，技术工人的总数会增加，非技术工人的素质会有所提高。当一个"新兴"的国家对制造业实施保护时，此情况就会发生。人们得到技术训练的机会增多，从而就会提高收入，这就意味着工业具有吸引力，同时得到技能的机会也增加了。不过，一段时期后，技术工人的报酬是否高于增减关税之前还是不确定的。技术工人的数量可能大大增多，如果技术工人的工资高于农业工人的话，那这就意味着国民收入的增加。

此外，各种国民收入（世界收入）的总和也可能增加。教育改善了劳动力的素质，当然也会增加收入。在一定条件下，关税保护是一种教育方法。尽管生产力可能误用，但与其所得相比还是值得的。

在新老工业化国家，其情况是不同的。在达到一定水平后，工业发展越原始，保护对劳动力的素质的成效就越大。"幼稚工业论"应代替"幼稚国家论"。从长期来看，对劳动力素质的影响无疑是衡量保护的最重要的方面。李斯特提到过创造财富的力量远比财富本身重要。如果目前的收入减少但而创造财富的能力却得以发展，那么未来收入也会大大增加。

工业发展到一定阶段的国家已经度过了"幼稚"阶段，那么改善劳动力素质的机会就很少，尤其是技术工人的供给的增加会比较少；相反，保护主义的国家遇到困难时会增加关税（以关税为"缓冲器"），这就会阻碍竞争对劳动力素质的积极影响。

我们很难预言劳动力的供给对报酬的大小及其他由保护带来的变化会作何反应，也无法估计关税政策对人口增长的影响。迄今为止，我们已经假设这种影响是不存在的。

在讨论资本供给对保护带来的利率变化的反应时也存在很多困难。这些反应可能与其他原因造成的利率变动的反应相似，因此，我们可参考第7章的分析。如果收入分配的变动对资本家有利并使低收入者利益受损的话，则会导致储蓄的增加。从长远的观点来看，由于劳动力日益稀缺，因而劳动者或多或少地会从中获利。前面提到的国民收入的发展忽略了资本数量的变化及人口的变化。在判断对国民收入多少的影响上，我们必须考虑到这些因素。

由于关税政策的影响、资本和劳动力在国际间的流动会造成这些要素的总供给发生变化。这一点我们尚未分析，将在下一章进行具体分析。

最后,我们应当看到,对要素供给反应的描述与时间有关。这方面的保护效应在各个时期都不相同。在前三四年,可能生产要素的相对收益已有所变化,而供给却没有变化。而十年二十年后,供给的反应会比较明显,以至于可以左右全局,决定一种要素与其他要素相比是否可以处于一个优越的地位。随着时间的推移,供给的反应越加无法确定,谁也无法预料半个世纪后关税保护对收入分配的要素供给会产生何种影响。

§8. **国内布局** 目前还未考虑关税政策对一国工业布局的影响,我们也忽略了因保护造成的国内价格差异,这将在第 23 章中进行讨论。

关于工业布局,很明显,如果一国征收较重的关税的话,那么,该工业的布局一定会受到影响,即一些工业会受到鼓励,而一些工业则会受到抑制。这就无法说受到鼓励的工业在布局上会与受到抑制的工业一样。出口工业倾向于布局在转运条件优越的地方,如接近良好的港口。如果一国在劳动力与资本的供给上有优势,那么,工业就会布局在那里,倘若布局在国外而无法获利的话。以国内为市场的工业,会因牺牲出口工业为代价而得以扩张,这些工业多布局在人口集中的内地,结果保护会使工业由沿海转移到内地。

即使以国内为市场或生产的产品需从国外进口的工业,关税保护产生的影响也是多种多样的。瑞典关税委员会①提供的证据说明,瑞典的关税政策对南方的农业有利而不利于北方农业。粮食绝大部分在南方生产,而北方农民冬季则在森林里工作,他们生产的粮食甚至不能满足自己的消费。因此,他们并未从粮食关税中获利;相反,牲畜饲料的关税却很低。在很多国家,关税壁垒很可能导致国家的财富按地理区域重新分配。这个问题在此我们不多作分析了,它与关税同盟及优惠关税的问题相类似。②

毫无疑问,国外的保护政策也会对本国工业的布局产生影响。外国关税壁垒改变了本国与外国之间的转运条件,就像两国旅程的

---

① 《最终报告》,1924 年。
② 见布朗(Brown):《国际贸易和汇兑》,纽约,1914 年,第 5 章第 6 节。

中断一样。如果原材料的供给没有出现变化的话,那么,转运条件的改变势必会影响工业布局。此外,生产原材料的地点也会受到影响。外国的关税也能使国内市场工业以牺牲出口工业为代价而得以扩张。第一次世界大战以来,关税壁垒的强化减少了英国的出口贸易,抑制了北方的出口工业,而刺激了位于南方的国内市场工业。[1]

国内转运设施也会适应这些变化,会为改变布局铺平道路。不过,对此进一步的分析已超出了本书的范围。以上所述足以说明保护关税的一个重要作用就在于改变国内工业布局。

---

[1] 在《失业保险条例》颁布后,1924~1926年间,英国南部地区投保的人数增加了11.6%,中部地区增加了5.2%,而东北地区则增加了2.6%,西北地区为3.4%。

第 17 章　国际资本和劳动力的流动[①]

§1. 关于资本和劳动力流动的统计数据　本章内容并不涉及国际资本和劳动力的所有方面，它主要讨论国际资本和劳动力流动与国际贸易的关系。这部分的数据远不可能完全显示出国际资本与劳动力流动的所有重要发展过程。下面的统计数据主要作为一个例子来说明国际资本和劳动力流动在多方面非常重要，且在相对较短的时间内受众多变量的影响。这些变量对国际贸易也有很大的影响，所以我们必须研究这些变量的关系，这些内容在后文中将会详细论述。[②] 本章还将介绍随着生产条件的变化而流动的国际资本和劳动力对国际贸易的影响，生产条件变化也是产生国际贸易的基本条件。

世界上的人口分布和一百年前大不相同，这主要是由于人口流动所引致的。下表4·17-1说明了相应的变化。

表4·17-1　　　　　人口分布（每百万人）

	1800 年	1925 年
欧洲	188	467
北美	6	126
中美及南美	29	103
亚洲、非洲及大洋洲	?	1 210

[①] 本章和第6章的部分内容出自《国际贸易与国际资本和工作机会间的关系》，《国民经济杂志》，1930年。
[②] 威廉姆斯教授在哈佛的教学（从中我得到了启发）及其论文中都强调了这一点。《国际贸易理论再思考》，载于《经济学》，1920年。

让我们注意看一下重要的劳动力流动,先从外来移民入手。移入美国的劳动力从 1821 年到 1920 年增加到大约 34 000 000。下表表明了每 10 年的变化。

移入美国的数量,1841~1920 年

1841~1850 年············ 1 713 000	1881~1890 年············ 5 247 000
1851~1860 年············ 2 598 000	1891~1900 年············ 3 844 000
1861~1870 年············ 2 315 000	1901~1910 年············ 8 795 000
1871~1880 年············ 2 812 000	1911~1920 年············ 5 749 000

19 世纪中叶,移民几乎都来自北欧和西欧。而到 19 世纪末,南欧和东欧有的移民大量涌入。这些移民在 1882 年只占总人口的 13%,但是到 1907 年,这个比例已经达到 81%。

南美移民的数量比实际数据要少,但是要比土著居民多。以阿根廷为例,在 1860 年到 1920 年之间,其接受了不少于 4 700 000 的移民,其中几乎一半是意大利人和三分之一是西班牙人。从下表中可以看出每 10 年的变化是非常大的。

移入阿根廷的数量,1861~1920 年

1861~1870 年············185 000	1891~1900 年············397 000
1871~1880 年············276 000	1901~1910 年············1 177 000
1881~1890 年············855 000	1911~1920 年············509 000

本世纪初移入加拿大的移民也非常多。从 1903 年到 1914 年间,共有 2 513 000 名移民到了加拿大,每年超过了 200 000 人,大约是加拿大净出生率的 3 倍,而进入美国的移民数最高的时候也与净出生率相等。

最重要的移民输出国是英国和爱尔兰。从 1815 年开始的一个世纪之内,共有 13 000 000 的人口从该国移民了出去,其中三分之二去了美国,其余的大多去了加拿大和澳大利亚。

爱尔兰的移民有其自身原因。1845 年到 1855 年的大饥荒迫使 2 357 000 的爱尔兰人移民到了美国。1841 年到 1900 年间,爱尔兰的人口从 8 175 000 下降到了 4 458 000,减少量和移出的移民量一样多。由于移民大部分都是青壮年,造成了低出生率,使得本该有的人口净出生率消失了。

第 17 章 国际资本和劳动力的流动

世界大战之后的移民情况虽然有些不同,但是也是需要考虑的。从 1920 到 1924 年间,每年跨洋移民的净数量如下(单位:每百万居民中的移民人数):意大利 2 740,英国 3 270,爱尔兰自由邦 4 250。与此相对应的净移入居民数为(单位:每百万居民中的移民人数):新西兰 9 790,阿根廷 8 970,澳大利亚 5 270,美国 2 320。对于后者来说,限制移民的影响是显而易见的。在欧洲,法国发展成了一个与那些跨洋国家相对应的移民国家。在法国的外国人数量从 1920 年的 1 550 000 人增加到了 1926 年的 2 500 000 人。这也就是说,每年每百万居民中增加 5 000 移民。① 近两年中国移入法国东北的移民也是个非常大的数目,每年将近 100 000 人。

这些数据充分显示了国际移民的数量和发展,但是最近的大萧条使其发生了改变,这与国际资本流动紧密相关。

英国不仅是向境外移民数量最大的国家,而且还是向境外投资最多的国家。单 1913 年,英国的境外投资就达到了 40 亿英镑,这比其他所有国家的境外投资都多。换算过来,法国大约是 18 亿英镑;德国 10 亿到 12.5 亿英镑。其他国家的境外投资非常小,而如果把比利时、瑞士和荷兰等所有国家都考虑进来,那这些国家的境外投资数量就比较可观了,例如,比利时的对外投资额超过 1 亿英镑,而瑞士则接近 1.8 亿英镑,荷兰的投资应当更大。

英国将近一半的对外投资都投放在英联邦,20% 投放在美国,近 20% 则投放在中美和南美。英国对外投资中只有不到 5% 投放在欧洲,主要在俄国、西班牙和土耳其。法国则恰恰相反,它更愿意把资金投放在欧洲,还有大量资金投给埃及和法属非洲殖民地。德国在欧洲的投资量非常大,并且资金分布非常均匀。

对外投资的增长速度并不是匀速的。虽然缺少精确的统计数据,但可以肯定地说每年的投资额差别非常大,这主要是因为商业发展和由此引起的国内储蓄和资金需求的变化。

世界大战对对外投资有着决定性的影响。德国失去了所有的对外投资并变成了净债务国,法国的对外投资也所剩无几。英国则恰恰相反,它保住了名义上大约 30 亿到 34 亿英镑的对外投资,和战

---

① 绝大部分的数据来源于日内瓦国际劳工组织出版的《移民流动和移民月度报告》。

前差不多，当然，其实际价值是有所下降的。世界大战的债务没有包括在这个数据里，因为那是英国偿还给美国的债务，不会带来收益。

大概战前和战后变化最大的是美国，它从一个债务国变成了债权国。1894 年美国借了大约 45 亿美元的债务，也就是 10 亿英镑，净负债稍微小一些，因为美国有大约 10 到 15 亿美元的对外投资，这主要集中在加拿大、墨西哥和古巴。但是到了 1925 年，美国的投资者买回了所有原先欧洲人持有的美国债券，并且拥有 95.22 亿美元的对外投资（不包括盟国的债务）。在这些对外投资中，超过 25% 的资金投资在了加拿大和纽芬兰，大约 45% 在拉丁美洲，8% 在亚洲和大洋洲，在欧洲不到 25%。总投资中的 40% 是政府债券，在欧洲的投资中有 3/4 的投资是这种性质的。在其他地方美国的投资方式就比较灵活。

必须提到大多数国家如美国，既对外投资也引进投资。即使典型的引进投资的国家如加拿大也对外有投资，1928 年外国投资者大约持有了加拿大所有证券的 40%，估计有 57.4 亿美元，其中 2/5 是英国的，3/5 是美国的，而同时加拿大对外投资则为 15.8 亿美元。

特别是世界大战之后，国际债券在国家间流动频繁。举例来说，1927 年美国接受的外国投资达到 17.3 亿美元，而对外投资则为 23.6 亿美元。不过，其中接受的外国投资中大部分并不是真正的外国资产，而是转卖的流进纽约的外国资产。①

§2. 资本和劳动力流动的特征及决定因素 接着前文对国际劳动力和资本流动的简明论述，我们继续讨论促进和阻碍国际劳动力和资本流动的因素。先从劳动力的国际流动开始。

一国公民对其故乡和文化的强烈依恋会减弱劳动力的流动性，到新国家发展前途的不确定性也会阻碍移民，特别是一些性格上不愿意承担风险的人更是如此。亚当·斯密曾说过，"人是最难搬运的行李"。

另一方面，冒险精神促使那些有胆量的年轻人到不如本国稳定

---

① 大多与国际资本流动有关的数据来自于霍士帮（Hosbon）的《资本出口》，《大英百科全书》，第十三版，第 519 页。

的地方去，即使不成功，他们也还是会继续到新的国家去冒险，而不是带着失败回到家乡。一些人也会因为在母国相对较低的政治地位或者宗教地位而移民到更加自由一些的国家。

总体上说，人们移民都是为了提高经济地位。人们一般都是从低收入国家向高收入国家移民的。当然，这也不是说移民大多数都来自最穷的国家，因为贫穷通常让人们无法攒够足够的钱移民。此外，没有船务公司、传教总会等宣传接受移民国家的信息也在很大程度上阻碍了移民。

虽然各个国家阻止移民出境的因素各不相同，但是移民入境的因素却很类似，种族因素有非常大的影响。比如说，很少有意大利人或者希腊人移民去英国，同样也很少有英国人移民去南美。此外，政治体制和文化的相似程度也和种族因素一样影响移民。

每个时期阻碍移民的因素不一样，因为每个时期移民的原因不一样。一旦移民潮开始，协助移民的机构的能力便开始提高，人们通过往来的信件等其他方式加深对接受移民国家的了解。这些消除了人们对移民的心理恐惧，刺激了移民潮的出现。一段时间之后，接受移民的地区人口饱和了，没有剩余的土地了，那么移民也就变得不那么诱人了；在一定程度上，移民过时了，移民潮也就衰退了。

周期性的商业变化也会引起国际劳动力移动的相应变化。在接受移民的地区，大量的失业人口会造成巨大的恐慌。1927年到1928年的法国移民潮衰落就是一个很好的例子，通过对美国移民的变化分析，可以清楚地知道商业状况好时移民数量也多。阿根廷也是个很好的例子，因为阿根廷1890年代货币贬值的政策使商业状况变得糟糕，所以渔业移民从上个10年的8 555 000人降到397 000人；而这个世纪，因为经济状况好转，移民人数又在10年内回升到了1 177 000人。

1887年到1898年，巴西因为经济增长和良好的商业状况每年移民达到83 000人，而前6年每年平均才24 000人；后来又因为经济衰退，1899年到1905年，移民每年又降到了55 000人。

接受移民的国家的贸易状况似乎对移民影响非常小。只有在一些特别的经济危机时移民才会有所增长。"拉"的作用要比"推"

的作用强。① 事实上，在研究国际贸易的变化中，劳动力移动对国际贸易的变化是非常敏感的。②

季节性的经济变化导致了季节性的移民。每年比利时人和西班牙人都到法国葡萄园工作几个月。同样，在一战前，每年夏季大约有一百万的农村劳动力到德国去，主要是波兰人。

总的来说，劳动力一般都是从低收入国家流向高收入国家。虽然受国际间工资差异的刺激，不同时期不同的国家都有不同原因阻碍着劳动力流动，但是国际间工资差异的确是引起移民的重要原因。

还有重要的一点必须提到的是，劳动力对实际工资或实际收入感兴趣，而不是对名义工资或者名义收入感兴趣，也就是关注生活水平而不是获得钱的数量。因为各国的生活成本不一样，所以，即使收入高的国家的生活水平也未必比收入低的国家的生活水平高。有时候收入低的国家的生活水平还要高些，这样的话，移民就会从收入高的国家流向收入低的国家。

因为生活水平这个概念的弹性较大，故此受到许多严厉的批评，特别是在国际对比层面上，这在本书第 11 章中有所涉及。对实际收入和移民流动的简单描述并不比名义收入更加准确。

生活水平因素在我们的研究中忽略不计。事实上，劳动力流动大都是从名义收入低的国家流向名义收入高的国家，这主要可能是因为名义工资或者名义收入高的国家其实际工资和实际收入通常也高。③ 但是，考虑实际工资或者实际收入是非常必要的。因为本章不打算全面讨论国际劳动力和资本流动，所以就没有必要涉及到非常细致的术语，而只是讨论劳动力从低回报的地方向高回报的地方流动的情况。

接下来我们讨论影响国际资本流动的情况。刺激资本流入或流出的主要原因就是利率差。利率低的国家愿意将资本输入到利率高的国家来获得利润。利率差是引起资本流动的最基本的原因。然而，

---

① 参阅杰罗姆（Jerome）：《移民与商业周期》，纽约，1926 年。
② 下一章还会进行论述。然而，本书探讨的国际贸易总体上不涉及商业周期。这个复杂的问题我打算在随后的《国际经济关系的商业周期》一书中展开分析。
③ 移民农场主生产出来的食品价值当然要通过农场增加的金钱和收入等价值来衡量。

利率差并不能解释所有的资本流动问题,因为资本流动还涉及其他因素。以俄罗斯的资本流入为例,战前俄罗斯之所以能很容易地将国债卖到国外主要是法国,主要原因是俄罗斯的利率非常高。但是,如果不是因为俄国和法国之间良好的政治关系,恐怕资本流动也不会这么广。有了法国银行为俄罗斯国债作宣传,还有法国政府的同意和许可,加之利率差额,连谨慎的法国农民都经不住诱惑去买债券,这样的政治原因是不能忽略的。还有,国家机构通过根据贷款人的利益来组织市场对资本的流动的影响也是绝对要考虑的。政治会使一国资本流入另一国而不是第三国,即使它们之间的利率差并不比该国和第三国间的利率差大。再举例来说,因为《殖民地债券发行法》要求在一些情况下自治领土的国债要以信托的方式在英国国内销售,因此,英国愿意向英帝国的其他地方投资。①

许多国家为资本流出设置了障碍。一战后,法国向在国内发行的外国证券征收高昂的印花税以阻止法国的资金外流。英国也颁布临时禁令限制对外投资,使对外投资从 1923 年的 1.53 亿英镑减少到了 1924 年的 0.63 亿英镑,1925 年降到 0.28 亿英镑。其他国家比如意大利,也通过政治途径限制资本流出。

除政治原因外,资本家分散投资的偏好也会影响国际资本流动。这种偏好使得即使是没有利率差的国家间也会发生资本流动,特别是信托公司试图将资本分散投资来减少风险,基于这个原因,它们同时购买国内和国外的债券。这种信托公司是英国资本输出的重要工具。

另外一个资本输出的重要原因就是一些制造商通过建立海外分支机构和工厂等措施,而资本则主要来自母公司。近年来一些关税阻碍了国际贸易发展,这些关税使得一些向征收关税保护国家出口商品的厂家在该国设置工厂。英国的轮胎公司、劳斯莱斯汽车都在美国建立了分部。另一方面,美国的福特汽车等公司为了躲避美国对低价汽车生产的限制和避免穿越大西洋的运输费用,在欧洲建立了分公司。这些都自然而然地引起了大西洋两岸的投资往来。

---

① 霍特里:《经济问题》,第 281 页;维纳:《国际金融的政治层面》,载于《商业经济杂志》(芝加哥),1928 年。

然而，大规模的跨国公司并不总是从母国输出资本的，最近的发展显示出有资本流入母国。像荷兰壳牌公司和瑞典的火柴公司在十几个国家都有分公司，它们可以从利率低的国家轻松地借到资金，这就意味着资本从低利率国家流向高利率国家，这是我们在前面已经讨论过的。

跨国公司为了保证外国原材料的供给如铁矿石、铜矿石和原油等，其控股原材料生产厂家也促使资本大量流动，比如说，电机生产厂家通过控股电力公司来保证能获得稳定的订单。

资本流动在很大程度也取决于利率差，许多外国股票的投资和新工厂的建立都是基于这样的原因。一些时候，把资金投向新的国家可以获得可观的利润，这比利率差对资本的吸引力更大。所以说，欧洲国家在俄罗斯投入大量资本，除了因为俄罗斯的利率更高之外，俄罗斯的经济有可能迅速发展也是一个重要因素。同样，英国人和美国人在南美投入大量的资本修建铁路和兴建工厂也是基于这个原因。然而，这种资金的流动通常是不稳定的，经济膨胀的时候大量涌入，经济环境恶化的时候却突然停止。

投机也是资本流动的一个重要原因。许多英国人根本就不了解阿根廷，只是受到一些英国银行和投资公司的建议就给阿根廷的铁路公司投资大量资本。现在的投资者也许更愿意了解他们所持有的国际债券的信息，这些信息通常是由股票经纪公司提供的相当有限的而他们又愿意投资的债券。

英国资本输往美国，而美国又输出上亿美元到加拿大，这可以说是为投资而输出资本以及为利率差额而输出资本的典型例子。在一战前的几十年内，英美两国资本流动完全是由于利率差形成的。投资于美国的铁路债券要比在英国相应的投资获利多一些。而另一方面，加拿大的利率并不比美国高，但是加拿大为美国的企业和技术的发展提供了难得的条件。美国人通过向加拿大输入资本和先进的管理技术进而获得了大量的利润。

对外投资还可通过逃避国内的高额税来获得收益。一战以来的许多投资都是基于此原因而从德国、法国和英国流出的，其中大部分投资都流入到了瑞士和荷兰。

至此，我们主要讨论了促进国际资本流动的因素，还没有涉及到阻碍国际资本流动的因素。正是由于这些因素才会使国际间的利率存在差异。

一般投资者总愿意把资金投在他们所熟悉的事业上，比如说他们所了解的一些公司的债券和股票上。因为投资者一般对本国情况的了解比对外国的了解要多，所以说，除非有高额的回报，否则他们是不会把资本投到国外去的。对这些投资者来说，投资到国外要比投资到国内风险大得多。投资者通过评价对外投资的风险和利率差来制定投资政策。在有些情况下，对外投资的风险要小于国内投资。法国在其货币回流稳定之前就是如此，当时有句话"逃离法郎区"指的就是资本流出。不过，一般说来，一国公民根据他们的知识和经验，认为对外投资的风险要大。这种想法限制着对外投资。这和限制人们向外国移民的原因相类似。

如果要细究国际资本流动风险影响的细节，那就离题太远了。[①] 然而，我们可以观察到，一个国家在引进投资资本的同时也在向外进行风险非常小的投资。

还有一些资本外流的特殊情况，这些资本主要通过邮寄的方式，比如说，从英国给住在法国南部的英国人汇款，还有移居国外的人向国内汇款。

现在我们来讨论"长期资本流动"和"短期资本流动"的问题。两者都是指一国的进口公司给它们客户的商业信贷，主要是在制造业中，如卖方通常给买方六个月的信用。所有出口工业制成品的国家都有大量的这种清算性质的信贷，这些信贷受利率变动的影响很小。

短期交易通常具有投机性，其目的是从预期的外汇交易变动中获利，或者作为在主要的证券市场中进行国际证券的套利交易。当然，资本也会严格根据短期货币利率差在不同的货币市场中进行流动。这种短期资本的流动对保证国际收支的平衡起着决定性的作用。关于这一点我们将在第五部分中将继续讨论，这里，我们要讨论的不是国际贸易变动的机制，而是从长远的角度讨论资本流动和国际

---

① 需要注意的是，不同利率国家的资本家购买"国际"债券，其部分原因是对风险的估算存在差别。

贸易双方的关系。

总的来说，资本流动和劳动力流动一样随商业周期的变化而变化，也就是受整体的贸易状态影响。最大的资本流动通常发生在旺季。

§3. 国际资本流动和劳动力流动的方式　在详细分析之前，我们先来归纳随经济波动的国际劳动力和资本的主要性质。在归纳时，先把注意力集中在主要由国家间的工资差异造成的劳动力流动和主要由利率差异造成的资本流动。

为什么工资和利率差别会那么大，以至于生产因素在国家间流动？正如前文所揭示的那样，这是因为价格体系的基本要素如要素设备、其他生产条件、需求条件、运输条件（资源和装备等）等在各国都不一样。

劳动力和资本的流动是为了和其他生产要素、需求水平和运输条件相适应。首先，劳动力和资本的流动能调节国别之间的生产要素或运输条件的自然资源差异。在前述章节我们已经讨论过为什么一些自然资源更容易吸引劳动力和资本，事实上这也是解释劳动力和资本流动调节作用的一个理由。在生产资料和运输条件得天独厚的地区，人口大量聚集。比如说，干旱地区的人口要比潮湿地区的人口少很多。铁路的分布与降水量之间有一种令人惊讶的相关性。类似地，有连绵的海岸线、通航的河流湖泊地区的人口要比运输不便的内陆地区要多。新发现的自然资源和新的资源利用方法影响着世界人口的分布，比如说，在委内瑞拉发现的新油田就吸引了美国的资本和技术工人的流入。

不言而喻，资本和劳动力的供给调节着其自身与基本生产要素的关系，而不是与自然资源的关系。关税、其他影响国际贸易的因素、社会生产条件在提供技术劳动力等方面的不同对资本和劳动力也会施加相应的影响。

阻碍国际间劳动力和资本的流动限制了劳动力和资本的再分配。如果没有资源的再分配，生产要素的分配就会有巨大差异。毫无疑问，现在人口密集的地方了已经荒废了，有的地方流失了人口和资本，而有的地方却获得了人口和资本。

本章的其他部分将讨论国际间劳动力和资本流动①对自身价格的影响，以及对贸易额和性质的影响。我们还要分析基本要素的变更会对劳动力和资本产生什么样的反应，特别是那些直接使国际贸易发生变动的反应。

§4. 国际生产要素流动和国际贸易的关系 很显然，经济体系的任何变化都会影响可流动生产要素的价格变动，只要国际间的生产要素的价格差异大到一定程度就会导致国际间生产要素的流动。除此之外，国际生产要素的流动性发生变化也会改变资本和劳动力的流动。

有些国际贸易的论文提到，经济系统中商品流动性的变化会带来一些特殊的利润。因此，我们需要特别分析商品和生产要素流动性的改变，以及这种改变对贸易和生产要素相互间流动产生的变化。这个问题我们已经在本书第9章从总体上详细讨论过了，在第11章中我们还讨论了生产要素的价格对国际贸易的影响，现在我们需要把这两个理论结合起来考虑。

生产要素从价格低的地方流向价格高的地方，价格低的地区会因为生产要素变少而提高价格，②而价格高的地区会因为生产因素变多而有所下降，除非有抵消这些效果的因素存在。生产要素流动使得价格趋于一致，就像国际商品的流动使商品价格趋同一样。这两种趋势还相互影响，通过贸易不仅使商品价格趋于一致，而且也使生产这些产品的要素价格趋于一致。也就是说，国际生产要素的差异性降低了。如此说来，国际生产要素流动在某种程度上有些多余了，商品流动取代了生产要素的流动。换句话说，如果没有贸易就

---

① 国际资本流动的一方面完全没有纳入考虑的范围。由于资本以商品和服务的形式流动，这种流动就必然会影响国际贸易机制。对此问题我们将会在第五部分加以考虑。目前我们仅关注资本流转的事实，就如移民改变了生产要素的供给及生产和贸易的国际分配一样。另一方面，一国资本数量的增加倾向于提高其他要素价格，随后资本品数量的增加相对这些商品数量及其货币金额的增加则较少，对这种国际资本流动我们不进行特别的分析。由于用做提高工作和增加地租，部分新资本"蒸发"了。参阅维克塞尔的《国民经济学讲义》（耶拿，1914 年），第一卷。

② 资本出口倾向于提高利率并且降低工资。假如由于工人和工会的协议而导致工资水平暂时保持不变，那么，就会增加失业。在讨论战后的经济问题时，该问题非常重要，但在此我们不打算深入分析。

会有价格差异,这就必然会导致比现在多得多的生产要素的流动。贸易及其一些其他因素也会阻碍国际劳动力和资本的流动。

另一方面,贸易不能完全使要素价格一致。如果国际间的差异足够大的话,那就会导致生产要素的流动。通过这种方式,会使要素在国际间的分布趋于合理,致使国际贸易的需求和规模减少。要素流动弥补了商品贸易的不足,因此,要素流动可以替代商品流动。

国际均衡价格受到要素流动和商品流动及其阻力的影响。

如果要素流动性提高了,那么,国际间的要素分配就会更加合理,一些商品贸易就没有必要了。另一方面,运输技术的提高以及降低运输成本会增加贸易量,会导致要素价格差异的缩小并减少要素流动。这一切都取决于对要素价格和贸易变化导致要素流动的反应强度,以及商品价格和要素流动导致贸易变化的反应强度。

以上推理假设生产要素没有转移前在每个国家都是同质的。没有必要指出发展中国家增长的劳动力和资本供给会导致经济和国际贸易的膨胀。这个事实需要记住,下文将不再提及。

单向的要素流动会使进口国的要素质量得到提高,同时使出口国的收入增加。通过上述讨论,要素流动对国际贸易性质的影响已经很清楚了,但是还没有涉及到对国际贸易总量的影响。减少贸易的趋势被增加贸易的趋势所抵消,会使小国的国民收入增加。① 如果上百万的移民和大量资本流入澳大利亚,则英国和澳大利亚之间的贸易会增加;相反,如果从斯堪的那维亚沿岸诸国向美国输入劳动力和资本,那就会减少这些国家与美国的贸易量。

不管生产要素的数量和国民收入的关系是否改变,要素流动都会减少用于从其他国家购买货物的国民收入,这就意味着国际间的要素流动会减少对国际贸易的需求。

在其他例子中这些结论并不正确。一国的某种生产要素数量也许太少,以至于供给增加会使价格提高。比如说,如果劳动力流入人口稀少的国家,那么工资就会因为这种外来经济而有所提高。在这种情况下,劳动力和土地等资源的稀缺性不会受到劳动力要素逆向流动的影响,其工资和租金都会上涨。对贸易的定性分析并不会

---

① 事实是,该国的大规模生产经济可能会降低贸易增长,而不会阻止贸易。

受到同样影响而趋向于国际要素的均衡点,国际贸易的量也不会减少。新的国家也许会继续用不断增长的农产品去换取工业制成品。移民和资本对生产成本的影响不是特别大,它们并不能使其由进口转为国内生产。

当达到一定程度时,两个国家的相对生产要素价格就会基本相同,虽然在两国该要素的价格都会增长,但此时贸易的数量会趋于下降。

两个国家生产要素数量的任何改变都会如上文所述的那样影响贸易规模。然而,资本和劳动力涌入新的国家会从两个方面影响国际贸易,即使用于购买国外产品的国民收入比例降低了,资本和劳动力的涌入也会使国际贸易的规模继续扩大。实际上,上述所说的事实已经在过去几百年的许多跨洋国家中发生了。

综上所述,通过提高流动性而减少国际价格差异是必要的。不管怎样,生产要素的流动都意味着一种经济调节,正如上一部分的结尾中所提到的那样,整个世界的收入增加了。[1]

§5. 国际资本流动 我们将要更加详细地讨论一些代表性的例子,先来讨论不伴随劳动力流动的国际资本流动。在这些例子中,资本从 B 国流入 A 国时,一般 A 国的工资水平都要比 B 国低。换句话说,借贷国有相对充裕的劳动力,但自然资源的供给却可能较少。

B 国资本供给的增加会使利率下降,而 A 国资本供给的下降却会使利率上升,[2] 两个国家的工业都会受到影响。B 国在生产需要大量资本的产品上将更具竞争力,而 A 国的这种竞争力就会下降。从另一方面来说,B 国其他生产要素价格的提高会使相应的产品价格提高,而 A 国其他生产要素价格的降低却会使相应产品的价格降低。双方的部分出口贸易会抵消掉,但是很难说整体上哪方会获利。

不管怎样,还有其他许多要素需要考虑进去,比如说,资本以及第三国。即使把 A 国和 B 国的所有出口都考虑进去也只占国际贸

---

[1] 更详细的论述见本书第 14 章。只要世界的人口及其偏好受到影响,那么,有关世界收入的论述就没有什么意义。这也就是说,从长期来看,国际要素流动的"优势"和"劣势"显得毫无意义。想像一下日本人和中国人在一百年前大量流向北美和澳大利亚的效果,第四部分的推理应该与第 4 章采用的方法进行类比分析。

[2] 假定进口资本而非进口劳动力的国家已经达到了资本收益的递减点。

易的很小一部分。有没有这样的可能性,即 B 国通过引入资本而出口原来 A 国出口的产品? B 国扩张的工业与 A 国是竞争还是合作?

如果两个国家的工业水平相当的话,那么,合作也未必是不可能的。除了战后的德国,大量资本流动基本上从来没有在工业水平发展相当的国家发生过。

另一方面,如果 A 国和 B 国的工业处于不同的发展阶段,而我们假设 B 国是一个农业国家,那么该国就会提高产品出口量,而不是 A 国出口的产品。这些例子在这几个世纪里不特别重要,因为不发达的国家总是输出资本和大量的技术工人,也有普通工人。关于这一点我们将在本章第 7 节中进行讨论。

只考虑资本从发达工业国家流向次发达国家,而不考虑其他要素。需要有待回答的问题是:大量外资流向次发达国家会刺激工业发展,这种发展会不会演变成与资本输出国的竞争?

如果次发达国家的自然资源、转运条件、技术劳动力的能力或者潜在能力和资本输出国相似,那么竞争则很有可能发生。即使自然资源有很大不同但其他两方面均相似的国家,如果该国的发展水平较高的话,那么竞争也是可能发生的。毫无疑问的是,在意大利的外资刺激着制造业的发展。因此,意大利通过向英国借贷发展纺织工业,加速蚕食原先由英国控制的国际市场,这样的发展对英国的国际贸易不利。

另一方面,有的国家与资本输出国相比,拥有不同的自然资源和转运条件,如果向这些国家投资,很有可能促使这些国家出口资本输出国需要的商品。19 世纪后三十年,法国和英国借给瑞典、挪威、芬兰等国家资本建造重要的铁路。如果没有铁路,这些国家出口木材、纸浆和纸张的速度就会非常慢。而对于这些西欧国家来说,它们进口这些货物的价格也降低了。丹麦通过引进外资从某种程度上改变了农业,把本国的农业发展成了一个专门生产和加工黄油以及牛肉的产业,这同样使英国获得相对较低价的黄油和牛肉的供给。

因为常常有大量的反作用因素,所以难以很好地对这些实例进行归纳,比如很难说资本供给不会出现波动的情况。

我们先撇开交易条件来讨论国民收入。很明显,资本流动意味着国民收入总值的增长。资本总是从边际生产价值低的地方流向边际生产价值高的地方。B 国其他生产要素的拥有者获得的资本要比投资者多，而 A 国的投资者获得的要素则比要素拥有者失去的要多。只要交易条件的优势不同，在资本流动时这个结论就是有效的。

要确定要素流动对每个国家国民收入的影响，必须考虑其他因素。所有国家都会从经济增长中获利。在长期，一个繁荣的邻国可能会变成最好的客户。因此，资本输出国总是和资本引入国有良好的贸易往来，资本输出国也会在经济繁盛中获得直接收益。一些国家引入英国的资本促进经济发展，英国的制造业也通过与这些国家的贸易得到发展。

毫无疑问，与借款没有直接关系的国家也会受到影响。和贷款国拥有相同出口工业的国家会受到损失，而进口这些商品的国家则会获利。

除了这些供给生产和贸易的生产要素变化的影响，资本流动还受到贸易在其他方面的直接影响。第 7 节我们将要讨论除利率差以外的影响国家贸易流动的其他因素。

§6. 国际移民　我们现在讨论移民的影响。可以很自然地假设移民接受国拥有相对丰裕的自然资源、资本和技术劳动力，使得熟练和非熟练普通工人的工资有所提高。当资本从工业发展成熟的国家向工业发展还未成熟的国家流动时，移民则向从相反的方向流动。

要素价格由此受到普遍影响，正像上节总结的那样，劳动力接受国的工资有下降趋势，劳动力输出国工业发展有上涨的趋势，类似地，两国的总收入增加了。但是，劳动力输出国不大可能像借款国那样实现国民收入增长，因为其输出的劳动力所产生的收入不属于本国。若不是这样的话，则在情况属于资本输出时就会完全相同。一种最简单易懂的解释可能是，劳动力输出国总收入的下降小于其移民在另外一个国家的收入，而借款国的收入增加则更大。

这对于国际贸易和贸易条件可能会产生影响，与上节的结论相类似，[1] 但也存在差异：劳动力转移而资本不转移，意味着转移的要素所产生的收入被用于在劳动力输出国购买商品。移民的工资在其

---

[1] 商人旅行通常是国际贸易存在的条件，商人迁徙会导致相似的服务。在一定程度上，人和商品的国际流动有着特定的关联性。

居住地花费,而贷款所得的利息则通常在贷款国花费。因此,前者生产的产品主要由工资收入来支付,而利息收入则在借款国获得并在贷款国花费。这使得资本出口国的生产要素价格相对于借款国有上升的趋势,尽管即使资本兑换条件朝有利于前者的方向移动,尽管资本转移引起的相反影响可能更大,但情况均如此。① 劳动力移民则不会引起这种影响。

我们已经分析了一国劳动力供给增加而另一国劳动力供给减少的影响,但没有考虑移民在某些方面于当地居民的不同,这对贸易也会产生影响。移民通常在较长的时间内保持他们先前的习惯,并且保持其对母国商品的偏好。因此,对于母国商品的需求量比对人口增加了的移居国需求量更大。也可能入住移民会影响新国家当地居民的品味和习惯,从而导致需求以某种方式朝原住国有利的方向变化。宗主国仅 1 500 万至 2 000 万的国民住在其殖民地或管辖地,就会丰富当地的生活习惯、喜好和价值观,因而就会影响那里人们的消费倾向。

移居的工程师或商人尤其会强化对母国企业产品的需求。与其他情形一样,人际关系在国际贸易中有着重要意义。17 世纪荷兰商人遍布全球,这对荷兰的对外贸易产生了深远影响。英国的贸易公司和建筑公司遍布世界各地,虽然不是英国出口业的代表,但却大大推动了英国出口的增长。② 战前在德属殖民地和英属殖民地增长的德国人口对德国的贸易也产生了一定影响。

由这些现象可以得到另外一个重要的结论,即劳动力分为许多不同等级,因此,移民的影响也是不同的。当技术工人和熟练工人移民时,新的国家的经济生活就有可能发生很大变革。一个经典的例子是,17 世纪法国的基督教新教徒移民到德国和荷兰,促进了这些国家纺织业和其他行业的发展。显然,在这样的情况下,移民国可能由于出口贸易的激烈竞争损失惨重。如今,由于对宗教或政治

---

① 在第五部分将分析国际资本流动机制。
② "我说如预备品、服装和民用品以及其他用做建筑、装配、仓储所需要的材料等,每一个在巴巴多斯岛或牙买加的英国人都会为国内四个人创造就业"。乔赛亚·蔡尔德爵士,1692 年。

不满，技术工人很少移民到国外去。俄罗斯是一个与众不同的例子。俄国技术工人的移民促进了德国胶鞋业的发展，而一度主导市场的俄国出口业却走了下坡路。工程师[①]因更高工资待遇而发生的国家间流动无疑比人们预期的要少，其影响也低于预期。经验证明，要使技术环境从一国移植到另一国是极其困难的。许多试图挖他国技术尖子人才以增强国内行业竞争的努力，到最后都注定是竹篮子打水一场空。

即使这些努力成功了，也绝不能肯定地说国际贸易会减少。任何国家都会因其他国家经济进步而有所收益,[②]而技术知识的传播则会刺激经济进步。主要制造国最好的客户就是其他制造国。随着一国技术的完善和生活水平的提高，对专业化商品和高质量（技术器械以及消费者商品）的需求都会增加，国际贸易额和范围也会因此而扩大。

与技术工人转移产生的影响相同的是，技术知识通过书籍期刊和旅行传播。但是，理论上讲，这是国内市场要素的变化，因此需连同其他同类变化进行讨论。

不必说一般的熟练工人和非熟练工人，就是某一类移民在相关国家发生的影响也是不同的。多数移民都是不熟练工人,[③]而且相对于移居国本土的不熟练工人来说，在受教育和修养方面都有所不及。移民通常都在社会底层，如在美国和法国，尽管实际上真正的贫民通常由于缺钱而不能移民，但即使是成功地移民了也难以融入新的国家。

移民所面临的困境如多数技术不熟练、没受过什么教育、不熟悉新国家的条件、生活水平低下，使他们承担了许多令人不快的而且报酬最低的工作。南欧和美国就是这样的。因此，他们与当地劳动者的竞争比人们想像的要小，对于当地劳动者工资的影响也相对较小。在很大程度上并且在相当长时期内，外来劳动力和本土劳动力不是相互竞争的，而是相互合作的。中国到澳大利亚和美国西部

[①] 技术工人和资本流动将在下一节进行讨论。
[②] 这种动态演化在第4节避而不谈。
[③] 移入美国的移民在战前10%为专业和熟练工人，而向东欧和中欧移出的居民中的熟练工人的比重不小于40%。

的移民就是这样，他们在居住地的工作仅限于少数行业如洗衣。同样可能的是，多年来意大利的农场工人移民到澳大利亚（他们只有在澳大利亚的农场工作才可以移民），其实有助于提高工厂劳动工人实际工资而不是降低他们的实际工资。工会的政策使得他们难以获得制造业的工作，即使他们成为了当地居民也不行。但是，长期来看，当然还有他们的孩子，所获得的能力使他们能够与本土工人竞争那些报酬更多的工作。

不断有移民进入的国家能够获得廉价劳动力的供给，这是无法以其他方式获得的。这样，大量需要此类劳动力的行业就能够持续生产，否则就只能进口该类商品。这里，我们不必再分析和总结不同劳动要素流动是否会对工业和贸易产生影响，这在第二部分已经讨论过了，如美国的甜菜种植业就是很好的例子。

§7. 资本和劳动力的流动 资本或劳动力单独流到某国的情形，不如资本转移伴随劳动力的流动那样重要。我们从资本和技术劳动力的协同流动开始研究。

哪一类国家可能进出口这些生产要素？资本只能从那些有大量储蓄的国家出口，并且在多数情况下，这些储蓄来自于在生产中使用的机械技术。比如，上世纪中叶英国的世界资本家的地位，就应归功于它早早地采用了机械技术。因此，主要的制造业国家也是主要的资本出口国，在进行对外投资的同时派出技术工人，这是很自然的。当新公司成立时，活跃的投资特别需要有经验的组织者和技术人员的投入。

显然，这些劳动力的流动更多地应归因于活跃的外资需要，而不是外国的高工资。这些投资在多数情况下会进入高利率的国家，而不是资本输出国；但最重要的是，由于存在获得高额利润的机会，因此在某些情况下它不受国际利率差额的影响。

关于伴随技术工人转移的资本流动的影响，伊迪教授作了以下重要表述：

> 从根本上，资本出口意味着工业革命从工业化国家出口到"欠发达国家"……自动化机械的应用很大程度上不需要技术工人的参与，这样使得印度、中国、日本这样的国家的未经训练

的大批劳动工人都能操纵。①

国外的工业化趋势肯定会对贷款国的出口行业产生影响，这在很大程度上取决于资本是否投资于与借款国出口行业直接竞争的行业。当前，技术工人也会流动，很可能以这种方式竞争的行业在资本进口国会成长壮大。因为技术工人通常来自于强国的优势产业，这些产业经常是出口生产的基地，但这并不一定就是事实。假如在借款国一般工人的工资较低，而某些自然资源的租金却较低，那么来自于后者的资本和技术工人将用于建设需要这些资源的产业，其中的一部分可能与资本输出国可提供的是同类的。这样的例子不胜枚举。比如，美国的技术人员就利用技术和资本来开发墨西哥和南美的石油业。但是，有些资源与原有国是不同的，新产业非但不同后者竞争，相反却会以较低价格向其提供原材料和工人的食品。许多热带产品在欧洲企业家和资本的支持下得以在种植园种植。生长在埃及特殊土地上的棉花生产受到了欧洲技术和资本的直接或间接的促进。阿斯旺大坝的修建也有较大的影响。印度的茶、大米和棉花的种植也相类似。

技术和资本的进口带来的交通进步大大增加了借款国的产出，减少了自行生产的困难。比如，智利和北非的铁矿可以为之所用，高等级矿石的供给也因此增加了。

从资本出口国主要行业的角度来看，互相合作而非竞争的行业的发展对于后者的国际贸易条件有利。这是明显的事实，无须进一步解释。

对于处在生产后期且不受自然资源影响的行业来说，运输条件的作用与以上情况相似。如果在借款国，运输条件和其他生产条件良好，那对于与资本输出国优势行业的相同产业来说竞争会更激烈，贸易条件会不利于资本输出国。印度棉纺产业的增长减少了当地市场对英国劣等商品的需求。在另一种情况下，如果借款国只拥有廉价劳动力以及少量的廉价自然资源，那此时运输条件是非常重要的。对于某些行业来说，回报是令人满意的。这与廉价劳动力的供给共

---

① 伊迪：《经济学原理和问题》，第660页。

同解释了引入资本和技术劳动力的原因。这些行业间主要是竞争还是合作,对具有相同技术发展水平和相似利率水平的国家来说,资本伴随着技术劳动力的流动,即使工资更高也可获利。运输优势(常由进口关税所引起)有许多,随后一定会建立起竞争性的企业。但可以想像,当很有实力的公司在海外建立分公司时,这些公司对主要市场的影响会增加,母公司的出口量会不减反增。瑞典的滚珠轴承生产公司和其他很多公司就是这样。

现在,考虑借款国有充足的自然资源供给且一般劳动力的供给不充足的情形。不仅技术工人和资本会流入该国,而且一般劳动力也会流入该国。这时,在贷款国同类的自然资源会相对充裕还是稀缺?

英国的资本和欧洲的劳动力使得跨大西洋国家的小麦种植和许多其他种类食品的生产规模得以扩张。有人曾说,"意大利的农民使用美国的机械和英国的资本在阿根廷种植小麦",因而欧洲的食品价格降低了,并且为其制造业找到了新的市场。有了新世界的土地,旧世界土地的稀缺性降低了,那么其他自然资源如矿产的稀缺性也就降低了。

由于大洋彼岸的自然资源无法抵达欧洲,因此,欧洲的劳动力和资本就流到了自然资源的所在地。这种流动以及以食品换工业制成品的贸易替代了自然资源的转移。

在19世纪这种推论也适用于美国和其他跨洋国家。在20世纪,在优越的自然资源和运输条件的支持下,产生了那些在世界多数出口市场上能与欧洲竞争的产业。不应忘记的是,在许多情况下,正是来自欧洲的技术方法、一般劳动力和资本使得这种发展成为了可能。例如,近几十年在加利福尼亚南部的地区,随着许多南欧人定居,苹果业得到了发展。

大体上可以说,当新国家的劳动力和资本供给达到某一特定水平时,土地的稀缺性就开始增加,此时制造业就会膨胀。这与第1章和第2章推出的理论是一致的。加拿大就是一个例子,当地的劳动力数量在本世纪前十年有了很大增长,资本更是如此。统计表明,在借款初期,某些需要大量土地生产的产品在很大程度上是出口的,而只有少量进口。但是,临近借款期末时这些产品的进出口却几乎持平。下表4·17-2数据以百万美元为单位:

表 4·17-2

	进口	出口
1900~1903 年	2.6	35.0
1911~1913 年	9.8	12.3

出口造成了产成品到机械、原材料和半成品的普遍转移。换句话说，进口集中在那些要求高技术劳动力生产和某些自然资源的产品上，而不是需要用资本和一般劳动力生产的产品上。无疑，资本和劳动力供给的增加是主要原因，尽管关税政策也会在这方面产生影响。

现在，我们必须考虑几种要素流动对国际贸易另一方面的影响。在讨论移民的那一节中，我们已经指出移居国经常是移民国的出口市场。资本进口国和资本出口国之间的贸易也受到类似影响，尤其当技术劳动力和资本一起流动时便是这样。当资本和劳动力用于建立大出口公司的销售机构或在外国公司的竞争下，因为更长的还款期而收到海外订单时，这可能是最明显的。

另一方面，贸易追随投资。大多数贷款如用于铁路修建的贷款，用于在贷款国购买商品时就是这样的。美国联邦贸易委员会经过长期细致的研究得出了以下见解：

> 大体上，对于外国商品的需求是追随投资国的。当某地的公共设施如铁路、发电厂、街道等得到外资援助时，这就说明其设备和物资也一定来自于投资国，这几乎是一成不变的规律。对于公共设施以外的其他行业，这个规律也大体成立。①

英国对其管辖国的移民和投资共同产生作用，使其管辖国与母国的贸易额增大。② 1927 年，新西兰人均购买英国产品的价值为 14 英镑，而像法国这样的国家只购买了 10 英镑。

§8. 外围国家的影响　生产要素在全世界的重新分配，使得多种自然资源的不同应用成为可能，这意味着产量的增加。③ 另外，机械技术的广泛传播与资本和劳动力的流动同时进行，有力地推动了

---

① 联邦贸易委员会：《出口贸易中的合作》，第一卷，第 173 页。
② 当然，其他环境也会影响对英国商品的需求。
③ 关于这种计算方法，见本书第 16 章对国民收入的讨论。

经济的快速发展,所有的国家都因此而受益。资本出口国也经常提供技术劳动力,它们那部分利益与来自新产业的竞争有关。其他工业国家的出口当然也会感受到这种竞争,正像它们因制成品市场的扩大而受益一样。另一方面,历史较长的食品出口国如罗马尼亚、匈牙利和俄罗斯,由于大洋彼岸食品供给的增加,其出口价格也会有所下降。

为了获得对这些影响的全面认识,有人可能会问,世界生产要素的稀缺性是怎样受到影响的?如果欧洲的产业工人成为澳大利亚和阿根廷的农民,那么,工业劳动力相对于农业劳动力的稀缺性就会在欧洲和其他大洲加剧;全世界不会消费更少的工业品而会消费更多的食品和羊毛。相对价格变化会使欧洲的食品生产速度放缓而鼓励工业品的生产,其中的一部分用于向大洋彼岸国家的出口,这样两类商品的总产量都会增加。

如果澳洲的农业人口被吸引到由欧洲资本和技术劳动力建立的工厂里,那么,澳洲以外的相对工资变化的趋势就会相反:尽管全世界的产量都会增加,但工人的生活水品还是会下降,食品将会更加昂贵。

从长期来看,农业和工业的劳动力不能认为是非竞争的,他们的收入可能朝相反方向变化。欧洲工人的处境变化将导致欧洲农民的相应变化,这正如过去几十年里所表现出的一样。

英国的资本输入和移民在某种程度上提高了英国和其他工业国家的生活水平。资本输出到有丰裕自然资源的地区,这些资源通过铁路运输成为原材料或用于食品加工。英国战前百分之六十的投资都是这样的。欧洲的租金减少了,工人购买的商品便宜了,英国从这种发展中得到的利益明显高于其他国家,英国更依赖于对制造品、食品及原材料的进口。另外,英国与接收其资本和移民的国家的贸易关系非常好。

法国的对外投资产生的影响则不同,而且影响不如英国来得广泛,原因显而易见:除非世界大战与法国对俄贷款有关。显然,国际要素流动对许多地方的经济发展都产生了深远影响。一个简要的分析不可能解释全部,而且长期的影响也是不确定的。

即使通过资本和劳动力的出口合作使非竞争的行业得到了发展,

但长期的影响也可能是相反的。美国就发生了类似的情况（从欧洲角度来看），历史可能会重演。在进口的技术资本和劳动力的促进下，新兴国家得以快速经历工业的不同阶段。起初，它们集中产出某些原材料和食物原料；一段时间后，质量一般的纺织品也生产出来了，其他工业品陆续出现；最后，机械制造业形成了。当然，这种快速的变化只有在那些整体经济和社会结构能作出相应调整的国家才可能。一国的国民特点、传统和制度都会对资本和劳动力的进口产生决定性的影响。

§9. **不同种类国际要素流动的关系** 显然，资本与劳动力流动有密切关系。如果一种要素流动导致经济形势尤其是要素价格受到影响，那么就会致使另一种要素也发生流动。到新兴国家的移民增加了该国对资本的需求，而资本投资（如在广阔的新地区修建铁路）又刺激了移民。资本或劳动力供给的增加一定会加剧另一种要素的稀缺性，从而促进其流动，进而几乎各地的资本和劳动力的流动都同时进行，这也不足为奇了。[①]

正因为战前借入了大规模的海外贷款，因此，加拿大的移民人数才如此巨大。换句话说，英国对加拿大的投资引起了该国移民的增加。

通常我们不能说资本流动是劳动力流动的原因，而是结果。在加拿大，铁路的资本投资被看成是原因而不是结果；在南美，来自南欧的劳动力引起了英美投资的增加。

劳动力和资本流动的直接关系在于移民本身带来的资本，这不需要进一步讨论。1892年移民到纽约的人们人均携带了20美元，如今这个数字可能要大得多。另一方面，移民汇款构成了数目惊人的资本出口，如在1923年的美国国际收支中，这个数字为35亿美元。

显然，在所有这些相关联的要素中，限制一种要素的流动也就限制了另外一种要素的流动。如果到澳大利亚的移民受到了限制，那么资本的流入也会减少。欧洲在南美投资的减少也会减慢南美经济的发展，并且减少其移民数量。类似地，英国对其殖民地资本出口的受限也会降低其殖民地移民的生活水平。

---

① 自然资源和资本及劳动力的相对供给在不同国家有很大的不同。

资本和劳动力流动的障碍当然并不一定能完全阻止移民，只能使其转向其他方向。限制美国移民增加了欧洲劳动力到南美的流动，这很可能促进了欧洲和美国对南美的投资。

特别有趣的是，当劳动力不能流入时资本却能流出。当资本和劳动力呈反向流动①时，并且当这种这种流动互补时，上述有趣的现象就发生了。举个例子，假设只有两个国家 A 和 B，A 有丰富的资本，而 B 有丰富的劳动力资源，A 可以借贷给 B 或者 B 可以输出劳动力到 A，或者是它们各自向对方输出一些。如果许多流动因素都汇聚于 A，那么情况当然就会有所不同。不过，当工资和利率趋于一致时，就不会有更进一步的流动了。

自然资源和技术劳动力供给的特点和社会生产状况也会影响商品的转换关系，② 这会影响价格因素，并且通过这些因素形成具有一定弹性的利率、工资的地区差别，同时会影响劳动力和资本的流动。如果情况发生变化，则两国的利率差就会增大，且两国的工资比率之差就减少到同样的程度，这样，资本就会流向 B 以取代劳动力流向 A，反之亦然。

而且，任何一种因素在各国间的流动性发生变化都会导致资本和劳动力的流动发生变化。A 国资本家的这种对 B 国的投资热情在给当地带来相当多的投资的同时，也减少了 B 国向 A 国的劳动力输出。另外，对 A 国的资本输出的限制也会引起 A 国的劳动力输入。

关于不同的劳动力流动，当澳大利亚工业劳动力输入在许多方面有所限制时，那些输入的劳动力会更被鼓励于从事农业，这样，澳大利亚对工业市场的保护就会加强。工业劳动力的高薪贸易联盟的措施加大了，但是农业劳动力的生活水平却下降了。工业劳动力的高薪也抑制了制造业的发展，同时也减少了外来资本输入的可能性。

毫无疑问，供给变化会随着国际流动的相关因素的变化而变化，同时也影响着国际贸易，这种对贸易影响的特点会因情况而异。要

---

① 在这些例子中，国家间的资本和劳动力的供给差别很大，并且这些差别比自然资源的差别更重要。
② 关税改变是一个例子，这会在下节进行讨论。

发现这些不同,人们需要应用基本要素和国际贸易之间的关系在理论上对此作出解释,因为要素国际流动是商品变化流动性的体现。

§10. 国际要素流动和贸易对商品流动的影响　如前面章节所解释的,[①] 国际贸易间的障碍会影响整个价格体系,因此,资本和劳动力在国际间的流动自然就会受到影响,这些要素流动会被变更或者创造出新的需求。

在许多情况下,贸易壁垒会导致国际间生产要素价格的差异,而这也刺激了生产要素在国际间的流动,此时,商品和因素的流动具有可替代性。

在其他情况下,通过限制与某一特定国的贸易,不断增加的壁垒会使经济交往变得困难,因而使资本和劳动力的输入也就减少了。低贸易壁垒(与某一特定国交往增加)可以促进国内各行业的发展,会增加资本和劳动力的输入。当贸易壁垒减少时,增加贸易将使得相关要素的价格趋于一致。但是,这并不一定意味着所有要素在不同国家间的价格差距会减少;对于一些要素,它们的价格差距反而会增大。因为相对高的生产能力就其商品来说会提高收益,并且这种收益会高于另一个国家。尽管前者劳动力相对稀缺并且工资水平高于后者,但减少 A 的劳动力的稀缺状况也不能阻止其工资增长高于 B 国;尽管 A 国的劳动力稀缺程度得到了一定抵消,但不断增加的劳动力稀缺程度和高薪趋势也不足以把 B 国的工资水平提高到和 A 国的高工资一样的水平。薪水的差距可能加大,则劳动力的流动性也可能增加。

上述情况虽然很重要,但也有例外。这种例子只有在这种情况下才能发生,即贸易壁垒对一些国家的经济生活产生了绝对影响,而对另一些国家却没有。

在随后的几段内容中,我们将首先对前一例子进行讨论,分析增加贸易壁垒的影响。最重要的结果是对进口的限制。

A 国的进口关税提高了那些大量需要保护的生产要素的价格,而这些生产要素很可能是 A 国相对昂贵的生产要素,而那些应用大

[①] 如第 13 章和第 16 章所讨论的。

量便宜的生产要素的行业则不需要保护,① 这些行业正是出口行业。

国外的生产要素价格趋于反向流动,除非 A 占据了世界资源的大部分,否则这种影响将可能很小。

那么,要素流动如何受到影响? A 国稀缺的资源易于流入,富裕资源倾向于流出。在大多数情况下,A 国收入的减少大于在其余地区的减少,流出的趋势会增强。从劳动开始,我们回忆一下实际工资。不同生活标准而不是名义工资引导了人口流动。这一差异会改变吗?

如果 A 国的劳动力②受到保护,那么其劳动力相对就会更稀缺,但是由于生产效率下降,因此其产出的商品总量就不可能增加。而在 A 国的国外,劳动力的稀缺程度就会下降,生产效率会更低。由于以上两方面的原因,实际工资水平也降低了。在大多数情况下,这种下降将会非常轻微,A 国的工资相对于其他国家来说也不会大幅度提高,不过,在极特殊的情况下也可能发生。如果变化足够大,那么 A 国的劳动力输出就会停止,资本流入会增加。

如果资本受到了保护,那么 A 国的利率就会增加,而国外的利率则会下降,资本便会流入,也可能利率差不会增加,而仅仅资金流加大,此时资本输出国的资本输出就会减缓。

但是,什么样的生产要素的稀缺性会降低? 当劳动力受到保护时,资本和各种土地资源也会受影响,真正的利息和收入会降低,这部分地是由于稀缺性相对降低。在国外,稀缺性升高的趋势与总收入降低的趋势互相抵消。如果 A 国总收入减少的比重大于国外,那么与国外相比,A 国的利率水平也可能大幅下降,由此引起 A 国的资本反向流动。明显的是,不管劳动力流入还是资本流出,抑或是现存的资本运动与 A 国同向,但所有这些都取决于具体情况。

资本受到了保护,可结果却是相反的,即将会出现劳动力流出和资本流入的趋势。人们通常认为前者的趋势会稍强一些,但是也可能流动条件和实际价格会稍微刺激资本流入,而更强烈的刺激对劳动力却没有影响。

---

① 除非这种转运关系对其非常不利。
② 下述分析当然是从劳动要素中得出的令人满意的结果,此时不存在对空间的限制。

显而易见，如果一国的生产要素供给由于关税而提高了，那么，流动要素的相对稀缺程度也会有所增加，降低稀缺程度的要求就落在了非流动生产要素如自然资源上。

现在我们从这个观点来谈谈各种关税。在制造业发达的国家，农产品税可能导致提高土地租金和降低实际工资。原因有二：一是劳动的相对稀缺状况减少；二是相对于其他价格，在工人预算中扮演重要角色的商品价格提高了。据估计，许多年前瑞士的进口税提高导致食物成本高达12%。[1] 如果劳动力能够在欧洲内部自由流动，那么，食品税将会使一部分本国居民迁往那些能够进行自由贸易的国家，如英国、荷兰和斯堪的那维亚半岛国家。事实上，后者的生活标准比其他国家要高许多，在没有移民限制的情况下，从德国移入斯堪的那维亚半岛国家的人口数量无疑会非常多。

正如前面所说的，[2] 工业税总体上会降低租金，而且在相当程度上不会提高劳动的相对稀缺性，但是对使用少量资本和大量劳动的工业产品征税则会发生这种情况。特别地，税收能够降低土地租金和使一部分人受惠，如制造业工人，这项税收将会提高工人工资到很高水平并吸引海外劳动力。

我们现在把注意力转移到第二种情况上。减少障碍和增加贸易会加大要素价格差异，而贸易障碍则会减少要素价格差异。新兴国家有时会主动拓展贸易，这会使其某些以前不存在的工业受益，也会促使流动要素的流入。关税和其他的贸易障碍则会起相反作用。

因此，只对流入商品课税将会遭到反对，这使得被保护国将不会像自由流动那样受益。事实上，这种税也会间接地对出口产品构成障碍。类似的内部流动远没有到完全的程度，在大多数情况下，它保证了相同效应的预期。如果真是这样的话，那么在欧洲和新世界，流动性要素（如劳动和资本）价格的差异会由于关税而减小。虽然新兴国家工业产品的进口税提高了劳动和资本相对于土地的稀缺性，然而却对古老的国家有相反的影响。按这样的趋势发展下去，在跨洋地区会有更高的工资，欧洲国家的工资则会降低。然而，贸

---

[1] 瑞契林：《关税负担与瑞士生活水平》，载于《瑞士统计及国民经济杂志》，1925年。
[2] 见本书第16章第4节。

易的障碍将会大大降低某些新世界的本地工业的优势。换言之，收入水平将会比其他欧洲制造业国家大幅降低，结果是工资水平不但没有提高，反而在跨洋地区还有所降低，欧洲也是这样。从欧洲移入上述国家的趋势将会减弱，而相反方向的流动将会产生。

　　上面提到的观点可以用另一种不同的方式来描述。工厂倾向于在成本低的国家进行生产，进而保护倾向于提高名义价格的要素价格；而在被保护国，它们对要素的需求减少了，以商品表示的要素价格降低了，这类似于减少这些国家或者自然资源的吸引力。

　　这种分析的结论是，除了特殊情况外，一国的保护措施不会增加相关生产要素的产量，但旨在增加移动要素收入的关税措施在某种程度上会增加，我们可以称这一政策为吸引进口的关税政策。

　　如果可流动要素的价格已经相对较高，那么稀缺性的增加会引起这种要素流入。对那些需要大量使用这种要素的产品征收进口关税可能会引起这种结果，而其他的可流动要素会降价。不过，以这种价格向国外出口也是不可能的。

　　一个高利率的国家可能通过刺激大量使用资本的工业扩张，使其利率进一步升高。但实际工资和租金会下降，这部分地是由于相对稀缺性的降低和生产效率的下降，但这并不导致移民。

　　通过关税吸引资本通常会引起风险资金的流入，这些风险资金会投资在一些预期高的行业。即使本国利率水平不比国外高，但这种行业也会吸引境外资本进入。

　　进口关税可以增加利润，吸引外国资本家更好地利用资本。当 A 国新的或更高的关税威胁到在本国生产出口产品的外国生产者时，就会关闭国内市场而不是失去市场和利润，厂商在大多数情况下就会在 A 国建立分厂，利用他们自己的技术和人力资源进行经营。

　　近代经济史上这种例子屡见不鲜。加拿大在 1922 年有七百多家美国公司，这部分地归功于当地的关税。在加拿大，美国轿车制造商非常重要。英国的优惠关税和当地工资的较低水平也刺激了这种现象的出现。瑞典的滚珠厂遍布世界各地也主要是因为关税的原因。出于同样的原因，瑞典与英国的纺织厂在澳大利亚建立起来了。除了关税，其他贸易障碍如"买英国货物"的运动，也可能带来像英国那样的自由贸易市场。毫无疑问，进口关税强化了这种趋势。

然而，不能假设外国劳动力和资本的流入是一种净增加。回忆前面关于关税效果的结论，即是各种因素相互综合的结果。在加拿大的这个例子中，许多自然资源的利用和生产能力由于不断增加了的名义工资和成本而变得无利可图，加拿大西部的发展也因此受到了阻碍。很难说外国资本和技术劳动力的流入到底在多大程度上受到关税的影响。普通劳动力的实际工资减少了，很可能移民同时被阻止了。如果那样的话，那么对资本的需求就会减少，而外国资本的流入也可能减少。不过，这种现象很有可能但并不一定会发生。在加拿大，外国资本和科技的供给由于保护增加了，这种情况在其他国家也可能发生。很可能任何一个欧洲国家即使情况不同于加拿大，关税也会带来这样的结果。

显然，出口关税和其他出口限制可能会因进口关税而起到同样的作用。事实上，这种作用要远大于进口关税。在19世纪后期，许多区域都制定了法律禁止纸浆出口。一些人认为它们会对纸浆的流入产生影响。水力发电的出口关税也会使加拿大边境的本地企业得到更大优惠。

另一个出口限制的例子是巴西禁止出口高等级的铁矿石。尽管巴西不产原煤，矿山距海岸只有200里，但美国在巴西投资了2亿美元，全部用美国的科技和原煤，年产出15万吨轧钢。一部分产出的钢用来支付从美国进口的600万吨煤，运费相当低廉。航运向南运煤向东北运钢，很显然，这种发展模式是受出口限制影响而产生的。

在前面关于"吸引"关税的分析中，我们没有谈及贸易保护中的教育效应。对新兴工业实施一套完整的教育体系，通过一批国内有特定工种的劳动力，可以提高总体工资水平以及受保护国家中一些特定要素的收益水平，这也可以引起资本和劳动力的流入。在加拿大，自然资源及其转换关系①衔接得较好，因此，教育培训成功的机会要高于其他国家。

从这种联系可以看出，即使生产方式没有改进，教育也可能成功。新兴和人口资源不足的国家就受到了供给市场与需求市场相距

---

① 有着大量的水资源、森林和铁矿，便宜的煤也可从宾夕法尼亚和新斯科舍省获得。

较远的困扰,导致许多工业企业不能生存。如果充足的人口资源和资本可以聚集一地,那么组合型的生产企业建立以后,生产效率的提高就可以提高实际工资,这些工业互为供给与需求市场。发展这种模式可能需要修建铁路,这暂时看来不划算,但刺激发展的另一种模式却是深化对某些工业的保护。一两种相互独立的工业没有保护,不可能有很好的经济回报,但它却可能引起两者的合并,一旦它们建立起来了就不能独立生产。

到目前为止,我们只是假设了一国进口关税对外国价格的影响。在一些案例中,与那些征收进口关税的国家有密切贸易关系的国家在这方面的贸易效应会非常明显。从1876年起,美国对从夏威夷出口的糖免征关税,产量从1.1万吨扩大到80万吨。无论是普通劳动力还是技术劳动力的移民都迅速增加,吸引了许多境外资本,并且都投资在了灌溉农业上。古巴的经济发展也与此相类似,也主要向美国出口糖,自从双方建立了互惠的关税制度后出口就猛增。美国对从古巴进口的糖征收与其他国相对较低的关税。毫无疑问,古巴糖业的发展要归功于这种互惠制度。许多美国资本和技术劳动流入古巴,也是由于这种互惠制度使得普通劳动力的移民也增加了。从1909到1913年,移民人数为3.8万人,从1920到1924年,移民人数为8.4万人。美国对糖出口关税的增加①很可能会对古巴的经济造成巨大影响,也会减少资本和劳动力的流入。这就是第二种模型的例子,它在减少商品的流动性的同时也减少了资本和劳动力的流动。

在19世纪后期的爱尔兰也发生过同样的情况。英国和爱尔兰的关税互惠保护了当地的工业,也刺激了爱尔兰食品工业的发展和人口的增加。当《谷物法》于1846年废除时,食品价格便下降,土地的稀缺程度和农业劳动力也减少了。正因为如此,爱尔兰的经济便受到了重创,佃户的收入减少了,但他们却按照旧的合同付给地主租金,这种结果就不可避免地带来了贫穷和苦难,土豆的减产更导致雪上加霜。因此,大量移民使爱尔兰的人口在六年间减少了百分之二十,这也是由于英国双边自由贸易所引起的。

---

① 众议院在1929年提交了增加提案,但在参议院没有通过。

§11. 劳动力的流动改变了劳动力素质[①]　　劳动力的流动也改变了劳动力素质。一个不可忽视的效应是，当移民移到其他国家一段时间后，他们的劳动能力也会发生改变。移民努力适应新环境本身就是一个再教育的过程，并且热情奋斗的特点也激励着他们。由于这些原因，移民通过一两年就可变成熟练工人。

这就是劳动力的国际间流动为什么会增加世界产量的原因，也是移民不可能拉近移入国与移出国之间工资水平的原因。他们会促进国际间的贸易量。从长期看，国际移民也会改变劳动力的级别，人们会受到环境尤其是气候的影响，这种情况不仅适用于移民移入一个完全适应的国家，而且也适用于白人移民到具有各色人种的热带地区的国家。比如欧洲的西部与北部，希腊语、西班牙的气候很难说不会对穷人产生一种愉悦的心理，然而，在北方，这可能就完全不是这么一回事。处事也与身世、勇于奋斗的意志力分不开。总而言之，气候特点也会影响劳动力的效率。

关于移民及劳动力素质我们要说的是，移民一般都会移到生活水平较高的国家，而这个国家里的劳动能够连续工作（密集性比较好）。欧洲的很多国家都比较贫穷，提高他们生活水平要通过加大自身的生产能力来实现。调查显示，食物和住宿对健康的影响要远高于他们的所想。一个典型的例子是，当通货膨胀与实际工资较低时，将会使得人们生活难以为继，如德国手工工业在1923年的劳动效率急剧下降，后来当实际工资上升时，劳动效率又有了很大的上升。当然，和那些低收入国家的移民到别国的情况一样，自己国家内劳动力的效率也会提升。

本国个体也会受到移民的影响。既然提高了生活水平，那么人们的劳动能力就会得到改进。与没有移民前相比，人们生活标准降低的潜在可能性也不会过多地影响效率，因为工人的生活水平都较高，稍微一点变化并不会引致很大的影响。

---

① 本章的剩下部分将分析要素供给和价格对国际要素流动的一些影响，但不探究与国际贸易相关的各种效应。读者很容易就能做到这一点。除此之外，这些流动对经济条件的影响通常值得在贸易框架内进行研究，正如第10节所描述的那样，要素流动可能是贸易变动的结果。

§12. **对本国要素供给的影响** 无论是国内要素的质量还是数量,它们都会受国际资本和劳动力流动的影响。我们先考察劳动力。

在移出国,出生率提高了,而且如果生活标准提高了,那么死亡率就会下降。另外,更高的生活标准也可能导致出生率下降。再说绝大部分移民本身就处在一个繁殖的年龄阶段,所以移民还可以降低出生率。在19世纪后期,这种效果非常明显,过高的出生率得到了显著的控制。

技术劳动力移民在许多情况下可以创造出很多的教育和培训机会,因此,这部分人口可避免供给的减少。

在移民移入国,技术劳动力的流入伴随着资本的流入,这也加快了工业发展的进程。因此,也可能增加而非抑制教育与培训的机会。很难说移民到底会对人口出生净值产生多大影响。一些美国人认为,移民并没有增加人口,因为人口数量下降刚好等于移民的总量。这种观点是站不住脚的。在1920年,三分之一的美国人口就是一百年前就在美国定居的人的后裔;另外三分之一的人口的父母是美国人,但他们的祖先是1820年后移民到美国的;剩下三分之一的人口,他们的父母双方或一方来自国外。这种事实看似支持了这种观点,即要不是外国人口的流入,人口会变得更少,但也可能即使没有移民,上个世纪中叶的美国的净出生率或许比现在还要高。

类似的情况也适用于国际资本流动对储蓄的影响。英国资本的输出保持了利率上升的势头。就此来看,大部分储蓄来自利息收入,这样储蓄就会增加。另一方面,农场租金降低也减少了地主的储蓄。然而,资本输出促使了制造业的发展,它开放了国际市场,从而增加了城市的租金收入。总之,资本的供给会不断提高。

资本输出具有多样性。储蓄这种被动资本很难充分发挥作用,人们也许会说"原始资本"的供给降低了,这就是法国战前的情况。

在资本输出国家,利率逐渐降低,这也可能会抑制储蓄。另一方面,它却极大地促进了经济发展,使人们的储蓄能力有所提高。

两种相反的趋势相互作用,即使是最直接的结果会如何也难以说清。当考虑到长期发展的间接结果时,我们仍然无法阐明供给的要素会如何发生作用。移民和资本输出对那些输入国的经济发展起到了重要作用,这些输入国既是英国谷物的产地,也是其制成品的消费市场,没有这些国家,英国工业的发展和人口的增长都是不可能的。

只有当提及短期劳动力和少量资本的流动时,人们才能确切地阐明对国内生产要供素的供给以及对国际贸易的影响。

§13. **一些特殊方面**　当谈及诸如价格等国际要素的流动时,我们用趋势去描述价格变动需要十分谨慎。毫无疑问,其他要素也会起着比较大的作用,相应地一些地方发展也会有所不同。如果 B 国的工资水平上升趋势比 A 国大,那么移民就并不能减少国际间的工资差异,尽管生活水平的差距同样让人不快。事实显示,英美两国近五十年的生活水平差距变大了。毫无疑问,英国人移民到美国使英国的工资比美国高,而美国的工资则变低了。①

另一个对工资和利率影响的解释是,当涉及一个大范围时,小范围的及时反应要比大范围的影响大。不断的移民使美国东部城市的低级劳动力相对较少;同样,资本流入增加了流动资本的数量,尤其是那些用于固定用途的资本。当对利息收费时,资本数量可能会下降,但对工业和国际贸易的影响在多数情况下都会相对较小。一个典型的例子是美国的钢铁和甜菜工业的发展,它们主要依靠的就是那些没有技术的刚刚移民过来的劳动力。

在很大程度上,上述分析基于一个共同点,那就是用不同时间发生的情况进行对比。这种分析只能作为动态分析过程、事情发生的顺序以及不同反应的速度的基础所在。但是,这种研究需要对实际情况的细节进行深入分析,因此,它是更加具有针对性而非一般性的分析。

---

① 在上世纪的前半期,各种外部经济可能引起了移民并提高了工资水平,但战后好像并没有持续这种上升趋势。

第五部分 国际贸易波动和资本流动机制

第18章 国际贸易平衡

§1. 决定性的因素 如上所述，简单假设条件下的价格体系可通过一组方程来求解，对于价格关系的某些特征我们已详细论述过。在这一价格体系中，外汇汇率是一种价格，在均衡状态下，对应于其他价格都有明确的利率，例如，每种货币相对于其他货币的价格。

正如上文多次强调的，影响定价的任何基本要素的变动都可能引起价格变动，从而引起汇率变动，这似乎并不需要一种专门的外汇交易理论来解释这些利率是如何决定的。当基本条件改变时，汇率将会像其他价格一样作出反应。换句话说，如其他的价格那样，汇率是由需求、供给及货物和地点的转移来决定的（把基本因素归结为这三种原因是很方便的）。外汇交易理论如同工资理论一样，是一般价格理论的一部分，这意味着在对整个价格体系变动的分析中，要集中分析外汇市场的需求和供给。

这一价格体系的潜在条件是在一段时期内购买力必须平衡，这是由于收入或赊购交易必须与个人和组织的消费相等。因此，在没有借贷的地区或国家，商品和服务的进出口可以达到平衡。

除了收入和借款，人们还有其他两种方式可获得购买力：一是在产品生产中，投入的一部分资金是自由的即流动的，这是购买力的普遍重要的来源；二是人们可以创造或消除被其他人接受的支付，也可以创造新的购买力或偿清已存在的借款。如果是前者，那么价格就会有上升的趋势，而后者则有下降的可能。[①] 在没有货币的条件下，上述价格体系显然只决定相关产品、服务和生产要素的价

[①] 除非支付习惯发生改变，否则基于这个原因，人们或多或少地需要改变支付方式。

格。与其他情况相同，以货币计量的购买力总和与所有的价格总额相对应。

假设所有收入总和即所有生产要素所支付的总量保持不变，包括一段时期内产生的利润，并且没有由银行创造的新的购买力，也没有现存购买力的消失，而只要所有生产要素的数量保持不变，那么这种货币政策就应不变。如果在这种条件下价格发生变化，则那就要归因于基本的要素如技术、需求等的变化，而不能归因于货币政策的变化。① 如果劳动和资本数量发生了变化，那么要使价格不受货币政策的影响，就需要收入发生相应的变化。然而，一段时期的货币收入并不总是保持不变的。如果生产要素的数量增加了，那么，总货币收入的增加也应当同新要素的收入增加一样多；如果生产要素的供给减少，则情形就相反。② 只要实行这样一种政策，那么所有的价格变动就都是由基本因素变动所造成的。如果货币政策偏离了上述原则，则相应的价格变化可看做是由货币政策引起的。③

现在人们可以通过借入来获得购买力，也可以通过贷出以减少购买力。一个借款的人或组织可购买比他们的收入或流动资本更多的商品，而一个贷款的人或组织则只能购买更少。因此，就一个国家来说，国际资本交易会打破进出口平衡，④ 其差额就等于这个时期资本的转移数量。

信用和购买力从一个人转移到另一个人，从一个地方转移到另一个地方，不可能不影响价格体系，因为在不同的地方对货物的需求是不相同的。生产要素和货物的相对稀缺性改变了，这是由于需求的性质或方向由于需求变化而发生了改变。因此，任何个人和地点的资本交易都同一个特定的价格体系相对应。

---

① 这里和其他的相关陈述有助于我拓展货币理论。简而言之，这是受林达（Lindall）和凯恩斯影响的新维克塞尔（neo-Wicksell）理论。
② 这可表达为生产要素的一般价格水平保持不变，例如说货币是"中性"的。在另一方面，商品价格水平也会变化，并且技术进步也会降低价格水平。毫无疑问，这种定义是一般性的，并且是切实可行的。
③ 当然，这只是一种便利的划分方式，与因果关系没有很大差别。
④ 应该牢记，还应该包括所谓的"可识"出口品。利息支付源自于国外的服务"等待"，并且可以分为诸如干洗服务佣金和运输服务的运费等种类。

总之，任何一个基本因素的发生变化也与货币政策或资本转移发生变化时一样，价格体系也就要随之发生变化。① 从长远来看，价格问题就是要揭示一种或几种这样的变化出现时，价格体系的新平衡与以前的平衡会有什么不同。

为了表达清楚，我们需定义以下术语。一国"货币收入总量"② 已经解释过了，是指一定时期支付给生产要素所有者的货币总量加上利润数额、专利权、垄断权等，在本文的分析中不占有特殊地位，而是作为物质要素的所有权来看待。"购买能力"一词等同于"购买力"，当把它用之于一个国家时，这意味着在一定时期内总的货币收入和流动资本的收入，③ 可以通过下列途径增加：（1）从国外生产要素的所有权中获得的收入；（2）来自国外的新借款；（3）信贷膨胀。它也可以通过下列途径减少：（1）国外从这个国家的生产要素中获得收入；（2）向其他国家发放新贷款；（3）信贷紧缩。国际资本交易和信用政策的变化会影响总的货币收入并产生相互影响，但这并没有削弱两者的不同之处。

购买力部分地源自于消费者，部分地来自于交易人。交易人的购买力用于投资而不是用于消费和储蓄，这与其他的自由资本相对应，如果上述增加收入的途径（2）和（3）不存在且消费者购买耐用商品的话，例如新的房屋，那么"工业交易量"是一定时期内全部商品和劳务交易的总和。在信贷量不变的条件下等同于购买力，总货币收入的减少会直接减少工业交易总量，也会间接减少总量，因为售出较少时购入量也会相应减少。在收入一定的紧缩条件下，当达到新均衡时，总工业交易量将同比例减少。关于国际资本流动变化的购买力以及工业交易量是如何变化的，我们将在后面几章中进行讨论。

---

① 凯恩斯（《货币论》，第21章）认为两种原因会改变体系，它们分别为资本流动和不同价格水平的关联性。后者与通货膨胀和通货紧缩相同，这在各个国家并不相同，并且在分析货币政策变化时已经部分地探讨了这种现象。为什么人们会忽视这一事实？那就是因为这些变化可能会与价格一样或更快地影响进出口商品的数量，而不是数量仅仅受价格所影响。为什么要以价格波动来衡量基本要素的变化及其影响？

② 巴斯塔布尔：《国际贸易理论的一些应用》，载于《经济学季刊》，1889年。很遗憾，巴斯塔布尔没有按照这种思路进行进一步的分析。我深信"货币收入总量"这一概念比"货币工资水平"（陶西格）和"效率受益率"（凯恩斯）更有用。

③ 这部分的收入节省下来了并且成为了流动资本，它当然不能计算两次。

信贷量指在给定时期内的货币支付的数量,信贷量的改变很重要并间接引起购买力和工业交易量的变化,而且还会引起总货币收入的改变。

信贷量乘以一定时期内的周转速度等于"总流通量"。每一个人都有一定数量的货币支配权,用于商品、劳务、不动产、债券和股票等。这样,在任何一个国家中,总流通量包括商品、财富所有权以及生产要素的全部交易能直接或间接地增加购买力。[①] 外国借款也能增加购买力但并不需要增加信贷量,例如贷款用于购买外国商品。

§2. 金本位制下外汇问题的长期和短期视角 没有摩擦价格体系就不会变化。所趋向的平衡位置从来没有完全实现过,而且需求、供给、转移条件、货币政策和购买力转移的新变化需要一段时间才能充分发生作用。例如,在需求发生变化时如果没有新的变化产生,那么价格与一年后将会有所不同,而长期就会更加不同。基本条件、货币政策、资本转移等方面的变化都会引起若干抵消的趋势。要清楚在不同阶段的净结果是很困难的,这也是不可能完成的。

这些趋势中有一些直接影响外汇汇率。对于直接影响外汇市场的供给和需求变化的购买力的国际转移也是如此,因此,市场位于这些影响分析的中心位置。这种国际资本转移或多或少地是暂时性的,由于其他反应是缓慢的,因此通常在基本情况重大变化时发生。我们在研究价格体系的动态变化时要特别关注外汇市场,[②] 尤其是关于在国际贸易中包含重大变更的价格体系的变化,它会直接影响外汇的需求和供给。

基本条件和资本转移的变化依赖于货币政策的改变。如果这些变化与通货膨胀有关,并且只是作为发展的过程而出现,那么这将和这些变动与通货紧缩的货币政策完全不同。因此,货币体系的组织结构和传统政策的规则对于货币体系的变化起着非常重要的作用。

在现行条件下,最重要的问题是货币体系是建立在金本位位制

[①] 凯恩斯区分了"工业流"和"金融流",详见《货币论》(第15章)。我所说的"购买力"和"工业交易"的概念是指经济活动的领域,与他的"工业流"的概念很相似。在给定环境下的不确定性,信贷量和使用的改变以及金融交易由此产生的影响是很多理论难以解决的难题。详见随后的第4节。

[②] 将对此进行更加"动态"的分析,而不是像第1节那样对此只是作简单的介绍(相对"静态")。我尽量对"过程分析"采取"均衡分析",而非作简单的说明。

下还是金汇兑本位制下,由此所导致的一种结果是汇率变化很小。因此,从长期来看,当外汇汇率几乎固定时,价格体系会如何发生改变,在接下来的几章我们将探讨这一问题。

从短期来看,如果汇率基本不变,那么外汇市场在变化的情势中将如何维持均衡,我们将继续关注这一问题。

§3. **国际收支中各因素的相互关系** 国际收支通常是指在一定期限内(通常为一年)所有必须清算的国际交易额。① 国际收支包含许多种类,如美国的国际收支平衡表所示。值得注意的是,长期的资本移动是双向的,它表明不是利率而是其他因素的差异对变动产生了相当大的影响。美国在 1928 年有 20.7 亿美元的国外投资,其他国家在美国的投资为 17.04 亿美元。

全部项目可以归纳如下:②

A. 贸易和服务平衡
   1. 有形项目(商品贸易)
   2. 无形项目(服务、投机利得和损失、利息支付)

B. 资本交易的平衡
   1. 长期贷款、经常性的商业信用、移民汇款等
   2. 短期交易(大部分为专业交易商)

C. 黄金流动

鉴于以下原因,我们最好区分黄金流动与其他商品的交易。B2 和 C 主要是平衡因素,当其他项目变化时也随之变动。流动资本和黄金储备变化的平衡如何实现将在下面进行讨论。然而,考虑到商品、服务和长期资本交易③的变化,除 B2 和 C 外,还需要有其他因素用以调整平衡。浮动余额和黄金储备只能暂时用来平衡交易,最终还应该达到平衡交易的规模。

---

① 这与在一定时期内的国际债务平衡存在显著区别。
② 人们可以考虑交易目的而非以形式将其进行分类。
③ 短期资本流动和黄金流动也可能会产生初始扰动而非具有稳定器的效果,并且导致其他项目的重新调整。战后的历史提供了非常有趣的例子,如"逃离法郎区"意味着大量资本逃往伦敦和纽约,法国 1928 年和 1929 年年的黄金进口是又一个例子。从伦敦的短期借贷和法国的资本外逃导致在 1929 年前 8 个月的英镑汇率低于其票面价值,当其他项目比 1928 年相对改善时英镑就出现了坚挺。在英国购买相对便宜,但在其他地方投资却更为有利。

美国支出平衡表，1928 年
（单位：百万美元）①

商品贸易

商品进口	4 091		商品出口	5 129
从国外购买的煤和石油	25		煤和石油的销售	50
银的进口	68		银的出口	87
混杂项目和走私商品坏账的调整	313		混杂项目和走私商品坏账的调整	68
总计	4 497		总计	5 334

其他货币项目

进口运费支出	227		出口运费支出	143
保险支付	70		保险支付	80
旅游支出	782		旅游收入	168
移民汇出款	217		移民汇入款	28
外国长期投资	252		外国长期投资收益	817
外国短期投资	107		外国短期投资收益	65
政府国外支出	110		政府战争贷款	210
海外慈善捐助	52		其他政府收入	53
外国影片支付	6		电影收入	70
其他项目	53		其他项目	135
总计	1 876		总计	1 769

黄金流动

进口	169		出口	561
专用账户	188		专用国外账户	68
总计	357		总计	357

资本流动

新的海外投资	2 070		新的海外投资	1 704
购买美国证券	1 153		美国证券销售收入	492
偿债基金	70		偿债基金收入	361
减少的外资银行的盈余	226			
总计	3 519		总计	2 557
平衡错误和遗漏	40			
总计	10 289		总计	10 289

---

① 《商务部报告》，1929 年。

关于更为持久的重新调整，一方面，A1 和 A2 应该有着本质的不同；另一方面，A1 和 B1 也有所不同。不论起初发生的变化是属于 A 或 B1，重新调整后的包括商品和服务交易的收支平衡变化都毫无例外地主要是前者。① 换句话说，在长期资本的流动中，商品贸易能根据变化自我调整，但是后者并不都能根据贸易来自我调整。国际资本流动是由于长期利率差异和其他比较持久的情况引起的，这些因素通常不受商品和服务的进出口数量变化的影响。

在讨论资本流动和国际贸易的关系时，最好要牢记后者包括进出口的变化，因为资本只能以商品或服务的形式流动。同样要注意到的是，价格决定的基本因素的变动可能同时影响贸易和资本的流动，例如，发现新的自然资源将建立新工业并加剧该国的资本稀缺，此时便会发生这种情况。在其他情况下，资本流动完全不受造成贸易变化因素变动的影响。关键在于进出口方面以及长期贷款方面需要重新调整，不过相反的情况却时常发生。②

从长期来看，首先倾向于增加一国与出口相关的进口并有可能减少该国的长期贷款，也有可能增加其长期贷款。这种方式的资本流动并不具有一种重新调整以恢复暂时被打破的平衡的性质，而是可能相反，使贸易出现更大幅度的重新调整。

简而言之，贸易或资本流动或这两方面的主要变化会再次造成重新调整，主要体现在贸易和短期资本交易中。对于黄金流动的作用我们将在下面进行讨论。

§4. 短期国际资本流动　现在思考一个问题，就像所有其他价格具有平衡供需一样，在金本位制或金汇兑本位制下，当汇率只被允许很小幅度的变动时，如何维持外汇市场均衡。

---

① 在这一方面，A2 和 B1 相似。当然，贸易平衡项目（A1）比其他项目更有弹性，这不仅与消费者需求弹性有关，而且还与证券和其他要素的规模相关。
② 当然，长期借款由于贸易波动会引致短期债务，但这仅仅是作为一种例外的情况出现。我基本不同意凯恩斯的以下论断："从历史上看，我认为外国投资额至少在一定程度上会自我调整直至达到贸易平衡而不是向其他方向漂移。"我认为，这在短期资本交易中可能暂时是对的，除非"一定程度"意味着"很小程度"。载于《经济学》，1929 年，第 6 页。

首先，在这个市场中交易的目的是什么？答案很明显，即一种货币的信贷和购买力被交换为另一种货币的购买力。换句话说，就是一定数量的货币被换为另一种一定数量的货币。购买的货物可以是不同类型的，例如，一个人买进1 000英镑的货物，通常可采取一张电传或一张支票或一张60或90天的汇票的形式。在第一种情况下，购买力是立即可以使用的；在第二种情况下，要等一封信邮寄到伦敦后才可用；在最后一种情况下，60或90天后可用。自然地，这些不同类型的外汇汇率不同，因为必须考虑支票或汇票可按面值兑现时的利息损失。汇票通常由银行承兑，或者由交易商签发并由他们承兑。当然，根据承兑公司的信用等级不同，汇票的价值也会有所差异。外汇交易商为了获利，拥有买方和卖方的报价。也就是说，他们通过把一种货币的购买力转换为另一种货币的购买力的交易以收取差价。

当一个地方的购买力或信贷被交换为同一国家另一个地方的信贷时，银行也要收取相应的费用。① 现在大部分国家的银行无偿向客户提供这一服务。然而，这一服务在本质上与外汇交易商所提供的服务是相同的。不同银行的转移支付方向应该明确，例如，不同货币的转移可以冲抵账户。

货币交换并不是以不同货币来支付债务的，而是在不同地方进行支付，并且在同一个国家用一种货币进行交易。②

回到外汇市场。

我们不可能在此详细阐述其组织结构。必须接受某些基本联系的框架，将把买方的电报利率作为市场上最典型的利率，这是任何人想立即得到外国货币支付的价格。

假定出现了某种干扰进而导致了对外汇的需求有超过供给的趋势，那么如何保持需求与供给的平衡？要作出哪些反应来保证这种平衡？

自然地，价格体系会根据最初干扰的性质而出现不同反应。国外对出口商品的需求减少不同于向外国人允许的贷款突然增加的情

---

① 马歇尔的《货币、信贷和商业》(1923年)，第142页。
② 霍特里：《货币和信贷》，1923年，第105页。

况。然而，某些即刻的反应通常是相似的，可以用通常的概念进行描述。下面我们将给出这样一个简要分析，而更多的相关研究将在后面章节中进行。

首先，对外汇的需求超过供给会使汇率升高。不过，汇率不会提高太多，因为相关国家都实行金本位制或金汇兑本位制。以下我们只研究前者。① 金本位制固定了一个单位的货币所能购买的黄金数量，而"输金点"规定了可能背离这个比率的界限。输金点的上限表示这样一种汇价，即一个人是购买外汇还是出口黄金都可以任意选择；输金点下限表示这样一种汇价，即它使黄金进口同出售外汇同样都有利。

在这种货币制度下，人们一般不期望汇率会背离平价太远，或背离经验表明的一般平均数太远。这种预期使他们在价格稍高时乐意出售外国信贷并从价格下跌中获利。另一方面，当价格相对低时，人们乐意购买外国信贷并从价格上涨中获利。从事这种交易的几乎全是银行或银行家，即专业的外汇交易商，最重要的交易如下：

外国中央或私人银行在金融中心，主要是伦敦和纽约，拥有活期存款。当汇率高而预期会下跌时就提取这种存款，从而增加外汇供应；当汇率低而预期将上涨时，情况则相反。保持这种浮动的存款额的做法在第一次世界大战后广泛应用，特别是在一些中央银行，它们发现这种办法能减少超过法定准备金的那部分黄金储备。1930年，纽约的浮动国际存款额约为30亿美元，而美国在伦敦和其他地方的同类存款额约为这个数字的一半。另一种重要的短期国际资本流动形式是外国汇票持有额的变动。银行也在国外从事借款或贷款，以便从汇率的涨落中得到好处。

能预见到未来涨落的可靠性越大，在供给方面引起这种投机性所必须适应的变化就越小，而汇率也就越稳定。因为这个原因，国际贸易中的季节变化所造成的汇率波动是极其轻微的。"工业国家倾向于在下半年拖欠农业国的钱，这些钱要在上半年才偿还……这种从一个中心到另一个中心的短期信贷的季节性转移，其手续费不多"。②

---

① 只需作出些许改变，本章的分析就可用于考察金本位制的例子。
② 凯恩斯：《货币改革论》，1923年，第108页。该书对外汇期货市场进行了详细分析。

就对外贸易不太规律的变化而言，短期信贷流动通常来自本国和外国货币市场上的利息牌价的变动。国际收支出现逆差，几乎总和货币市场上的银根紧缩同时发生。部分原因是因为出售外汇使一部分货币流入银行，消化了一部分现存信贷，银行又不愿意在这时再给予信贷。然而，当信贷供给以这种方式减少时，需求却常常增加了。以粮食为例，农民通常没有积蓄，只能通过暂时借贷来支付花费，货币市场上利率不可避免地就会上升，国外流动存款余额就会流入该国，使外汇市场上的供给与需求达到平衡。

然而，利率上升还以另一种方式导致资本转移。国际证券，特别是那些在主要证券交易所挂牌的证券，由于以下两种原因价格将下跌：一较高的货币利率所产生的直接影响，使以借钱来持有证券变得更加困难和成本高昂。结果，专业交易商把这种证券送往国外，那里的行市还没有相应的贬值。这种证券转移对价格变化很敏感。二套汇与证券有着同等重要的意义。

专业交易商几乎全部从事这些交易。他们受汇率和利率微小变化的刺激所作出的反应决定了外汇变动的范围。然而，商人们也依某种方式作出另一种反应，这种反应使外汇市场稳定。90天的汇票是国际贸易中一种提供资金的普通方式，由外国进口商或银行承兑。当汇率上升而某一国家银根紧缩时，出口商一般把这些票据在付款国进行贴现。另一方面，进口商则试图在国外作延长信贷期限的安排，因为在国内不容易获得钱。

这就是短期国际资本流动的主要反应，好像是"自动"产生的。① 当干扰最初相当严重并且超过一段时间时，这些反应就无法把汇率维持在输出点内，或者说有变为储备不足的危险。在这种情况下，中央银行觉得有必要采取特别措施，即主要通过提高官方贴现率等做法来实施。② 此时就会不利于外汇流动，由银行持有的外国流动资产的减少，尤其是货币市场上银根的紧缩，会使得采取这样一

---

① 已经讨论的"现货"和"货币规则下的贸易"的差别似乎与有没有信贷交易时相同。我没有分析这些差别，因为一般认为这是不重要的，如"fragestellung"的例子。

② 一些中央银行经常调整贴现率，而其他银行如法国银行，只有在社会出现很强的信号时，它才会极不情愿地采取这种措施。黄金流入也会与这种方式互相影响。战后，美国的货币体系对于黄金流入很敏感。

种措施成为必须，假如没有迹象表明情况会自行恢复正常的话。

提高贴现率会使货币市场进一步紧缩。如果有必要使市场利率和贴现率保持一致，那么，中央银行就可以出售一部分证券。例如，国家债券，它就可以从货币市场上抽回一部分。可是，在许多场合，从中央银行和私人银行的储备中出售的外国证券和外汇，已足以紧缩货币市场了。

中央银行对私人银行采取较高的贴现率，这是一种比较严厉的限制政策，它使得私人银行也采取一种比较谨慎的信贷政策。除此以外，高贴现率对于商业部门也是个警告，信贷会暂时节制，因而对贷款的需求会被压制。因此，一般地说，在受到限制时，信贷的数量和速度都会被减少。[1] 对外汇需求的减少会相对增加供给，此时汇率上涨的趋势就会被抵消。

§5. 国际黄金流动　　外汇发展一方面依赖于干扰强度，另一方面依赖于短期资本流动的程度、信贷政策和贸易的反应。换句话说，它依赖于需求和供给的弹性。一般说来，一个金融中心的资本流进或流出越容易，改变贴现率的需要就越少，一定强度的干扰所引起的汇率变化也就越小。然而，值得注意的是，例如英镑或美元（各主要金融中心的货币）的牌价变动会小于其他货币的牌价变动。在这些金融中心发生的干扰往往比在其他地方更严重，部分地是因为这些金融中心对其他国家而言既是银行家又是储备所在，其他国家把干扰对本国的影响都转移到了伦敦和纽约。

当国际收支相对于最初的干扰来说反应很弱时，汇率就会上升到输金点上限，黄金便开始流出，[2] 这时中央银行紧缩信贷，从而导致商业银行和其他银行对贷款采取谨慎态度。黄金外流导致信贷紧缩和利率提高，反过来它又会刺激短期资本的流入。非常明显，黄金储备减少会影响局势，就如同中央银行的外国流动资产的减少一

---

[1]　对这种基于经济状况的信贷改变的影响我们不打算在此进行探讨，原因在于必须要考虑货币理论和贴现政策，而那可能会与我们要解决的问题差别太大。

[2]　因此，其发展程度依赖于银行家和其他人通过短期资本转移进行投机的意愿。通过这种方式，"心理"反应影响着事情的过程。这种反应只有引致资本流动改变或影响收支平衡的其他项目时才能发挥绩效，原因在于"心理"反应隐藏在国际关系变化之中。但是，这并不意味着有必要发展"有关于外汇的心理理论"。

样。这些资产在任何时候都可以换成黄金,并且实际起着和黄金储备同样的作用,例如维持本国货币相对于其他货币的某一特定价值。

从货币体系运行看,在金本位制度下,黄金储备和在外国金融中心的活期存款的不同之处在于,黄金储备在当考虑了所谓的"标明所有权"以后就变得很小了。这种黄金储备主要是由一家中央银行在一个金融中心,通常是由在英格兰银行或纽约联邦储备银行储存的黄金所组成的。现在,许多国家的《货币法》允许这种标明所有权的黄金包括在担保货币发行的法定黄金储备里。这样,这种黄金实际上就同各国中央银行在自己金库中所储备的黄金是完全一样的。另一方面,这种黄金储备同在伦敦或纽约的普通活期存款并没有什么实质差别,后者马上可以换成黄金。黄金储备有时出售给其他中央银行,但仍留在纽约。换句话说,虽然发生了实际的黄金结算,使黄金在不同的货币体系中流进流出,但并不发生实际的流动。

简而言之,国际间的黄金流动是使外汇市场达到平衡的一个组成部分,它与流动存款余额所起的作用相同,但通常在后期才会发生作用。就像在输金点内的外汇变动造成了货币的流动,但并没有黄金的流动一样。①

§6. 信贷额和购买力的反应 如前所述,所有这些措施都对外汇市场上的需求和供给有着双重影响。短期资本流动直接影响需求和供给。外汇交易以及随同发生的信贷政策的改变,都通过信贷的数额、速度以及购买力等间接影响国际收支的其他项目。当银行出售一部分外国资产并得到现金或国内信贷支付时,现金和信贷的数额自然趋于下降。为简便起见,我们只谈信贷,因为第一次世界大战以来,实际上并无金币流通,而纸币和活期存款的区别在这里是不重要的。

信贷额也由于更加严格的信贷政策而下降。当汇率上升时,即使没达到输金点的上限,也常常实行这个政策。最后,由于黄金外流而引起的信贷紧缩和对信贷需求的下降,进一步减少了信贷的数额和购买力。

---

① 除非价格很高以至于国家遭受损失,否则中央银行不会买卖黄金。当报价低于黄金输出点的上限时就会出现损失,而这类事情总会时不时地发生。

不可避免的结果是，对商品和服务的一般需求会下降。进口减少，从事出口的工业部门试图以稍微低一些的价格或以增加销售成本为代价在国外推销产品。此外，汇率上升也使进口变得更贵，从而减少进口并刺激出口。然而，在输金点范围内的小的变动不大可能对此造成较大影响。

当购买力减少进而使商品进口减少时，我们应注意消费者购买和交易商购买的区别，因为消费者使用收入购买，而交易商则使用资本或信贷购买。国际收支中的逆差倾向，如粮食减产或罢工，直接减少了消费者的可支配收入，导致需求也相应减少。如果全部需求的减少是关于进口的，那么国际收支中的逆差趋势便不会出现。然而，毫无疑问的是，由于对小麦需求的增长引起了国内购买力的减少以及其他国家购买力的增强，因而它并不会直接对贸易产生足够的影响，进而避免了国际收支出现逆差。在任何汇率下，情况都像我们所分析的那样。

结果如前所述，信贷减少也会相应起作用。[1] 交易商发现他们的信贷供给减少了，因而不得不相应地减少购买，此时银行存款的周转速度可能下降，这就减少了其他交易商的购买力。当他们发现销售困难，那么最好是减少存货，因而不能像通常那样迅速地使用他们的货币和信贷。大体上，交易商的购买对信贷变化是非常敏感的。[2] 既然国际贸易实际上都是由交易商进行的，那么进口数量就可能迅速减少，比消费者本身减少要迅速得多。这种临时的购买减少可能只是几个月，直到行情再度变为正常或存货必须补充的时候。另一方面，当更为持久的干扰出现时，交易商购买的限制将降低消费者的收入，这样使后者的购买就会成倍减少，这又将影响到交易商的交易。

所有这些需求方面的转变不可能不影响着生产和价格方面的变化，并且这些变化随最初的干扰会有所不同。这些转变以及其对贸易收支平衡的反应我们将在下述几章中予以阐述。只有那些最直接的反应能在一个相当短的时期里，如半年左右，使外汇市场保持平

---

[1] 当然，不能说改变购买力的工业交易会在多大程度上影响信贷或者限制金融交易。
[2] 在交易缺乏而出现信贷扩张的时期是一种例外。

衡，而其他所有的反应几乎在所有情况下都相同。所以，我们在这里一并进行概括和阐述。如果干扰只是暂时的，那就可能不需要作其他或更深刻的重新调整。但如果是一种严重和长期的干扰，例如长期贷款在几年内有很大的增加，对于这种情况那就需要在生产和贸易方面作彻底的调整。

总之，外汇增加倾向于抑制进口和刺激出口，尽管效果可能不大。不过，更重要的是由不同国际利率和投机利润所刺激的各种国际间短期资本的交易，当这些交易不足时，输金点就达到上限，黄金流动就会造成利息的更大差异。同时，外汇投机的风险减少了，因为汇率不会进一步上升，因而资本流动增加了。所有这些反应均包含了信贷额和购买力的变化，因此，进口就会受到限制而出口会有所增加。贸易中的这种变化有的出现很快，有的则出现得很慢。

§7. 对黄金流动作用的"正统"观点的批判 以上概括说明，上述机制在某些方面与正统观点不同。毕竟国际间黄金流动的地位不太重要。当前，债务和贷款是通过金融中心的流动存款余额的数量的变化来清算的，在许多场合下并不需要有明显的外汇变化，以至于必须有黄金流动。通常只在发生显著干扰的情况下，即当信贷额会在长期减少时，黄金出口才作为干扰的结果而出现。对于大部分欧洲大陆中央银行也是如此。但黄金的流入和流出在英格兰银行较为频繁，数额也较大。[①] 流动资金存款余额和黄金流动一起在英格兰起作用。在其他国家则主要由前者独自起作用。

上述理论和正统观点的主要不同可归纳如下：

（1）在大多数场合，国际间黄金流动不是平衡机制的一部分。

（2）在信用额和购买力方面的变化。正统观点认为，黄金流动至少在一定程度上是由其他方式如流动资金存款余额和外汇储备的变化更快造成的。在任何黄金流动之前，在购买力方面都有一种发生初始变动的趋势。

（3）难以确定黄金流动是否以及在多大程度上会对中央银行的信贷政策进而对购买力的变化造成影响。大量的黄金流动并没有导致信贷同比增加，在某些场合根本没有导致任何企业交易的增加，

---

① 这与伦敦作为主要的金融中心和新产黄金的交易市场的特殊地位有很大关系。

这种情况的典型实例就是联邦储备系统的政策。

（4）当黄金流动时，通常与其说是影响中央银行的信用政策的有效原因，倒不如说是使黄金储备恢复到正常状态的因素。流动债务和信贷总额的变化决定着信贷政策，其他资产如纽约活期存款的一部分，它能否兑换成黄金是没有多大关系的。①

对第一次世界大战前的欧洲大陆各中央银行间的黄金流动的一项研究表明，黄金流动对信贷并没有什么影响，第一次世界大战后这一点更加明显，黄金流动主要是为了特殊目的，如对来自黄金生产国的新黄金进行分配。总之，就平衡机制而论，金本位和金汇兑本位之间的区别是比较小的。

以上对黄金流动作用的详细描述并不是以任何形式的货币数量为根据的。② 为了避免误解，有一点必须说明，当几种干扰同时发生并主要以相反的方式影响到国际收支时，平衡机制就会有所不同，例如，对外国开始发放大量贷款时，如果信贷被严格紧缩了，那么就不会引起上面提到的各种反应，并且事情的先后程序都会受到影响。不过，要对上述机制进行相应的修改，这并不是一件很困难的事情。

---

① 参阅维纳：《加拿大国际债务平衡》，剑桥，1924 年。
② 安吉尔、费斯（Feis）、格雷汉姆（Graham）、霍特里、凯恩斯、维纳和其他学者也进行了类似的描述。

第 19 章 国内资本流动机制

§1. 简介 第 16 章主要讨论了生产要素的流动，但是这只是影响国际资本流动的一个方面。事实上，资本流动是以商品和服务的形式进行的（流动以国际贸易的变化为前提），所以，应该注意另外一个因素，它在劳动力流动中并没有类似的情况。在随后三章我们将主要讨论国际贸易的调节方式，探讨国际资本转移的机制，而不是流动完成之后对生产要素变化的影响。

正如先前所介绍的那样，资本流动涉及三方面：（1）货币购买力的转移。（2）商品和服务的真正转移。（3）生产要素供给的变化，即紧接着相关国家资本转移后的生产要素的变化；在一个进口国家，这种变化仅仅会发生在资本流入后而没有消耗时。这种关于供给变化的影响我们已经在第 17 章中分析过了，因此，现在我们只讨论货币和商品以及服务的实际运行方式。

在分析国际资本流动之前，我们介绍一下国内资本流动。① 这种在一国国内的流动和那些跨越国界的流动有着相同的本质特点。但是，货币机制的不同应该引起足够的重视。为了说明所有国际和国内资本流动的本质与主要相同点，我们首先应该将两者进行比较分析，然后再研究国内资本流动的原因，即它们从总体上影响经济状况进而影响国际贸易，最后再研究区域间贸易，而不仅仅是研究国际贸易。

§2. 一个简单的例子 假设 A 和 B 分别是两个相对独立的个

---

① 遗憾的是，我们对资本在一国国内不同地区间的交易规模和重要性知之甚少。这不是统计原因所造成的，而是受其他重要因素的影响，比如某地区经济的高速发展。所以，以下分析不足为据。

体，并且 A 向 B 借款，这项交易可能会涉及商品和服务需求的变化。A 和 B 会如何利用这种购买力呢？在一定条件下，新的需求会不同于原先的需求，因此，商品价格和生产要素会有相当大的不同。如果借款没有发生的话，则这些影响与随后的影响是相同的，但是一方或者双方的需求会出现相应的变化。

现在假定 A 与 B 生活在两个不同的地区，同时假设双方贸易往来没有运输成本，进一步假设劳动力是不能流动的。在这些条件下，在 A 与 B 中发生的借贷关系会与上面的例子有相同影响。举例来说，购买力转移可能会通过单据和支票的形式来实现，因而会进一步自动引起相关货物的转移。如果在两地一定量的购买力被认为是商品和服务转移的诱发因素的话，那么资本流动将仅仅意味着诱发系统的再调节，一些因素变强了而另一些因素相对变弱了，而商品和服务的流动则只是相应地发生了变化。

现在假定 A 和 B 是两个地区，并且考虑 A 和 B 间的资本流动受运输成本的影响。从 B 到 A 的购买力转移会对需求产生何种影响？当然，如果 A 像 B 那样同样利用新的购买力购买商品和服务，那么总需求就会像原来一样保持不变。这个例子与先前的例子一样，调节是平稳的；A 与 B 间的收支平衡并没有被打破。假定贸易也是平衡的，因此，在 A 的平衡中会产生与借款量等值的赤字。A 会利用 B 地的单据或存款来平衡该赤字。只有在一种情况下这种状况会暂时被打破，那就是 A 地的银行没提供偿还大量货物的信贷，且 B 地的银行出于相同的原因而没有限制信贷供给。

不过，上面得出的需求结论不一定是真实的，有必要通过一个接近真实情况的例子来检验。例如，假定苏格兰企业为了建设新工厂而向英格兰的资本家借款，那么英格兰的资本家在英格兰的银行存款剩余就会减少，而同时苏格兰方的银行的剩余会增加。不考虑以后发生的事情，显然英格兰的购买力会减少而苏格兰的购买力会增加。这虽然是显而易见的，但是却容易被忽略。[①]

因此，英格兰对商品的需求会减少，而在苏格兰会增加。苏格兰出现新的需求是因为英格兰进口商品而苏格兰出口商品，并且进

---

① 凯恩斯否认这一观点，见《经济学》（1929 年 6 月）。

口增加而出口减少。例如，假定苏格兰的贸易原来是平衡的，那么此时就会变为赤字，从英格兰的借款会部分地用来支付进口的费用。

但是，另一部分借款会用来购买区域内流通的商品，即不在苏格兰和英格兰之间流动的商品，比如说，砖块或是用来支付修建厂房的工人的工资。假如把在交易地的服务也包括在区域内流通的商品中，那么就可以认为部分借款增加了苏格兰国内市场的需求，虽然它也可能被用于购买英格兰区域内的流通商品。这样，前者的需求会增加，而后者的需求会下降，价格涨跌会随具体情况的不同而有所不同。

由此可能得到双重结果，即苏格兰生产要素的价格与利润同时增加，也就是收入和购买力同时增加，而贸易平衡会向赤字漂移；劳动力、资本以及自然资源的使用一定程度上会从其他行业中退出，进而转向苏格兰国内市场中的非竞争性行业，同时与英格兰进口和出口商品的竞争会减少，而在英格兰则与之相反。通过这种方式，苏格兰出口减少而进口增加，并且苏格兰的贸易平衡会进一步向负方向移动。如前所述，进口的费用会用借款来偿还。

但是，这种商品调节需要时间，并且在效果完全显现之前苏格兰银行的存款会一直在增加，同时英格兰银行的存款会一直在减少。当然，这是以英格兰继续向苏格兰贷款为前提的。与此同时，英格兰银行对苏格兰银行的负债会越来越多。换言之，从苏格兰到英格兰的短期资本流动会在一定程度上减少长期资本流动对收支平衡的相反方向的影响。这些短期资本的流动我们在先前的章节中已经介绍过了，所以对不同的货币体系而言，交易更容易在单一货币体系中进行。原因是，如果银行间的关系非常好，基于以上贸易的单据是可以在国内任何地方按原价买卖并且没有佣金的，假定相关银行的信用等级是好的。但在原则上，短期资本流动在同一国家的不同地区对收支平衡的影响与对国际平衡的影响是相同的。

在苏格兰增加的存款和在英格兰减少的存款（来自于顾客而非银行）自然会影响银行的信贷数量。苏格兰银行会发现它们有足够的存款，会更加倾向于增加信贷，而英格兰银行则会相应地限制信贷数量。这一过程会引起苏格兰的二次信贷膨胀、① 购买力增强以及

---

① 随着苏格兰银行购买的英镑、一些商品或生产要素价格的提高，会出现第一次信贷膨胀。

英格兰银行的信贷减少。这种购买力的移动自然会影响需求、产量和贸易，由此会渐渐形成这样一种状况，即苏格兰的进口顺差会等同于从英格兰的借款量，并且两个国家间的银行状况也是正常的。当这种情况发生时，资本转移会进一步以平稳的利率进行下去，不会受到数量的调节。数量调节仅仅在以下情况发生，即当苏格兰想要购买的商品和服务不能顺利地从英格兰进口时，苏格兰区域内流通商品的产量就会增加；同时为了平衡这次购买，苏格兰会减少向英格兰出口商品，以及减少国内同英格兰进口商品进行竞争的商品的数量。

§3. **相关价格的变化** 这种在苏格兰的调节可能意味着区域内流通商品的价格的增加与其他商品价格的变化相关，正是出于这种简单的原因，这些商品被称为地区间交换的商品。另一方面，也可能是英格兰的商品价格下降与地区间交换的商品有关。不过，随后英格兰的出口商品与苏格兰的商品相比的价格并不会下跌。① 英格兰出口顺差在任何情况下都是由上面提到的因素所引起的。

但是，苏格兰购买力的增强也会提高相关出口商品的价格，同时，英格兰购买力的下降也会在一定程度上降低后者的出口价格。这些会成比例地发生，使英格兰出口盈余的趋势逐渐变强。但是，如果假定资本流动是在一个合理的规模下进行的，并且调节会逐渐发生，那么这种变化就会产生对英格兰不利的交换条件。不过，这种变化并非是确定的，因此在一定条件下是可以被忽略的。

不同价格水平相互作用的结果部分地取决于生产成本的变化，部分地取决于价格和成本之间的关系。至少在借款初期，英格兰的一些厂商可能会通过降低利润来销售产品，同时，苏格兰的一些厂商会随着成本的增加而提高价格。但是，毫无疑问的是，这些厂商会成为区域内流通商品的主要生产者，会对产品需求的减少或增加直接作出反应。不管怎样，这是一种短期现象，经过一段时间的调整，价格会像原来一样与成本反向变化。因此，其结果是相关商品

---

① 由于没有考虑购买力的变化以及商品在本国与他国市场之间的差价，因此，以庇古、凯恩斯为代表的许多经济学家得出了相反的结论。至于贸易条款，见本节后半部分的相关分析。

的价格总体上会取决于成本,即生产要素的价格。

当然,会有这样一种趋势,那就是在苏格兰国内市场相关行业中大量使用的生产要素会变得越来越稀缺,而在英格兰同样的生产要素会变得相对更便宜。尽管这种变化会波及其他行业,但是如果这些要素可以从苏格兰的其他行业中获取,并且可以从英格兰其他行业中雇用劳动力,那么,这种稀缺性变化的影响就会被约束在有限的范围内。如果在不同行业间生产要素是完全流动的,尽管苏格兰想保持资本继续流动,但是这些在苏格兰国内大量使用的生产要素也会变得更加稀缺,除非生产要素供给无限大;英格兰的情形则正好与此相反。在英格兰,一些要素不完全流动,国内市场上使用这些要素的出口行业可以得到更高的报酬。与苏格兰的出口商品相比,这会在很大程度上提高英格兰区域内流通商品的稀缺性。与此同时,也会降低与英格兰出口商品有关的苏格兰出口商品的价格上涨趋势。

当讨论相关价格时,我们头脑中应该牢记资本流动会在一定程度上引起运输成本的变化。从英格兰到苏格兰的运输成本增加和反向降低会增加运费或到苏格兰的单位运费,并且会降低到英格兰的单位运费。这种变化会提高苏格兰生产产品的价格以及英格兰出口产品的价格。这种关于运输关系变化的问题我们将在下面作进一步讨论。

正如本章开始提到的,由资本流动所引起的生产条件的变化决定整个价格体系的一般变化(第17章介绍过了),进而影响不同部门的价格水平,这点应该牢记。

购买力的变化会涉及很多方面,不仅会增加 A 区域内流通商品以及 B 区域内流通商品的需求,而且还会使某一地区的出口产品的需求发生变化。我们没有理由认为 A 地区的出口商品优于 B 地区的商品,因此,考虑到需求的变化,贸易交换条件可能会向有着比较优势的 A 或 B 发展。另外,像刚才所介绍的那样,生产要素的再调节会减少 A 出口产品的供给和增加 B 的供给,这样的交易会有利于 A。这两种趋势的较量会决定最终结果,可能会向有利于 A 的方向发展,但多少会顾及另一方。一般认为,需求弹性取决于一定条件,而这会改变相对的价格。

§4. **劳动力和资本工具的流动性**　区域间资本流动是比较困难的，原因之一就是商品和服务从一个地方到另一个地方的流动存在障碍。因此，如上所述，生产再调节在一定程度上应该是有利可图的。但是，这种调节会涉及要素价格的变化，进而会引起要素的流动；这是一种不同于第 3、4 章所提到的那种要素流动，但是与那种要素流动也是相互作用的。劳动力能够暂时从 B 流动到 A，进而生产 A 所需要的商品以及提供 A 所需要的服务。例如，A 地需要新的铁路，并且该铁路是由从 B 地来的劳动力修建的，因为 A 地不能通过减少其他产业的劳动力来提供修建铁路的劳动力。A 地接收的劳动力会在当地消费他们的工资，因此他们会在 A 地增加一定区域内流通商品的需求；A 地的一些生产要素必须从其他产业中转移到该需要增加的产业中去。

概括来说，有三种方式可以使资本真正地流向 A。B 可以采用以下三种方法：（1）将 B 地生产的商品和服务输送到 A 地，或限制由 A 地出口进而从 A 地购买的商品和服务；（2）限制从 A 地购买的其他商品或输送以前在 A 地生产的商品，这样就可使 A 地不能满足其增加生产更多商品和服务的愿望；（3）一定时期内输送生产要素或资本工具的一方或两方到 A 地来生产相应的商品和提供服务。在很多情况下，内部劳动力流动是伴随着资本流动同时进行的，它很少会出现资本工具的情况；到现在为止，只在一个重要的例子中出现过这种情况。B 地的货轮可用做运输，即运输 A 地需要的东西。资本工具会通过"借出"的方式暂时出让借款，当劳动力到达时，他们会利用相同的方式使生产活动的再调节变得相对简单。在这种状况下，商品流动（资本工具也属于商品）会通过两种不同的方式导致资本流动的实际发生。

§5. **说明**　上面提到在 A 地国内市场上大量使用的生产要素的价格相对于 A 地其他要素的价格会上升，然而，在 B 地相同要素会变得相对更加富裕。这不仅适用于原先的产品要素，而且也适用于所有持续性的资本商品。直观的例子不易找到。当一个威尔士男爵决定在伦敦住大约一年，而先前他在家乡城堡住了十八个月，那么一个现金流就会从他的家乡流向伦敦，这也意味着威尔士的购买力降低。他不再在威尔士用自己的钱购买进口商品或是家乡生产的商品，结果是他的地产的收入水平降低，购买力进一步降低，并且家乡的各种区域内流通商品的需求也降低。本来住房的供给并不容易减少，但现在房租会由于他地产上的村庄的贫困而降低。

在一个偏僻的农业地区出现新的行业会带来相反的影响效果。牛奶的出口盈余会变成进口盈余，并且这种产品的价格会大幅上涨。房租上涨同样会导致居住和工资成本的上涨。如果该地区的劳动力是不完全流动的，那么实际工资以及整个地区的物价水平也会大幅上涨。

由于篇幅关系，国内资本流动的其他例子我们在这里就不多说了，你可以在从乡村流向城镇的税金的例子中找到相应的佐证。购买力在国家间的转移就像在一个可视管道中进行一样显而易见。通过产量变化，商品和服务才能直接或间接地进行，有时劳动力和资本工具的流动会使该过程变得更简单。

第20章 国际资本流动机制

§1. 无运输成本的条件下　国内资本流动与区域资本流动之间的主要区别是货币体系不同。可以这么说，购买力和贷款如果不能在两种货币体系之间进行转换就不能转移，这在一定程度上使问题复杂化了。但是，不能认为这就是区域资本流动的主要障碍，无论区域资本流动是否跨越国境，但影响其流动的主要障碍都并不是因为其形式只能是商品或服务，而是两者都不能自由流动。因此，大规模的产量再调节就变得十分必要。调解的困难之处在于，区域资本流动必须要随环境而定，例如，区域间贸易的特点、交易方商品的需求种类以及需求弹性和交易方的经济生活规模。

首先，我们来讨论两个国家的情况，但不考虑交易的障碍。在本章的 1～2 节，我们研究的是资本在转变后有一个持续转变的过程，而对于调节过程将在本章的后面进行分析。A 国的购买力增加，而 B 国的购买力降低。为简便起见，不考虑其他国家对这两个国家的影响。若两个国家的初始购买力与它们的净产值一样，即收入总量和流动资本总量相同，那么，A 当前的购买力比原来增加了，而 B 的购买力就会下降。因此，A 国的市场上有比以前更多的在 B 国生产的商品①。另一方面，B 国在 A 国生产的商品则比以前下降了。总

---

① 如果国外需求由于放贷而减少，致使外汇、借款及利用一些优惠条款去购买外国商品或本国的出口商品，那么，购买力就可能超过流动资产与货币收入之和。在借款国，购买力并不能带来对生产要素的需求，所以也不能提高总价，比如收入之和。当某一国持有的钱（比如存款）用于购买外国商品时情况也是如此；而当一个国家支出多于收入和流动资产之和时情况亦然。此外，不论是不是以外汇供给增加为前提，信贷膨胀都会带来新的购买力；在新的购买力对货币收入总和产生影响之前，都可以用来购买商品和服务。在本国，由生产要素产生的需求增长会引起货币收入的增长，不过，这并不是立刻发生的，而是发生在各种产品的需求增加之后。最初，购买力来源于生产要素所有权以及银行的新借贷产物。收入增加是购买力增加和需求增加共同作用的

需求在当地的分配已经改变了。对于各种商品，A 国的市场变好了，而 B 国的市场变坏了。

如果没有运输费用或其他贸易障碍，那么我们会看得更加清楚。接下来，所有商品都会在 A 国与 B 国之间交换，每个国家都会以最低的成本来专门生产一定商品。在两个国家发生资本流动以前，各国都会买进所有的商品，其价值等于国内生产的商品。另一方面，A 国会比以前买进更多的合作商品，而 B 国则会减少买进。

显然，在这种状况下，A 国市场会有更多的商品，而 B 国则会有更少的商品。同样，购买力以货币形式从 B 国到 A 国的转移也就可迎刃而解了，因为 A 国会自动有与借款额相同的进口需求。

在一定程度上可以这样说，A 国的借款人从 B 国购买了商品，并且利用 B 国的现金付款；同样，它们购买了在 A 国生产的商品，这些商品出口减少，因此，出口方持有的 B 国货币减少了，而进口方则不得不使用从 B 国借来的款项，并且以 A 国货币的形式来付款，这些款项正是借款人为了购买 A 国商品所需要的。

如果 A 国借款人需要的商品正是 B 国贷款人所需要的，那么就会直接导致总需求发生改变，同时也会改变相关的生产要素的稀缺性和商品价格。需求增加的商品会变得更加昂贵，相反则会变得更加便宜。因此，A 国商品和 B 国商品一样会变得更加便宜，如果总需求没有大幅变化的话，那么相关商品的价格也会不变。

在这种结论下，作为资本输出国的 B 国为了获得更大的市场和获得与借款额相等量的出口顺差，就会提供比以前更便宜的商品。

§2. 国际资本流动的本质 下面这个简单例子可清楚地说明该机制的几个重要组成部分。现实中各部分的联系要更为复杂，主要因为存在运输成本、关税以及其他对商品自由流动等影响因素。事实上，由于这些妨碍购买力转移的因素不能促使商品在 A 国与 B 国之间自动再分配，因而这种分配正体现了这个简单例子的特点。两个国家

结果。无论总收入增加与否，借款期购买力通常大于总收入与流动资产之和。收入的增加也会随需求的增加而增加。这一观点是《事件序列》一书对我们的误导。这一注释是为了澄清一些基本的也是普遍的误解。凯恩斯也曾为此迷惑，见《经济学》（1929 年），《货币论》，第 21 章。

产生的必要的、复杂的调节，可以使 A 国生产更多的商品。而这种调节的特点我们已在上述章节中详细阐述过了，在此就不重复了。不过，为得出结论我们就必须分析更多的例子。

假定 A 国从 B 国借款 1 亿美元并将其中的 3 000 万美元用于进口商品（棉花和小麦①），那么这就相当于 A 国购买自己的出口商品（机械和纺织品），因此，A 国的贸易平衡就相当于有 6 000 万美元的贸易逆差，并且 60% 的借入资本会用来弥补赤字，即支付进口顺差。但是，如果 A 国的借款人购买无竞争性的区域内流通商品（砖块）的话，那么这些商品的产量就会增加，并且市场要素会从其他行业流到该行业中。在一个发展中国家，这意味着购买力会转移到出口行业（机械和纺织品行业），并且从与进口商品（低质量小麦）竞争的国内商品转移到非竞争性的区域内流通商品（砖块）中去。出口商品的产量和 A 国竞争性的区域内流通商品（纺织品、机械以及低等级的小麦）的产量就会减少。出口将会减少，进口将增加，并且贸易逆差会进一步变成大约 4 000 万美元。这个数目不一定准确，可能会有更多的逆差。② 实际上，所有的借款都会用来支付贸易逆差。当这一过程完成时，货币转移会自动完成。不过，要补充一点，该例子忽略了运输成本。

相应地，在 B 国调节会自动发生。需求减少了 1 亿美元，这一损失转移到了 B 国的区域内流通商品（砖块）中。生产这些产品的产业会比以前发展得更为缓慢，生产要素会转移到快速发展的行业（棉花和小麦）和竞争性的区域内流通商品（纺织品）中去，这会有利于出口而不利于进口，这正与 A 国的发展相反。

现在我们介绍产量的再调节过程。A 国非竞争性的区域内流通商品（砖块）的产量会增加，B 国的国际产品（小麦和棉花）和竞争性的区域内流通商品③（纺织品）也会增加，B 国出口一定数量的

---

① B 国的出口商品以小麦和棉花为例，A 国的出口商品以机械和纺织品为例，国内市场商品以砖块为例；同时，假设小麦在 A 国流动性不高而棉花在 B 国流动性不高。砖块在国内市场无竞争，而其他商品面临着进口商品的竞争。

② 可能引起存放在国外金融中心的外汇储备的永久性增加。

③ 竞争性的国内商品已被称为不完全国际化商品。这类商品销售对国际贸易的变化很敏感，在国内市场不存在任何竞争的商品在下文中称为国内商品。

商品流向 A 国会引起资本流动，这些都是显而易见的。由于国内商品和不完全国际化商品不能运到 A 国，因此，商品运输必须全部依靠国际化商品（棉花、小麦、纺织品、机械），即 B 国必须出口更多的国际化商品而进口更少的国际化商品。另一方面，A 国进口更多以及出口更多的国际化商品才能使其区域内流通商品（砖块）的产量增加，并且借此增加所有产品或替代品（不同质量的国际化小麦代替国内生产的小麦）的供给量，相反，B 地会减少国内商品的生产。由于国内需求减少，所以，所有商品的供给也就减少了。

§3. **货币机制** 在讨论过国际资本流动的本质后，我们有必要进一步分析调节过程。[1]

首先考察货币机制。在不同的货币体系和不同中央银行以及惯例下的货币机制是相同的，例如，高于法定最低限额或正常输入的黄金和外汇储备或者贴现的政策都不会影响货币机制（比较法国和英国不同的实际操作）。关于收支不平衡下的该机制的简单例子在本书第 18 章中已经介绍过了。在第 18 章中，我们重点分析了作为平衡因素的短期资本流动，而对于贷款额和购买力变化等重要因素并没有涉及。作为第 18 章的延续，在这章中我们将对这些特殊的影响因素作进一步分析。在此，我们需要考虑变化或将新的资本流动作为一个单独因素进行分析，这在几年内会产生一定影响。因此，它会有充足的时间对价格体系产生深远的冲击，更多的短期资本流动则只会得出与前述介绍过的相同效果。

就像国内资本流动中的例子一样，应该遵循购买力先变化、货币转移优先于商品和服务的转移的原则。货币流动直接或间接地影响着实物流动。

先了解一下借款国[2]的实际货币机制。通过借款，A 国得到了 B 国的 1 亿美元现金，其中 6 000 万美元用来购买国际化商品，因此，A 国的贸易平衡会向逆差方向移动，需要 6 000 万美元的资金来保持

---

[1] 以下推理与陶西格倡导的哈佛学派的国际资本流动理论相似，它们都建立在桑顿－穆勒理论的基础上。下面理论是对哈佛学派最好的修正，但在某些方面不同于陶西格的理论。我并不认为这与维纳的分析存在本质差别，之前与维纳的私人通信使我受益匪浅。陶西格与维纳的理论不同，以后有机会再作说明。

[2] 购买国与资本进口国的意思相同，尽管资本的性质可能会有所不同。

贸易平衡。在 B 国的交易中，剩下的 4 000 万美元被借款人交易到了中央银行用来获取 A 国的货币。这种方法就是借款人以自己国家货币①的形式形成购买力。中央银行增加持有外币储备的数量，并且通过支付来减少票据数量或增加交易所涉及的客户的存款。没有理由认为银行会约束客户的信贷借此来抵消购买外币兑换的影响。

这种信贷和购买力的增加必然会提高各种商品和要素的价格，直接或间接地增加进口减少出口。有时，增加的购买力对贸易平衡的影响是微不足道的，但这种观点无疑忽略了非常重要的一点，即购买力不仅会通过借款增加，而且会通过资本流动和货币收入来增加。这种新形式的支付方法会在个人间进行转移。假如每月借款 1 000 万美元，并且把 400 万美元的国外票据卖给 A 国的银行，那么信贷额就会立即增加 400 万美元。如果存在多次影响，那么增加的信贷就会影响购买力并增加更多。

用这 400 万美元来购买区域内的流通商品，要么其中大的部分是原先没有就业的劳动力利用闲置的机器生产的，要么这些商品的价格就会上升。在这两种情况下，该商品生产者的收入都会提高，增加的收入用来购买国际化商品、不完全国际化商品或是区域内流通的商品。如果购买国际化或不完全的国际化商品，那么就会出现赤字，并且对外币的需求会增加，剩下的收入则购买区域内流通商品。因此，该商品的生产者预料收入会进一步增加，他们就会用部分收入购买国际化商品，所以会出现赤字，导致一年内增加的购买力超过了信贷增加量。如果说借款对购买力的增加是属于一次性增加的话，那么这等价于（1）外汇用来保持收支平衡，（2）信贷的增加，接下来由于信贷增加而导致的增加就属于二次增加了。

信贷和贸易的调节是缓慢的。进口顺差增加，但经过一定时间后也不能通过进一步的借款使所有在 A 国的外汇都出售。A 国中央银行的外汇储备会继续增加，并且信贷也会增加。

但是，会有另一种规模不大的第三次购买力的增加。A 国外汇储备增加可能会引起信贷政策②的改变，并且会对购买力变化有推动

---

① 无论这种交易是不是通过私人银行来进行的，它们都是无形的。
② 如果贷款的折扣和意愿不变，那么上面分析过的信贷扩张就会出现。

作用。A国央行开始觉得外汇储备过多，而当继续购买B国货币进而导致汇率下降时，央行对外汇储备的态度就会有所变化。这种情况发生时，A国会对外汇储备采取扩张政策，比如降低贴现率。另一方面，B国的央行就会悲观地认为其短期负债会增加和出现货币波动，就会通过增加贴现率来紧缩信贷，所以，B国的信贷水平会下降。

贸易平衡调节越缓慢，外汇储备增加就越多，因为二次增加对A国的购买力也是有影响的。借款中用来购买国际化商品的部分不会增加外汇储备。因此，每次外汇储备的增加都与区域内流通商品和服务需求的总的购买力的增加相对应，结果，国内厂商收入增加越快，贸易赤字就越少。价格上涨会使国内各行业的支出增加，因此，生产的扩张是不可避免的。目前，产量在没有信贷增加时是不可能增加的。显然，在央行政策不变以及商业银行信贷不变时，由国内厂商引起的需求的增长会提高信贷水平。事实上，央行会进一步采取扩张的信贷政策，进而信贷水平也会提高。如果黄金储备不足以支持信贷增加的话，那么外汇就会减少至黄金水平以下，部分外国汇票就会转而兑换成黄金，因此，这足以弥补黄金的损失。合理的推理和实际的证据①说明黄金流入是由信贷增加而不是黄金流动引起的，关于增加方式我们在前面已经介绍过了。在一定条件下，黄金流入能起到更大的作用，而不是诸如改变黄金储备等这类信贷政策单一影响购买力的变化。在企业经营状况不好时，央行会限制信贷水平，这时，简单降低贴现率的做法可能会失效。因此，如果没有任何原因使某一行业的信贷需求量增加的话，那么总信贷水平是否会增加这还是个疑问。在所有影响的因素中，由国内行业引起的信贷变化对该机制的平稳运行起到了主要作用。

在每年借款量给定的条件下，是否能给出新的信贷量，这要具体情况具体分析。需要指出的是，信贷周转速度是一个决定因素，并且商品的增加数量和A国对信贷的需求也要考虑在内。因此，部分新的信贷被区域内流通商品价格的上涨吸收了，并且对国际商品的需求没有任何影响。但是，每次新增加的一部分购买力用来购买

---

① 见维纳教授描述的加拿大的例子。

区域内流通的商品，这都会提高人们购买国际化商品的机会。显然，这不可能说明货币收入总量和购买力的增加。但是，这部分增加是调节机制的必要组成部分，这一点是肯定的。

§4. 不同的货币政策 当然，在不同的情况下国际资本流动的机制是不相同的，总体描述并不能说明各影响因素的不同特点。特别地在上述某一国家中，其信贷政策与另一个国家的贴现率和其他形式的货币政策有重要联系。假定借款国的央行不允许信贷扩张，除非借款用来直接购买国际商品，否则购买力不会增加。进口增加和出口减少的趋势也比先前例子所描述的更弱。另一方面，在贷款国形势也会严峻起来，信贷萎缩将不可避免。经过一定时期后，A 国外汇储备的增加和黄金的流动会引起扩张的信贷政策，但与此同时，购买力也只会向一边移动，而再调节则会更加困难。

央行对周围情况的应对速度越快，问题就越容易解决。如果 B 国央行允许来自贷款资本家的外汇需求变化，那么这就会引起信贷的消失以及有效购买力的降低，取而代之的是新的信贷代替资本家出让的购买力，这样，必要的再调节作用也被推迟了。不可避免的是，外汇储备会减少并且会出现更大的黄金流动，结果是信贷限制更加严厉了。一些学者想当然地认为资本输出国的央行会一直采取这种不明智的做法，目前我们还没有找到反对这种片面说法[①]的证据。

前面推论得出了一个重要结论，即购买力变化及影响在本国要比其他国家更明显。由于很多因素会对经济环境产生影响，如信贷政策、金融中心的联系状况以及抛出黄金的能力和意愿，[②] 因此，我们不能片面地说对某个国家会产生正面或负面的影响。但是，如果借款是以 A 国的货币形式进行交易的，那么 B 国的货币市场就会比 A 国受到的影响更直接也更猛烈。A 国银行对国外的负债会减少，但事实上，可能会使 A 国的货币市场相对于 B 国或其他国家变得更加疲软。[③]

---

① 见帕利：《美国国际收支平衡问题》，载于《社会政治文集》，1928 年。
② 见凯恩斯：《货币论》，第 341 页。
③ 在我看来，安吉尔在《补救与现金转移的问题》（《政治经济学》，1926 年，第 349～351 页）一文中的的观点与现金和负债的契约关系密切相关。

要注意到可能对金融环境产生的影响。借款国家信贷增加可能会或多或少地影响产品市场,因为信贷不仅能购买到商品也能购买股票和房产。① 可以认为借款国信贷的增加根本不会增加产品需求,相反,新增加的信贷会流向投机行为,它会影响股票价格而不是产品价格,所以,收支平衡不会受到影响。外汇储备和黄金储备会增加,只被用来作为投机动机增加的信贷扩张。当然,这并不是说这一直会发生,除非贸易平衡的再调节作用是滞后的。美国在1928年到1929年的情况就能支持这一理论。在1929年,资本净出口大幅下跌,但是其间并没有任何有商业目的的信贷扩张发生,可以认为它引起了商业周期的调整。当资本流动变化时,商业形势在所有实例中会或多或少地影响到这一机制。想要对调节过程作一个完整的描述,就必须考虑到商业周期的运动。在改善商业形势的过程中,生产要素从一个行业到另一个行业的流动会比较简单,而其间商业衰退的再调节会比较困难。不过,对该问题的进一步分析已超出了本书的范围。

§5. 对交换条件的初步分析　与 B 国的所有要素相比,A 国信贷和需求的变化与所有相关行业要素稀缺性的变化同步。A 国区域内流通商品需求增加和 B 国相同商品需求减少意味着需求决定的要素会从 B 国流向 A 国,但不会有 A 国其他要素需求的减少或是 B 国其他要素需求的增加。因此,如果把两国要素结合在一块的话,那么必然就会增加 A 国要素的稀缺性,但是却要以牺牲 B 国的要素为代价。要素价格的变化当然会伴随着实际产品的价格变化。

假定一国生产的所有商品包括固定生产要素的生产力组合,那么需求增长将增加 A 国生产力的稀缺性,这意味着与 B 国生产的产品相比,A 国生产的每单位产品将变得更贵了。为了改变这种状况,A 国会通过出口该商品来改变 B 国的生产组合,A 国的收入水平会相对于 B 国有所提高。

首先了解国际商品的供给情况,然后了解其需求情况。当一定量的要素流向 A 国的国内市场时,出口产业的产量会比预期的要低。

---

① 见帕利:《美国国际收支平衡问题》,第281页。发现总流通量增加并不能带来交易和购买力的增加。

另一方面，由于 B 国的生产要素过多，因此，其出口产品的供给会增加。可以推出，这种供给变化会直接改变上面提到的价格，改变 A 国和 B 国的总需求，而这些在借款发生时并没有改变。供给曲线移动的多少会决定价格的改变情况，当然，它也取决于两个国家的需求弹性的大小。后者的影响因素有：(1) 需求弹性。(2) 生产产品的其他资源的稀缺性。(3) 购买力的反作用，即一定程度上取决相对于 B 国和 A 国要素稀缺性的增加情况，这与供给曲线①的变化同时发生。关于需求弹性，随便假定大小是没有根据的。在一个实例中可能较大，而在另一个实例中可能较小。但由于供给资源是竞争的（更多的内容将在下章进行讨论），使得需求弹性在绝大多数情况下较大。在一定条件下，短期需求可能是无弹性的。但如果价格下降，而消费者又预期价格会进一步下跌，那么消费者就不会在当前消费，因此，销售量就会减少。当这种情况发生在一个国家的重要出口行业时，比如巴西的咖啡行业，那么这对收支平衡的影响就会非常大。出口商品价格的下跌会使出口的总价值变少而不是增加。但是，毫无疑问，在某一个国家经过一定时期的成本下降和价格水平的下降以后，在几乎所有情况下，这都会使常规出口的商品甚至是原来从未出口过的商品的出口量有所增加。实际上，这种出口量增加的效果比降价或提高出口商品的质量要好。

必须强调的是与 A 国相比，B 国成本的变化使 B 国将原来属于区域内流通的商品和不完全国际化流通的产品用于出口，而 A 国一部分原来出口的产品将不再出口。这一变化会限制 B 国由于出口增加而使成本下降的程度。如果考虑到一国出口的所有商品，那么我们就可认为出口需求是有很大弹性的，并且只有在个别例子中，国际交换的方式会有很大改变。出于这个原因，就不同需求弹性对国际交换形式的影响进行过多研究就会脱离实际。早在 19 世纪，一些学者就此类问题进行了一些偏离实际的研究，我们认为，这些观点对于真正的国际贸易理论②并没有实质性的影响，他们的观点只在经济学的其他领域有其价值，而对于我们所研究的问题的影响并不大。

---

① 不能不考虑购买力的进一步变化。
② 见埃奇沃斯发表的与政治经济学相关的论文《国际贸易纯理论》。

到目前为止，我们在假定需求曲线不变的前提下重点研究了供给曲线变化的影响。现在，我们来看一下需求曲线的影响。大多数学者都假定需求曲线不变，因为这排除了购买力的变化，这使得 A 国购买了部分原来由 B 国购买的商品。事实上，这种状况不能影响 A 国与 B 国之间的交换条件。在我们看来，在解释进口时，除了马歇尔、陶西格及其他一些知名学者外，其他人关于贸易形式的改变程度都有着一些夸张的成分，并由此得出了一些错误的结论。

事实上，在 A 国，生产要素价格水平和收入以及流动资本以货币形式的转移都增加了，而在 B 国则减少了，这意味着需求状况由于各种产品、国际等方面的原因也改变了，使得在多数实际情况中交换条件只会发生很小变化，甚至在贸易失衡时都是这样。但是，为了保护 A 国的交换条件，较小的变化是不能避免的。因为在 A 国和 B 国生产因素价格保持不变等的假设中，需求是不会改变的，因而这意味着交易条件应该改变。

当相关生产要素价格的变化和 A、B 两国的部分产品价格发生变化时，问题就变得有所不同，并且更加复杂了。我们首先要考虑要素价格。

§6. **与一些产品相关的生产要素的价格** A 国国内市场需求的增加会把资源从出口行业引到国内行业中来，这样不完全国际化的商品会处于一个中间地位，可能会有所增加，也可能会有所减少，但是一定会少于商品需求量，进口商品也会增多。在发达国家，每年大多数产业都不会有太大变化，行业资源不需要从衰退产业中抽走。生产要素的再调节只是新的资本、劳动力和自然资源在起作用，这些会直接进入国内市场，因此，国内市场的产出会增加。国内市场产品价格的很少提高也会引起同方向的显著变化。进行最大生产往往是有利可图的，尽管价格实际上并没有到达平均水平以上。

这种再调节自然会涉及生产要素价格的变化。那些用来生产国内产品以及不完全国际化产品的要素与出口产品是不完全相同的。在大多数情况下，生产不完全国际化商品的要素与进口商品的要素是相似的，因此，它与出口商品相比，其要素是按不同比例分配到各行业中去的。

劳动力的素质不同，自然资源的质量也如此。如果不需要做准备工作以及准备一些农产品出口的话,那么所解放的土地和劳动力都不会是国内市场所需要的。假如这些要素的质量是相同的,那么,在新的状况下,要素的分配状况也不会是与原来相同的。一些行业需要大量资本,而另一些行业则会需要大量劳动力,还可能有一些需要很多的自然资源,因此,一些生产要素可能会减少需求,而其他的要素则会增加。产量的变化多少会与相关生产要素的变化有关。

假定由于劳动力和资本从农业流向其他行业而使小麦出口量减少,假定用借款在生产小麦的土地上修建铁路,那么生产小麦的土地需求就会减少。考虑到相关生产要素价格的变化,这些用来大量生产出口商品和不完全国际化商品的要素的需求和价格都会相对于区域内流通的商品出现下降的情况,这也适用于商品价格。一方面,借款国经济机制的变化会根据产品要素价格的不同而出现不同,另一方面也由于相应商品的价格不同而不同。

这种理论是以不同质量的土地、劳动力和资本的稀缺性为前提的,我们假定在全国范围内这些要素的价格是相同的。当然,该国的经济最近没有任何动荡。然而,这种条件不适用目前讨论的例子,因为我们在上面章节中提到的调节作用必然会出现。一些行业会繁荣,而另一些则会衰退;区域内流通商品的要素需求会增加,出口商品和不完全国际化商品的要素需求会减少。在这种状况下,一些处在上升期行业的要素的价格会上涨,并且会在相当一段时期内比处在衰退期行业的要素价格要高,例如,在上升期行业中的不熟练劳动力的工资会高一些。因此,区域内流通商品中大量使用的要素价格不仅会上涨,而且该行业中提供其要素的工人的回报也比其他行业要高。

只有假定劳动力在产业和贸易中是缺乏流动的,那么以上两种趋势才有可行出现。显然,如果劳动力可从一个行业到另一个行业,或者从一个地区到另一个地区的流动是无阻碍的,那么一国劳动力的贸易价格就会不变。在这种状况下,一个行业的工资也不会比另一个行业要高。

此外,假如一个行业中具有一定技能的劳动力可以被另一个行业中具有完全不同技能的劳动力所代替,那么与后一种劳动力的价格相比,前一种劳动力的价格也不会由于需求的增加而有所提高。

事实上，甚至在不同工资的影响下这种转变几乎都是一成不变的。因此，一个行业劳动力需求的增加在长期内会以相同的幅度增加劳动力的工资水平，而在其他行业中则会有所不同。

用相同方法也可研究土地和资本在缺乏流动性时对有关行业的影响。类似于建筑和机械的资本商品在研究起来可能会存在困难，然而在长期内，它们可以在其他行业中使用。但是，假如它们在一定时期内是固定的，那么它们就只能在低回报的行业中使用，然后才能在其他行业中运行。土地也是如此。虽然其他行业会带来高的回报，但是在一定时期内，它只能在初始行业中使用。然而，在许多例子中，它比固定资本更容易转移。

随着时间的推移，有些要素的缺乏流动性会被克服。贸易和地区的流动问题也是如此，要素价格在所有行业中会趋于一致。不同要素的供给会进行自身调节以至于与新的需求相适应。生产要素的价格以及商品的价格也会在资金流动前调整到合适的水平。随着劳动力向高工资行业的流动，该行业的工资水平会较原来有所下降，资本和土地也是如此。原来高回报的行业随着新的资本品的注入其回报率会有所下降，同样，原来高地租土地也会由于资本注入而使其地租有所降低。

但是，该趋势会受到一定阻碍。事实上，这只是一种阻碍而不是阻止，因此，它会使生产要素的价格发生变化。在开始一段时期，国外资本会流入国内，经过一两年后，当要素供给的调节作用发生时，要素价格的变化就会变得缓慢一些。经过一段时间，任何人都能想得出，由于资本的流入，相同标准下的不同劳动力的工资差异会逐渐消失。

§7. 局部价格水平和交换条件 下面我们来讨论借款国的产品价格。产品价格和要素价格肯定是同方向变化的，但在所有行业中，产品价格并不仅仅与生产成本有关；并且生产成本通常不仅是由要素价格决定的，而且一定程度上也是由设备的生产能力决定的。

资本的真正转移涉及到国内产业的扩张，也可能与不完全国际化的产业有关。在没有产量限制、有足够的失业工人和过剩设备等的条件下，出口产业的扩张才是可行的。① 除此之外，当该产业扩张时，在其他产业中的生产要素必须流到出口产业中，就像上部分所阐述的那样，扩张产业中的要素会变得越来越稀缺，而其他产业的要素会变得相对充足。不能认为那些在国内产业中大量使用的要素就是充足的、便宜的要素，因此它们才在出口行业中占大多数；也不能认为那些较贵的要素会在不完全国际化的产业中大量使用。如果运输成本很高并且贸易壁垒较为严重的话，那么区域内流通商品的生产状况就会差于出口产品，而优于进口产品和不完全国际化商品。但是，当成本转移时，并且不同产品的成本不同时，不能绝对地认为某种要素的稀缺性是高还是低。可以这样认为，国内产业会使用在衰退出口行业中大量使用并且不会引起需求下降的要素。不仅如此，扩张行业也会比其他行业为这些要素支付更高的价格，原因是，生产成本是由产业要素的价格来决定的，而相对于出口产业其成本会上涨。在借款期间，扩张行业的平均价格不上涨也是完全有可能的，因为生产成本和价格也不会上涨。换句话说，A 国的出口商品的供给曲线不需要上移，就更不用说区域内流通商品的价格和不完全国际化的商品的价格了。② 但是，相对于出口价格，扩张产业的价格会引起成本上涨进而使利润提高。

有证据显示，A 国购买力的提高会引起部分产品价格水平的提高和收入总量的增加，但是出口产品价格不会上涨或是上涨很少。B

---

① 在商业条件良好或大量失业存在的时期，机制和国际资本流动的影响有很大不同。当然，如果再获得国内市场或是出口产业存在失业和生产能力过剩的情况时，这种不同就极具意义。

② 正因如此，第5节的结论被彻底修正了。无论用正统的生产力组合的概念来描述成本，还是其他一些类似概念都造成了这样一个事实：巴斯塔布尔、凯恩斯、庇古、陶西格等都只停留在初级结论的分析上，并且在需求方向不发生异常时，他们发现了贸易条件的不同。此外，这些经济学家在此也考虑了购买力的变化，这也是造成他们夸大贸易条件变化的原因之一。让人不解的是，尽管凯恩斯强调在国内原产地扩张性信贷政策的重要性，但是他却没有忽略掉相关成本价格的变化。为什么在进口资本带来信贷和购买力的扩大时情况会不同？庇古在《国际贸易的扰动均衡》（《经济学》，1929年）一文中给出了一种解释：一些人为的对生产力组合的假设使得分析不得要领。诺奇（《汇兑论》，1930年）也犯了类似的错误。读者可以参见我在1928年发表的《补救问题》（《经济学》，1929年）一文中与凯恩斯就这一问题进行讨论的观点。威尔逊（Wilson）在《资本进口和贸易条件》（1931年，第81页）中也陈述了对区域价格水平变化的类似观点。

国购买力的下降也不会引起出口产品价格的下降。A 国出口产品价格的下降也与 B 国的出口产品价格的变化无关，仅与 A 国出现新的需求有关，对这个问题的相关讨论会在第 9 节中进行。没有理由假定在借款初期或是后期的 A 国交换条件的显著变化是原因或仅仅是可能的结果。① 在需求变化和部分价格变化的影响下，生产和贸易的再调整也可能使交换条件保持不变。

简而言之，由借款引起的需求从 B 国到 A 国的要素转移，并不能引起 A、B 两国生产要素稀缺性的改变。由资本引起的交换条件的改变，不仅与上面提到的外界因素有关，而且还与不同贸易和区域的劳动力的流动性、要素供给的反作用、需求弹性以及其他因素有关。

但并不是说借款是定期时在借款期间价格状况不变。供给反作用需要时间，通常当价格恢复时它才会起作用。因此，借款在一年或两年后价格才会有所变化。但是，价格随着时间的推移总会恢复到原来的状态，但又不能假定会完全恢复原样。例子分析是在需求变化以及考虑决定价格如何在长期内恢复原样的外部环境因素条件下进行的，如果没有新的变化影响，那么两个例子的结论是相同的，这就是供给反作用的特点。就国际资本流动对价格体系的影响进行完整分析很费时间。

最后，对于这些国家，相对于经济中的其他因素，资本流动对价格体系的影响更大。其他的情况也是类似，资本转移越多，需要的产业再调节的作用就越大，价格混乱程度也就越高。使进口增加百分之五和出口减少百分之五要比它们分别改变百分之五十要容易得多。上面分析的主要目的就是在大多数国际贸易中，前者的改变并不需要改变交换条件。

§8. 资本输出国的情况　对于资本输出国 B，假定款项是通过第三国的支票和票据支付的，那么 B 国的外汇储备就会下降，贷款量也会大幅减少，购买力的二次下降会导致 A 国购买力的增加。先前我们讲过，这种购买力的下降一定会降低产品和生产要素的价格，而出口产业的产量会增加，国内市场行业的产量会减少，不完全国

---

① 无论是在国际还是国内市场，每种商品的价格都会有很大的不同，这是不言而喻的。

际化的产品会保持不变。该产品产量的增加会超过消费量，因此，它会减少 A 国对该产品的进口。

最重要的是，B 国的再调节过程与 A 国的完全相反。但是，也要注意贷款国的再调节过程要比借款国更难进行。在多数情况下，贷款国某些产业的工资有减少的趋势，而借款国的工资将会有所增加。但是，B 国的工会是非常强大的，国内市场产业的一些工人可能因此而失业。然而，他们在出口产业和不完全国际化商品的产业中不会以低工资就业，他们宁愿失业。生产的再调节作用会使经济出现混乱，上面提到的收支平衡的反作用也可能会在一定时期内出现，同时还会出现产量下降引起购买力的降低进而使产品进口减少的情况。① 这种趋势是否会引发贸易失衡也是一个未知数。如果不是那样，外汇储备会进一步降低，而对于信贷和购买力的影响会是相当大的。贸易平衡会破除阻力最终调整到平衡点。这种调整必然会给 B 国带来损失，这不仅仅因为工资率是固定的，而且还因为资本商品不能轻易地在行业间转换。

贸易平衡再调节作用是无法避免的。在一些例子中，B 国失业只是其购买力下降的部分原因，此时进口会减少；当反作用不够明显时，不利于收支平衡的趋势才会继续，此时利率上涨就会引致国外短期资本的流入。A 国和其他国家的调节会使这种过程继续下去（相关内容请看下一章），通过这种方法，再调节作用在一定程度上会转移到 A 国。由于金本位制以及工会对工资下降的抑制，B 国的金融危机可能会得到缓解。下面这个结论是非常重要的，即在任何情况下，B 国由失业和其他混乱所造成的损失要比国际贸易中交换形式不便造成的损失更大。

发展中国家的再调节过程会进行得更为顺利一些，因为人口每年都会增加，这相对那些人口保持不变或是人口逐年下降的国家是一个优势。因此，发展中国家的国内市场产业的工人数量不会一直下降。如果这些产业无法吸引新的资本、工人和生产要素而使其流

---

① 固定资产拥有者得到更低的准租金，但是失业却使工人阶级的收入减少。前者与后者同样重要，不应该被忽视。不过，要通过工资来描述这种货币收入总和的变化是不可能的。

向其他产业的话，那么其雇用工人的人数就会下降。如果在资本输出国的经济改造期，世界价格水平大幅上涨，那么问题也就会得到缓解。名义价格和收入水平的相对下降只能说明它们比国外的名义价格和收入水平的增加要少。

总之，一定会出现不同的二次影响，其性质取决于借款国和贷款国经济的各自特点。例如，如果不能实现生产的规模经济，那么某些行业的产量就会增加，这源于借款降低了成本。但是，由国际资本转移①引起的产量变化也意味着自身的变化。

最后，不能过分强调机制是一个过程，甚至当借款是等量发生时状况都是一直变化的。问题是商品是一直流动的，而产量也是可改变的。就像其他调节一样，这种调节也需要时间，随着时间的推移，这种效果才会明显。

§9. 国际化商品的需求变化方向　上面推论假定 A 国用来购买国际化商品的部分借款是以相同的方式在 A 国和 B 国的出口商品中分配的，而在 B 国也是如此。A 国购买力的增加和 B 国购买力的降低也是假定两个国家的出口商品总需求不变。正如前面所介绍的那样，供给状况的不同会引起交换条件的变化；如果不满足需求假定的话，那么交换条件也会受到其他趋势的影响。价格水平的变化取决于需求的增加或减少，而商品和服务也会受到影响。因此，当讨论 A 国和 B 国国际化商品需求的一些变化的例子时，也要考虑到由 B 国国内产品市场流向 A 国的需求变化带来的影响，当然，这在前面已经分析过了。

如果 A 国用借款中的大部分购买 B 国的出口商品，② 但却很少购买本国产品，而 B 国本想大量购买 A 国的商品并且也不想购买自己的出口商品，那么国际化商品需求的移动会受有利于 B 国的交换条

---

① 遗憾的是，我们对资本在一国不同地区间的交易规模和重要性知之甚少。这不是统计的原因造成的，而是受其他重要因素的影响，比如某地区经济的高速发展。所以，以下分析不足为据。

② 维纳教授针对我的观点指出，借款带来的对进口商品的需求可能会比借款额要多。阿根廷可能借 0.5 亿美金，同时修建一条价值 1 亿美金的铁路，其中就有可能有 0.8 亿美金用来支付国外商品。而当阿根廷不借款时，国内资本的大部分都用来支付本土产品了。

件的影响。这种趋势要比第 7 节讨论的相反趋势的作用要大，而且两者作用的结果会有利于贷款国。换句话说，交换条件要比贷款发生之前更有利于 B 国。这也没有什么好奇怪的。需求变动不仅来自于区域内流通商品和 A、B 两国中与该产品有关的生产要素，而且同样也与出口商品以及 A、B 两国与出口商品相关的生产要素有关。这也意味着 B 国的生产对需求的作用要比以前大，而 A 国的要素则相反。

另一方面，如果 A 国购买来自 B 国的商品比 B 国预想的要少，很明显，需求就会从 B 国的出口商品中转移到 A 国的出口商品中。同样，B 国国内的市场也会有与 A 国相同的产品需求的转移，需求从 B 国的生产要素中转移到 A 国会更明显。与先前讨论的例子相比，交换条件会更有利于 A 国。

到目前为止，所有的例子都有一个共同点：由于资本转移，所有区域内流通商品的总需求和所有国际化产品的总需求都假定不变。不言而喻，总需求变化会引起 A 国的区域内流动产品需求的增加和 B 国的减少。类似地，一国国际化商品需求的增加会引起另一国同类商品的减少。因此，由从 B 国到 A 国转移的购买力来源于 B 国生产的各种商品，或是从 A 国的出口商品变为 A 国的各种商品以及 B 国的出口商品。需求从一部分转移到另一部分要具体问题具体分析，不能一概而论。但几乎肯定的是，重大的国际资本流动都意味着贷款国区域内流通商品需求的减少以及借款国的增加。出于这个原因，在先前的章节中，我们都是以国际化商品的需求不变为前提来分析局部问题的。下面的分析如果不是特别说明，一概都认为从 B 国区域内流通商品到 A 国区域内流通商品的需求的转移要比从 B 国出口商品到 A 国出口商品需求的转移重要，反过来也是一样。

§10. 一些其他观点　调节贸易平衡引起新的国际资本流动的因素有以下一些：(1) 直接或间接由借款引起的 A 国购买力的增加被用来购买更多的国际化商品，而 B 国的购买量减少了。(2) 相对于国际化商品，A 国区域内流通商品和不完全国际化商品的价格要高一些，而 B 国要低一些。(3) 出口商品的供给价格曲线在 A 国上移而在 B 国下移。[①]

[①] 第四次趋势将在第 23 章第 4 节中讨论进口税时进一步加以描述。考虑进口税时，其影响是显而易见的。

经过一段时间，三种趋势对贸易平衡的共同作用对由 A 国借款引起的总的外汇需求是不明显的，外汇储备会继续增加。前面已经提到了，这会使贸易平衡向负方向移动，最终会形成由借款引起的外汇需求增加。赤字要比借款量大，外汇储备会减少，上面提到的趋势会更弱，借此赤字又会减少。因此，一年内借款国在借款不变的情况下是不可能出现顺差的，（短期资本流动会反向进行）。国际资本流动机制是非常严密的。

关于 B 国商品在 A 国是否有足够的市场问题也不再是难题，因为这在前面已经介绍过了。很多学者认为在一些著名的例子中，国际资本流动的再调节作用非常快。这在怀疑古典机制的介绍中已经证明了，贷款国为了不使借款国超量购买商品，贷款国一定会以相对便宜的交换条件提供商品，因此，这会形成与资本出口相关的出口顺差。① 上面对机制的概述更容易解释调节为何进行得如此顺利。

在瑞典，资本流入已经有十年的历史了，流入量大约是每年进口商品价值的百分之十，这种情况一直持续到在战争开始的前几年，这时才有资本出口，大约是出口商品价值的百分之五。经济必要的再调节作用并不引人注意，却暗含着其他商品在三年内出口增加百分之三十而进口保持不变，且没有任何证据显示遇到了阻碍并引起了任何价格商品和收入水平的显著变化。类似的例子在其他国家也发生过。这也说明不了什么，瑞典国际化商品需求的增加可能来自其他原因，并一定是资本流动的结果，但这却增加了与实际相符的一种平稳运行的机制理论的可行性。

为了理解国际资本流动的真实运行机制，认识以下方面十分重要，在大多数状况下货币转移加速了实物转移和价格水平的变化。②

---

① 陶西格：《国际贸易》（1927 年），第 239、261 页；以及凯恩斯、吕埃夫（Rueff）及其他经济学者在《经济学》杂志上发表的文章（1929 年 9 月）；在《货币论》的第 11 章，凯恩斯对此进行了讨论，但是并不局限于信贷的主要变化发生在 A 国还是 B 国（见第 4 节）。单纯就信贷额而论，购买力会根据借款人在国外消费的程度进行转换，但是凯恩斯并没有意识到这一点。凯恩斯认为国外的余额平衡依赖于国内和国外的相关的价格水平，这一观点得到了陶西格和经典理论拥护者的支持。

② 参阅《经济学》的相关讨论。

货币转移形式包括直接由借款引起的购买力的变化，也包括信贷量的根本变化。购买力的变化意味着效率诱因，而价格特点又随着实际情况的不同而不同。购买力的变化从几个方面直接影响着国际收支平衡，甚至在一些可能的例子中，由于高流动性导致相关的价格根本就不变化。在大多数情况下，认为价格变化是正确的，尽管它们并不是十分重要的，并且不涉及国际交换条件的变化。当然，这对生产和需求会产生进一步的影响，部分地是由于它们引起了购买力的变化。不过，它们对于购买力的影响是次要的。

也应该注意到在一些情况下，不同价格水平的关系并不像价格与工资水平的关系那么重要。在一个所有商品要么是出口要么是进口的新兴国家中，区域内流通的商品会包括服务，价格基本等同于工资水平。但是这并不与上面的结论矛盾。就像对国内市场价格描述的那样，国内市场工人的工资已经包括了各种服务。

第21章 国际资本流动机制（续）

§1. 存在外部国家的情况 在上一章中，为简单起见，我们在例子中假设只存在一个借款国和一个贷款国。事实上，世界上有很多国家，购买力从 A 国向 B 国转移的同时也会引起别的甚至是所有国家的贸易变化。

存在多个国家其实并不会有很大不同。如果借款国的国内对本国商品的需求有所增加，那在贷款国的国内情况就正好相反，虽然两者变化不一定相同。但如果涉及到国际商品，情况就会不同。如果 A 国使用借款购买本国和 B 国的商品，同时还进口 C 国的商品，那么 B 国对 C 国商品需求的比例就会相应减少。这样一来，商品价格没什么变化，只是 C 国原本出口 B 国的商品转移到了 A 国。

用 C 国和 D 国来表示国际资本交易中直接关联的所有国家，情况和只存在 C 国时的情形是一样的。A、B 两国对 C、D 两国商品的需求没有改变，后两者对前两者也如此，至少没有受到国际资本流动的直接影响。只要 A、B 两国对 C、D 两国商品的总需求不变，那么它们增加对 C 国商品的需求以及减少对 D 国商品的需求就不会产生什么影响。除了 A、B 两国实际需求的变化外，它们对 C 国或是 D 国商品的需求偏好也会变化，但这其实和 A、B 两国并不直接相关，只有在它们明显地倾向于与其中的第三国发生贸易时才会产生间接影响。对 A 国和 B 国来说，重要的是第三国对 B 国的国内市场上的商品和半国际化的商品的需求都转向了 A 国，这同时也会引起对国际化商品需求的变化。这在上一章中也提到了。所以，在认为第三国不会对整个机制造成影响的前提下，假设对国际化商品需求的间接变化并不会改变 A 国和 B 国对其他国家商品的需求。

事实上，借款行为以及间接引起的借款国和贷款国之间的购买力的转移并不太可能是以上述形式来影响各种商品需求的。一个普遍的现象是，A 国花费多于它从 B 国得到的借款。显然，这里对 B 国的商品的需求不只是转向了 A 国，同时也转向了一些第三国也即 C 国（如同不同的商品需求变化一样，见前面章节）。这种转移不仅仅是因为使用借款，同时也是因为购买力变化引起的间接变化。进一步地讲，就是对 C 国商品需求的增加导致了 C 国的购买力[①]的增加，从而也会或多或少地造成对 B 国商品需求的增加。另外，B 国购买力的间接减少也在一定程度上造成了它对本国和外国商品需求的减少。如果 B 国的需求疲软，那么其生产要素和商品也会变得更加稀缺，而 A 国和 C 国的生产要素和商品则变得有价值。多个国家存在的国际收支情况类同于只存在两个国家，只是更加复杂而已，作为价格变化率的基础，我们有必要深入描述具体例子。

　　回忆一下在两国贸易模式中，对国际化的商品的需求基本不变，而涉及到其他商品的调整则有一个适应的过程。（1）B 国购买力的降低而 A 国购买力的增加。（2）B 国某些商品的供给价格相对较低，而在 A 国则相对较高。在这个例子中，全世界对 C 国商品的需求的增加自然地使 C 国国内的相关生产要素变得非常稀缺了，进而提高了 C 国的收入水平，同时也提高了 A 国的收入水平。因此，这两个国家的购买力都会增长，虽然这个现象经常被忽略，但它们在调整的过程中却是扮演了一个重要角色。

　　如果拿 B 国与 A 国和 C 国作比较，我们就会明显发现 B 国的出口价格降幅其实很小：（1）变化较大的是 A 国和 C 国的购买力的增加以及 B 国的购买力的下降，这是由于国际贸易的转化在一定程度上引起的联动反应（购买力变化越大，国际收支变化也越大）；（2）A 国和 C 国的购买力增加越多导致它们对 B 国的商品的需求也越大；（3）B 国购买力下降越多造成 B 国对 A、C 及 D 三国的商品的需求量就越小；（4）A、C 及 D 三国对 B 国的商品的需求弹性越大；（5）B 国对从 A、C 及 D 三国的商品的需求弹性也越大。

　　§2. **需求弹性**　对上述五种情况作进一步研究。首先，其他所有国家作为一个整体对 B 国商品的需求弹性由下面三种情况决定：

[①] 货币性收入以及流动性资本输出的总额上升。

(1) B 国的出口商品有哪些？这些商品在其他国家的需求弹性；(2) B 国的供应量占这些商品总需求量的比例。事实上，大多数商品都是很多国家的生产者按一个特定国家的需求弹性生产的。就算出口价格发生很小变动，但也会引起外销的巨大变动，久而久之，这个国家就可能不再是一个出口国家了。这不仅是其他国家购买数量的下降，而且别的国家也会因为价格提高而增加产量和出口。另一方面，一些近期滞销的商品在几年后会因为低廉的价格[①]而成为国外市场上的紧俏商品。这样，商品就会在出口商品和准出口商品之间变化。很多研究都表明，同样的商品在不同时期的所属类别并不总是一样的。

一个国家提供的一种重要商品在整个世界都占相当大的比例，这种情况只能是个例外。最著名的就是美国占世界统治地位的原料生产。在这样的例子中，商品需求弹性非常小。更普遍一点的例子是，有几个国家提供了大部分商品，其中一个国家降低价格以后对这种商品的需求弹性的变化，取决于别的国家因此减少了多少产出，以及出口国和进口国之间贸易关系的紧密性。如果 B、A 两国的贸易关系不如 C 国和 E 国来得密切，那么 B 国出口价格的微小变化就会对 B 国的对外销售产生一定影响。

关于需求弹性的讨论，我们不应该避而不谈上面未涉及到的另一种特殊情况。在某些特定情况下，B 国可能用资金和劳动力来开拓新市场，在一些尚未是 B 国的某些商品的购买者的国家建立新的市场机构。在这种情况下，国外对这些商品的需求就会被刺激。这样先前假设在一个国外市场中，特定种类商品的出口销售量主要取决于这个市场对这类商品的总需求、B 国以及其他竞争者提供的商品价格就不准确了。销售量同时还取决于交易者的活跃程度以及他们愿意花在广告、销售、信用风险上的费用。在 B 国的本地市场越少花费精力和资本去满足国内需求，那么在海外市场就能有越多的精力和资本。

总而言之，多国模式使 A 国商品的需求弹性在 B 国的商品价格和成本水平下降时变得很敏感。自然地，这也使 B 国对 A 国商品的

---

① 当成品出口增加时，由进口原材料或者半成品生产的商品的进口也会增加。

需求对价格比较敏感。如果倒推因果关系，我们就会发现销售量的减少多少取决于以下原因：首先是其他国家减少了多少精力在 B 国开拓市场；出口商品的数量和种类，以及即使在出口价格稍微上涨的情况下 A 国也不再出口的商品；B 国出口商品价格的下跌；竞争对手国家增加的商品供给；从 A 国和 C 国出口到 B 国的商品的需求弹性。

§3. **需求趋势**　现在我们来讨论调整过程的另一个方面，即购买力变化的直接和间接影响以及由此形成的需求趋势。如果 A 国和 C 国变化的购买力主要是对于 B 国的商品，那么从 B 国来看，这个调整的过程会比 A 国和 C 国从别的国家购买商品更简单。① 换句话说，如果 A 国和 B 国的贸易联系较少，那么 A 国的购买力增长对 B 国国家收支的影响就很小。同样，B 国对这些贸易"小国"的商品需求的减少就会很小，但 E 国的生产商则会敏锐地察觉到这种减少了的需求。因为这些其他国家于 A 国和 C 国相对于 B 国来说要更重要得多，所以 B 国会更加直接地感受到 E 国购买力变小的影响。简单来说，与 B 国的贸易关系越疏远，B 国的贸易条件就会越不利。

贸易关系取决于各国产业的特点、运输关系和关税。因此，如果 A 国得到借款之后便进口贷款国的商品，那么它们之间的关税限制越多，相关商品价格、贸易条件的变化及调整过程就会越困难。当然，如果 B 国不能很容易地增加它对 A 国和 C 国的出口，那么产生的影响就类似于 B 国对别国（比如一直扮演着中间媒介和对 A 国和 C 国增加产量之后的调节器角色的 E 国）的出口增加。因此，调整过程是循序的，开始前并没有预兆，虽然 E 国碰到的困难比起 B 国将遇到的高额的运输费用和关税障碍要小得多，但这和别的国家一样，它们都将遭遇到需要艰难克服的摩擦。如果 A 国和 C 国因为 B 国运输困难而转向 E 国购买的话，那么将大大减少 E 国的困难，而 B 国也将把商品卖到 E 国去。

相似于 A 国和 C 国间的增加购买力和商品价格变化的关系，B 国减少的购买力和 B 国的国际支出也有关系。对国际收支的影响越

---

① 为避免造成误解，再次强调 B 国商品需求的大量增加会导致国际收支产生盈余，但该变化在此不予讨论。

直接，发生国际资本流动时就越容易找到均衡点。

需求从 B 国转向 A 国和 C 国只是很多可能性中的一种，但这是上个世纪国际资本流动中最多的一种情况。瑞典和别的一些欧洲国家在 19 世纪下半叶向法国借了巨额资金建设铁路，但是只有很少的铁路建设用料是从法国购买的，大部分都来自于德国和英国。战后德国支付给美国的巨额战争赔款也没有造成美国对德国商品的大量需求。一般来讲，国际资本流动包括了两个需求的变化，即一个是对贷款国的本土市场上的商品和生产要素的需求转向借款国，另一个是对贷款国的出口商品的需求转向借款国和另外一些局外国家。

§4. 购买力的变动规模　先前我们对于商品供给价格和购买力的变化已经作过论述了，后者部分地是由于借款的直接影响，部分地是由于生产要素价格的变化。也就是说，货币收入总额和流动性资本处于变动中，① 即调整过程中的两个不同方面。一个值得深思的问题是，什么情况决定了购买力变动和出口价格的变化这两个相关反应的比率（比较第 1 节最后一句话）。

如果在任何时候商品价格都取决于生产成本，而且任何一个生产要素在一国国内的任何部门的价格都相同，那么商品在出口时，在国内市场以及准出口时的价格都只取决于生产要素价格，因为生产要素在不同的生产部门会使用不同的比例。如果借款国只在出口部门中大量使用某种生产要素，那么这种商品的出口价格就只会有稍微增长，但很多别的产品的价格却会有一个相当大的增长。这样的结果会是某些生产要素价格的巨大增长以及国家货币性收入的扩张。这个增长的货币收入总和会独立于出口商品供给价格的变化而影响国际收支。

由于一些生产要素可能暂时在国内市场部门会比出口部门得到更多的回报，又因为价格随着生产成本的不同而变化，因此，借款国国内市场部门中的相关商品的价格会有极大增长的可能。换句话说，总购买力在货币上的表现产生大幅度变动的机会就会很大，即使进出口价格之间的关系不变动也是如此。概括来讲，当别的商品

---

① 接下来我们在提到货币性的收入总额时都会加上流动性资本输入，以便完整表达。对于已学过前面内容的读者应该不会造成什么误解。

价格与借款国或者第三国 C 的出口价格相比高很多，而与贷款国的出口价格相比低很多时，那么与外汇有联系的购买力变化就会很大。那样的话，国际收支对汇率很小的变化也会很敏感，更不用说与之相伴随的购买力的巨大变动了。

商品价格和购买力总量的变化很大程度上依赖于信贷政策。不管 A 国和 C 国开始采取何种政策，它们都会被迫改变信贷政策，除非能让第三国也采取信贷紧缩政策。如果做到了，那么贷款国则会更进一步地限制信贷实施紧缩通货政策。然而，第三国没有什么理由实施紧缩通货政策。如若真的那样，那么 A 国和 C 国对外汇和黄金增长的需求就会导致一个信贷扩张过程，这在前一章中已经提到过了。调整机制会在借款国 B、A 与 C 三国的国内同时起作用。在德国战争赔款的案例中，很明显，赔款从德国经由国际银行的操作转移到法国和美国就显得非常重要。在那几年，扩张的货币环境使它们采取开放的信贷政策，当时主要的调整过程开始运作，德国商品出口也就产生了盈余。

§5. 外汇条件 购买力转移的很多方式总是倾向于使 A 国与 B 国的贸易朝资本真正转移的方向进行。从国内的价值角度看，进出口价格差额产生了特殊利润。当价格机制变动有利于借款国时，贷款国在资本交易前就会购买价值超过已经转移的货币的商品，而借款国和第三国会获利更多。由这一章和前一章的分析中得出的这个结果并不一定总是正确的，因为当汇率有利于 B 国而不有利于 A 国时需求会被影响；退一步说，就算对 B 国有利，利益也会流向 C 国而不是 A 国。

对于汇率变动的比率，上述理由显然表明，如果有一个多样化的生产格局，而且和世界上很多国家都有贸易往来，那么就算有相当大规模的资本流动，①贷款国对商品和生产要素需求的减少也不会导致进出口价格的相应改变，战后德国就是一个很好的例子。因此，有理由相信战争赔款不会使贸易关系变差。对于更多的对战前例子理论分析不足的证据见下一章的内容。

---

① 我也已经提到，借款和赔款需用相关国家的相当于其出口额的 10%～15% 的比例来支付。

在不同的国家情况也会有所不同。比如巴西,主要出口相对缺乏需求弹性的咖啡,如此单一的经济使其缺少其他可供出口的替代商品,也就是说,严重缺乏出口替代品。如果从巴西输出资本或借款突然消失,而利息和股息却还需要继续支付,那么就会使巴西的出口价格指数大幅下跌。

§6. **运输成本的变化**　不同资本的流动过程需要不同的运输服务,从而产生了不同的运输成本,这些在前面章节中已经提到过了。很多情况下,国际运输费用要比国内运输费用贵。如果是这样的话,一方面,商品和生产要素的价格水平相对来说就会下跌;另一方面,这也会提高对 B 国生产要素的需求,从而抵消部分影响。我们作一个假设,A 国拥有丰富的煤矿,B 国拥有丰富的铁矿,而 B 国如果把铁矿石运到 A 国进行加工然后再出口到 C 国,那就会比自己加工更划算。如图 5·21－1 所示:

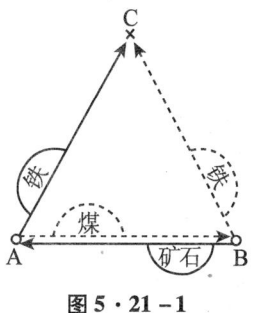

图 5·21－1

因为 A 国向 B 国而不是 C 国购买铁矿,所以,B 国对 A 国有大量出口。如果提高 B 国到 A 国的运输费用而降低 A 国到 B 国的运输费用,那么 A 国出口煤到 B 国以及出口铁到 C 国就会更有利可图,而 B 国的铁矿产业也会随着 A 国竞争对手的衰落而扩张。

§7. **关税的影响**　除了购买力在国家间的转移会造成经济的不均衡外,还会引起价格机制以及各国国际收支均衡点作出调整,在此我们有必要就高额关税壁垒对此造成的影响进行分析。

关税也是通过阻碍商品流动进而阻碍国际资本流动的,因为商品贸易其实是一种资本转移的方式,它削弱了国际收支中总购买力变动的直接影响。**相比自由的贸易**环境,存在高额关税时需要一个更大的刺激才能使商品继续流动,所以价格的大幅变动是必要的。

换句话说，这是一个改变国内市场商品价格、准出口商品价格与出口商品价格之间关系的机会，而对国际收支只会造成很小的影响。简而概之，不同国家间的价格机制的联系因为关税而被削弱，它们之间购买力和商品的转移会变得更加困难。毫无疑问，战前全球的保护性政策和发生在英国的"只买国货"以及其他的一些类似运动，使得德国战争赔款的支付变得超乎它原本该有的重要性。

如果一个国家因为非经济原因有一个很大的净资本流入（比如战争赔款获得），同时对所有进口商品都设置了很高关税，那么进口量就会下降，外汇就会过剩，从而导致这样或那样的信贷扩张，所有产业的生产要素的价格和生产成本都会上升，而且会以一个无法阻止的态势上升到以前几倍的水平，并且即使出口停止后仍会上升，假如进口是因为关税而下降的话。只有当消除关税后产生的大量进口的价值等于赔款时才会达到新的均衡。①

如果国际收支只考虑贸易均衡和资本转移的话，那就会产生上述情况。没有理由假设这个国家的利率会因为高关税而下降，② 因为对外贷款的目的就是要重新建立收支均衡。事实上，收支均衡中的其他因素比如也很重要的旅游消费，很可能起反向作用。对于这个国家的居民来说，出国旅游很便宜，因此，可以肯定地说，旅游消费的支出将会很大。

有一个被广泛接受的观念，这在很多财政类杂志上都可以读到，那就是认为最近十年美国大量资本输出的原因是美国征收了高额的进口关税，而且美国拒绝接受以商品形式的赔款和利息支付，因此，美国国内大量的资本只能投资海外。这种观点其实带有明显的重商主义理论色彩。如果一国的国际收支表现为盈余，同时向国外借款，那么盈余肯定是由于别的原因而非借款所引起的，因为借款通常只用于平衡国际收支。进口的减少在债务方会被认为是由于借款过多，在债权方会被认为是增长的资本出口。在18章中我们已经指出，从短期来看，这种观点可能是正确的，但从长期看，资本流动是原因，

---

① 如果该国在世界上举足轻重的话，那么别的国家就可能被迫降低价格水平，例如，在世界黄金供给重新分配调整出现滞后的时候。

② 下降幅度可能与上升幅度相当，参阅第17章。

而收支均衡才是结果。

要证明美国的关税增加了对外贷款,需要证明几个前提条件:一是当时美国的利率比国外低;二是美国的资本家因为某些别的原因而更愿意投资海外;三是国外的资本家因为某些别的原因而不愿意投资美国。显然,我们无法证明这三个条件,所以不能说只要美国降低关税资本出口就会增加或者减少,或者限制移民比进口更有可能增加资本输出。①

§8. **国内运输成本** 我们曾多次指出,商品流动的困难很大程度上阻碍了国际资本的流动。当然,进口关税和国际运输成本只是造成了如此情况的部分原因,国内运输成本也是影响因素之一。我们在第3章中给出的布局理论,即购买力和需求从一个地方转移到另一个地方会改变地区供给的情况,导致商品在不同地区间的流动,以及生产要素被用在不同的商品生产和服务上。另外,不只是资本,还有劳动力也是可以流动的,生产状况就因此而改变了。

这对于一个国家或者不同国家中的不同地区来说都是正确的。把商品从内陆地区运到边境地区以及把商品从一个边境地区运到另一个边境地区是一样的。如果德国的资本输出增加以及出口商品在一个远离边境的内陆地区生产,那么对于价格的影响(此地生产和别的地方生产相比)和国内商品到国外销售的影响一样,商品运到很远的市场都需要较高的运输成本。

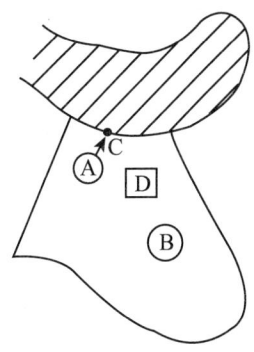

图 5·21-2

---

① 移民对资本流动产生的影响我们在第17章中已经进行了论述。

如图5·21-2表明，假设土豆在 A 地通过港口出口运送到 C 地，而 B 地生产的土豆用来满足本国需求（这个国家的南部地区），那么其价格会（不计 B 地运到 C 地的运费）比 C 地的价格高。如果购买力从 B 地向别的地方转移，那么这就会增加对 C 地土豆的需求，从而会使 B 地的土豆价格（不计运费）下降到 C 地的水平。

这个例子中的土豆代表了商品，有些商品会被运到更远或者运费更高。商品和生产要素的价格水平在像 B 地这样的地区或多或少地会下降，而那些进口国中依赖偏远地区所提供的商品的价格水平则会上涨。

为避免商品运费最高[1]应该采取转换生产、出口别的商品等办法。另外，B 地区会把商品卖到一个更容易接收的地区（D），这个地区则会运输另外的商品到出口港口。从整个国家来看，如果 B 地专业化生产本土商品，那就会发生这样的情况。如若果真如此，那么商品流动的调整就会逐渐发生。[2] 概括来讲，在其他条件不变时，产业布局以及地区间的价格关系就会发生改变，生产出口商品的产业会在出口环境好的地方聚集，在国内出售的商品会更少。劳动力、资本和一般的经济活动也会向这样的地区流动，这些要素流动阻碍了移动性生产要素价格水平在经济环境不好的地区出现下降，但更进一步降低了自然资源和固定性生产要素的价格。无论如何，这些地区不可能会避免贷款利率的下降以及借款利率的上升。

进一步分析来讲，不计国内陆地运输的成本，单从经济角度看，如果为离边境近的地区保留大部分的商品，那么价格水平很明显地（按一般价格指数衡量）就会比分析得出的程度更大；而如果在贷款国下降和借款国上升，[3] 则国际贸易的汇率（FOB 价格以及不同国家的出口商品价格之间的关系）就并不会受到影响。[4]

显而易见，与资本从 A 这样的地区输出相比，资本从 B 这样的

---

[1] 只有价格大幅度下降，这些商品才有可能在海外大量销售。
[2] 从一特定国家不同部门的资本输出，是指购买力先在国内从一地区转移到另一地区，再从这个地区转移到国外。
[3] 在考虑到需求方向的假设下。
[4] 贷款国因为承担更大的运输成本而造成额外损失。汇率变动不能充分反映每个国家国民收入的变化。

地区输出到别的国家会使贷款国的价格水平降低更多。这和另一个事实相似，资本从奉行保护主义的借款国向几乎没有贸易联系的国家输出，比从与借款国贸易关系密切的贷款国输出，其价格水平会下降更多。

简而言之，内陆运输在调整过程中也起作用。进一步地讲，资本输入会使运输条件发生变化。打个比方，通过铁路和道路建设，价格机制会以这一章未提及的方式受到影响。[①]

§9. 国民收入 上述分析清楚地表明国际资本流动对国家收入的影响是一个复杂的过程，在此有必要区别不同时期。第一，当转移开始时，无论什么时候，贷款和利息支付的不同都会造成相当大的变动，因此会造成混乱和损失，特别是对那些国际收支容易受到负面影响的国家。

第二，当借款行为大规模开始后，汇率（以 CIF 出口价为基础）或多或少地会对借款国有利，只要新的借款大于需支付的利息，特别是在资本转移期间。但若新借款无法支付利息和分期偿还，那就会产生反作用。然而，由于国家间的运输成本会因为资本流动而变化，而被视为一个国家港口之间进出口价格间联系的汇率变化少，则贷款国为了出口会尽可能多地进口商品，就算外国港口的出口商品比国内港口的出口商品贵得多也会这样，因为与对外运费相比对内运费会下降。另一方面，进出口价格的关联性对变化有利，内陆运输成本随着行程的增加而提高。

第三，资本在海外实现的减去风险报酬之后的纯利润率要高于在国内可带来的收入。例如，国外投资回报率为 7%，而在国内则是 5%，如果利率和资本的边际生产率相同，那么，1 000 000 美元的资本输出，国内生产每年会减少 50 000 美元，但带来 70 000 美元的利息收入。国内生产减少的比例要小于 50 000 美元和先前的货币收入比例，借款国生产增加的比例也要小于 70 000 美元和货币收入的比例。从整个国家的产出来看，资本边际生产率（通过产量变化来衡量）比利率要小。资本供给的增加提高了工资和租金，它只是部分

---

① 见 17 章。

地表现为资本品的供给。每个资本品需要更高的工资和租金。减少资本供给能降低工资和租金，因而也能减少资本品数量。①

第四，资本重新分配改变了生产布局，间接影响了未来的商品供给，这对于贷款国未来的贸易非常重要。它们大量进口的产品就会更便宜，这如在第 17 章中所提到的英国的例子。进一步地讲，其出口商品的价格也会受到影响。

显然，国家收入受很多相关的未知力量的共同影响，借款国和贷款国都无法预期未来的收入或损失的价值，当然它们也无从得知国际资本流动给这些国家带来的是净利润还是损失。不过，除非经济混乱会造成巨大损失，否则全球的经济收入还是增长的。

§10. 资本流动总量的变化 我们一直以来都假设借款国在长期都稳定在同一个利率水平上，这其实是很少见的，虽说这有可能。非经济原因的支付比如赔款，会产生一个确定的、稳定的资本净出口和出口，最著名的重要例子是美国、阿根廷和加拿大。在这三个国家中，我们发现在开始和后续的几个阶段中，有一段特殊的借款时期，这个借款阶段在美国持续了十年，在阿根廷持续了八年，主要集中在后四年；在加拿大持续了十年，也集中在后期。我们可以注意到，只有在美国借款的几年间有一个稳定的利率；在阿根廷和加拿大，这段期间的利率都是攀升的。在这些国家中，当资本输入突然中止时，转移的影响就会非常大。

对上述原因作简单补充，利息支付通常会增加资本流动。利息支付使购买力从债务国转向债权国，这和原始产生反方向转移的机制是一样的。但购买力的转移并不要求利息在任何时候都能弥补新的借款。新的借款和利息支付差额是产生资本转移的动机。从国际贸易机制的角度看，这个净移动值特别值得关注。

净流动值不可能在很长时期内保持每年的数量相同。债权国增加的利息收入在长期内又能形成新的贷款，在上个世纪中期的英国就发生过这种情况。由于债务国继续举债，每年的利息支付就会越

---

① 维克塞尔在《国民经济学讲义》（耶拿，1926 年）中对这种特殊资本有过详细论述。在讨论资本进口对国民收入的影响时，凯恩斯忽略了这种情况，导致其在实证评论上得出的结论不可信（《货币论》，第 21、37 章）。

来越多，等到五至十年购买力的净流入之后，借款减少就会使债务总量低于要支付的利息。不过，这并不是借款在长期不应该增长的重要理由。这段期间如果不考虑利息支付，那么购买力的净流入就会慢慢替代债务。但是对于此类重要案例的研究，本文并没有给出明确的例子。

美国、阿根廷和加拿大的相关案例见下表 5·21-1。

数值证实，在大多数例子中如果借款有大的变动的话，那么相当大的超过利息支付的资本净流入就会消失。

因为先前分析都是建立在稳定净流入的假设基础之上的，因此对于别的可能性也应加以说明。如果流入是稳定的，那么就此作出反应的价格预期就会在借款开始的一两年后达到最大值，然后慢慢下降到原先的水平。① 在借款快速增长的案例中，相关价格很可能上升；反之，当借款增长稍缓时，其价格带来的变化就会保持稳定甚至消失。

表 5·21-1　　　美国、阿根廷和加拿大的国际借款

（扣除国际支付后的资本净输入，以百万美元计算）

美国*

1860~1878 年　—3—8—40—37 | 65 51 40 38 34 70 69 33 40 67 | —9—43—110—155—195

阿根廷**

1881~1895 年　2 10 28 12 16 | 41 116 198 94 | —15—23—16—20—31—21

加拿大***

1900~1913 年　1 11 3 18 | 49 64 56 77 152 147 187 260 269 362 |

*　格雷汉姆：《折旧条约下的美国国际贸易：1862~1879 年》，载于《经济学季刊》，1922 年。

**　威廉姆斯：《纸币环境下的阿根廷国际贸易：1880~1900 年》，剑桥，1920 年。

***　温特：《加拿大的国家债务：1900~1913 年》，剑桥，1924 年。

毫无疑问，如果净流入下降，那么回归原位的趋势就会更强。自然而然地，净流入减少就会导致和资本输出开始时的上升趋势一样。只要考虑到这种机制，对资本输出开始时的分析同样适用于资

---

① 在资本流动机制中存在这样一种趋势，即基础条件改变时资本流动就会受到影响，由此就会形成一个新的趋势。

本进口减少时的情况。而经济史上著名的借款突然消失,就是前期借款的利息支付使得由净流入会变成净流出,造成了很强的短缺趋势,就像上面资本出口国 B 出现的情况一样。

这些分析也符合在稳定或者变化的利率条件下资本输出和净流出的情况。如果 1923 年美国对外资本输出减少很多,但在 1924 年却有一个上升(这看起来好像 1923 年有一个小的资本净流入),那就会造成美国国内市场价格的上升。联邦储备局和瑞典《斯德哥尔摩日报》尽可能地使用同样的商品调查了美国、英国和瑞典的一般价格指数,这可以用来证明这一观点,见下表 5·21-2。①

表 5·21-2

	美国	英国	瑞典
1922 年	158	156	159
1923 年	165	150	157
1924 年	159	159	157

1923 年欧洲的物价要比二十三年前和之后的都要低,在美国则很高。

这里给出了三年的这些国家的一般平均价格指数,在美国为 140、149.5、145;在英国、瑞典、荷兰、加拿大则为 154.5、150、157。②

考虑到购买力的净流入和净流出的经常性变动,有必要考察那些并没有意识到的商业活动对经济造成的重大影响。这证明了一个观点,即平缓的调整过程不会造成价格混乱,短期资本流动有助于实现均衡,这正如第 18 章中所解释的那样,会更进一步减少调整的需要。

资本流动也会因国际收支的其他变化而变动。例如,在英国国外贷款增加的同时,对英国商品的需求也提高了。好的经济环境增加了英国的储蓄以及国外对英国贷款的需求。③ 英国出口商品被大量

---

① 作者注释,《国际贸易均衡》,载于《经济学》,1928 年 9 月。
② 的确存在这个可能性,至少部分地是因为 1923 年美国的经济狂潮,而当时欧洲的经济还比较低迷。
③ 即期好的期望刺激了英国的对外投资;另外,世界上很大一部分国家的国际贸易都与英国相关,在贸易扩张期间对英国资本的需求也猛增。

需要，在此期间大量资本投资到海外。在经济不景气期间，储蓄以及对英国货的需求下跌，部分地是因为对商品需求的变动直接造成贷款变动，这在一定程度上趋于保持商品和资本流动之间的均衡。

资本流动和国际收支之间的密切关系并不是唯一原因，一些作用于改变购买力而不是汇率的平缓的运行机制也是影响因素。事实上，修正经典理论的主要倡导者陶西格也指出，通过改变相关价格水平和贸易方式的方式并不容易调整过程。

他说，价格水平波动与工业更迭变化息息相关。在赌博和投机显著的时期形成了巨额贷款，每次危机之后都会急剧甚至彻底停止。最近英国一百年的经济每一次完整的循环都存在一个国外投资输入的高潮后紧接着经济衰退直至平稳的过程。①

不太熟悉或者不太了解相关的理论，或者没有从全局进行考虑，就会不了解在变动的贸易平衡中的收支平衡对此如何迅捷地作出反应。实际的商品流动机制总与支付平衡惊人地协调一致。我们的理论研究也一直关注着这个过程。当贷款激增时主要输入货币，这样，贷款国的价格水平下跌，而借款国的价格水平就会上升，就会造成货币从一个国家转到另一个国家，从而使不平稳快速发生。但至今还没有观察到如理论分析所预测的那样产生不稳定的信号，而一些一再出现的循环现象并不被研究者所关注。最值得注意的是，在主动贷款期，重要标志是价格水平上升而非下降。除了有大量出口时的商品变贵的事实外，商品大量出口和贷款国价格水平下降并没有关系。

英国例子中有一个很突出的特点就是国际支付和进出口商品流动之间的密切联系。而在英国例子中发现的这种密切联系在别的国家也一次次得到验证。虽然国际支付牵涉到的个人之间的活动也只不过是货币的递汇，但引起了商品的转移和运输。进出口流动（国际贸易的实务形式）对国际支付有很大的促进作用，这个促进作用之所以很大，是因为交易的本质就是货币。当英国的国民把钱款贷给别国的公民或政府时，他们就取得了借款者的购买力即货币。记录在案的国际交易中，几乎没有国家间的纯粹的货币转移；货币总是伴随着商品流动而转移，看起来似乎在财政操作和商品的进出口

---

① 见《国际贸易》，第 238 页。

间有一种自动联系。商品总是希望能准时到达甚至是提早,在理论推理上这是种非常普遍的结论。令人不解的是,商品的转移几乎是瞬时的,黄金流入和价格的变化难以可预测地辨别,并且时间也非常短。

事实上,在国际资本流动变化的同时,经济环境的改变也会影响前者,一个完整的分析应该内容广博,需要考虑大量的例子,必须分析那些因相同原因引起资本流动变化的经济环境变化的例子。如果储蓄利率在 B 国上升,那么即使由于海外贷款下降,经济发展也会不同于因为 B 国资本家更愿意投资到海外而进行资本的简单出口。

再看一下国际资本流动变化的另一个方面。当然,国际贸易均衡的调整过程很平稳,借款者和贷款者使用资本的不同方式不可能不会对国际商品价格造成深远的影响。当资本的变动确定时,它就会影响世界总需求的方向。当主要贷款国限制资本出口时,世界对商品的需求也会下降,就好像铁路一样,新兴国家比老牌的国家需求量更大,随之而来的贷款国的出口价格就会急剧下滑。假设 A 国购买的 B 国出口的商品比 B 国购买 A 国的要多,那么此时减少贷款就会降低对 B 国出口商品的需求。

从法国、德国的资本出口消失以及英国资本出口下降的事实来看,英国出口产业在开战以来很可能遭受了严重打击,即使有美国的贷款也不能弥补。世界对英国铁路、机械、船舶等的需求持续下降,随之而来的是英国出口的下降更进一步地减少了储蓄,进而间接导致了资本输出的减少。

与之前相比,1929 年美国和英国的贷款限制政策的部分情况解释了出口初级产品,例如出产小麦、咖啡的国家因为国内储存已经不能继续供给的情况。销量的徒然增加导致那些商品价格大幅下跌,它打乱了那些国家的经济,进而对全球经济发展产生了影响。总之,经济系统突然的剧烈变化会导致国际经济产生混乱的局面。

第22章 统计验证

§1. 加拿大外汇市场的均衡　不幸的是，仅有极少数的统计材料可用来证明该观点的有效性。只有一个金本位制国家的大量借款例子经过了仔细研究，这个国家就是加拿大。[①] 因此，我们现在将注意力放到此处，见下表5·22-1。

表5·22-1

年份	估计[②]			净利息支出[③]	3&4间的差值	加拿大的外国投资[④]	5&6间的差异
	直接 1	间接 2	平均 3	4	5	6	7
1900年	32	34	33	32	1	-3	4
1901年	37	50	44	33	11	29	-18
1902年	42	31	37	34	3	3	0
1903年	55	52	54	36	18	-17	35
1904年	62	112	87	38	49	21	28
1905年	113	99	106	42	64	16	48
1906年	105	99	102	46	56	-13	69
1907年	95	161	128	51	77	-22	99
1908年	222	224	223	71	152	92	60
1909年	253	193	223	76	147	34	113
1910年	313	225	269	82	187	-26	213
1911年	348	358	353	93	260	3	257
1912年	321	435	378	109	269	-	269
1913年	547	433	490	128	362	19	343
总和	2 546	2 506	2 527	872	1 655	137	1 518

[①] 参阅维纳：《加拿大国际债务的平衡：1900~1913》（剑桥，1924年），第139页。随后关于加拿大的资料和部分分析摘自于该书。

[②] 同[①]，第139页。

[③] 同[①]，第102~103页。

[④] 同[①]，第94页。投资大大增加了银行的收支平衡和其他平衡项目的短期资本流动。

为了表示这些贷款的影响,我们将从以下三个问题进行分析:
1. 外汇和黄金的流动。
2. 购买力增加及其对价格的影响。
3. 上述条件变化对贸易差额的影响。

对于第一个问题,加拿大对该问题主要以纽约证券交易所的处理方式作为指导。从英国借来的资金都被加拿大的银行投入到了纽交所,而借方则可以得到一个加拿大银行的美元账户;同时,根据借方的支付,需要将其中的一部分资金转成加元。换句话说,外汇是通过增加借方加元账户额度的方式卖给了银行。因此,银行外汇资产增加的同时也增加了本国的债务。尽管如此,银行并不是以固定比率兑换美元的,而是以黄金平价兑换的。在一些特殊时期,尤其当外国的汇票过剩时,纽交所的汇率将比平价略低,此时黄金会被进口。当借款额度暂时减少时,外汇储备则会有上升的趋势,此时黄金则少量出口。值得注意的是,外汇和黄金的关系与古典理论并不相同,即黄金流入将会增加支付量,确切地说它现在是正好相反,即使外汇储备的增加比率与银行黄金储备的比率几乎相同也是如此。由于贴现率通常在整个期间几乎不变,所以银行也无意通过改变贴现率的方式调整储备质量。外汇的储备额度不应该通过黄金的储备量来调控,而反过来黄金的储备额度却应该根据外汇的储备额度来进行调整以保证合适的黄金储备比率,因此,黄金的流动是次要的。

从专业术语的角度来说,加拿大当时是处于国际收支顺差时期,尽管不是非常明显,但是可以得出的结论是,加拿大在未来能够通过到期债务偿还的方式获得外来资本。在这种情况下,必须具备两个条件之一,要么即将增加到期债务,要么减少外汇使用量。对于后一个条件来说,汇率的变化通常是很重要的,但也不是必要条件。比如,加拿大银行也可能愿意以某个固定价格买进或卖出外汇,而此时该币种也当然就成为了调节器。如果这种情况确实发生了,那么首要的原因通常是银行期望保持一定的外汇储备额,但这些都是次要的。在这个过程中最重要的是银行对通过吸收新存款来购买外汇票据的需求是无限大的,例如,通过创造加元等新的购买力。这样一来,所谓的顺差比起古典理论中的就减少了许多。

借方以往都将其一部分购买力用在国内的商品和服务的消费中。

用后来的理论来说，这将导致进口大于出口，因此会有外汇票据的流出。这种需求过去通常都是通过银行以外汇汇票的方式来满足的，不过其数量正在减少；加拿大的账户也以同样比率在减少，因为进口商在进口时就会支出外汇。然而，随着借款的不断发生，新票据的供给通常与其需求是同步的甚至高于前者。在小额借款期间，由于外汇票据的供给低于平衡国际收支的最低需求，因此，外汇储备当然也随之减少，这样，国外银行通常充当国际收支的调节者。与外国资金同时变化的还有国内储蓄额，伴随每一笔借款和纽交所股票持有额的增加，国内储蓄额度也同样增加；相反，前者减少也意味着后者减少。总体上来说，尽管借款在整个期间呈不断增加的趋势，但在忽略一些微小影响的前提下，国外的资金和国内的储蓄额也是不断增加的。

§2. 购买力和价格条件 贷款人产生的新购买力意味着加拿大国内对于全部产品的需求增加。如果这些购买力用在了购买国外产品的用途之上，那么，一个显而易见的结果就是出口骤减和进口的大幅增长。然而，如果这些购买力主要购买国内产品，而国内供给的增加又没有能力满足需求增长，那么这将会导致与进出口密切相关的国内产品和服务价格的上升。同时，提高半国际化产品的价格也存在很大的难度，原因在于这类产品也面临着进口产品的竞争。

如果上述观点正确的话，那么加拿大国内产品的价格水平肯定会和国外产品价格的水平同时上涨。就以英国和加拿大同种商品未加权价格的指数来说，以 1900 为基年，1913 年加拿大的数值为 127，而英国为 116。同样将加拿大和美国进行比较，可以得出两者的数值分别为 128 和 120。此外，更有说服力的是，在 1913 年，加拿大国内价格的指数增长到了 162，而同样产品的价格指数则停滞在 123。周薪的增长幅度在加拿大达到了 49%，而美国只有 28%，英国甚至始终保持没有变化。总之，按照该理论得出的借贷国家的国内市场价格会大幅提高，这在加拿大的确发生了。同时，在此情况下，某些产品和服务的价格没有增长，如电力和运费等，这都有其特殊的原因。

上述数据指出了 1913 年各国的情况，同时也可看做是一个期间的共同特征，原因在于各年份不同价格水平的相对差距与 1913 年几乎一致。如果借款额始终保持不变的话，那么结果可能会有所不同。国内和国外的价差在经过几年后会达到峰值，而后借贷国的经济体制改革会逐渐退出。

§3. **贸易差额** 现在开始考虑第三个问题，比如，购买力和区域价格水平的变化对于加拿大进出口的影响。换句话说，加拿大如何在不借外债的情况下保持国际收支平衡。这个问题在前文已经略有提及，接下来我们要进行更加深刻的探讨。

价格和购买力，尤其是前者促进了进口而阻碍了出口。当然，出口减少是相对而言的。加拿大在该期间的经济发展非常迅速，因此，出口总量和价值自然也增加。无论借款的影响究竟如何，只是进口总价值的增长幅度要远大于出口额的增长，这一点可以从下表 5·22-2 看出：

表 5·22-2　　加拿大的国外贸易和借贷，1898~1914 年（百万美元/每年）

年　份	进口①	出口	净出口	净利息收入减少的净借贷②
1900~1902 年	198	202	-4	-5
1903~1906 年	280	231	49	45
1907~1909 年	356	276	80	91
1910~1912 年	545	325	220	246

单纯地排除国外资金来分析加拿大出口额的变化是不可能的。但是，前者对后者的影响却可从多方面得出结论。比如，出口产业的相对重要性从 1900 年的 22% 下降到了 1911~1913 年的 15% 左右。在众多有潜力提高出口额的产业中，大多数都因一些积极因素而有所进步，比如新资源的发现等。生产型的出口企业，剔除经济发展的影响，其出口额都能保持平稳。这表明，一些限制因素的确是存在的，而这些限制因素无非也就是维纳在其理论中所提到的借贷和随之造成的区域价格的变化。

用来生产固定资产的商品在当前借款额增加时是进口增加的主

---

① 《加拿大国际债务的平衡》，第 95 页。
② 调整后的加拿大的国外投资。数值取自于第 1 节中的表。

要因素。

排除进出口的这些变化,过量进口造成了借贷缺口。这一点在上表中也可以看到。粗略来说,进口过量也仅是借贷额度的一半而已。关于这点的解释就是,在国际收支里除了贸易和资本外还有其他项目,其中比较显著的就是如某个期间10亿美元的巨额利息支出。但是,即使将诸如利息费、运费、旅游费等都考虑在内,收支中的赤字仍然不完全等于借款额。1914年加拿大银行持有的外汇远比1900年的多,这意味着有一部分国外资本并没有流入到加拿大,而是仍然在国外。借款方将全部借款用光的情况的确是很有可能的,而其中必定有一部分用在对加拿大国内产品和服务的消费上了。上面的机制并没有解释通过借款的间接作用如何影响国内购买力的增长。

§4. 价格变动的进一步分析 对加拿大本国发展的简易账户是对维纳分析的完整概括。关于价格的上涨的影响,尤其是加拿大本国市场价格的上涨,为我们提供了关于该理论中区域价格水平变化的确凿证据。

有人一定会问,价格变化是否是完全或部分地能够由对外借款解释。维纳教授认为:"在某个期间内,除了引入外国资本之外,没有能够充分解释加拿大价格上涨趋势要比世界范围内其他国家普遍要高的现象的理由。"[①] 同时,没有一个单独的因素能完全解释这一现象。也就是说,除此之外还有其他因素一起导致了这一现象,价格指数就表明这一观点是基本正确的。

在借款额增长开始之前的1900~1902年间,与英国相比,加拿大的价格增长要快4%,而在借款开始增长的第一年,这个增长差距仅有1%。1902年,加拿大本国的价格与美国相比增长了13%;1903年这个数字也没有变。此外,国内价格从1900到1902年间增长了17%,而随后一年的比率下降到了113。这种发展于其他净借款的变化并不协调,二者在1900至1902年之间并不明显。其他因素在最初的两年甚至是之后持续的一段时间内,也一定会对提高加拿大价格水平起作用,特别是本地市场的价格。

另外一个方面,借款变动看起来是由于1903年至1913年间的

---

① 《加拿大国际债务的平衡》,第215页。

加拿大相对价格的上升，特别是加拿大、英国和美国价格水平上下波动的差额是由于价款利率的变动而不是其他因素引起的。第1节中的表5·22-1和上面提到的借款的非直接评估很清楚地描述了显著的四个阶段。年平均值①如下（单位：百万美元）：

Ⅰ. 1900~1903年…………8　　Ⅲ. 1907~1910年…………141
Ⅱ. 1904~1906年…………56　　Ⅳ. 1911~1913年…………297

总量的大量增长在经历一定时期后，应该会造成加拿大相对价格的上升。加拿大和其他国家的价格指数差异在每一阶段的第二年会比前一阶段的最后一年大得多。然而，价格差异在每一阶段都是逐渐降低的，紧跟其后的资本输入的调整与每个阶段中期相比都会更大程度地发生，表5·22-3完全验证了这种预期。表中的数字显示了加拿大整体价格和英国、美国相应价格指数之间差异的变化。

表5·22-3

年 份	英国②		美国③	
	流出	流入	流入	流出
1903~1905年	6	16	0	3
1906~1908年	6	9	0	3
1910~1912年	12	15	0	5

明显可以看到，价格差异每次都是在借款④增加的前期增加，而在后期下降。唯一的例外是，英国和加拿大价格指数之间的差异在第三阶段后期仍然增长，从1908年的9点涨到了1910年12点，另外11处的变化都遵循了预期——6个上升，5个下降。这一例外的原因可能是，在这一阶段的全部或部分中，特别是后期，加拿大价格水平相对于借款存在上涨的趋势。1908年经济萧条后，英国贷款的积压使得英国的物价水平下跌也是可能的。

如果我们来检验加拿大本土市场的物价与美国典型商品⑤价格之

---

① 也就是减去利息支付后两种评估的平均值。
② 《加拿大国际债务的平衡》，第223页。
③ 同②，第227页。
④ 在每个阶段，价格差异从第一年到第二年都是增加的。
⑤ 同②，第260页。

间的差异，我们就可看到，它从 1903 年的 13 点上涨到了 1905 年的 18 点；而从 1906 到 1908 年，它由 13 点上涨到了 24 点；从 1910 到 1912 年，它由 24 点上涨到 28 点。这些年份它无一例外地都是上涨的。这为这一观点提供了更有力的数据支持。从 1900 到 1902 年，其他一些因素也促成了与借款率一样上涨的价格水平。①

§5. 加拿大相关价格上升的其他原因　　现在有四种可能的选择不得不提。首先，如果储蓄突然增长，而本土市场的资本产品多于消费时，本土市场的价格就会上升。然而，加拿大的储蓄在观测的这几年中增长了很多。另外，在加拿大的例子中值得商榷的是，加拿大本土市场上资本产品是否真比消费者市场要多？

其次，技术进步，特别是出口产业的技术进步，肯定会提高加拿大生产要素的价格水平。由于本土工业缺乏同样的技术进步，相关产品的价格就会上升。国外对加拿大出口产品的需求弹性会明显地抑制这些商品价格的下滑，特别是与那些从别的国家出口的产品相比。所以，与国外水平②相比，加拿大的一般物价水平上升了。

再次，运输因素改善似乎也很容易会引起本土市场价格水平的相应上升。借款会直接或间接地改善交通因素，比如铁路，公路等。在前一章中我们作过解释，这将会直接提高国家内陆地区的出口产品的价格。更进一步地讲，它还会直接提高这些地区的生产要素以及间接影响本土市场的产品价格。简而言之，科技进步提高了国内中西部地区的价格水平。当这种价格水平影响加拿大整体的价格指数时，那么后者的上升或多或少也就得到了解释。

运输因素改善还有另外一个方面，加拿大的大平原未开垦的土

---

① 这一算法有待验证。如果应用借款的直接估计值把整个时期区分成几个小的阶段，那么第二阶段也就会包含 1906 年，而第三个阶段只会从接下去的一年开始。与上面提到的不同，1907~1909 年，价格指数从 23 点上升到 25 点，前一年相同的时期从 13 点上升到 18 点，后一年的相同时期则从 28 点上升到 31 点。因此，各阶段的最后时期都是上升的，它们分别是从 18 点到 23 点、从 25 点到 28 点、从 31 点到 39 点。换句话说，加拿大本土市场相关价格的变化和借款变动间无明显相关性。我并不认为这会推翻文章的观点，因为很多例子都表明直接的评估对加拿大购买力的增长反应迟缓。在货物需要付款之前，借款并不需要正式履行，而货物会在借款发生的几个月前就已经购买。

② 美国的大规模生产使纸张产量大幅提高，这常被用来说明科技发展影响的例子。《加拿大国际债务的平衡》，第 264~267 页。

地有待开发,这也会使小麦和亚麻产品产出和出口增加很多,就算这些产品的价格会少许下降。另外,低成本的金属原料(如铜、镍、银等)被大力开发和发展,金属的出口也迅速增加,虽然价格上升并没有和加拿大一般物价水平保持一致,而同时木材以及木制品的出口也扩大了。"美国式的大规模生产方式和铁路在广阔的木材资源丰富的北部地区修建,提供了便宜的动力以及运输方式,使得能把原木运到工厂"。①

此发展过程趋于增加加拿大对劳动力和资本的需求,以便与开发出来的新的自然资源相协调,工资上涨可能部分地是由于这个原因。如果本土市场工业的单位资本产出没有相应上涨,那么不可避免地就会出现产品价格的相对上涨,同样处于不利生产状态的出口行业也将会受到抑制,出口将会缩减。

第四,可以部分解释本土市场价格上涨的第四个因素是人口急剧增加,它刺激了本土市场商品的需求。在此条件下,虽然产品的生产成本提高,但是成品仍然更大量地被生产。当进口的粮食价格停留在112点时,加拿大一揽子粮食的价格则涨到了145点。

经常出现这样的现象,在工业大发展期间,新兴国家的整体价格水平与其他国家相比有着一系列的价格变化趋势。② 在某种意义上,问题的答案可以在改变了的运转关系、生产方法和人口的密度中找到。如上所述的数据支持了这三种情况以及国际资本的流动使得加拿大的价格相对上涨这一观点。

§6. 国际贸易条件 无论国际贸易条件即进口与出口价格之间的关系是否受制于各种变化,也不管借贷是否在这一方面对其有任何影响,总之要对上面问题进行讨论。

不幸的是,可利用的价格数据不可信,以至于甚至在第一方面也不能得到确切的结论。维纳的价格指数计算结果为出口价114点,进口价134点。③ 前者被严重夸大了,而后者则没有。然而,如果价格指数的计算是根据1913年各种商品的重要性得来的,那么出

---

① 《加拿大国际债务的平衡》,第267页。
② 《生活成本报告》,1915年,第一、二卷,《大纲》,美国劳动部。
③ 同①,第233、237页。

口价格指数就应降低到120点。此指数的价格构成是相对可以接受的，但是进口价格指数则不可信，它与贸易条件变化还有一定差距。

如果贸易条件是为了检验一个借款国家是否有额外利润，那么后期数量应该被用于计算价格指数，这是不证自明的。卖家高价获利只是为了检验能够使商品卖出的程度大小；如果销售量相应下降，那么价格上涨并不能给他们带来什么，就如加拿大的一些商品的销售一样。

贸易条件变化不大，这并不使人感到诧异，对于加拿大来说，不变是对其有利的。由于从美国[1]而非从英国大量进口，因此进口价格不会受到大幅压制。相对于其他工业国家的商品外国需求不减少的情况下，其出口价格再也不会出现大幅上涨。

加拿大曾是世界上两三种矿产的主要供给国，由于海外借款，因此，国外对加拿大产品的需求弹性能够用于检验加拿大进出口贸易的条件是否改善。

因为这个原因，一直困扰着加拿大的问题是，是否在大多数情况下会出现贸易条件可控的变动，就像保守的穆勒—陶西格理论假设的那样，或者没有伴随这样足以影响国民收入的变动，经济的重新调整对国际资本流动是否已经是一种基本准则。

这个推理首先要满足一个条件，即如果科技进步在加拿大出口产业中起到的重要性大于向加拿大出口国家的产业，那么，稳定的贸易条件就意味着加拿大用较少的生产资料就可以交换到较多的外国产品。国外的需求弹性大到足以产生这种结果，即在大多数情况下，商品贸易的条件或多或少地会有利于别的国家，而对加拿大生产资料的贸易不会有什么有利条件。此时，如果出现上一节中提到的借款或者其他因素，[2] 那么最后的结果可能就是产品贸易和生产资

---

[1] 从英国借得的大约 1 250 000 美元都用来支付了从美国的过剩进口。因为这个需求，加拿大的借款会提高而不是降低美国的出口价格。

[2] 上面提到的改善的运输条件会提高内陆地区的出口产品价格。在西部地区，出口价格指数包括多种实行配额的产品如谷物、干草、牛等。另一方面，科技进步提高了加拿大出口产品的供给在世界上的比重，因此也降低了它们在世界上的价格。

料分别出现一个稳定的和改善的比率。因此,和进口价格相关的出口价格的实际增长缺乏并不能证明借款或者别的因素不会对良好的状况产生影响。然而,我们注意到这么一个事实,即加拿大大多数产品的供给在整个世界的总产量中占很小比例,所以,当加拿大的产量增长时,国外对这些产品的需求弹性就很大。在这个例子中,没有解释为什么这些条件没有成为加拿大的劣势,比如资本进口对贸易条件的影响。

总之,关于加拿大的这些数据和事实清晰地说明了出口下降和进口有关。也就是说,没有必要去改变国际交易中的贸易条件。

> 制造业的发展不仅间接抑制了原材料加工工业的发展,同时也使原本用于出口的原材料加工产业的工人转向了种植业及其他装配行业,为本地的消费市场提供了进口的原材料和产成品。国外借款改善了城镇的公路和铁路等,使得吸引国外的大规模移民成为可能,这也使得原本用于出口的产品转而成为国内消费。与上述原因①一起发生作用的资本借入引起了相关价格水平②的变化,这对出口产业的重新布局也起着很重要的作用。

§7. 英国的例子　　限于篇幅,我们不打算对加拿大以外的其他国家进行探讨,原因在于能够找到很多的相关资料来对加拿大进行分析。但是,必须提及的一点是,战前英国的资本出口。

陶西格③对这个问题进行了探讨。根据他的计算,对应于交换给定数量的进口产品的出口产品的数量在 1880～1884 年间与 1895～1899 年间相比下降了 12%④。换句话说,如果贸易条件没有改善的话,那么,英国在后一个时期就会为进口支付多支付 14% 的产品,即大约价值为 0.35～0.4 亿英镑的产品,这就是英国从改善了的贸易条件中得到的好处。陶西格认为这种改善得益于资本流动的变化以及一些非机制性的操作行为,这为他的理论所证实。事实上,在

---

① 《加拿大国际债务的平衡》,第 263 页。
② 本书作者的观点,国际价格和本土市场价格是相对而言的。
③ 《国际贸易》,第 20、21 章。希尔沃曼(Silverman)博士准备发表的论文《英国的国际贸易:1880～1913 年》。
④ 价格指数从 126 下降到 111。

这两个时期，英国资本出口保持了同样的数量，而且利息支付比如0.3亿英镑的增加，它不可能产生如此巨大的额外收入；如果需求和供给条件是这样的话，那么获得的收入就只可能是很小的一部分。

保守说来，考虑到1880年代后期的价值约为0.5亿英镑的资本输出增长不仅没有恶化英国的贸易条件，而且还使接下来的同样的资本输出连续下降的五年①，并使其贸易条件的改善状况好于现在，这就使得如此小的原因造成的贸易条件的如此巨大的变化的不可能性变得更加明显。可以确信的是，资本流动和利息支付变化之外的其他因素导致了贸易条件变化。很有可能1880年代英国贸易条件的改善与外国农业的发展有很大关系，部分地也是由于英国的对外投资进而引起了英国食物供给的相对便宜。

从1890年代后期到1913年的数据表明了英国贸易劣势的一些细微变动。关于此的解释最初可能会归咎于英国对外资外借的扩张。然而，进一步研究之后发现，1900~1904年间，英国的资本输出更加显著；再到1911~1913年间，当资本输出达到1.5~2亿英镑②的时候，贸易条件还是一样。③

总而言之，英国的数据不能证明贸易条件的巨大变化是由于资本流动和利息支出的变动。但也不能证明这样的变化从来没有发生过。事实是，我们没有在加拿大的例子中明确提出这个问题，而英国的案例④也与正统经济学的观点存在差异，即与穆勒—陶西格的国

---

① 当著作送到出版社时，希尔沃曼发表了《英国进出口月度价格指数：1880~1919年》（《经济统计评论》，第十二卷，1930年第3期），他的数据和陶西格不同，显示了从1890年到1895年间的贸易条件具有稳定性。
② 利息收入也会增加但数量较小，所以，资本输出的超额收入开始达到了0.7~0.8亿英镑，但最后却消失了。
③ 指数分别显示为104点和106点。与后期的经济条件相比，该时期并没有好转。希尔沃曼的数据完全吻合了我的假设。贸易环境在1880年代得到改善，虽然食物变得便宜了，但是之后的变动却一直保持稳定。自然而然地，在经济良好的时期，英国出口价格相对于进口价格上升了，因为出口商品包含了大量敏感的货物如铁、钢、煤矿、有色金属等。陶西格出现失误是因为他选取了一个非正常时期（1900年）作为解释的基础。
④ 产生这种奇怪的贸易现象的原因可能与存在的固定成本和不可预测的事件有关，这经常阻止生产资本的全部利用。在国际贸易中它们没有什么特殊性，然而，不完全使用的少部分损失在某种情况下会转移到国外。

际资本流动机制不同。不过，上述事实与我们提出的理论保持一致，即这些变化所起的实际作用并不大。①

---

① 从对英国的例子中得到了这一观点。陶西格承认在他的理论中没有考虑到协调性；与之相反的是，在出口增长相对很快的 1892~1901 年间，由于移民和利息支付等因素贸易条件得到了改善。显而易见，在其他情况下也会得出相同的结论。陶西格：《国际贸易》，第 303~305 页。

第23章 进口关税和价格的调整

§1. 进口税和贸易条件 本节将分析国际贸易中其他变量的构成体系，而不是仅仅讨论资本流动。我们首先从进口关税开始。姑且不考虑其可能对产量、质量这样的生产要素或在第16章中所提及的其他因素的影响，我们先讨论价格受何种因素影响以及国际收支的均衡点是如何计算的。

假设 A 国对像咖啡这样的非本国生产的产品征税，如果除对咖啡外的无论是国产还是进口的其他商品的需求都有小幅增长的话，① 那么该国对咖啡的需求将有所下降。如果真是这样的话，并且将所有的进口产品和生产要素都看做是来自于另外一个国家，② 那么需求将会趋于增加 A 国产品的稀缺性。因此，A 国与 B 国相比，其总货币收入将会出现一定增长。假设各国的影响因素都归因于该国居民，那么与 B 国相比，A 国将拥有相对较高的购买力。如果两国的国民收入的货币表现始终遵从统一货币政策，那么征收关税将会增加 A 国的收入和购买力，并降低 B 国的收入和购买力。这可能意味着 A 国将会购买比从前更多的份额。但是，货币收入变化并不与其所能消费的产品的增量相匹配，也就是说，这并不是一个同步增长。因为正如我们所要讨论的那样，同样商品在 A 国的价格要比在 B 国的高，并且 A 国的货币收入只是部分增长。虽然存在完全增长的例子，但由于被部分增长的货币收入所抵消，因此，A 国所消费的产量将

---

① 征收关税是为了减少其他课税并提高纳税人的购买力。在下文分析中咖啡代表了对 A 国来说相当重要的一类商品，否则对其征收关税所产生的影响将会很小。

② 在本节中我们把世界上除 A 国以外的所有国家都视为 B 国，B 国将向 A 国出口货物，并向 A 国交纳关税。

不会有所增长（另见第 2 节）。

以 B 国的生产要素的为代价，A 国生产要素的变化从某个角度来看意味着 B 国物价水平的下降以及 A 国物价水平的上涨。与在 A 国相比，咖啡在 B 国的价格更低，但这并不是事情的全部。伴随着人们不再能在咖啡增长中获利，因此，生产要素将流入其他产品中去并降低它们的成本和价格。这样，B 国的平均价格水平将会下降，然而在 A 国却是增长。这必然需要进一步的解释和分析。

研究商品价格对以下三个题设中的任何一个因素的变化的反应都是必要的。第一，如果消费者的购买力不变，当商品价格变化时，人们对各种商品的需求变化量是多少？这就是常提及的"需求弹性"。第二，不同个人的购买力以及由此引起的对不同商品的需求受何影响？第三，商品的供给价格怎样变化？在下文中，我们将通过对进口关税特别是由"贸易条件"所包含的变量，即进出口价格之间关系所引起的价格变化的本质和内容，来解释并回答上面的三个问题。

对于需求弹性来说，一定会有人问：对于下面的变动，A 国需求将怎样变化？（1）当价格因征收关税而上涨时，消费者不得不为购买咖啡支付更高的价格。（2）对于 B 国出口的其他商品，它们的价格更低。咖啡的进口将会减少，然而，对其他商品的购买将会有所增加，如果假设这些商品的价格确实出现了一定变化，问题是它们到底变动了多少。此外，我们还想知道，当 A 国出口的商品变得更加昂贵时，B 国需求是如何对其作出反应的。

A 国对咖啡的需求减少越多，对其他商品的需求增加就越少。假设 B 国物价会出现一定量的下降，那么下降幅度必须更大才能使被关税所扰乱的进出口量恢复均衡。相似地，当 A 国商品价格上涨时，B 国对 A 国商品的需求就会下降，就需要有更大幅度的价格变化才能使进出口均衡。简而言之，国际贸易条件会朝着对 A 国有利的方向变化。

然而，A 国减少咖啡消费的量越少，就会有越多其他价格下降微小的 B 国的商品进口到 A 国，A 国商品的价格就会越高，从而 B 国减少进口的趋势就越大，而为了达到均衡所要求的价格变动也就越小。

在某一时期，一国商品的外国需求越是迫切（"迫切"指当价格降低时则大量购买，而在价格升高时只出现小幅购买量的下降）时，那么该国对外国商品的需求就会越不迫切，则贸易条件变得对该国不利的可能性就会越小；相反，就会变得越大。

这与一国要在国际贸易中确保总收入毫无关系。要考虑总收入的话，那么分析价格变化的有利和不利条件所得到的结论将不能得到保证。①

我们现在来讨论第二类反应，即两个国家的购买力的变化，它们将像影响商品价格的那样对进出口量产生影响。B 国商品价格的下降会刺激 A 国的需求，A 国购买力的提升也会有同样的影响。相似地，A 国的商品价格上涨会抑制 B 国的购买，而 B 国的购买力下降将会将强化这一趋势。

很明显，商品价格的变化与商品需求弹性和购买力的变化都有关系。商品价格的变化意味着相应的生产要素价格的变化以及购买力的变化，这两个变化为同一过程的两个方面。当 A 国对 B 国的进口由于施加了可以影响购买力和需求弹性的关税而减少时，价格的必要变动就会使国际收支达到平衡，而国际需求弹性正是由这两个趋势共同起作用的结果。②

结果还要取决第三个反应，即供给。供给价格在 B 国上升而在 A 国下降，那么几个趋势的作用就会使得不同商品的供给变化范围各异，而生产要素的价格变化正是其中之一。生产要素价格在 B 国降得越低、在 A 国升得越高，就会有相应越剧烈的供给价格变化，并且 A 国进口增长量和 B 国进口下降量也会越大。③ 不仅原来已经由 B 国出口到 A 国的货物量会增大、相反方向的贸易将减少，而且新品种的货物也会由 B 国运往 A 国；同时，以往 A 国出口的商品将不能在本国市场上获利，于是，此类商品的贸易将停止。

尽管存在关税，但价格的变动仍能通过驱使供给和需求的有效

---

① 作者将专门出版专著对国际贸易所得的正统理论进行细致分析。
② 当进口关税的效应是基于"易货"假设并通过众所周知的马歇尔曲线来研究时，这两种反应就被归结为同一种因素。在对货币条件的讨论中，几乎所有例子都省略了过程中的另一半，即购买力的变化。
③ 关于进口价值总额，请参阅后文。

变动来抑制 B 国对咖啡进口的减少，从而使进出口保持平衡。此种价格的变动在个例中到底能起多大作用还要看供需状态如何，供需状态越是敏感，价格变动的幅度也就越小。

如果咖啡产量在征收关税后没有变化，那么其价格将会大幅下降，咖啡种植业将会面临危机。出于此因，产业经纪人将会转投其他行业，新的劳动力和资本将完全转移到其他行业，而咖啡产出将降到低于从前的水平，或者说至少降到没有关税的水平以下。同时，B 国其他商品的供给增长将面临的是 A 国的相对无弹性需求，从而供给增长后大量商品只能以相当低的价格在市场上出售；另一些商品则备受青睐，以至于很小幅度的降价都会引来销售量的大幅增长。这类商品产出的增长幅度将是最大的，前提是生产要素在何处应用都是等价且容易被转移的。在这一条件下，遇到最小阻力的生产会呈现出增长的趋势，也就是说，存在着这一类商品，它们用最小的降价即可使产量增长。在 A 国出现了相似的产出变动，这种变动是与其国外和本国需求弹性变动相一致的。

在这种需求条件下所采取的生产模式会使各种商品的价格出现趋同，并且同时抑制 A 国和 B 国相对价格水平的变动。在征收进口关税的情况下如要达到均衡，这种做法是必要的。此种供给模式同样会影响不同生产因素的价格，进而影响两国购买力和需求的变化。①

我们并没有提及在征收关税以后随着时间的推移各个方面和条件都在变化的情况。生产要素从一些行业转移到其他行业的变动不是一次完成的，往往不可获利行业大面积的衰退要经历数年之久。一个完整的价格机制必须包括对不同种类的市场供给所产生的反应时间以及持续的时间的具体描述。在长期内，不仅要考虑产业经纪人的动向，同时还要考虑到在价格变动的影响下总供给的变动。

§2. **相对价格变动** 至此，我们已经对一国不同商品的价格与生产要素之间的关系有了一定关注。此种关系受供给条件（即新赋

---

① "每国的需求与供给发生的绩效……无论是国家间还是个人间的贸易，都是物品的交换；每一方面都会对交换产生影响"。参见马歇尔的《货币、信贷和商业》，第 160 页。

关税）的初始变化及（1）需求弹性、（2）购买力变化和（3）供给计划形式所控制的关税的反应影响而变化。

考虑 B 国的第一种情况。国外需求已经从咖啡上面转移到别的品种上，与其他商品相比，咖啡的相对价格有所下降。但是，供给则在运用同样或同类生产要素生产的一系列商品上出现同样的反应。因为这些生产要素的需求下降并且变得更便宜，所以相应的商品价格也就有所下降。另一方面，使用不同生产要素生产的商品并不能像这些商品一样有着较低的供给价格。B 国其他行业同样会感到咖啡需求减少的压力，生产要素能越容易地从咖啡种植业转移到另一个行业，那么该行业就会越深切地感受到这种压力。

然而，就算完全不同类的行业也不会从对咖啡的征税中脱离出来。B 国生产要素的价格越低就意味着越低的总货币收入，并且 B 国对所有商品的需求也就会出现不同程度的减少。假定这种需求减少在各商品中平均分配，由于要考虑商品出口，因此，A 国对除咖啡外所有商品的需求增长就构成了一个平衡因素，但是本国市场商品的价格却会下降。总之，如果 B 国出口商品的价格较从前有所下降，那么咖啡和本国市场商品的价格就要下降更多。另外，从 A 国进口的商品就要支付比从前更高的价格。

在第二个国家中，本国市场商品以及相应的生产要素价格由于购买力的增长而趋于增长。此外，自从 A 国政府开始征收关税后，消费在咖啡上的资金变少了，不是消费者花的少而是 A 国购买少。于是，消费在咖啡上的净费用要比原来少得多，而用来消费其他商品的资金却会更多了，这也可刺激本国市场商品的需求增长。由于感受到了 B 国需求并不强劲，因此，出口产品的价格增长较小。进口到岸价格可能有所下降，但保护商品的价格则会在到岸价格的基础上增加相当于所征收关税的额度。

A 国新增需求可以大致被平均分摊到不同种类的商品中去，B 国减少的需求也可这样理解。不同种类的供给反应同样会影响到不同商品价格之间的关系，但要进行总体概括还存在一定困难。

两国各自国内的市场商品的价格变化趋于剧烈，这当然要排除保护性商品。有两股相反的力量影响着国际化商品，即一国刺激需求而另一国则抑制需求。

供给反应在贸易均衡中起多大作用要视劳动力在职业转换中的流动而定。如果贸易联盟组成非竞争团体，那么，一个行业工资的下降就不会完全使其他行业中相似劳动力的工资和他们所生产的商品的价格有所下降。然而，需要注意的是，同一生产过程中不同阶段的商品，如原材料和最终产品，或者是那些有最终关联的商品，它们则直接受经济形势的变化所控制和影响。

在一些例子中，出口产品供给价格在 B 国下降并在 A 国上升的趋势相对较弱，并且国际性商品需求的动向也可能受到影响，从而使贸易条件朝有利于 B 国的方向移动或保持不变。

最后，相对价格变化很可能在开始时要比后续变化大，这是一个重要发现，在后续的过程中，供给反应有了足够多的时间来发挥效应。存在固定资本是再调整延迟过程中的一个相当重要的因素，甚至生产要素的总供给也会受到影响，并且正如第 14 章中所阐述的那样，它将会抵消已变化的生产要素和商品价格带来的变动趋势，使咖啡在征收关税后保持价格不变，甚至涨价都有可能。① 然而，一些自然资源基本没有竞争性使用：行业裁员导致薪水降低，也就意味着相应商品价格的下降。另一方面，总产出下降可能导致粗放型经济出现损失，无论是内生性的还是外生性的，于是，长期征收关税商品的价格很可能在出口国中有所增长。

总之，当由关税所引起的需求变化引起了新一轮的经济波动时，供给一方的力量则会竭力阻碍并或多或少地趋于使价格回到原先的水平。这种供给反应不仅很自然地影响到了各国不同商品的价格比率，而且还影响到了进出口价格的比率，以及 A 国和 B 国之间的一般价格水平之间的关系，这是我们已经指出的事实。一国生产性资源利用得越好，则新生阻碍因素对价格的影响就会越小。在长期内，此种隐藏在各种生产要素供给背后的力量可能会有着决定性的影响。

§3. 保护性关税　　如果对已经或可在本国大量增产的商品征收关税那么其所产生的效应将不仅限于在咖啡例子中所讨论的那样。保护性关税可能很自然就引起了 A 国产出的直接变动，进而就会得出一些不相同的结果。

---

① 大规模粗放型生产衰退时会出现此种情况。

假定对 A 国纺织品征收进口关税，那么，该国的纺织行业就会扩张，因而对外国纺织品的需求就会以两种方式缩减：在 A 国纺织品较高价格的影响下总需求减少，而本国供给价格则相对便宜。需求从国外生产要素上转移到了国内生产要素上，因此，与其他对商品生产增税的国家相比，A 国的生产要素价格会趋于升高。倘若要在 A 国使劳动力从其他行业转入纺织工厂，那么工资就是关键所在。生产要素价格的暂时上涨幅度可能非常大，甚至在既定条件下即征税过程已经完成了，也没有什么可以阻止生产要素价格的不断升高。在一些生产赋税商品的国家中，也就是 B 国，生产要素价格将会较以前下降。

在 A 国受保护的纺织行业所采用的一类生产要素当然会处在相对更具优势的地位。如果纺织工人成功地使"不得雇用非工会会员"的法案得以通过，那么其工资就会维持在比原来还要高的水平上，比其他行业的雇用密度都大的女性工人将会变得稀少，并且她们会要求更高的薪水。本国市场价格，正如在对收入增税时所提到的那样，自然将会被提升到一个更高的水平，生产要素价格也会随之升高。A 国国内市场行业所采用的一些特殊生产要素，如在保护性行业中采用的那些，可能会因为其稀缺性而与其他生产要素相比获得更高收益。正如在上一部分讨论过的那样，在 B 国则出现了相反方向的价格变化。产出的同时也会依赖于生产要素的供给反应，包括劳动力、土地和资本从一个行业转移到另一个行业的流动性，以及最新形成的生产要素的供给，如储蓄、教育等。

在一些奉行保护主义的国家尽管存在价格水平相对升高的趋势，但一些生产要素和一些本地生产商品的价格可能下降，相对稀缺的受保护的生产要素则备受关注，一些价格可能要比另一些涨得要高，一些则比从前还要便宜。例如，那些在受保护行业中的以及在本国市场行业中几乎不用或根本用不到的生产要素，却大量密集地被使用于出口商品中。当出口行业中使用这些比从前更加昂贵的生产要素时，无法事先在外国市场提价使得应用于相对收缩的出口行业的生产要素的价格有所下降，瑞典芬兰的林木价格也许可作为实例。

很可能本国市场商品相对出口产品使用了同样多降价的生产要素，甚至有可能比出口商品用得更多，那么此类产品的价格很可能就不会增长甚至会有所下降。假设小麦是一种出口商品，黑麦只为供给本国市场而生产，那么 A 国小麦种植的收缩将会导致农业耕地租金的下降，也就不会增加种植黑麦的成本了，尽管事实是其他生产要素的价格变得更加昂贵了。其他国内行业如建筑业，可能与受保护工业采取的相关的生产要素的比重相同，这时就会出现一定比例的增长。与这些比较极端的情况相比，大多数本国市场商品的价格会上涨，但是涨幅会小于受保护的进口商品，而一般价格的水平则会整体上涨。

有证据表明，此种在保护主义国家的商品价格下降是特例，并且只能发生在当其他商品价格大幅上涨之时。因为需求变化的方向是毫无疑问的，因此，征收关税的直接效应就会提高一般生产要素的货币价格，于是也就提高了所有在生产过程中应用这些生产要素的商品的平均价格水平。由于进口商品很可能不会大幅降价，因而商品和生产要素的价格水平都将升高。①

卡塞尔认为，尽管没有确切的数据，但如果汇率与其他经济变化一样保持不变的话，②那么，相对于其他国家的价格水平来说，保护关税就不会提高本国的商品价格水平。他得出了如下结论：

> 一个国家关税改变的影响主要表现为其对商品的相对价格上。增收关税的结果不仅会使一些商品的价格上涨，而且还会使另一些商品的价格相应下降。这一变化一定会使各种价格相互平衡，并且使一般物价水平保持不变。③

作者认为，物价数据不能表明上述主张的正确性。就现状来说，相对价格水平的重要变化是可能的，如图 25·23-1 所示。无论是经验还是数据分析都不能支持物价下跌与物价上涨处在同一个数量级上。

在图 25·23-1 中，我们将三十二年分成四阶段，分隔时间点

---

① 运入到一个国家还是从一个国家运出可能影响结论。如果大量商品进口受到限制，那么驶入货船变少而驶出货船增多，这一变化将使这个国家的价格水平下降。而另一方面，大规模经济则不需要任何实质性的修正。
② 《价格问题的处理》，载于《经济学》（1928 年）。
③ 同②，第 580 页。

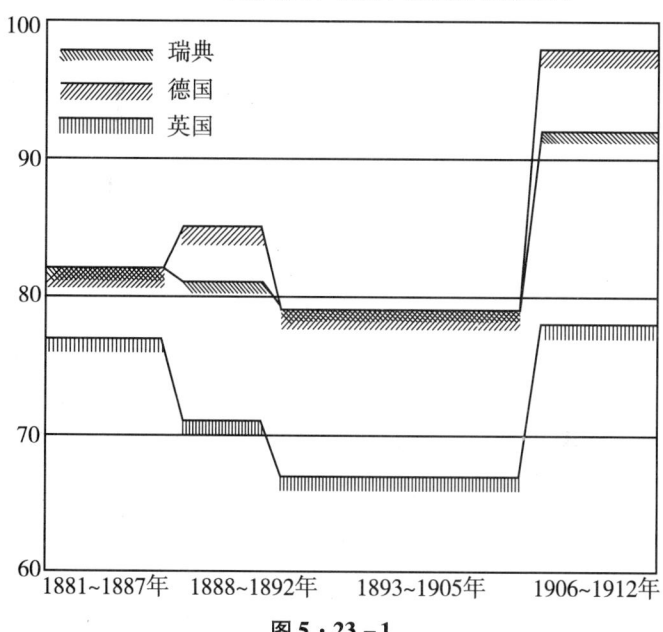

图 5·23 –1

为德国关税政策的变化。第一和第三阶段以适度保护为特点,而第二和第四阶段则因更加极端的保护而突出。尽管瑞典关税政策与这些变化相一致,但瑞典和德国物价水平的对比还是非常清晰地显示出这些变化所带来的效应。

英格兰,这个奉行自由贸易的国家的价格水平相对于两个保护主义国家一直在不断升高,价格水平的差距在 1880 年代和 1890 年代的早期尤其巨大。这似乎与瑞典和德国对玉米征收的关税有很大关系。价格指数中包含了太少的制造类产品,这不足以探讨征收关税后的影响。

根据米契尔的基于可识别小范围的商品价格指数的数据,[1] 把 1890 年后美国的相对价格水平与英格兰、法国和德国的数据进行比较,无法得到可靠的结论。尽管许多包括关税政策在内的因素都有所变化,但 1897 年美国没人会预料到对已经很高的关税的任何修正都会对价格产生决定性的影响。然而,这并不是不可能的,从 1897

---

[1] 商务部:《国际价格竞争》,华盛顿,1919 年,第 13 页。

年到 1910 年，美国物价相对上涨的部分原因就是美国关税的政策。

§4. 贸易条件 在一个奉行保护主义的国家里，本国市场价格和包含关税在内的进口价格与出口价格相比可能有大幅提高，但要想使出口价格相对于去除关税以外的进口价格有小幅增长并进而改进贸易条件，那就似乎不怎么好办了，我们需要对这一问题作进一步检验。

通常的结论是这样的，关税会抑制进口并趋于打压不含关税的进口商品的价格，而相应的出口量减少则只能是出口价格上涨的结果。这也就意味着，贸易条件的变化很可能会对不同国家的国民收入产生重要影响，不仅在假想的例子中，而且在现实世界中也应是如此。① 事实上，有很多理由可以解释，在大多数情况下贸易条件的微小变化甚至有可能是因为巨大的一般性关税壁垒。

一些对进口关税的反应趋于减少从 A 国的出口，尽管出口价格并没有上涨，但较多的生产要素进入了受保护的行业。因为出口行业所使用的生产要素变得比从前更少了，因此，只能提高价格；一些原材料或半成品也变得更加昂贵了，于是，此类行业的收益降低，致使投入海外市场销售上的资本和劳动力变少了。商品不能轻而易举地推销出去；决定外国需求的并不仅仅是价格那么简单，还要依赖行之有效的市场营销手段；可花在组织海外销售、营销机构、广告等一系列活动上的资金变少了。总之，花在出口贸易上面的精力变少了，而更多的精力则被投入到了国内贸易上面。当来自这个国家的竞争不那么激烈时，许多其他国家则可以按照并无改变的价格提供大量商品。依此类推，B 国甚至在不降低价格时也可增大出口。许多国家建立各自独立的市场的事实在此时十分重要，几乎没有一个出口行业能够开拓所有类似的市场。

不可避免的结果是，尽管外国需求和出口价格都没有变化，但 A 国出口还是大跌。在相反情况的讨论中（出口对于自由贸易或者低关税的反馈效应）有时会出现这样的结论，即小幅成本和出口价格的下降对出口量来说是微不足道的。这种说法忽视了生产要素会从本国市场转向世界市场生产，并且大量精力和财力将由国内贸易

---

① 参阅陶西格：《国际贸易》，第 142~144 页。奇怪的是，大多数作者并没有估计到贸易条件改变的相对重要性。

转向国际贸易。假定存在一个过渡期的话,那么,出口量将出现明显上升,价格也就不太可能受到抑制了。①

出口量并不严格受控于外国需求和供给价格。生产可能转向国际化商品并进行市场营销,或者从上述过程中转出,国际贸易也可能因此而变化,尽管进出口的价格关系在长期始终保持相对不变。

尽管出口下降,但进口却趋于增长。② A 国成本的增长抑制了生产竞争性的进口商品在本国行业的发展,并且此类行业生产的产品因为没有进口关税就不能在竞争中得到支持,因而对于进口的需求也就趋于增长。另一方面,在 B 国的相应行业则因成本降低而获利,并且进口也变得越来越不那么重要了。

另外,本国市场的价格和购买力在 A 国较高而在 B 国较低,对国际化商品的需求更加青睐于前者而非后者,B 国出口价格相对于 A 国的下降在此无任何影响。

正如在本章第 1 节和第 2 节所讨论的那样,贸易条件的变化程度要视供需的条件而定。或许应该再一次强调,在大多数情况下外国需求是富有弹性的。一国出口的商品常常在同样市场也会有其他国家供给,或者在这些市场上按照稍高的价格供给,我们姑且把这个供给同类商品的国家称为 C 国。当处在 A 国时,其出口商品价格的小幅提高会致使外国需求转移到其他国家的相似商品上,③ 尤其是当供给反应相对容易时。A 国的竞争者将在损害 A 国利益的同时增加出口量,而 B 国和其他国家如 D 国,④ 将提高此类商品的产量并削减进口总量。另一方面,B 国出口的非受保护的商品价格的些许下调将会在抑制其竞争对手的同时增加其出口额,或者在其他国家中加剧竞争,如 D 国。换句话说,从 A 国和 B 国的立场来看,对它们产品的外国总需求可能是极富弹性的,任何微小的价格变化都将

---

① 对于大多数商品来说,市场并不是完全的,因此,某国供给外国市场需求份额的大小依赖于销售组织。除非此种销售费用被产出增长期的大规模经济的储蓄所弥补,否则以生产要素为基础计算的贸易条件不会朝着有利方向变化。

② 保护商品的进口当然要受到限制。

③ 此外,如果出口这些商品的国家也提高价格,那么此类商品的总消费量也就会下降。

④ 这些国家并不向 A 国出口受保护的商品,尽管 B 国这么做。它们也不像 C 国那样会与 A 国竞争。

导致进口额与出口额的大幅变化，前者的情况尤其是这样。A 国与其他国家（C 国）的竞争越是激烈，进口关税影响贸易条件朝有利于 A 国方向发展的可能性就越小。A 国的消费者实际上要支付全部关税，而 B 国则几乎很少或根本没有受到不利贸易条件的影响。

A 国出口的一些商品可能会因为价格稍微上涨而最终退出国际贸易，这说明外国需求确实明显是极富弹性的。另一方面，B 国曾经只为本国生产的商品也可以开始向国外出口了。生产成本下降，例如，下降了百分之十，可以使很多新产品大量销往国外，而且只需很少或者根本不用借助于市场营销手段，并且现存的出口行业也可以在成功地抑制国外竞争者的同时拓展自己的业务。基于这样的原因和其他各方面的反应，这样的国家能使其出口额出现大于百分之十的增长，尽管此种类型的出口商品因为价格下降只出现了百分之五的销量增长。

只有满足以下条件时，A 国才能得到可观的进出口价格比率：（1）外国对 A 国出口的商品有很稳定的需求，并且当 A 国出口价格上涨和 B 国购买力衰减时对本国消费的影响非常微小；[①]（2）此类商品在其他国家的供给量相对较小，或者提高产量的代价是明显的成本增长；（3）由于 A 国市场的重要性并且是富有弹性的，以及这些行业的生产要素很难向其他行业转移，因此，它降低了 A 国征收关税的出口商品的价格；[②]（4）当一些非受保护商品可以轻而易举地购买且 A 国的购买力增强时，那么 A 国对这些商品的需求就没有太大的增长。[③]

A 国的部分商品很可能可以满足前两种条件。但一个国家大部

[①] 被 A 国征收关税货物的出口国的购买力下降所产生的影响应当受到关注。在其他国家基本不从 A 国购买保护性产品以及它们都是 A 国的重要客户的这两种情况下，当 A 国处在第一种情况时，贸易条件更可能会朝其有利的方向发展。如果许多国家碰巧是英国的重要客户的话，那么，英国劳工党对向这些国家的商品征收关税或实施进口禁令的偏好就不会那么强烈了。

[②] 就像任何一种自然资源一样，生产要素很可能几乎没有竞争性应用，A 国对某种商品的需求下降可能会导致这种外来商品的供给价格大幅下跌。庇古忽视了这种情况。《公共金融研究》（伦敦，1928 年），第 14～20 章。

[③] 由于缺少四种情况，马歇尔在其著作《货币、信贷和商业》一书中所阐述的并不完整。显然，他认为所有进口都会受到 A 国关税的左右。

分的出口商品都满足上述条件也是不现实的。然而，只有这样并且第三和第四个条件也满足，从 A 国的角度来看其贸易条件才会有所好转。因此，这只有在非常不寻常的情况下才能发生。

然而，我们必须考虑征收关税后的情况。为某一市场生产产品的行业不能简单地转换到别的行业中去，尽管其价格由于进口关税的存在而无法获利，其他国家可能继续向 A 国比以前更低廉的价格供给赋税商品。此外，A 国也很可能在一段时间内持续向其从前的市场出口商品，尽管价格要比其竞争者高一些。但是，这种情况不会持续下去。慢慢地，A 国会被一些市场所淘汰，或者不得不以极具竞争力的价格出售其产品；外国生产者很可能不再向 A 国出售商品，除非 A 国可以像其他顾客那样付同样高的价格。如果把垄断或类似情况排除的话，我们则可以断定没有一国可以利用进口关税来使贸易条件大幅朝对其自身有利的方向发展。

马歇尔①从以下方面支持了本观点：

> 一个国家，其出口的商品在外国的需求非常巨大，并且能使外国人缴纳任何巨大的进口税额，那么这样的国家事实上是不存在的。但是，英格兰的出口曾两度接近于此情况。第一次主要涉及羊毛出口，其对于佛德兰的纺织工人来说是必不可少的。处在19世纪前五十年的第二次则主要包括被广泛应用的蒸汽机制造品和其特殊工艺所生产的热带产品。世界上其他国家也很可能像英国一样曾两度处在此种情况上，甚至更多的次数，而不是从未这样。

至此，我们已经解决了一国采取高关税的情况。那么，当许多国家都采取相近政策时，一国采用征收保护性关税而使贸易条件朝其有利方向发展的机会很小这一结论是否仍然成立？② 不同关税的效应很可能在某种程度上会互相抵消，那么，处在相互对立的关税壁垒的长期影响之下的自由贸易国家所处的贸易条件是否会受到影响？假设发生在一个保护主义贸易大国和自由贸易小国之间的国际贸易，

---

① 参阅：《货币、信贷和商业》，第 192 页。
② 需要明确的是，贸易条件的有利变化不是指关税为贸易保护主义国家所带来的利益。

并且贸易过程中只存在这两个国家。可以想像,后者对前者产品的需求可能是非常急迫的;并且从另一个角度看,其需求和供给的反应也很可能存在这样的特性,于是就会致使商品的出口价格非常严重地受到压制用以偿付巨大关税壁垒所带来的大额进口关税。

如果不止有一个而是有多个自由贸易国家,那我们就可以把它们作为一个国家与贸易保护主义国家进行比较,这样的结论也会大致相同。然而,事实上是存在不止一个贸易保护主义国家,它们不仅针对贸易自由国家而且还针对其他贸易保护主义国家设置了各式各样的关税壁垒。问题是,这样是不是会提升自由贸易国家在国际贸易中的地位?

答案是肯定的。如果只存在一个大型的贸易保护主义国家集团,并且征收相同类型的关税,那么,需求将会从处于集团外部的生产要素转移到处于集团内部的生产要素上。在不同国家的出口中,与外部的不得不使其产品跨越各种壁垒的国家相比,受关税壁垒保护的国家则会处于相对优势的地位。可是,事实上根本不存在这样的关税联盟,而存在的则是一系列相互独立的关税区,这也就使贸易保护主义国家在与贸易自由国家的竞争中丧失了优势地位。在出口贸易中,它们不得不处于一个平等的立足点上。

当要想从欧洲大陆出口商品时,英国的各行业会受到各国高关税的限制。如果大陆关税联盟给予英国公司的大陆竞争者以优惠待遇的话,那么英国就会处于更加不利的地位。总之,如果奉行贸易保护主义的国家把关税直指那一小部分贸易自由国家或者低关税国家的话,那么它们就很可能处于贸易条件的有利地位。但如果它们也同时竞争的话,那这样的效应就会非常微小。①

到现在为止,我们只解决了商品需求弹性的问题。然而,出现

---

① 这一结论能够体现实现世界范围内自由贸易程度深化途径的一个方面。如果一些国家为实现自由贸易而结成一个大的关税联盟的话,而另一些国家则无论它们采取何种关税政策,那都将会发现它们在竞争重要市场时会处于十分不利的地位。它们将会做各种努力而进入这个联盟,从而有机会发展并利用大多数国家。那些仍处于联盟之外的顽固的国家会处于越来越不利的地位。强大的既定利益所带来的重商主义倾向,仍然是众多国家关税政策中的主要影响因素,那么此时类似全球自由贸易协定产生的可能性还可能很大吗?

在国际收支中而不出现在贸易平衡表中的服务需求，它的弹性也与此有关联。例如，对于一个在海外有大额利息收入的债权国来说，由于其通货相对无弹性，因此该国很可能要依赖于别国对其货币的需求。因为对其他国家来说，它们必须为进口的外国商品支付一定数目的固定金额作为补偿，这样，利息收入就会使债权国有机会通过征收进口关税[1]而使贸易条件朝其有利的方向发展。

§5. 货币机制 我们现在开始研究在新增关税时，国际收支是如何保持平衡的。正如其他有干扰的情况一样，在研究贸易平衡的过程中，我们引入了短期资本流动。

关税政策的变化在短期内对国际收支的影响是很不确定的。如果关税变化并不是预期的，那么开始时很可能出现出超的情况，同时也会出现外汇储备短期上涨的情况。正如在第 18 章和第 20 章中所描述的那样，这会直接和间接地导致购买力的增强。另一方面，如果人们预期到会征收关税，那么进口就会增长，就会出现入超情况并且伴随着短期外汇储备的下降。这样，购买力增强就会与我们之前讨论过的资本进口时不同。对不同情况的描述和解释很可能会让我们偏题，但是需要强调的是，除非贸易保护主义国家信贷额度有所增长，否则贸易平衡将不会有效地朝相反方向移动并且以此来抵消贸易保护主义国家长期对进口进行抑制所产生的影响。

一些年以后当调整完成时，许多情况下进口与出口之间的差额实际上将会与采取其他不同的关税政策没什么区别。然而，在其他情况下，经济发展很可能会受到保护主义的严重影响，利率水平和其他影响国际资本流动[2]的因素将出现巨大变化并改变后一种情况（见第 17 章）。此种情况变化的程度大小不同，相对于进口的出口量有可能上升也有可能下降。

§6. 关税作为优化生产能力的手段 至此，我们一直假设所有生产要素都是被完全或者说是"正常"利用的。换句话说，严重的不完全就业、机械产能过剩及巨额的固定资本投入都没有被考虑在

---

[1] 请与第 21 章中关税壁垒会增加在世界范围内资本流动情况下的贸易条件变化的趋势这一结论作比较。见庇古：《公共金融研究》，第 20 章。
[2] 或者国际收支中的其他项目。

内。关税政策变量与产能利用之间的关系,无论是关于人的还是有关机器的都被忽略掉了。

而在对长期影响因素的研究中,上述过程看起来不仅仅是需要考虑进来,而且还是必要的。然而,短期因素仍然值得考虑,它们在征收关税后很大程度上受经济形势的影响。萧条时期的高关税当然会与商业活动频繁时期的高关税所造成的影响有很大不同。一般来说,关税的短期效应没有长期效应显著,但当某一关税的大部分效应已在短期发生时,其长期效应则应排除在外。

正常商业活动频繁情况下的新关税的即期效应将遵循已经讨论过的规律,在萧条期内会随征收关税的实际利率出现大幅度的上涨。我们来看一个有力的证据,假设一国制鞋行业只利用了其产能的60%,可正常情况下应为90%,相应部分的工人处于失业状态。由于考虑到在同等质量上进口鞋要比国产鞋便宜,因此,鞋类商品的进口比从前增多已经持续了一段时间。在这种情况下,许多国内制鞋企业入不敷出,更无法获利,通过对政治家施加压力,增加的进口关税或者是改进的进口关税将被使用。

为分析简便起见,我们假定同等质量的国产鞋和进口鞋之间的价格差异是25%。如果前者的价格为15先令,则后者的价格只有12先令。① 征收关税后进口缩减,保持其价格为15先令的国内制鞋企业则可以成功地将其销售量增加1/2,也就是将其产成能力变回了正常的90%。

这种产出增长有什么额外的费用,难道是从2双到300万双的鞋子?不需要任何新增厂房和机器,也不需要增加任何主任或办公人员,对管理人员工作量的增加也是几乎没有的。另一方面,就业人员增加、皮革和其他原材料的采购也随产出增加相应的比例。

假设每双鞋的可变成本为8先令,那么生产者在销量增加后最终会得到小于7先令的收入。另一方面,消费者比从前多付了3先令。从整个国家来看,每双鞋都会有4先令的所得,或者说总共有400万先令的所得。但这并不是全部。所谓的可变成本的很大一部分是从单个厂家来看的,而不是从整个社会来看的;此部分中最起码

---

① 与零售商的长久客户关系以及对本国商品的偏好可解释国产鞋仍在销售的这一情况。

要包含工资在内。工人无论是否拥有工作都要生活,我们假设在关税征收之前工人每年能收到失业救济金 100 万先令。现在已经不再需要这一支出,因为赋税者有了明显受益。更进一步地讲,工作的工人赚得的工资是他们在失业时所得的两倍,也就使自己的经济地位提升与之相当的幅度。总的社会所得为 600 万先令。换个角度来看来这个问题,取代了从国外以每双 12 先令的价格进口,皮鞋以每双 6 先令的额外成本在本国生产,不同的是后者为本国带来了净所得。①

倘若没有征收关税,那么会发生什么?假设存在与制鞋行业相似的其他行业,那么国际收支呈现负向趋势将是顺理成章的推断。②现在我们来考虑这个方面的第一种情况。这个十分寻常的机制将会运行起来,短期资本将随之流入,信贷政策将会受限,工资和物价水平将会下降。③ 这样,市场竞争就会变得愈加激烈,一些行业会扩张其势力,或增加它们的出口,或对其外国竞争商品的进口进行抑制。无须进一步的借贷转移处理,国际收支即可达到平衡,就业和生产能力利用的形式同危机开始前没什么两样。在市场竞争中竞争力较差的行业,如制鞋行业,很可能会被抑制,此行业的劳动力将会在其他领域中找到合适的工作。修正过程结束后,可利用商品将会比从前持久关税体制下的量要大得多,这一点我们在之前已经解释过。

然而,此种修正过程既漫长又困难重重。例如,贸易联盟会阻止工资下降,这是一个非常关键的问题。在零售贸易方面,价格会有所下降,但将会非常缓慢。此外,还有许多其他困难。与此同时,失业和经济失衡所带来的损失将会非常巨大。在这样的过渡时期,进口关税的短期特点会给如例子中提到的制鞋行业带来好处。理论上讲,它们也可能极富竞争力以至于在行业低迷时不

---

① 国际贸易条件影响的可能性在第 6 节中忽略不计。
② 当然没有什么能阻止国内行业将价格降到 12 先令来增加销售量从而无须进口关税的庇护,这样也会得到同征收关税一样的短期所得。然而,这会使其获得可变费用之上的 4 先令而不是征收关税后的 7 先令,制鞋厂商有可能不会选择这种做法;销售额上涨 50% 也不能补偿本来用于支付其一般成本的每双鞋的降价部分。
③ 换句话说,此处讨论的情况是对通货紧缩有需求的时期。

会因经济力量在产品之间的再分配而受到抑制或阻碍。它们仍可使闲置的机器和劳动力处于雇用状态，而不是试图朝更有效率的行业转移。

国际收支在征收关税前没有负向趋势，而关税征收使国际收支朝另一个方向变化的趋势更加明显时，进口削减一定会因为相应出口的削减或资本外流而在某种程度上得到平衡。

这些情况与在正常情况下征收保护关税相比至少存在着重大的不同。受保护行业中刺激产出的生产要素并没有抑制其他行业的可利用要素，它们来自于不同的行业。也就是说，这些行业中不存在生产缩减，也没有被更多的进口或更少的出口来填补商品空缺，收支平衡修正体系的这一因素是不存在的。

另一方面，生产要素更高级地利用趋于增加总收入并刺激对外国商品的需求。进一步地讲，与长期内本该有的价格会水平相比，生产要素价格会被维持在一个相对较高的水平上，这在后一种情况下是可能发生的。这也就意味着，购买力高到了尽管征收关税还存在入超的地步；出口商品的价格和与之竞争的进口商品的价格要比哪怕不征关税的时候还要高。出口无法增长，需求从竞争性的本国市场商品上转移到了进口商品上，这也就促成了进口的增长。

简而言之，只要保护存在，不可避免的通货紧缩就可能会变得不那么严重，或者说只受到缓慢影响。如果征收关税只是暂时的，那么通货紧缩就肯定会发生，但是带来的短期刺激可能会作用于一些行业并增加生产。这样，对经济活动来说，完成修正就会进行得更加顺利。

总之，这一推理适用于不完全就业或者生产能力不完全利用的状况，其主要是因为货币方面的原因，如其他金本位制国家中由相应的一般价格和家庭工资的紧缩所致的通货紧缩。换句话说，混乱是由它们所维持的价格水平太高所造成的。

然而，当通货紧缩既无必要也无趋势时，结论也可能成立，只是频繁出现且意义深远的诸如倾销、新的关税壁垒和科技进步等原因所造成的失业会比较严重。这种情况下只存在两种因素能够在受保护商品进口量减少的同时恢复贸易平衡：一是总货币收入的增加刺激了对外国商品需求，因而也就增加了进口。然而，外国出口行业持有较低水平的购买力并且由于其他原因而从保护主义国家购买较少的商品。二是贸易平衡维持在正向趋势上是极可能的。初始的信贷扩张机制将付诸于实施，价格和成本水平将会上涨，出口会萎缩。因此，失业和生产能力的过剩将会出现在出口行业中，很可能相当于受保护行业中所消失的量。

如果存款和资本输出持续增长，那么出口就不会萎缩。假设受保护商品的产出量为1亿美元，那么代替进口并因收入上涨而使其他商品进口的增加就会是4 000万美元。如果这些资金被借给别国，那么国际收支账户将减少6 000万美元，这样，两种趋势就会互相抵消，国际收支的平衡就不会受到干扰。

这是可能发生的。首先，如果外汇储备增加，那么贸易保护主义国家的货币需求必然会降低，利率会下降，浮动平衡将趋于偏向其他金融中心。① 然而，此类情况不可能持久实现。当几乎没有或根本没有理由预期到长期利率的降低时，什么条件能够自然地让我们得到更多的长期资金借出所带来的利益持续增长？利率也可能增长，因为尽管储蓄量在收入增长时有所增加，但对更大规模的生产所需要资金很可能多于能够增加供给的量。

于是，很可能出现的情况是，在一到两年后，原先使出口相对减少的机制开始产生作用。尽管出口行业的扩张比原先预期的要少，甚至是失业水平都比应有的水平要低。但当这种情况出现时，就不会有新的失业情况出现。

我们正在讨论的时期持续越长，降低失业水平的机会就会越小。因为如果没有关税，就会出现诸如劳动力转移等一系列作用进而降低失业水平的情况，甚至要比关税的效果还要明显。然而，如果出

---

① 在1928～1929年间关于英国经济地位的讨论中，一个十分相似或许十分典型的观点在《国家》（伦敦）中得到宣扬。"我们认为，对于进口量微小的变化，典型的反应是被国际负债的缓冲所阻止，因此，它实际上是不能作用于出口"。"那当然是从进口并无减少而出口大量减少的战后经历中得来的道德上的经验"。《国家和雅典庙宇》（1928年9月），第700页。

现了短期流动不平衡的情况，那么避免出口行业失业加剧的可行措施就可能是征收新关税。

总而言之，当经济处于失衡时，引入新要素很可能会给经济体带来新的平衡，尽管这一要素自身将会带来不利的变化。如果一种干扰已经出现，那么，比起让其肆意发挥作用来看，引入朝其相反方向作用的另外一个干扰则是更好的选择。一个显而易见的例子就是阻止突如其来并且短暂的外国倾销的做法。

这个研究的一个结论是，在经济受干扰时，一个国家与别国的贸易很可能仍维持进行，尽管现实中部分交易已经不再是有利可图的。高额总成本的存在使得当商品能够以 6 先令的价格在本国生产时，以进口价格 12 先令成交成为可能。这看起来是十分罕见的，但最终可以将其解释为价格与边际成本之间相协调失败的结果。

事实上，哪怕在正常状态下（边际成本只有在生产压力过大时才会同商品价格一样高），此种价格与边际成本相协调时所对应的缺失都会使这样不利的贸易成为家常便饭。在本土市场与进口商品进行激烈竞争的行业会很正常地以小于其自身商品或进口商品的真实市场价格的额外成本来增加产量。简而言之，进口高额成本制造出来的商品好像带来了边际损失。然而，值得注意的是，每多出口一个单位的商品常常是换回了多于生产的回报，也就带来相应的收益。如果对进口的限制致使出口减少，那么消失的就不仅仅是边际进口量带来的损失，同时还有边际出口量带来的收益。从一个一般的层面上讲，收益更大还是损失更大这就不太可能了。

这一特殊的贸易现象产生的原因是存在固定成本和非预期性干扰，这些因素经常会阻止生产能力的充分利用。从本身来讲，它们与国际贸易没有什么特殊关系。然而，哪怕是生产能力的不完全利用所带来损失的一小部分，也有可能在此种情况下转移到其他国家中去。

在上面的例子中，关税被认为是征收在消费者消费的商品上的，进口商品在不提高其生产成本并且在该国不限制出口的情况下，其价格越高，本国生产的受保护商品的价格很可能也就越高。如果生产者的商品是受保护的，那么情况就会有所不同。

上述部分只探讨了进口关税的效用，它显示了当此类关税被引入到正常情况或失业情况下时的价格机制是如何运行的。

第 24 章 国际贸易中的一些变动

§1. 需求与供给弹性　本章将对国际贸易中的一些条件变动作简要分析。在前面章节中，我们已对资本流动和进口关税中的变化予以了研究，国际贸易机制中的某些方面与上述两种变化相近，甚至是相同的。

理论上，所有的价格都可以是恒定不变的常数，只有商品数量和生产因素是变动的，但事实上，基本环境的任何变化都会引起价格体系的变动，进而使国际贸易也发生变化。除资本流动之外，基本因素可归为以下几点：（1）需求条件；（2）供给条件；（3）转移条件。下面将对这些条件变化进行讨论。在第三种情形中，除进口关税以外，还将就转移条件进行分析。

然而，除以上因素外，价格体系还有另外一种类型的变化，这曾在短暂的货币变化中讨论过。在许多情形下，这种变化将导致金本位制和金汇兑本位制解体以及外汇汇率的大幅变动。本书不涉及这些情形的研究，但是在其他一些情形下，货币体系变化不那么剧烈，外汇汇率保持稳定，这些情形我们已在第 18 章中涉及到了。但在另一些情形下，尽管货币体系发生较大的变动，但在金本位制和金汇兑本位制的国家，它只引起了外汇的轻微波动，这些情形我们将在下一章中进行讨论。

我们首先讨论需求的变动。现在我们只考虑两个国家的情形，假设 B 国对 A 国出口商品的需求增加。这种情形我们已在第 4 章中分析过了，但当时没有考虑到运输成本因素。结论是，A 国的要素总体变得比以前更稀缺，而 B 国的要素变得并不像 A 国那样稀缺。这意味着国际贸易的交换条件将向有利于 A 国的方向变化的趋势，A

国将比以前更有能力购买更多的两国生产的总产品。①

生产要素的稀缺性变化说明，在两国总购买力不变的条件下，A 国的货币购买力增加而 B 国的货币购买力降低。即使考虑到了两国的运输成本以及国际贸易壁垒等因素，这样的结论仍然成立，只不过论证的过程会更加复杂。需求会发生初次转移：对 B 国某些商品的需求（国内商品和出口商品）以及对 A 国某些出口商品的需求会转移到 A 国某些出口商品②的需求上，这样，A 国的这些出口商品在 B 国的需求增大了。而 A 国某些出口商品对本国国内商品的相对稀缺性会上升，相对于 B 国所有商品和类似 B 国的商品、受到需求减少影响的 A 国商品来说，相对稀缺性增加的趋势会更加显著。换言之，B 国国内市场商品及国际化商品（A 国获得特殊需求的出口商品除外）的价格相对 A 国国内市场的价格会下降，A 国获得特殊需求的出口商品相对 A 国国内市场商品的价格会上升。

需求变化所产生的直接影响仅讨论至此。由此引发的 A 国购买力的增加和 B 国购买力的减少将引起二次反应。国际化的商品会受到两国购买力变化的影响。假定在国际化商品范围内，A 国将会以 B 国利用其购买力的方式利用其新增的购买力，在此基础上，这些商品的价格和需求都不会受到二次反应的影响。另一方面，A 国的国内市场商品会获得比以前更大的需求，而 B 国的国内市场商品的需求则不会像 A 国那样增加。因此，在初始转移和二次转移的综合作用下，我们可以看到，B 国国内市场的商品的稀缺程度最低，而次低的是 B 国的出口商品和 A 国无特殊需求的出口商品。稀缺程度较高的是 A 国国内市场的商品以及有特殊需求的出口商品。③

显然，不仅那些大量用于生产 A 国特殊出口商品的要素比以前更稀缺了，而且那些用于生产 A 国国内市场商品的要素也更稀缺

---

① 正统理论认为一方"所得"的增加并不意味着 B 国会比国际贸易前的"所得"更少。B 国与以前一样需要外国商品，就如 A 国比以前"所得"更多一样。这一事实常常被人们忽视。
② 当然，这也可能是由于这些商品的需求减少引起的，但在一般分析中常假设 A 国的商品需求的转移会产生同样的影响。
③ 这些在下文称为"A 国的特别出口品"，所有的国际贸易商品称为"一般国际贸易品"。

而 B 国国内市场行业大量使用的生产要素却变得不那么稀缺。正因为如此，A 国的毛货币收入会增加而 B 国的会减少。但这并不意味着 A 国购买两国生产产品的较大份额，因为 A 国更高的收入被更高的国内市场价格所平衡了。① 更重要的是由于以下双重的原因，即 A 国的货币收入增加而 B 国的货币收入减少，这部分地解释了国际贸易中的均衡机制何以这么顺利起作用。

价格变动的幅度取决于特定的环境条件。首先是两国的需求弹性。两国的需求弹性越小，价格变化越大，则交易条件的变化就越大。

不同商品的供给反应也同样重要。对于需求较以往有所增加的商品其价格会上涨。② 另外，要素供给的反应及要素价格也影响商品的成本和价格。③ 美国境外市场对美国摩托车需求的增长起初将引起价格上涨，至少当需求可观时是这样，但后来几乎一定会引起价格下降。规模经济可以降低成本，例如汽车行业必要的生产要素价格即使上升也只有很小幅度，因为其他制造业的工人可以在本行业工作，因此，美国的一般工资水平正如一般利率水平一样，不会有大幅度的上涨。对于任何一件商品，国外需求的增加对要素价格的影响在一个较大的范围内均很小。另一方面，对于非规模生产且要素供给量不易增加的商品，当需求增加时其价格上升。多数需要特殊自然资源的商品多属于此类商品，比如产于特定土地上的酒和产于特定矿床上的金属。

许多时候要素供给只能缓慢增加，因此，产量和价格的效果在起初和后来是不一样的。假设全世界对纸需求剧增，那么出口国的纸的产量的增加对劳动力素质的要求也较以前提高了。造纸业的工资相对于其他行业有所上升。劳动力的供给有以下三种情况：（1）具有同等素质的其他行业工人转移到造纸业中；（2）处于其他类似集团的工人可能转移到条件更优厚的集团中（这可能导致工资在更

---

① 然而，失业和闲置产能在一定程度上会降低，这最有可能在刚开始就会如此。
② 此时与闲置产能时的情形一样，当然，其他变动也与此相关。假如在最大潜能时生产，那么价格就会比还有闲置产能时上升更多。
③ 用传统方法处理这类问题经常受到指责，因为可能存在规模报酬递增、不变和递减的情况，参阅附录三。

大范围内上扬);(3)工人(通常处于同一集团)可能从国外转移到国内。造纸业的工资水平和纸张价格由这些因素决定。另一方面,木材的供应(纸的原材料)只能缓慢增加,除非对现有可开采林木的砍伐短期增加或者新的交通方式使其他林木可用于本地造纸。造纸业引人注目的扩张似乎一定会引起木材价格的大幅上升,至少在起初几十年会是这样。

为了更详细地说明情况,有必要描述一下初始变化后的不同时期的形势。为达到这一点,我们把目光集中在纸张出口国 A 国上,A 国相对整个世界而言是个小国。自然地,工资、租金和利润在造纸行业中都有上升的趋势。但是,A 国国内市场行业工资也会上升。该国所雇用的不娴熟工人比其他行业同等工人的工资高,对于其他等级的工人也是如此。这种工资差距引起劳动力从后者转移到前者,这意味着不同行业同等水平的工人的工资趋于相等。另一方面,形势好的行业大量需要的某等级工人比其他行业需要的工人更少。

如果对于特殊出口商品的需求十年间持续上升,那么,在发生变化的一至两年内,我们将看到以下情况发生:(1)形势好的行业里的工人工资比其他行业同等工人的工资高,因此,后者向前者发生劳动力转移以及其工资差距保持在一定限度内。(2)在条件好的行业里需求量相对较大的工人相对于其他等级的工人来说,他们获得更大的回报,因此,个人有从一个集团转移到另一个集团的倾向。但是,这种转移可能遇到比较大的困难,会导致报酬率出现显著的变化。(3)可能还有一种重新调整的方式:来自其他国家的劳动力的转移。形势好的行业里的某一等级的工人的工资比其他国家同等水平的工人的工资有所提升。因此,这样的工人可能从后者转移到条件好的国家,从而使各国的同等水平的工人工资趋同。这种趋势在多数情况下并不是很强,因为这种转移像从一个劳动力集团向另一个劳动力集团的转移一样,会遇到相当大的困难,尤其是在开始的时候。

关于劳动力的重新调整就讨论到这里。在 A 国,资本从其他行业里转移到条件好的行业里还有其他困难,原因在于大部分资本都用于基本固定的形式如机械、厂房,而投资于另一个行业时将资本用做其他用途需要一定的时间。这与个人从一个集团转移到另一个集团相似，但不完全相同。

劳动力在国际间的流动自然会引起国际资本的流动，这可能是由 A 国相对于他国的利率上涨所引起的。假如 A 国形势好的行业大量使用资本、某些类型的高技术工人、很少的土地以及非技术工人，那么 A 国的利率相对于其他国家就会上升，这可能导致它的资本会从国外流入到本国。

总体来说，我们发现，生产要素的供给随需求的变化而自动调整。供给变化会通过不同方式的转移，从而使报酬率的变动保持在一定限度内。换句话说，这种变动比没有要素转移时产生的变动要小。

可以预期，几年后生产要素在行业间、劳动力之间及国家间都更容易流动，而劳动力集团间的流动受到以较优越地位进入集团的新的劳动力影响时则更是如此。简而言之，应预期要素供给的多样性会日益增加。但是，由于已经假设需求在继续变化，因此也就无法确定哪一种趋势会更大，这是由于报酬率变化导致的供给在增加或者需求在变化。起初，后者几乎一定会更大，它引起了报酬率的上涨，但随后供给的多样性增加了，因此，供给的变化可能大于为保持报酬率不受需求持续变动影响而需要的程度。换句话说，要素价格可能恢复至以前的水平。① 但是，这种情况也不是不可能的，即供给对于要素报酬变化很不敏感，在需求变动的影响下，报酬率会越来越偏离原来的位置。

无法断言，第二阶段的报酬率是远离还是靠近初始报酬率，要素和商品的相对价格在几年后将朝两者之一的方向变化，但现在供应的调整大于需求变化的可能性比开始时更大。当然，需求的加速变化可能继续使报酬率偏离原来的位置。

对供给反应特点的简要分析表明，需求变化于价格和交换条件的影响随时间和情况的不同而有很大的变化。我们只能这样说，对于 A 国，货物需求的增加可能提高 A 国要素相对于他国要素的稀缺程度，这样，国际贸易条件会朝有利于 A 国的方向变动。不过，这

---

① 在工业中，广泛使用的自然资源的价格不会出现这种趋势，除非由于运输条件的改善、资本投资改变了原有资源的属性，否则新的可供利用的资源将不会出现。

种稀缺性会以更快还是更慢的速度增长,以及涉及到 A 国要素更大还是更小的领域,这都是无法断言的。但是,有一点是肯定的,除非总供给在初期以平稳的方式反应,否则在很长的时期内,其相对稀缺性都不会比以前更大。

不言而喻,国外的供给反应也影响价格和交易条件的变化。对于某些商品的需求的减少,从另一方面说即为对某些 A 国商品的需求的增加,会引发一系列类似的反应,但是会朝着相反的方向变化。

§2. **收支平衡与货币机制** 由于进口关税和资本流动是可行的,因此,收支平衡的途径便不用细说了。某些短期资本的交易肯定会发生,但是,当 A 国资本存量和需求受到太大影响以至于长期资本流动发生变化时则不然,一段时间后,A 国特殊出口商品销量的增加将被外销的其他商品销量的减少以及关税的增加所抵消。这种贸易平衡的重新调整将导致 A 国发生以下变化:(1) A 国增加的购买力引起对各类商品更大的购买量,进而导致进口的增加和出口的减少;(2) 相对商品价格变化使 A 国国内市场商品的需求转至对进口商品以及一般出口的需求上,因为后两种商品相对于前者来说变得更便宜了。那样,进口会进一步增加而出口会减少;(3) 生产特殊出口商品以及国内市场商品的行业的繁荣扩张,会使生产其他出口商品和进口商品竞争品的行业只拥有更少的生产资源,而这些产品的市场就更小了。进口有了更大空间,而一般出口的扩张速度则放缓了。

不必再从资本进口和关税分析中谈起 A 国银行系统对外汇结余的反应,以及信用额和购买力是怎样增加的。对于 A 国可能的二次通货膨胀和 B 国的通货紧缩所作的分析在此也同样成立。

但是,有必要再次强调,对于货币变化的及时反应尤其是价格变化,会随整体经济形势的变化而变化。如果 A 国商业不景气并有很大的剩余产生,那么,来自外国的需求增加可能会导致产量的增加但价格却只有微小的上升,① 利率将会下降。但是这对于国内资本需求的影响可能不及其对国外短期投资甚至长期投资的影响。商品

---

① 因此,外国对于一国商品需求的增加会由于国际贸易萧条而下降,瑞典 1930 年的良好环境就是一个很好的例子(冬天很高的失业人数与其他国家没有可比性)。

进口由于购买力增加会自动扩张，但不及商品出口的扩张幅度。但是，通过国际资本交易，收支平衡会保持均衡。此时，不需要如上述对产量和需求量立即进行调整。

然而，商业形势终究会改善，闲置产能会下降，一些重新调整就有必要了。另外，A 国不会继续累积外国资本以保持收支平衡，也不会对贸易进行进一步的调整，结果是 A 国的信贷能力和购买力会进一步增强，而价格升高和行业变动的趋势也更加明显。

显然，A 国商业形势恶化时，外国需求的短期大幅增加会引起的反应将与形势大好、无剩余承载力、国内资本需求对利率降低敏感度时的反应大不相同。在一种情况下，商品价格变化对调整机制会发挥重要作用，而在另一种情况下，这种作用则不显著。①

丹麦在战前经济不景气时，国际交易条件比其他地方更优越。煤、机械以及其他厂商的产品是丹麦进口的主要部分，当经济条件改善时，这些商品通常变得更贵。另一方面，丹麦的主导出口商品饲料，在萧条时通常有大规模的需求且价格较高。外国向丹麦出口商品的增加幅度如 1910 年那样，会使贸易结余朝积极的方向变化，但同时也增加了农业的收入和储蓄以及减少了对外资注入的需求。外国在丹麦银行的短期负债减少了，保持收支平衡不需要相对价格水平发生变化，因为一两年内不断改善的经济条件会使丹麦以更高的价格进口更多的外国商品，致使贸易余额负向变动。

关于生产重新调整、货币机制及保持收支平衡，我们对 A 国都已经进行了说明，此时，对于出口的商品有着更大的需求。B 国（A 国商品需求增加的来源）的调整过程当然相反，在此不再作阐述了（与第 20 章第 8 节对比）。

在两个以上国家的情形中，当购买力在 A 国增加而 B 国减少时，对外国商品的需求会同样受到影响。对 C 国商品的总需求有可能上升，而对 D 国商品的总需求则有可能下降。这引起了 A 国、B 国及其他销售商品至 C 国和 D 国的反应。顾客的活跃程度对每个国家都

---

① 当然，这与国外长期资本投资锐减改善国际收支平衡是一样的。这种重新调整发生与否并不依赖于价格水平的变化和黄金流动。参阅：帕利：《美国国际收支平衡问题》（第 275 页），他讨论了美国 1927 年下半年和 1928 年上半年的情形。

是重要的。出口商品到巴西的国家对世界咖啡的巨大需求感兴趣，正如出口到智利的厂商从硝酸盐市场的改善中获益一样。在需求变动的具体研究中必须考虑到间接效果，尽管这些并不容易处理。①

§3. 例证 我们很难通过确切数字解释需求变动与国际价格的关系，部分原因是许多国家没有令人满意的统计数据，但主要是因为一国除了出口商品需求外，还有许多其他因素也在同时发生变化，使人们无法分离出需求变动的影响。

然而，1914年以来南非和智利的一般物价水平的异常变化，似乎很可能主要是由于外国对出口商品的需求剧减引起的。这些国家的批发商品价格因此相对下滑，如下表5·24–1所示。

表5·24–1　　　　　　1929年批发价格水平②

| 南非 | 116 | 瑞典 | 140 |
| 智利 | 120 | 美国 | 138 |

南非的主要出口商品是黄金和农产品。农产品整体出口价格较低，而黄金价格显然与战前相同。这就是说，其价格相对于其他商品（其他商品价格指数在多数金本位制国家为140左右）来说有相当大的跌幅。煤矿的开采成本较低，尤其是1913年以来，本地劳动力的工资水平只得到小幅提升。由于黄金开采业在一国经济生活中发挥着重要作用，因此，其他分支行业的当地劳动力工资随之变动，而大多数国内市场行业的生产成本仍然较低。结果是自1922年以来，一般物价水平都在120到130之间，而到1930年跌至107，最近几年生活成本大约为130。

智利的主要出口产品为硝酸盐，其价格与战前保持相同水平，在近年甚至略低于那一水平，工资和商品价格因此较低。1930年2月，后者跌至110，而其生活成本指数更低至102。

我无法找到实例来说明过去几十年增长的国外需求所产生的主

---

① 在第20章有关对国家影响效应的讨论中，没有直接关注国际资本交易的影响，前述推理在此同样适合。

② 官方指标可能夸大了这种差别。另一方面，基于不同国家在1927年1月的鲍雷价格指数，我们得出的会比仅仅考察国家贸易品的差异要小。参阅：《伦敦和剑桥经济论文集》（第24号），《特别备忘录》。

要影响。澳大利国内商品的价格水平的提高（1929 年为 166）很可能在一定程度上是由该国重要出口产品（羊毛）的高价所导致的，而其他情形也是一样。

短期国外需求骤增的影响可以通过价格数据更确实地得到证实。1928 年，埃及羊毛的价格比前一年高出许多，虽然出口量持平，但是棉花的出口价值却从 3 900 万英镑跃至 4 500 万英镑。这可以解释为什么埃及批发商品的价格由前两个月的 114 升至同年最后两个月的 127.5。在其他国家，一般物价水平均有下跌的趋势。

§4. **生产要素的国际流动** 我们从理论上提出了通过改变需求条件来影响生产要素价格，进而引起国际劳动力和资本流动（不仅是短期资本交易）的可能性。这果真能发生吗？思考片刻就会发现，答案是肯定的。例如，橡胶需求的大量上升在过去的二十年间无疑导致了资本和技术劳动力流向了英国和荷兰这样有专门种植设施的国家，当地劳动力工资上涨可能部分地是由于这种需求的增加和相应的要素内流。

过去一百年间咖啡消费量的增长对巴西也有同样的作用。在上世纪中期的种植咖啡的浪潮中，劳动力转移到了咖啡洲，主要是圣保罗，意大利和葡萄牙的移民也加快了步伐，大量的外国借贷也由此产生。1887 年到 1900 年，在政府支持下，90 万人口移民到巴西，并且主要在咖啡生产领域就业。圣保罗的人口从 140 万增加到 1912 年的 3 倍，同时，铁路干线从 2 329 千米延长到 5 598 千米。

总体来说，很大程度上依赖于一种或几种出口商品来偿付进口的国家更易受到外国需求变化的影响，当其供给量能稍微影响国际价格时更是如此。英属西印度、马里求斯、马蒂尼克的糖，斯里兰卡的茶，圣索姆的可可豆，古巴的糖和烟草，等等，它们都是很好的例子。希腊的葡萄干、智利的硝酸盐和葡萄牙的酒也可以显著地改变这些国家的资本和劳动力的流入与流出。一般规则是，资本流动比人口迁移更容易受到影响，热带和前述的其他地区的农业人口通常只有很小流动，这就解释了为什么产品需求减少在长期会严重压低价格却不减少供给。

在以上提到的情况中，增长的外国需求使得生产扩张有利可图并引起外国资本的内流。在另外一些情况下，资本流动可能会受到相反的影响。更高的出口价格意味着收入增加，并可能导致更多的储蓄。可以想像，尤其是在没有外来劳动力内流的情况下，出口行业的扩张很大程度上是以其他行业的发展为代价的，因此，资本的需求几乎没有增加，利率可能因此而下降，而资本内流则减少或外流增加。战后纸浆、纸张和某些机械的持续需求对瑞典很可能就产生了这种影响。

外国对某国产品的需求增加首先导致了生产要素的内流而不是外流，因为它有提高国民收入的倾向。在上述情形中，资本要素的价格相对于外国更便宜了，这是由供给的增加所导致的。但是，外国需求的增加对生产要素相对稀缺的改变，可以在供给没有变化的情况下，使一种要素变得比以前更便宜并且有流向国外的趋势。例如，对瑞典林业产品需求的增加可能导致农场劳动力相对稀缺性的降低并且导致移民。① 用于种植林木的大片瑞典土地的价格可能提高到农耕用地的价值以上，而在该国的许多地方其价格都极低，即此时林场将取代农场。由于只有很少一部分住在特定地区的农场劳动者可被林业所雇用，因此，只要进口关税能促使纸浆和纸张在国外生产，那么附属行业就只能小幅增长，而剩余劳动力将会把农业工资水平压低。显然，我们必须承认移民增加的理论可能性，但最可能出现的结果则相反。纸浆业和造纸业劳动力需求的增加量会大于农业劳动力需求的减少量，农业劳动者会转移到这些行业中来。

§5. 外国需求的增加和资本进口的对比　通过这两种变动对比可以解释国际需求和国际资本流动的属性。我们注意到这两者都意味着局部需求的变化，它会影响商品和要素的价格。在下面的分析中，关于资本流动对资本供给的影响我们不予考虑。

资本流动涉及到购买力从 B 国到 A 国的转移，B 国本来用于购买国际化商品（两国之一所出口的商品）或者 B 国的国内市场商品，被转移到 A 国并用于购买国际化商品或者 A 国国内市场的商品。购买力可能以不同方式存在于这些商品组合中。在多数情况下，需求从某些国际化商品方面转向到了其他商品方面，而对于国内市场商品的需求则保持不变。在这些情况下没有资本流动，B 国的需求

---

① 该例子在维克塞尔和赫克歇尔的《经济史》（1920 年）中已经讨论过了。

变化导致价格变动方式将和当前 A 国的需求变化引发的情形一样。这种相似情形在以下两种情况中也是一样的，即 A 国用借款购买某些国际化商品；而在没有借款的情况下，B 国将用这笔钱购买本国国内市场商品，这就如同 B 国的需求从国内市场转移到国际化商品市场一样。最后，A 国可能用这笔钱购买国内市场商品，而 B 国可能用它购买国际化商品。价格的变化如同 A 国的需求从国际化商品转向其国内市场商品的情形一样。

但在其他情况下，借款意味着 B 国国内市场需求的减少，而 A 国国内市场需求的增加。这在一定程度上通常发生在多数国际资本的转移上，一般需求转变没有类似的情况。B 国对 A 国出口商品需求的增加包含了 B 国国内市场商品需求的减少，但是需求转移到 A 国的是出口商品而不是国内市场商品。上述两种情况下，需求从用于 B 国国内市场工业的生产要素方面转向到了某些 A 国的要素方面。但是当资本流动时，国内市场工业中的要素主要从稀缺性增加中获益，而国际需求变化仅直接提高 A 国出口工业要素的稀缺性。

在存在借款的情况下，A 国国内市场工业必须以出口产业为代价进行扩张。当外国需求增加时，A 国的某些出口行业则以其他出口行业和国内市场行业为代价而进行发展，正如前面已经指出的那样，这意味着生产要素的相对稀缺性发生变化。在资本进口时，出口要素导致稀缺性提高所产生的影响将会减小，因此，交易条件的变动不如在外国增加对出口商品同等数量的需求时有利于 A 国。对交易条件的变化尤其重要的是，两种行业间工资关系可能在相当一段时间内发生变化。国内市场工资在有借款的情况下相对于出口产业的工资可能上涨，但在需求增加时后者的工资有上涨的趋势。①

不过，不要忽视这样一种事实，我们可以想像以上提到的这些情况很少见，而资本流动引起的需求变化对价格的影响可能与一般需求的变化等同。

与以上两种情况下的关系相类似，A 国对于本国商品尤其是半国际化商品的需求，同新提高的进口关税把国外货物需求变成本国货物需求的效果是相似的。这是通晓相关知识的读者很容易自行判

---

① 任何不考虑这一事实的分析都难以得出令人满意的结论。

断出来的。

§6. 新的自然资源 现在，我们来研究在一些典型例子中供给条件改变的影响。下面简要讨论其对经济尤其是不同国家之间经济关系的影响。[①]

首先，假定新的自然资源如大铜矿，在已有其供应并出口相应商品的国家中被发现。这种资源的稀缺性自然下降了，而其他生产要素的稀缺性则相对提高了。不仅对于新发现资源的 A 国是这样，对整个世界也是这样。但是，A 国其他要素的稀缺性提高了，至少与新资源搭配作用的要素是这样。后者构成对相关要素的需求，即一定水平的劳动力与资本。

生产要素相对稀缺性的这些变化，与 A 国同世界其他国家间的贸易和劳动力分布的变化是同时发生的。除非世界对铜的需求弹性极大，否则新发现铜资源的国家的铜出口额不会比以前更大，而某些其他商品的出口额也不会比以前更低，其他国家也不会出口更多的其他商品。

铜出口的竞争国（B）的销售额下降，铜矿所有者的收入下降。尽管后一种情况导致出口减少，并且在一定程度上会恢复 B 国的国际贸易平衡，但为达到均衡有必要进一步小幅降低其他要素的相对价格。在 A 国，尽管较高收入有增加进口的趋势，但收支盈余的趋势会使其他要素的价格上升。换句话说，就铜以外的其他商品而言，国际间兑换的比率向有利于 A 国而不是有利于 B 国的方向移动。

铜的进口国 C 的情况则不同。假定铜价格下降引起铜进口增加并在比例上大于价格的下降，则铜购买量的价值就会比以前更大，其进一步的影响与 C 国增加其对外国商品需求时的影响相似。除铜以外的其他商品的兑换比率向不利于 C 国的方向移动。但是，如果铜的需求弹性比总体需求弹性小，而铜进口价值因此下降，那么，进一步的影响将会像外国商品需求降低的影响一样；如果兑换比率

[①] 仅仅分析不同国家的贸易交换甚或国民收入的变化是远远不够的。国民收入只有在特定假设条件下才能判断和测度，而非这些与事实不相吻合的供给改变的例子所能表述。更进一步地讲，也许有些人会对这些问题感兴趣，如收入分配、国际贸易属性等。

向有利的方向移动，那么，C 国的生产要素价格在前者会上升，而在后者会下降。

但是，不能由此推断出 C 国的需求弹性越小，它从 A 国发现新资源中的获益就会越多。当对更多的铜需求量不是很大时，新的铜矿资源就不那么有用。因此，当世界对铜的需求有弹性时，以发现铜矿之前的价格为权重，以生产总量指数提高来衡量的总利得在无弹性时就最大。交易条件的变化不能作为国民收入变动方向和增长的令人满意的度量指数。

所有国家作为铜的消费国都比以前更富有，越是如此就会使用更多的铜。在生产要素价格变动方面处于不同地位，即货币收入变动不同，那么，A 国从铜矿中获得的租金可能比以前多，也可能比以前少，而 B 国则一定会少；其他生产要素的价格在 A 国一定会上升，在 B 国一定会下降；而如果铜的需求弹性比总体更小或更大，则在 C 国会上升或下降。当然，相对于某国进口产业的要素来说，该国生产要素的稀缺性提高，包括用于出口产业的生产要素，这些都意味着交易条件的改善。

外国对 A 国[1]铜的需求弹性可能比总体要小，当 A 国是世界主要铜产国时尤其如此。那样，除铜矿外的要素价格及除铜以外的商品兑换比率与外国对 A 国出口货物需求减少时的情形一样。

供给变化的一个很好例子是上世纪中叶澳大利亚发现了金矿，工资和利率都提高了，许多行业无利可图，进口增加并以黄金为支付手段。盖尔尼在《澳大利亚插曲》一书中对这一发展过程作了精辟的描述。

不言自明，那些不生产铜而生产满足相同需要商品的国家可能会因国外发现新铜矿而受损。多年来，由于南美和其他许多地方的新油井开发，煤矿产国已经强烈感受到了廉价石油的竞争。

供给条件改变，例如所有其他改变要素价格的情形，显然会导

---

[1] 在第一个例子中，C 国对铜的需求弹性从世界和 C 国的视角来看可能会更小，而从 A 国的视角来看可能会更大。假如 C 国分别从 A 国和 B 国进口了 x 和 y 单位的铜，并且假如铜的价格下降到先前的 C 国从 A 国和 B 国分别获得数量为 $x+z$ 和 $y+w$ 时的价格的一半，那么此时 z 就可能会大于 x 而小于 y，并且 $z+w$ 会小于 $x+y$。当然，w 可能是负数，而 B 国的出口可能会下降，一些矿的产出也可能会出现波动。

致要素供给出现反应。例如，工资和利率的大幅上涨可能导致外国劳动力和资本的内流。澳大利亚发生过这样的情形，南美洲的产油国也在发生这样的情形。

如果像上述情况一样，新发现的资源并不增加相关商品的出口，而是引起这种国产商品对进口商品的替代，那么此时贸易量将会下降。这是自然的，因为生产要素的设施与其他国家更相似了，而在前一种情况中，生产要素设施的不平等性增加了。①

§7. 新技术 技术变动是供给条件的另一种变化，也可能是更重要的变化。在本书中，这些变动被认为是技术劳动力供给的变化，因此，与前一种情况即新自然资源的变动是相似的。

描述这些变动对国际贸易的影响是很难的。在单一市场理论中，许多学者都曾长篇大论讨论这些变动对工资、利率和租金的影响，但是得出了为数不多的正面结论。② 解释它们对于要素价格的影响以及多个市场世界行业的特点将会更加困难。

首先，我们不考虑相对要素价格的变化，假设 A 国某些重要行业的技术进步只是工人素质的改变，这使得 A 国生产同等数量的商品可以少用百分之十的生产要素。如果 A 国是这些商品的唯一出口国，并且国外需求与 A 国国内需求总体上具有相同的弹性，那么产量和贸易就不会发生变化。A 国这些商品多卖出百分之十，就能获得以前卖较少商品所能得到的收入，但出口表示了同以前等量的生产要素相比其价格没有发生变化。另一方面，如果外国需求有变化，则 A 国的要素价格就会上升，而 B 国的就会下降，如果这个弹性比总体小就会刚好相反。

现在，假设在世界市场上有很多外国竞争者的行业发生了技术进步，那么需求在不同地方是有弹性的，至少在长期是这样。当然，这是在竞争者没有同样进步的前提下。因此，A 国将不仅因为消耗了便宜的商品而获益，而且通过更高的要素价格即国民收入的增加

---

① 对于供给的暂时性突然变化如作物减产，本章不予以分析。读者可以参阅第 18 章。
② 通常劳动节约型的技术会降低劳动的边际生产率，并且与其他要素相比，只能获取较低的工资，而节约土地或资本的技术会降低地租和利率。参阅庇古：《福利经济学》（第二版），第 630 页；维克塞尔：《国民经济学讲义》。

而获益。对于其他国家来说，该商品价格不会与 A 国的技术进步成比例地下降，有些国家的国民收入将会下降。

这个结论在各国各行业中使用要素比例发生变化时也同样成立，因此，对相对要素价格变化的情形也同样成立。我们的假定仅仅是在 A 国要素价格水平恒定的基础上生产成本减少百分之十，① 而国外竞争者使用的要素自然不像以前那么稀缺。另一方面，如果 A 国要素价格水平有上升的趋势，那么，便宜了的货物的价格降幅将小于百分之十。如果纸浆和纸张的生产不依赖于生长缓慢的斯堪的那维亚半岛的松木和杉木，而是采伐南欧快速生长的树木，那么前者土地的稀缺性将大大降低。德国生产人造肥料的方法降低了智利硝酸盐矿的价值。我们应该注意，不仅这些自然资源的稀缺性降低了，而且相关要素也是一样。我们已经看到，智利的工资较低，斯堪的那维亚半岛的纸浆和纸张的减少意味着那些国家的劳动力和资本需求的减少，而工资降低，利率也许也会降低。② 另一方面，南欧纸浆和纸张生产所需的劳动力和资本的增加，致使工资和利率有上升的趋势。这里不必赘述要素价格的变化对国际贸易的进一步影响。大量使用劳动力的产业在南欧有下降的趋势，而在北欧则有扩张的趋势。

我们已经简要谈及的一个类似情形是跨洋国家技术工人供给的增加，使得它们能生产出更多在战前从欧洲进口的制造品，这是有深远影响的。这些国家对一般制造工人的需求因此增加了，而在欧洲却减少了。与欧洲国家间的贸易条件朝有利于它们的方向变动，因为制造业工人更便宜了。但是，统计资料显示，至今其他各种倾向更加强烈。1914 年以来，天然食品和原材料价格的涨幅低于制造业价格的涨幅。技术变化把前者生产的效率提高到了很高程度，贸易联合会的政策以及其他条件使得工厂工资保持在较高水平，而外界工资则较低。这种政策在跨洋国家取得的成功比在欧洲更大，使得欧洲制造业国家取得大量的收入。然而，技术进步，即某种水平

---

① 在这个例子中，当计算要素的价格水平时，为使具有可比性，通常不考虑技术劳动力素质的改变。这与在研究价格水平时要求其他要素保持不变一样，因为假如将国民收入中的要素份额作为权重的话，那么技术劳动力的价格改变可能就会影响很小。
② 用于固定资产而无法用于其他用途的损失可能很大以至于利率反而会升高。

技术工人供给的增加,在处于制造业前期阶段的国家里,提高了非熟练工人的工资水平,而在成熟的制造业国家则降低。

许多产业在英国相对走下坡路,而在意大利、芬兰、巴西、中国和日本这些国家却成长起来,比如纺织业就是这样。① 可能有人会用传统的术语这样说,如果一个国家生产线上的劳动效率与现有工资水平相关的话,那么制造业的发展就会特别迅速。处于初级制造阶段的国家经常是这样,它们一旦开始这种路径,进而把效率迅速提高到某一点就相对容易了。

一个有趣的例子是1875年以后的印度纤维业的发展。在那之前,麻袋布的生产主要在苏格兰。欧洲资本和技术(机械改进减少了工人技术的需求)引起了卡尔库塔地区工业的大规模扩张。因为需要大量资本,欧洲的资本与技术一样必要。② 这种变化意味着世界产出的变化,即原材料和制造品市场而不是农产品市场的扩大。因此,某些贸易比如纺织业产品的贸易的竞争的加剧,在主要制造国可能被机械贸易和其他贸易的竞争所抵消。几乎所有国家工人的工资都有上升的趋势。

但是,也会发生产品的产地方面的反向变化,即从欠发达国家到老制造业国家。世界的水稻作物几乎全部来自于东亚,那里工资较低,土地和气候条件适宜。其他许多国家的自然条件也是适合的,但是那里的高工资阻碍了这种作物的种植,因为它需要大量的劳动力。美国是个例外,上世纪中叶美国有些地区就已经开始扩大水稻种植面积,使用奴隶劳动的大规模农场的种植方法与中国和日本同样有效。

然而,当美国将种植小麦的技术应用到水稻种植上情况就完全改变了。这引起了路易斯安那州、得克萨斯州和加利福尼亚州的巨大扩张。③ 这些地方与亚洲的种植方法不同之处主要体现在以下几方面。在美国,每两人年种植100英亩,而在日本,一个人只种植1/3

---

① 尽管资本利益很高的棉垫和纺织等行业在总体上是战后这些国家商业高度繁荣的原因,而英国和其他一些国家的棉花产业却处于一直持续衰退的状态。
② 参阅:"黄麻产业的国际转移",基尔大学世界经济研究所图书室未公开发表的论文。
③ 参阅科尔(Cole):《成长中的美国稻谷产业:比较优势研究》,载于《经济学季刊》,1927年。

英亩。美国每人年产出价值 81 000 英镑，而后者只有 1 400 英镑。因此，一个美国人的生产是一个日本人的 60 倍，但美国使用了日本的 300 倍的土地以及不知多少倍的资本。美国的技术不会传到中国和日本，因为那里的工资太低了。① 这些国家生产的大米在国际市场上与美国大米相竞争。不用说，美国的供给能减少东亚的劳动力以及土地相对于其他国家尤其是美国的稀缺性。

§8. 商会政策 我们尚未讨论供给条件的第三种变化，即社会生产条件的变动。商会政策就是这一类型的社会因素。假设商会将某些行业的工资水平提高到其所没有干涉时所达到的最高额之上，那么其他行业的工资水平自然会受到抑制，这是因为在前面那些行业里找不到职业的劳动者增加了。这种情况与不同素质劳动者或其他要素供给发生变化时的情形相类似。这可以顺着前面几节的思路予以讨论。

如果印度的纺织工人成功地通过商会大幅提高工资，那么印度纺织品的价格将会上升，除非更高的生活水平抵消了政策效应，否则英国纺织业的工资不可能会因此而上涨。另一方面，印度其他产业的工资很可能下降，印度的出口产品如茶叶会变得更便宜，其他地方的茶商以及茶的消费者都会受到影响。

总体说来，作为技术工人的高素质的劳动者的竞争要素的稀缺性提高了，而那些主要作为协同使用的要素的价格却相对降低了。然而，英国商会领导们认为，商会在工资低得出奇的国家里强行提高工资，这将有可能导致英国工资的上涨，这种想法基本是无稽之谈。因为在这些国家，"高工资经济"可能提高生产效率，它会抑制由于工资增加而引起的生产成本的上涨。

由于其实施意义重大，商会政策值得关注的另一个方面是对工作时间的影响。这个问题太过复杂，需要许多笔墨才能解释清楚，本书不予讨论。因为同样原因，税收对于国际贸易的影响也留待以后解决。

---

① 在 1923 年，农场劳动者的男工和女工的年合同的日工资分别为 38 美分和 27.5 美分，而日合同的日工资大约为上述的 2 倍。而在机器生产的情况下，日工资不会少于 2 美元。

§9. **国际转移关系变化的影响**　我们讨论过需求和供给变动的种类，现在来解释转移关系的变化。① 假设小国 A 与世界上其他地方的交通成本普遍降低，而同时 A 国位于离世界主要市场较远的地方，但是生产又大又重的出口产品。这些商品的世界价格必须与那些地理位置较好的国家生产的相似产品的价格相等。世界市场决定价格。在 A 国，出口价格等于世界市场价格减去交通成本。如果现在交通方式有所改善，运送成本降低，那么 A 国进口价格将有所下降，而出口价格则有所上升，出口产业大量使用的生产要素将会得到更高的回报。国内市场行业中使用的同样或类似要素的回报也会提高，因此国内市场价格将上升。但是，进口产品变得便宜会使半国际化产品的价格难以提高。因此，这些产品和进口产品的生产都会因无利可图而有所下降，而出口产业将繁荣发展起来。只有到贸易障碍清除时，进出口才会增加。

不是所有要素都在出口产业中使用，有一些在不同产业中以不同的比例被使用。出口产业中生产要素需求的增加意味着某些要素的需求只有很少增加或不增加，但是其他要素则会大幅增加。此外，半国际化商品产业的衰退意味着 A 国特别稀缺的要素需求减少，因此，相对稀缺性也发生了变化。

如果运输成本对进口商品价格和出口商品价格同等重要的话，那么前者的减少将抵消后者的增加。在这些条件下，国际商品价格水平不发生变化。② 国内市场商品的价格是否上升这是不确定的，它取决于所用的生产要素是否与出口产业大量需要的基本相同。在多数情况下它是这样的，除非不熟练工人能够甚至在长期弥补几种劳动要素，否则一般物价水平不会因此而上扬。

另一方面，如果进口商品不那么笨重，并且运输价格比出口商品低的话，那么进口商品价格的下降就不像出口商品价值的增加那么显著。在那种情况下，一般物价水平比前一种情况下要提高更多。

若 A 国对于世界供给有着举足轻重的作用，那么，世界市场条件一定会受到运输成本降低的影响。A 国的生产要素更能满足其他

---

① 回顾第 8 章第 3~6 节、第 10 章和第 14 章第 7~8 节的相关分析。
② 类似说明见第 5 章第 5 节。

地方的需求，例如，肥沃的土地可用于小麦种植，而这在以前也许不可能。在其他国家产生的影响与土地总供给增加产生的影响是类似的。A 国相对充裕的要素在本国变得更稀缺，而在其他国家相对来说却没有那么稀缺；其他要素在 A 国变得更便宜，而在它以外的地方则更稀缺。

上世纪后五十年欧美的贸易就属于这种情况。由于改善了交通方式，① 美国的土地可以满足欧洲对小麦的需求。美国土地的需求增加了，租金上涨了。这里，资本和劳动力的大量相对稀缺对美国产生了重要影响，它的租金上涨可能就归于以上两点原因；② 而欧洲的情况则相反，资本和劳动力尽管向外出口，但其数量仍在上升。在要素供给方面，我们由此可以预期租金上涨，即土地的稀缺程度提高了，但实际变化却恰恰相反，它无疑是由于交通方式有所改善，使美洲和澳洲有大片地区可以满足欧洲对农产品的需求。

表 5·24－2　　　　　　　土地价值指数

年　份	瑞典	丹麦	英国③
1876 年	103	102	106
1888～1890 年	86	88	83
1900～1902 年	99	81	73④

上表表明了三个欧洲国家土地价值和租金的变化趋势。19 世纪的后二十五年，与跨洋国家间的更好交流有着显著意义。在瑞典，1890 年代的土地价值由于当时实行的保护政策已经开始下降。

日本的国际贸易更好地说明了密切往来和国际贸易的影响。自向西方文明国家开放门户以来，日本的政治和社会演进意味着与他国的贸易障碍消除了。通过欧洲对日本产品的需求，如大米，可以更直接地观察到，世界市场和日本产地的价格差距缩小了。由于世

---

① 在 1890 年代前期，从纽约到利物浦的运费率大约是二十年前的百分之三十。参阅：森德伯格：《国际统计》（1908 年）。
② 美国国内储蓄率和出生率高于死亡率也是重要的影响因素。
③ 佃户租金。
④ 1897～1899 年。

界价格受日本发展的影响不大,结果导致日本出口产品的国内价格上涨。① 这意味着生产要素更高的回报,以及更高的国内市场价格及物价水平的上涨,如下表5·24-3所示:

表5·24-3　　　　　日本和英格兰的批发价格②

年　份	日本	英国
1886 年	100	100
1890 年	107	104
1895 年	125	93
1900 年	157	109
1905 年	173	104
1909 年	154	107

在这样的情况下,重要市场的价格不受很大影响,与日本相似的国家既从更高的出口价格中获益,也从耕地的进口价格中获益。可能有人会说必须支付往来运费,以及获得更好的运输所带来的全部益处。但是在通常情况下,在商品售出及进口商品买进的市场上,价格多少会受到影响。出口商品价格会下降,离岸价的涨幅不会像运输成本降幅那么多。更高效的运输方式带来的利得,部分地归其他国家所有。③ 但是,注意运输改善带来的利得远远大于运输成本的节省。因此,商品价格、兑换比率以及国民收入如何受到运输成本变化的影响,不能像通常那样被解释成"运输成本的可变分配"。

1921 年以来的海运低成本引起了本节开头所提到的那种变化,许多原材料通过长途运输运到欧洲,海运费的降低意味着产地国和欧洲市场之间的价差大大缩小。这种情况更倾向于提高英国主导产品的批发价格水平,而进口的廉价产品(其运输成本只占总价值的一小部分)倾向于降低价格,前者的作用远大于后者。

---

① 进口商品更便宜对于总体物价水平会有一个反向的作用,不过影响更小。
② 数据来源见附录四。日本价格水平的提高很有可能是技术劳动供给的增加进而提供了非技术劳动力的工资所引起的。另一种算法根据哈拉达(Harada)得出的日本价格指数从 1900 到 1913 年间上涨了 32%。
③ 当然,理论上更好的运输途径(如更低的税收)可能改变交易条件以致一国以商品表示的国民收入会下降,这正如穆勒和埃奇沃斯所观察到的那样。

表5·24-4　　　　　　　　1929年零售价格的水平

| 澳大利亚 | 166 | 英属印度 | 159 |
| 新西兰 | 147 | 加拿大 | 1349 |

价格的这种变化可能由多种原因所致，但是海运低成本无疑在某种程度上起了作用。一战临近尾声及结束后，运费较高的时候，这些国家普遍实行较低的价格水平，与上面阐述的理论非常一致。自1920年使用高运费以来，出口价格相对于进口价格上升了很多。如果把当年与1925年作比较（1925年以后的几年间受到了世界农业危机和原材料生产危机的严重影响），我们可以看到，新西兰的出口产品的价格上涨了3%，而进口产品价格水平则降低了36%。评论这些数字的时候，我们应该牢记1920年来世界范围内的通货紧缩，它阻碍了出口产品价格的上升，促进了进口产品价格的下降。澳大利亚、英属印度、荷属印度和阿根廷也有相似的数字，尽管不如新西兰那样具有解释力。①

尽管我们对于欧洲向这些国家的倾销所知甚少，但是似乎可以确定地说，倾销相对于战前的增加，对于维持较低的进口价格的影响微乎其微。

如上所述，澳大利亚的物价水平出奇猛涨部分地是由于多年来外国对于其最重要的出口品羊毛需求一直旺盛，而且直至1930年，羊毛的价格水平都一直很高。然而，澳大利亚价格水平上涨的主要原因可能是保护性关税政策的加强和劳动力市场的条件，后者为国内市场产业工资的被迫上涨开辟了道路。另外，信贷政策不是很严格，1930年夏天，澳大利亚英镑的报价跌了7%，这意味着价格水平可能在一年前就已经膨胀了。

回忆一下第三部分的分析，在大多数情况下，运输成本减少经常发生在处于制造业的主导市场相邻的地区，或者在当地生产要素的供给特别适合这些制造业的地方。换句话说，原材料的吸引力减弱了，因此，较低船运费用对欧洲工业有利。因为它降低了因靠近跨洋国原材料产地生产所带来的交通成本的不利。另一方面，欧洲

---

① 参阅：赫兰德：《国际失衡危机》（基尔，1927年），第356页。

作为几乎整个商海的所有者,当然损失惨重。

欧洲内部,低廉的运费对没有煤矿和铁矿的制造业国家有益。像英格兰这样的国家拥有比其他国家更便宜的煤和铁的优势就减弱了,这是导致英国制造业萧条的原因之一。煤和铁在外国的售价比国内更低(波兰的煤和英国的铁都是如此),煤和铁的进口国制造业的地位进一步得到了改善。

如果欧洲制造业也受到低廉运费的有利影响,那么,农业的地位自然会因为其跨洋竞争者与其市场间进行更方便的交流而受到不利影响。欧洲蔬菜价格相对于战前比跨洋国家更低。欧洲农业的除草成本自然会减少,但是由于许多原因不仅没有减少,反而出现了农业危机加剧的局面,这对欧洲蔬菜食品出口国如罗马尼亚和匈牙利的打击尤其严重。当然,在大洋彼岸的国家,运输成本降低一定会提高生产要素的价格,尤其是农业生产要素。这与事实相符。1920到1925年,新西兰的租金上涨了48%,而工资上涨了7%;澳大利亚的工资上涨了23%,而其工资在如前所述的条件下还没有超过14%。

§10. 运费波动 我们在前一节已经简要讨论了运费长期大幅变化的影响。自然,运输费率存在短期波动,并且也会影响贸易和价格。事实上,货船的运输费率比商品价格波动更剧烈且更迅速。战后的统计资料显示了煤、石油、原木这类货物的运输费率对运输体积比较敏感。长期来看,即使对船舶有特殊要求,船舶的装运空间也一定与条件变化相适应。不过,几年之内,不同商品或路线的费率混乱会严重影响不同国家间商品价格和贸易的关系。比如,瑞典主要进出口货物运输费率的演进远非有章可循,如下表5·24-5所示:

表5·24-5　　国外运费和瑞典国内运费指数(1913年=100)

年 份	国内运费		国外运费	
	煤	谷物	木材商品	纸浆
1927年	98	143	151	162
1929年	112	117	153	154

煤的运输费率上涨,而谷物则下降。国外运费更稳定,但是保持在相当高的水平。国外运费低可能部分地是因为电气化和小麦种

植大量增加瑞典对国外煤和小麦的需求。另一方面，国外对纸浆的需求一直很强导致了出口额的大量增加，这使得木材以较高的费率保持了较小的运输额。

显然，即使一国对于进出口商品的需求变化与世界市场上的供给相比太小而根本不能影响世界市场的价格，但是，该国的进口价格也可能会因为运输费率的变动而受到实质性的影响。这些费率容易波动的原因主要是运输的固定费用高昂以及重要航线上竞争货船的大量存在。因此，单个货船并不对运输费率产生很大的影响。船运公司不怕破坏任何一个单独的市场。因此，船商失去动力，因为运费仅比可变运费高出一点。从这方面讲，这种情况就像农业和某些向市场提供标准化产品的制造业，在费率达到可变成本之前，供给反应对费率减少不敏感。

高昂的国外运费当然有使瑞典的批发价格水平保持在较低的趋势上，但是这种影响一定是轻微的，如果国外运费与国内运费处于同样的相对水平，并且瑞典出口商品的价格没有改变的话，那么，离岸价可能只增加约 5 000 万克朗，即总出口价值的 3% 或国民收入的不到 1%。瑞典对这种货币的消耗量太少，以致国内市场报价的相应提高不能够把价格指数提高一个百分点。

国际资本流动发生变化时，船运费率可能出现单向发展的情形。外国资本内流的增加意味着进口商品额较以前增加，结果国内运费相对于国外运费费会上升。进出口价格与外国价格相比，都提升到了较以前更高的水平，这就是一战期间由欧洲向美国的大笔借款引发的结果。英国物价水平的相对上涨不仅仅是因为资本进口的直接影响（所谓的盯住政策），还因为资本流动和其他因素对往来运输费率关系的影响。①

当然，运输费率的变动以完全不同的方式影响②到不同国家的收支平衡，因为各国的运输收入不同。这是对船运国提供的服务需求

---

① 如前所述，战前半个世界的欧洲和南美的贸易和资本交易是这种类型的运输关系改变的又一个例子。
② 严格地讲，说运费改变会影响商品价格是不正确的，更应该说是两者有着相关的影响。商品和服务的所有价格在互相依存的价格体系中都是交融在一起的。

引致的变化,在理论上,这种变化与对商品或其他服务的需求变化是同等的。

§11. **内部转移关系的变化**　毫无疑问,国内运输资源和设施变化对生产和国际贸易的影响,与前两节讨论过的国家间运输成本变动的影响相同。国内运输成本是许多商品生产成本的重要组成部分,因此前者的变化影响竞争强度和国际贸易。①

出口产成品从产地运到边境的运输成本变化也许是最明显的,这与边境到国外的运输成本变化对商品境外销售的影响方式相同。波兰近几年通过铁路出口煤的运输费用大幅削减,导致了对斯堪的那维亚半岛国家的大量出口,而英国和德国煤的销量却受到了负面影响。这些国家煤的价格受到以下两种因素影响:一是波兰的竞争降低了北欧煤的报价;二是从英格兰购买量的减少降低了煤炭货物的运输费率。

然而,更重要的是,一国经济会由于交通设施的变化而发生全方位的改变,比如铁路或运河的修建。美国、加拿大、阿根廷这样的国家的快速发展与铁路系统发展是紧密相关的,因为铁路使大片农用土地和其他自然资源可以利用。如果其他条件不变,则新铁路的作用在许多情况下就会像发现新的自然资源那样产生作用。

一种特殊的改善交通的方式就是把两个以前必须通过几种不同方式进行货物交换的地方直接连接起来,在两条河之间建一个运河,这样可以替代一条铁路和两条河的路程。这种对接数量的减少意味着相当大的节约。②

---

① 回顾第 10 章和第 13 章的内容。
② 生产要素流动和运输条件改变的影响已经在第 6 章、第 13 章、第 17 章讨论过了。

第 25 章　国际价格波动

§1. 批发价格水平　我们已在第 14 章对国际价格关系作了阐述，并在第 15 章到第 24 章对国际贸易和价格的变化进行了分析。事实上，全书可以看做是对区域和国家价格关系的研究。

然而，已经研究过的变动受单一因素变化的影响，如进口关税、需求变化或者资本运动。解释每一种因素单独产生的影响几乎不可能，那么我们就暂时将之搁置一边，进一步分析许多基本因素同时变化的情形，这也是有意义的。

下列图示显示了战争前后半个世纪以来某些国家的价格演变。由于数据是以几种不同的方式计算的，因此不具有严格的可比性。它的差别如此之明显，以致我们无须怀疑它存在的现实性。如果把 1867 年至 1877 年间的价格作为基准，令其为 100，那么 1909 年的情况是，奥地利—匈牙利 94，德国 89，英格兰 74，澳大利亚 74，新西兰 64。[①]

丹麦、俄国、日本在短短二十年间的价格发生了同样巨大的变化，参见表 5·25－1（数据始自 1890 年）。到 1909 年，丹麦的物价上涨了 6%，俄国涨了 22%，日本为 44%。1904 年到 1908 年，印度的价格水平呈跃进式上升态势。[②]

第 14 章给出的英国国内食品价格的数据显示出类似的趋势。1914 年到 1929 年，加拿大、新西兰批发食品价格的关系基本不变。然而，澳大利亚相对新西兰有约 10% 的上涨，而南非相对新西兰下降了 22%。

价格变化之所以出现显而易见的差别，其中一个原因是如前几章所看到的那样，由于某国的生产发生了巨大变化，引发了某些商

[①] 数据来源见附录四。表来源于作者的著《贸易理论》。
[②] 数据来源见附录四。

品从国内市场转移到国际市场上。当然，就像美国的大米价格一样，其价格之后会达到一个相对较低的水平，如下表 5·25–1。①

表 5·25–1　　　　大米价格指数（1901~1910 年 = 100）

	1924 年	1926 年
英格兰	235	228
日本	273	272
美国	141	176

以 1914 年为基年，即使以黄金为计价单位，但国家间的批发价格指数在五年后还是显示出了巨大的变化。这不仅是由于上述基本条件发生了变化，而且还由于某些特殊的供给和需求条件变化，导致了许多国家发生通货膨胀以及随后的货币贬值。由于本书讨论范围之外的一些原因，我们以黄金计价的价格较低的方式决定工资和国内市场的价格。换句话说，工资和价格只是逐年缓慢上升调整。尽管国际商品价格随世界市场价格而变化，② 但一般物价水平仍然保持较低。1929 年，比利时、法国、意大利、保加利亚、埃斯托尼亚、拉脱维亚、匈牙利、波兰、奥地利、南斯拉夫、斯洛伐克、德国、芬兰等的一般物价指数刚超过 120，这比瑞典、挪威、丹麦、瑞士、荷兰、英格兰、加拿大、澳大利亚、新西兰、英属印度及美国的 147 的平均指数小很多，这些国家都实行了通货紧缩政策，并重新回到了初始的黄金本位制。

鲍雷的《英国与外国可比指数》一书提供了 1925 年 12 月某些国家与英国同等商品价格指数的对比，这有助于解释国家间的价格趋势差别。以下的图和表以金本位制为基础，以 1913 年或 1914 年为基准年。③

---

① 科尔：《成长中的美国稻谷产业：比较优势研究》，载于《经济学季刊》，1927 年。
② 如第 8 章所显示的，国际化商品在不同国家会有着不同的价格水平，如英国的小麦价格比美国和德国分别高出 12% 和 4%，而比法国低 3%。在美国，生铁和原糖的价格分别下降了 9% 和 14%，而期间德国这两种商品的价格分别下降了 25% 和 11%。国内商品（如土豆）的价格差异更大，如美国、德国和法国价格分别上升了 86%、57% 和 88%。以上引自凯恩斯的《货币论》，第 71 页。
③ 1926 年《伦敦和剑桥经济服务特别备忘录》（第 19 号）。

第25章 国际价格波动

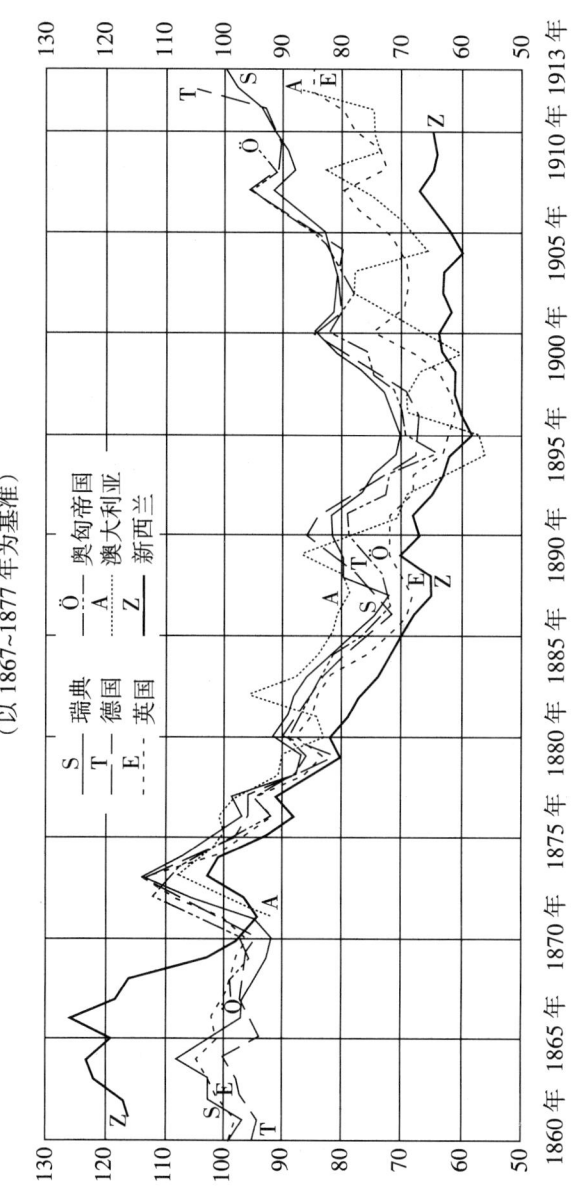

图 5·25-1

表 5·25－2

	外国指数	对应的英国指数	外国与英国指数的百分比①
加拿大	163	151	108
美国	159	154	103
瑞典	148	151	98
荷兰	145	150	97
德国	144	151	95
意大利	136	147	92
比利时	132	148	89
法国	103	149	69

不同的货币政策导致的差别一定会消失，原因在于会出现一个调整的过程。在1926年到1929年间，后者的那些国家的批发价格下降较多，而前者几乎没有变动。随着时间的推移，一战和战后的通货膨胀和通货紧缩对供求条件和价格趋势差异的影响正在逐渐减弱。

但是，价格指数在各地不会相同，即相对价格水平不会回到战前的水平。战争开始后的基本条件发生了变化，价格的均衡点也随之发生了变化。1914年的价格形势远不如1900年或1940年那样正常，或者不如剧烈动荡之后稳定下来的任何时期。没有理由认为不同国家的价格会回到1914年时的相对位置上，就像不能说各地的价格水平会趋于相同一样。

§2. 国际交易条件　正因为不同国家的批发价格水平不会在同样的相对位置上，因此，任何一个国家进出口价格的关系都会显著不同。换句话说，国际兑换比率受到重要变动的影响，尤其是只有单方向的经济以及当该比率变得不利时不能轻易减少或增加出口的国家，其比率变动会很大。另一方面，有发展良好的多个工业系统和国际贸易的国家可能会发生较温和的变动。但是，在美国这样的国家，在战前的后三分之一世纪，这个比率在大多数的五年内都有十

---

① 从外国资本流入看，加拿大的价格水平与1913~1914年差别较大，它的相对价格上升较小。战争以来，资本流入相对较小，因此，加拿大的物价指数相对较低。

到二十个百分比的变动，① 供给、需求、转移条件以及国际资本流动的一些变化似乎共同发生作用引起了这种结果。

第 22 章已经提到了英国国际贸易方面的变动。这种情况同样有几种不同的趋势，英国的技术进步、大洋彼岸国家更便宜的新食品供给及其他因素都会产生影响。

对比近年的进出口价格指数，我们同样可以发现，战前交易条件发生了重大变化。在瑞典，煤、铁、小麦等其他原材料商品的价格相对于木材、纸浆、纸张、机械等出口商品价格来说太低了，以至于交易比率比战前产生了 10%～15% 的有利变化。② 另一方面，像智利、古巴、巴西这样的国家，其交易条件自然呈现出反向的变动，硝酸盐、糖、咖啡的价格都低于战前。

欧洲作为一个主要出口制造品、进口食品和原材料的区域，正在从后面那些商品的低价中获益。另一方面，欧洲对这些商品的需求很可能对价格上涨相当不敏感，这样，如果非欧世界的生产条件发生了变化，那很有可能就获得 50% 到 100% 的额外收益，进而不会严重削减欧洲和北美的需求。商品供给会增加的事实使得交易条件不会产生剧烈变动，因而不利于不发达国家生活水平的提高。这必定会在长期发生，除非殖民世界其他产业通过生产效率提高得以改善。但是，短期内其他行业的工人被排斥在殖民地的出口产业之外，使得出口行业当中劳动力不存在竞争，这可能会提高出口行业的工资水平，使贸易条件更有利于这些国家。

§3. 生产要素价格的国别差异　没有什么比商品价格更能解释要素价格在所有国家会同样变动了。当然，说一种要素或一组要素如脑力劳动者，在各地以同样方式变动，这是毫无根据的。1890 年英国机械产业的熟练劳动力工资为 60 欧尔/小时，在瑞典的斯德哥尔摩对应工资为 24 欧尔/小时，其他的城镇和小地方 19 欧尔/小时，二十四年后英国为 64 欧尔/小时，瑞典分别为 67 欧尔/小时和 49 欧尔/小时。③ 尽管在那段时期，英国和瑞典的劳动力素质都发生

---

① 陶西格：《国际贸易》，第 301 页。
② 参阅：《索引》，瑞典贸易银行定期通报，斯德哥尔摩。
③ 最终报告《社会经济学》，斯德哥尔摩，1924 年，第 73 页。

了变化，但是有理由认为，两国工资演变不同。

1914年后也有类似的例子。1928年手工男工小时工资指数如下：加拿大188，澳大利亚192，美国240，瑞典271。① 男女工人对应的指数在德国为175，在丹麦为255。有些国家的统计资料公布，周工资的变动只比小时工资略小，男工的周工资在南非为136（这是1926年的数据），在新西兰为160，男女工人的周工资在英国为195。

土地租金和利率变动的数据也应介绍一下。1930年，有些国家国债的利率水平几乎和战前一样，而另一些国家则几乎是战前的两倍，其他利率与国债利率相似。

§4. 零售价格发展　毫无疑问，正如不同国家的批发价格有不同的变化一样，零售价格也是如此。总体来说，一个国家零售价格与批发价格的差别取决于零售成本，后者则取决于某些工资水平、其他生产要素的价格、零售的技术。② 所有这些在不同国家都可能有所差别。事实上，一国零售价格变化受其他国家条件的影响要比批发价格小，主要是因为国际贸易是批发市场的贸易。因此，下表5·25-3所显示的这些显著差别也就不足为奇了。

表5·25-3　1929年7月食品零售价格指数（1914年=100）

南非	116	爱尔兰共和国	166
法国	122	澳大利亚	160
奥地利	123	美国	155
匈牙利	127	英国	153
		瑞典	150

应该注意的是，这里的数据同其他情况一样也不是完全可比的。比如，各国的零售服务不是完全相同的，商店是不同的，购买商品可能包括电话订购、送货上门，也可能顾客要亲自到店里来取，顾客可能立即能得到服务，也可能需要等候，等等。重要的是，有些

---

① 参阅：《国际劳工评论》（第二卷，1929年）第113页和《社会导报》（1929年）第845页。美国的数据是熟练、半熟练和非熟练劳动的简单算术平均。下文相关数据的来源相同。对于特别属性劳动力的工资，请查阅《国际劳工评论》，第586页。
② 后者也可以称之为零售技术劳动质量。

国家在这些方面可能有所改变，而另一些国家则不然。

当游客在谈到一个国家或城市的物价是贵是贱时，他们经常想到酒店住宿和用餐费用是否高昂，或者他们比以前更多地考虑这些因素。显然，这些价格与一般批发或零售价格水平没有明确关系。与其他商品或服务价格相比，它们不是以完全相同的方式变动，这主要有两种方式：（1）使用的生产要素与其他产业所使用的很相似或完全相同，因此，其价格变动与其他行业要素变动的方式基本相同；（2）有些商品如食品，在酒店和饭店里是作为原材料使用的。这两种方式使得其成本与其他产业的成本和价格保持一定关联度，也像其他产业一样，基本上与成本同步变化。但是，这些趋势实际上会更强，不同国家的餐宿服务价格的关系就像其他典型国内市场商品价格的关系一样，很可能由于产业结构的不同而差别很大。这里，产业结构变化即技术工人素质的变化，在有些国家发生，而在另一些国家则不然。

§5. 货币变动　这里要简单考虑一下完全或者部分地由货币变化导致的价格变动。[①] 像以前一样，讨论范围仅限于金本位制或金汇兑本位制国家。这种情况下，与本章及前几章所述及的内容相反，更多需要解释的是不同国家之间价格变动的差异而非相似之处。

在商业周期的不同阶段，何以欧洲国家和美洲国家的批发商品价格水平以同样的方式上下变动？在过去几年（1928～1930年）间，货币条件稳定的国家居然出现惊人相似的价格变动，其原因是什么？一般作如下解释，如果有些国家价格升高，而另一些国家不升高，则后者的贸易差额会正向移动，会导致外汇减少，黄金流向中央银行，引起贴现率降低和信贷膨胀，这些国家的价格会上升。这种解释在某种程度上是正确的，因为如果在这之前没有其他变化发生的话，那么这些反应将会出现。[②] 事实上，在多数情况下，其他的反应往往会更快地导致价格调整。

[①]　需求方面的购买力变化可以认为是一种比较特别的需求变动方式，与最后一章所探讨的内容无关，我们最好将之分别对待。

[②]　参阅凯恩斯：《货币论》，第336页；我的论文：《价格水平的未来》，载于《索引》，斯德哥尔摩，1927年。

当 A 国信贷膨胀价格上升时，B 国的进出口价格自然也有上升的趋势。另外，由于第 13 章第 5 节谈到的其他关系，B 国的国内市场价格有上涨到这一程度的趋势，即它们要使用国际化商品的原材料。另外，外国订购量的增加总体上对 B 国有刺激作用。信贷额随需求增加而自动扩张，除非采取一些限制措施使其保持在之前的水平上，但这是非常少见的。前期的萧条引起信贷削减，而现在的扩张则被看做是自然的并且是有利的。如果 A 国的中央银行降低贴现率，进而使价格水平出现上升的倾向，则 B 国的中央银行也会倾向于这样做，即在不出现特殊情况的前提下，不会实施相反的信贷政策。如果短期内 B 国尝试实施相反的信贷政策，则短期内的资本交易会使 B 国的外汇出现盈余，B 国的中央银行很快就会改变其政策。B 国一旦与主要国家的信贷政策不同，则这种交易就会发生，并影响到 B 国的信贷政策。事实上，中央银行不会等待这些交易发生，而是在很大程度上会事前就采取这种方式调整贴现率。

显然，价格变动的相似程度取决于不同国家的某些商品的价格尤其是国际化商品价格的联系，取决于外国订购量变化的影响，还取决于贴现率的联系，这部分地是由国际资本流动引起的。但这并不排除这样一种可能性，即经济周期背后的非货币因素也与价格变动密切相关。外国商业繁荣也会引起本国商业繁荣进而导致人们对购买商品持乐观态度，因此会加快发展。

经济开始改善时，中央银行通常拥有比法定要求数额更多的黄金储备，因此不必增加黄金储备就能扩大信贷，故不会产生黄金流动。为实现国际一致的价格变动方式，本节刚开始提到的任何黄金流动机制就没有必要考虑。经济萧条和批发价格水平的下降也可以通过某些价格的直接关联、订购额变化的影响等得到传播，而不发生黄金流动。

黄金供给量增加导致的国际通货膨胀也以基本相同的方式产生。经济形势好的时期价格水平上升仅比其他时候势头略强。机制中唯一的区别即新的黄金要在不同国家间分配。假设黄金首先进入美国和英国并引起当地的信贷膨胀，则其他国家的中央银行在增加其黄金储备之前就无法将其信贷扩大到同样的程度，所以，信贷政策可能保持相对的限制，即收支平衡正向移动（通过资本交易，并且如果时间足够长的话就会调整贸易差额），外汇减少，黄金内流，进而延迟信贷出现的膨胀（与第18章对比）。但是，这并不一定就是所发生的变化。如果信贷在价格和商品订单上涨的影响下开始扩张，则中央银行可能由于黄金储备不足而不使其速度放缓。因此，中央银行可能会更谨慎地增加黄金储备。通过减少外汇储备来购买黄金，这样只会出现比较小的损失，但是却能使经济免受短期利率波动的影响。这样一种以外汇换黄金的交易本身是无利可图的。除此以外，引起通货膨胀的传播机制与上面描述的相同。

总之，黄金储蓄以哪种方式调整并不重要。全球价格变动首先是由于不同国家间的商品价格体系与订购额直接有关，以及对贴现率和利率协调一致力量的影响。只有在这种背景下，才能发现这种古典类型的黄金流动机制和贸易余额的重新调整具有巨大潜力，但是它却并没有什么实际的影响。① 在我们所讨论的条件下，导致价格流动在国家间并没有什么显著差别。②

§6. 价格变动和外汇汇率　决定外汇汇率的因素在国际价格关系中已经有所讨论。因此，本章分析外汇汇率和价格条件也许是有必要的。

---

① 英国是一个例外。自1926年以来，在英国、美国和法国之间的黄金流动，影响了英国为调整任何阶段的商业周期而实施的信贷政策。
② 上述分析与安吉尔的《国际价格理论》第16章（尤其是第416~418页）的某些方面不同。不同国家的短期价格波动的关联性足以通过上述分析得到诠释，而没有必要采取安吉尔认为的"归因于所选择案例的独特性，或者采用的相关指数的相互依存性"。但毫无疑问的是，这会比选择某一特定价格指数而引致的关联性的损失要小。我也不认为解释长期价格趋势相关性不分析"价格差异对收支平衡的影响"是合理的。基于此，我就不能一方面说"扰动源于收支平衡本身"，而另一方面又说源于"不同一般价格水平的差异"。信贷政策改变若在影响批发价格水平之前，那它就可能影响收支平衡，因此，不能说是此导致了第二种扰动（凯恩斯或许卡塞尔与安吉尔的观点相同，认为改变源于"价格水平的差异"）。但是，信贷改变可能首先影响价格水平，接着间接影响贸易和收支的平衡，因而这两种类型的差异实际上没有任何价值（参阅随后第7节的论述）。因而，依据基本环境、资本流动和货币政策的变化进行分类就是非常自然的事情。在另一方面，第五部分的观点与安吉尔的非常相似，如果换一种说法的话。他写道（第418页）："维持国际收支平衡的关键要素是必须考虑持久的扰动和影响国际均衡的主要因素……在于分析基于购买力计价的供给和需求数量关联性变化的影响，并且通过此来考察一般价格水平。"我应该加上这一句话："同时考虑对进口和出口的影响。"

在第 18 章已经强调过，影响外汇供求的任何因素都可能影响价格，价格体系中所有因素都直接或间接地影响外汇汇率。因此，利率对价格机制特点和变动的影响与其他事情一样，也可视为一种外汇理论。给定某些基本条件、资本运动及货币均衡的条件，则外汇汇率和其他价格之间必存在一个固定的关系。如果条件变化，那么这种关系也会变化。这在本章前几节以及前一章中里已作了说明，在基本不变的外汇汇率下，不同国家间商品和生产要素价格的关系可能发生很大变动，其变动不可能是由资本运动或货币动荡所引起的。

原则上，上述情况与外汇汇率和批发商品价格水平这样的指标无关，只对单一价格成立。即使商品价格水平有时会不变，但后者的变化也可能是相关的。为简单起见，研究外汇问题时要考虑不同地区的价格因素，因为我们对单个价格很感兴趣，即对整个价格机制有兴趣。当然，国际贸易即为批发贸易，这使得外汇汇率与某些商品的批发价格必定会有着密切的关系。但是，一国居民为另一国居民提供服务（如运输、保险）的价格以及短期和长期利率的水平，与外汇汇率有着同样密切的关系，因为它们也直接影响外汇市场上的供给和需求。其他商品的批发零售价格及生产要素的整体价格也都产生间接影响，因此，我们不能认为它们的变动与外汇市场的价格无关。只要看到外汇汇率是一个相互依存体系的价格，那么便认为它们之间必然就存在一种固定关系，并且认为它们是某些商品价格的平均数，这是很荒谬的。

这样，所谓的"购买力平价"学说至少在某些公式中是站不住脚的。经过多年的深入研究，卡塞尔对此反复推敲以后得出了以下观点：[1]

> 我们不惜代价地获得外币的主要原因是因为外币代表了在外国的购买力，可用其获得的商品偿付该国的服务。因此，广义上，为每单位外币所支付的金额必须与其内在的购买力成正比，即与该国一般的物价水平成反比。另一方面，外币数量越

---

[1] "Foreign Exchange" 首先出自于大英百科全书（1686 年）。在《社会经济学理论》（第四版）第 60 页也有着同样的表述。

多，我们可购买的就越多，即其内在购买力越低，国内一般价格的水平就越高。不妨这样想，为外币支付的价格归根到底是为外国商品支付的价格，它与国内市场上的商品价格有一定关系。因此，可得出结论：两个币种兑换比率从根本上取决于两个币种的内在购买力之商。

有人认为，人们对外币有需求是因为外币在批发市场上对多数商品有一定购买力，这种观点与事实是不符的。进口商需要用外币购买并偿付某些外国货物，而对其他商品的价格则不感兴趣。只有需要不同船务公司运输商品的人才会对运费水平感兴趣。一国某些商品价格的上涨，即该国货币对商品购买力的下降，并不是在每种情况下都能减少外国对该国货币的需求的。如果煤的价格提高，并且外国的需求弹性较小，则更多的钱只能买到更少的煤。英国战后维持高物价时就是这样，此时英镑的报价有上升的趋势而非下降。①

如果考虑到两个国家，而每个国家都生产另一个国家不生产的商品，那么我们就能清楚地看到，认为外汇是商品价格水平之间关系的体现这种观点是站不住脚的。因此，不存在相同的国内市场商品，也不可能把两国同一时期的一般价格指数进行对比。然而，两国的价格体系通过国际化商品、生产要素等必然存在联系。两国的所有价格都是相互依存的系统，因此，每个国家的外汇汇率和价格条件之间都存在某种关系。不过，这种关系不能用价格水平表示出来，如果价格水平不同的话。

以上是购买力平价理论的简单形式，还有一种限制更严格的形式，它排除了有关某一时期（如1913年）价格水平的任何提法，仅坚持外汇汇率会反映价格水平的变化。因此，战前美国是否比英国物价高这个问题就没有任何意义了。英格兰物价指数上升到400，而美国的物价指数上升到200，这将导致纽约市场上的英镑汇率下降到以前的一半的水平。真实的平价随价格指数的关系而变动，因此，若外汇汇率不变，则价格指数的关系也就固定了。

---

① 更详细的描述请查阅本人的论文：《外汇均衡》，1921年。

显然，这是在基本条件不变的假设基础上的，包括资本运动等。当假设成立时，各国所有的相对价格都不变，[①] 并且汇率必须反映物价水平的变化。如果英国选择以四分之一英镑作为计算单位，而美国选择二分之一美元作为计算单位，则纽约对英国货币相对美国新货币的报价当然就是当前英镑汇率的一半。换句话说，如果除物价水平之外的其他一切因素皆不变，则汇率就一定会像上述情况那样发生变动。

但是，其他因素决不会在不同时期相同。因此，相对商品和要素价格以及价格指数的关系都会变化，即使在金本位制下的外汇汇率不变时也是如此。这在前面已经充分论述过了。

应该强调的是，相对商品价格不会保持恒定，除非相对要素价格保持恒定。生产要素价格在各国以同样方式变动这一假设是购买力平价理论的基础。这一假设在现实世界相当长的时期内都难以被证实，因此，国内市场价格不可能与国际市场价格维持某种特定的关系。而当外汇汇率不变时，国际价格也不可能在各国相同或以同样方式变动，因为转移条件是变化的，这正像第8章所解释的那样。简而言之，价格体系中基本条件的变化会改变不同国家间的外汇汇率和其他价格的关系，即使这些比率保持不变，但不同国家间的价格条件关系也可能变化。

这种推理有时会遭到反驳。事实上，若一国开展多项贸易且发展良好的话，则基本环境的变化不足以引起相对价格水平的较大变化。经验表明，后一个论断在短期内成立；对于像美国、英国、瑞典和荷兰这样的国家，在"正常"时期也成立，但在长期则不成立；正如上面通过价格指数所说明的那样，对于"非正常"的转移期也不成立，如1914年到1921年；[②] 对于只有单向经济的国家也不成立，如埃及、智利和巴西。另外，在后一种类型中，相对价格指数如果是由需求变化所导致的变化的话，那么它并不是非正常地偏离均衡（购买力平价）的，而是均衡自身的变化。

[①] 当调整的时间足够长时，货币变化的影响可以忽视。
[②] 货币体系改变是另一种"非正常"的因素，它会影响以黄金计价的相对价格水平，如1931年末出现的情况。

第25章　国际价格波动

在战后和战争时期，外汇和价格变化的某些情况证明了起初不考虑基本环境中的变动，而集中关注相对通货膨胀，这是很有意义的。但是，在其他情形中，如在中立国家，需求变化、转移变化及国际信贷条件变化与剧烈的通货膨胀有着同样的影响。[1] 不管怎样，解释外汇汇率的最有效、最正确的方法是，体现其对一般物价水平包括资本流动在内的基本环境变化和货币条件变化的影响。在实例中，有时会不考虑这种或那种因素。但是，在基本定律下，将这些影响认作为偏离正常位置的非正常变动都是错误的。[2]

关于战后外汇可以得出另一个结论，由于任何影响收支平衡的因素就事实而言都影响外汇汇率，并且所有基本环境、资本运动和货币政策的变化都可能产生相同的影响，因此，我们可以知道，寻求国际收支外汇变动原因的那些外汇理论之间并无矛盾，如需求理论、供给理论、转移条件理论以及强调货币政策和价格水平影响的理论。[3] 它们之间只是着重点不同，这在不同时期许多国家的实例中已得到广泛证明。在固定货币条件时期，前一种理论盛行；而在通货膨胀和通货紧缩时期，则后一种理论盛行。

货币政策变化像其他变化一样，可以改变外汇市场上的供给和需求，并由此影响汇率。此外，商品价格当然也会改变，但无法确定首先改变的是贸易差额、国际资本流动还是价格水平。信贷额度变化对进口额和资本转移量的影响通常比国内市场价格的影响更迅速。[4] 经验并未表明改变价格水平就一定会引起收支平衡的变化。

---

[1] 参阅赫克歇尔：《瑞典1914~1925年的货币史与世界大战期间经济和社会史的斯堪的那维亚的外贸和运输的关联性》。赫克歇尔发现英镑在斯德哥尔摩的报价刚好是购买力评价的一半。但该究在国际上并没有引起广泛的关注，而我在研究中加入了这一被人忽视的国际贸易问题。

[2] 在1926年版本的第五部分"社会经济学"中，卡塞尔教授基于相互依存价格体系观点对国际贸易进行了探讨，我基本认同这种分析方式。该分析（88）得出的观点和他在先前第三部分中关于外汇的称述（60）似乎并不相同。从广义上来看，外汇理论就是国际贸易理论。从狭义上来说，外汇理论就是解释外汇市场的价格波动，尤其是短期资本和黄金流动、信贷政策等。但这种解释必须基于国际贸易和资本流动的相关理论，如需要将贸易国的整体价格机制作为研究背景。

[3] 上述各种理论（查阅第6节）的差别部分地源于理解偏差。

[4] 例如，作者在"欧洲各国的宏观稳定问题"（货币委员会通报，哥本哈根，1925年）中给出了大量的例子。

附录一 区域贸易定价的简明数学阐述

§1. 孤立区域 经济学家对采用数学公式来阐明定价之间的复杂关系存在着不同看法。本书作者认为，与文字叙述相比，使用数学公式可以在相对简单的情况下全面把握价格间的相互关系。另一方面，试图使用更加复杂的数学公式解决经济问题，这一做法很少取得成效，当然，这并不排除将来这一方法会产生更好的结果。

从上述角度出发，使用一些简单的方程以阐明简单情况下贸易区域定价的实质就是自然而然的事情。本书作者不会试图去进一步介绍更加复杂的情况，因为这样做对阐明这一问题的实质并无太大帮助，而只会使大多数读者更加难以理解这一部分的数学阐述。

下面将要给出的方程组很像卡塞尔教授在他的著作《社会经济学理论》中首次提出的方程组，然而它却比瓦尔拉斯—帕累托学派所提出的方程组要简单，因此，它也更适合作者的写作风格。[1]

以下分析假设要素存在完全的流动性和可分性，这样就忽视了大规模生产的经济性。而且，假定各种生产要素供给是不变和已知的。由于前文已阐述了区域贸易定价的实质，因此，我们在这里再次介绍供给是（1）要素的价格和（2）不同个体努力以及牺牲的心理二者的函数，这就没有必要，不管这一事实从其他章节的主要观点（读者可与第7章对比）来看有多重要。

首先，让我们来看一个孤立区域的定价体系。在这一区域中生

---

[1] 与卡塞尔教授不同的是，我将个人收入、技术系数变动和货币价值都引入了本书的方程组中。与卡塞尔教授相同的是，由于作为一种生产要素的资本不能像其他要素一样采用相同的方法处理，因此我们忽略了由此产生的技术难题。换句话说，时间因素在定价问题中并没有被充分考虑。参阅林达尔（Lindahl）的《基于资本理论视角的价格问题》，载于《经济史》（1929年）。

产 n 种产品，有 r 种不同生产要素和 s 个居民。这些产品中的任意一种其生产过程都需要这些生产要素中的部分或全部种类的若干数量。具体而言，生产一个单位的第一种产品需要 r 种生产要素各自的数量为 $a_{11}, a_{12}, \cdots\cdots a_{1r}$，生产一个单位的第二种产品需要 r 种生产要素各自的数量为 $a_{21}, a_{22}, \cdots\cdots a_{2r}$，生产一个单位的第 n 种产品需要 r 种生产要素各自的数量为 $a_{n1}, a_{n2}, \cdots\cdots a_{nr}$。这些变量（其中一些会等于0）被称为"技术系数"。这一系数表示生产任何一种产品的所需的任何一种生产要素的数量，同时，这一系数的具体取值取决于生产要素的相对价格，因为生产要素的相对价格决定了不同要素在特定生产过程中的结合比例。进一步而言，技术系数这一概念本身就包含着技术因素，即"生产的物质条件"。如果生产要素的价格给定，那么一种产品的生产就需要若干种生产要素的一定的结合比例，而另一种产品的生产也需要另一种结合的比例。"生产的物质条件"就是指纯粹的自然（既包括产品也包括生产要素）物质属性，而且在上述经济体系中这被认为是已知的。因此，技术系数就变成了生产要素相对价格的函数，而且这些函数的形式是已知的，因为它们是由物质条件决定的：

(1) $a_{11} = f_{11}(q_1, q_2, \cdots\cdots q_r)$
$\cdots\cdots\cdots\cdots\cdots\cdots\cdots$
$\cdots\cdots\cdots\cdots\cdots\cdots\cdots$
$a_{nr} = f_{nr}(q_1, q_2, \cdots\cdots q_r)$

上式中 $q_1, q_2, \cdots\cdots q_r$ 为 r 种生产要素各自的价格。定义了生产要素价格和技术系数，则每种产品的生产成本就很容易得出。定义 $p_1, p_2, \cdots\cdots p_n$ 为 n 种产品各自的生产成本，就可以得出：

(2) $a_{11}q_1 + a_{12}q_2 + \cdots\cdots + a_{1r}q_r = p_1$
$a_{21}q_1 + a_{22}q_2 + \cdots\cdots + a_{2r}q_r = p_2$
$\cdots\cdots\cdots\cdots\cdots\cdots\cdots\cdots\cdots\cdots\cdots$
$a_{n1}q_1 + a_{n2}q_2 + \cdots\cdots + a_{nr}q_r = p_n$

第一种产品需要的各种生产要素投入量为 $a_{11}, a_{12}, \cdots\cdots a_{1r}$，各种生产要素的价格分别为 $q_1, q_2, \cdots\cdots q_r$。其他 $(n-1)$ 产品的表述

方法与此类似。由于在均衡状态是完全流动的，这就使得每种产品价格等于生产成本即 $p_1, p_2, \cdots\cdots p_n$，同时它也是 n 种产品的价格。

对每种产品的需求是由这种产品的价格 $p_1, p_2, \cdots\cdots p_n$、每个消费者的收入以及每个消费者的"需求规模"或称为"欲望规模"（这主要表示需求的心理特征）三者共同决定的。如果各种产品的价格和消费者的收入都已给定，则消费者的"欲望规模"将决定其对每种产品的购买量。这样，每个消费者对特定产品的需求就可表示为所有产品和服务的价格及其收入的函数。函数的形式由消费者的"欲望规模"来决定。

现在，我们将所有消费者对产品的需求加总，同时将每种产品的总需求（$D_1, D_2, \cdots\cdots D_n$）表示成产品价格和消费者收入的函数。这里用 $I_1, I_2, \cdots\cdots I_s$ 表示各个消费者的收入，则

(3) $D_1 = F_1(p_1 \cdots\cdots p_{n1}, I_1 \cdots\cdots I_S)$

$D_2 = F_2(p_1 \cdots\cdots p_{n1}, I_1 \cdots\cdots I_S)$

$\cdots\cdots\cdots\cdots\cdots\cdots\cdots\cdots\cdots\cdots$

$D_n = F_n(p_1 \cdots\cdots p_{n1}, I_1 \cdots\cdots I_S)$

消费者的收入由产品生产中投入的要素数量和每种要素的价格共同决定。消费者通过出售其所拥有的要素（例如劳动或土地）来购买产品。在这一过程中，不同要素的所有权情况假定是已知的，同时假设第 m 个消费者拥有 t_{m1} 个单位的第一种要素、t_{m2} 个单位的第二种要素等等，则每个消费者的收入就可写成如下形式：

(4) $I_1 = t_{11}q_1 + t_{12}q_2 + \cdots\cdots + t_{1r}q_r$

$I_2 = t_{21}q_1 + t_{22}q_2 + \cdots\cdots + t_{2r}q_r$

$\cdots\cdots\cdots\cdots\cdots\cdots\cdots\cdots\cdots\cdots\cdots$

$I_s = t_{s1}q_1 + t_{s2}q_2 + \cdots\cdots + t_{sr}q_r$

如果价格机制处于均衡状态，则产品生产将恰好满足消费者的需求。这样，$D_1, D_2, \cdots\cdots D_n$ 也同时表示每种产品将要生产的数量，这使得用方程表示生产过程中对不同要素的需求变得很容易。由前述可知，生产一个单位第一种产品所需的第一种要素量就为 a_{11}，因此，生产 D_1 单位的第一种产品所需要的第一种要素量就为 $a_{11}D_1$；

生产 D_2 单位的第二种产品所需要的第一种要素量为 $a_{21}D_2$，依此类推，则生产 D_n 单位的第 n 种产品所需要的第一种要素量就为 $a_{n1}D_n$。将上述对第一种要素的需求加总为 $a_{11}D_1 + a_{21}D_2 + \cdots\cdots + a_{n1}D_n$，则生产中所需要的第一种要素的总量一定是经济系统中可以得到的这种要素的总量，即 R_1 等于 $t_{11} + t_{21} + \cdots\cdots + t_{s1}$。由于对其他各种要素的需求可采用相同的方法得出，因此可以推得：

(5) $a_{11}D_1 + a_{21}D_2 + \cdots\cdots + a_{n1}D_n = R_1$
$a_{12}D_1 + a_{22}D_2 + \cdots\cdots + a_{n2}D_n = R_2$
$\cdots\cdots\cdots\cdots\cdots\cdots\cdots\cdots\cdots\cdots$
$a_{1r}D_1 + a_{2r}D_2 + \cdots\cdots + a_{nr}D_n = R_r$

现在根据方程组（3），各种产品的需求是产品价格（p）和消费者收入（1）的函数，而据方程组（2）和（4），产品价格和消费者收入又可以表示成 a 和 q 的函数，进而由方程组（1）和不同的技术系数 a 可表示成各种生产要素价格的函数。这样，"独立变量"的个数就减少为 r 个，即这些独立变量为 $q_1, q_2, \cdots\cdots q_r$，而方程组（5）恰好包含 r 个方程，因此，这个问题可以求解。在上述前提条件下价格是可以决定的，决定它的基本数据就是每个消费者对其所拥有的生产要素的供给，① 以及决定函数形式的两种情况，即生产的物质条件和消费者的需求以及欲望。

然而，事实上，方程组中的每一个方程都不是独立的。② 因此，由上述方程组的解所给出的价格可以乘以任意倍数，即在一种情况下得出的所有价格可能是另一种情况的二倍，但尽管如此，所有的基本情况和方程组却是不变的。为了确定价格，人们必须在货币系统中引入一种假设，即用一定量的特定商品（如黄金）作为记账单位。如果将这种商品的价格设为 p_g，则可得出 $p_g = 1$。这样，方程组中方程的个数就等于独立变量的数目，就可以求解。

§2. 贸易区域　在简化条件下，类似的价格决定机制可对两个

---

① 在这一部分称为（1）生产要素的供给，以及（2）所有制的情况。
② 假如我们知道在（2）中的（n-1）个方程和个人总收入等于总支出，那么（2）中的最后一个方程就可以得出。参阅瓦尔拉斯：《纯粹政治经济学要义》（第四版），1900 年，第 122 页以后。

贸易往来的区域进行分析。这两个区域称为地区 A 和地区 B。本节使用的符号如下：

地区	A	B
技术系数 ·················	$a = f(\ )$	$a = f(\ )$
生产要素价格 ············	q	g
产品价格 ··················	p	v
各个消费者的收入 ······	$I = \sum_{1}^{r} t_h q_h$	$J = \sum_{1}^{r} d_h g_h$
产品的市场需求 ·········	$D = F(\ )$	$\delta = \Psi(\ )$
生产要素的供给 ·········	R	S

在两个地区中，产品种类数为 n，生产要素种类数为 r，消费者数量为 s。这一假定仅仅是为了减少符号的数目。在贸易发生以前，两区域唯一的共同点是"生成的物质条件"，即函数 $f(\ )$ 的形式。这些条件仅仅取决于自然物质属性（产品和生产要素），它们完全独立于这些要素和产品的所在位置。

区域 A 在孤立情况下的定价机制与上节所述一致，区域 B 的定价机制只需根据上表将相应的符号互换计算即可。现在的问题是，当两区域相互开放、交换各自的产品时，这一定价机制将发生什么样的变化？

"外汇汇率"指两地区间的货币关系，用 x 表示，即地区 A 每单位货币对应地区 B 的 x 单位货币。也就是说，地区 B 的商品价格 v_1，v_2，……v_n，对应地区 A 的货币价格为：$\frac{v_1}{x}$，$\frac{v_2}{x}$，……$\frac{v_n}{x}$。若地区 A 的消费者将此换算价格与本地区同产品的生产成本 $p_1, p_2, \cdots p_n$ 相比较，则进口本地成本高的商品，出口本地成本低的商品。若 x 取一确定值，则有一定数量的商品在地区 A 价格更低，而其余商品在地区 B 价格更低。若 x 取另一值，则地区 A 价格更低的商品所对应的数量会发生改变。也就是说，不同的 x 值所对应的地区 A 的低价产品的数量不同，即在地区 A 生产的商品数量不同。

若已知均衡时的外汇汇率为 x，则可知哪些商品在地区 A 价格最低，哪些商品在地区 B 价格最低。给前者编号为 1，2，……m，将

后者编号为 $m+1$，$m+2$，……n，则表示生产成本等于价格的方程组为：①

$$(\text{II}) \quad a_{11}q_1 + \cdots + a_{1r}q_r = p_1$$
$$\cdots\cdots\cdots\cdots\cdots\cdots\cdots\cdots$$
$$a_{m1}q_1 + \cdots + a_{mr}q_r = p_m$$
$$a_{m+1,1}g_1 + \cdots + a_{m+1,r}g_r = v_{m+1}$$
$$\cdots\cdots\cdots\cdots\cdots\cdots\cdots\cdots$$
$$a_{n1}g_1 + \cdots + a_{nr}g_r = v_n$$

这个方程组与方程组（2）几乎相同，唯一的区别是，由于编号为 $(m+1)$，……，而 n 的商品只在地区 B 生产，因此，将 a_{m+1}，……a_n 改为 a_{m+1}，……a_{n1}。与此相应的是，将 q_1，……q_r 改为 g_1，……g_r，p_{m+1}，……p_n 改为 v_{m+1}，……v_n。

商品需求量的方程组也有一些不同。因为商品需求量的函数以所有商品价格为参数，而现在这些价格分别为：地区 A 为 p_1，……p_m，$\dfrac{v_{m+1}}{x}$，……$\dfrac{v_n}{x}$；地区 B 为 $p_1 x$，……$p_m x$，v_{m+1}，……v_n，则不同商品的需求量可表示为：

$$(\text{III}) \quad D_1 = F_1(I_1,\cdots I_s;p_1,\cdots p_m;v_{m+1},\cdots v_n;x)$$
$$\delta_1 = \psi_1(J_1,\cdots J_s;p_1,\cdots p_m;v_{m+1},\cdots v_n;x)$$
$$\cdots\cdots\cdots\cdots\cdots\cdots\cdots\cdots\cdots\cdots\cdots$$
$$D_n = F_n(I_1,\cdots I_s;p_1,\cdots p_m;v_{m+1},\cdots v_n;x)$$
$$\delta_n = \psi_n(J_1,\cdots J_s;p_1,\cdots p_m;v_{m+1},\cdots v_n;x)$$

如以要素价格为参数，则表示消费者收入的方程组与孤立状态时一致，因此不再给出方程组（IV）。对两国而言，方程组（IV）中的各个方程式相互关联。以黄金价格为例：$p_g = 1$，$v_g = x$，则在 A 国价格为 1 的黄金，在 B 国即为外汇汇率表示的价格数。

关于生产要素需求量，有一点需要指出，地区 A 生产的编号为 1，2，……m 的商品数量，不只满足本地区需求量，而是要满足 A、

---

① 每一种商品假定仅在一个地区生产，参阅该附录的引言部分。

B 两地区的所有需求量,而地区 B 生产的商品也是如此。设地区 A 的生产要素量为 $R_1, \cdots\cdots R_r$,地区 B 的生产要素量为:$S_1, \cdots\cdots S_r$,则可得:

(V) $a_{11}(D_1 + \delta_1) + \cdots\cdots + a_{m1}(D_m + \delta_m) = R_1$
$\cdots\cdots\cdots\cdots\cdots\cdots\cdots\cdots\cdots\cdots\cdots$
$a_{1r}(D_1 + \delta_1) + \cdots\cdots + a_{mr}(D_m + \del2_m) = R_r$
$a_{m+1,1}(D_{m+1} + \delta_{m+1}) + \cdots\cdots + a_{n1}(D_n + \delta_n) = S_1$
$\cdots\cdots\cdots\cdots\cdots\cdots\cdots\cdots\cdots\cdots\cdots$
$a_{m+1,r}(D_{m+1} + \delta_{m+1}) + \cdots\cdots + a_{nr}(D_n + \delta_n) = S_r$

最后,以生产要素价格为参数时,表示技术系数的方程组的性质与方程组(I)相同,即:

(I) $a_{11} = f_{11}(q_1, \cdots\cdots q_r)$
$\cdots\cdots\cdots\cdots\cdots\cdots\cdots$
$a_{mr} = f_{mr}(q_1, \cdots\cdots q_r)$
$a_{m+1,1} = f_{m+1,1}(g_1, \cdots\cdots g_r)$
$\cdots\cdots\cdots\cdots\cdots\cdots\cdots$
$a_{nr} = f_{nr}(g_1, \cdots\cdots g_r)$

不同的生产要素价格对应不同的技术系数,根据方程组(II)和(VI)可表示不同的商品价格、各个消费者收入和生产要素的价格。如果将方程组(III)中的生产要素价格进行替换,则不同的商品需求量可用不同的生产要素价格和外汇汇率表示。将此表达式代入方程组V(该方程组中的生产要素供给量不变)中,则自变量只剩下地区 A 的生产要素价格、地区 B 的生产要素价格和外汇汇率。可根据方程组V求解自变量,但是该方程组中只有 $2r$ 个方程式,而未知量有 $2r+1$ 个,因此还需有一个方程来求解。

可根据一个地区进出口均衡来列最后一个方程式,因为若不考虑赊销交易,则出口创汇是满足进口数额的唯一方式,即:

(VI) $\delta_1 p_1 x + \delta_2 p_2 x + \cdots\cdots + \delta_m p_m x = D_{m+1} v_{m+1} + \cdots\cdots + D_n v_n$

该方程式又可称为"地区间交易方程",以地区 B 的货币为单位表示进出口贸易平衡。比如,对于商品1,在地区 A 的价格为 p_1

（以地区 A 的货币单位表示），而地区 B 进口量为 δ_1，则地区 B 需要的支付为 $\delta_1 p_1 x_1$（以地区 B 的货币单位表示）。再如，B 出口商品 n 个，A 进口数量为 D_n 个，则价格为 v_n，可同上计算。

以上六个方程组说明了上述假设条件下两地区的交易定价机制，也就是说，我们对不同参数的关系进行了简要了解。但在该系统中，任何一部分的改变都会引起其他部分的改变。

§3. **一定的贸易条件** 在什么条件下两地区不会进行贸易往来？该方程组可以解决这个问题。我们知道，在孤立状态下，如果相关商品的价格一致，则无贸易产生。那么，在什么情况下价格会一致？

我们从这组表示不同商品的成本和价格的方程组开始讨论。

$$\begin{matrix} A & & B \end{matrix}$$

(1) $a_{11}q_1 + a_{12}q_2 + \cdots + a_{1r}q_r = p_1;\ a_{11}g_1 + a_{12}g_2 + \cdots + a_{1r}g_r = v_1$
  $\cdots\cdots\cdots\cdots\cdots\cdots\cdots\cdots\cdots\cdots\cdots\cdots\cdots\cdots\cdots\cdots$
  $a_{21}q_1 + a_{22}q_2 + \cdots + a_{2r}q_r = p_2;\ a_{21}g_1 + a_{22}g_2 + \cdots + a_{2r}g_r = v_2$
  $a_{n1}q_1 + a_{n2}q_2 + \cdots + a_{nr}q_r = p_n;\ a_{n1}g_1 + a_{n2}g_2 + \cdots + a_{nr}g_r = v_n$

只要两地区存在商品流通且相关商品存在价格差（即不满足下述等式），就会产生贸易。

(2) $p_1 : p_2 : \cdots : p_n = v_1 : v_2 : \cdots : v_n$

满足该条件时，在以下两种情况也不会产生贸易，我们在随后对此进行分析。

假设两地区相关生产资料的价格相同，即：

(3) $q_1 = lg_1; q_2 = lg_2; \cdots q_r = lg_r$（$l$ 为任意给定正数）

在该情况下，两地区在生产任何商品时使用的生产要素①的比例是一致的，也就是说，"技术系数"一致，即：

(4) $a_{ij} = \alpha_{ij};\ (i = 1, 2\cdots n;\ j = 1, 2\cdots r)$

代入方程组（3）和（4），方程组（1）可表达为：

(5) $p_1 = lv_1; p_2 = lv_2; \cdots p_n = lv_n$

---

① 只把两个地区同质的生产要素看做是相同的要素，不考虑规模经济。

该方程组与方程式（2）表达的含义完全一致。也就是说，若满足条件（2）和条件（3），即两地区相关商品的价格相同，则无贸易会发生。因此，我们可以说，如果两地区相关的生产要素价格相同，则无贸易发生。

条件（2）还可表达为：

(6) $a_{11} : a_{12} : \cdots\cdots : a_{1r} =$
$= \cdots\cdots\cdots\cdots\cdots$
$= a_{n1} : a_{n2} : \cdots\cdots : a_{nr} =$
$= a_{11} : a_{12} : \cdots\cdots : a_{1r} =$
$= \cdots\cdots\cdots\cdots\cdots$
$= a_{n1} : a_{n2} : \cdots\cdots : a_{nr}$

即两地区的商品生产过程中，生产要素组合的比例完全相同。

在这种情况下，两地区相关生产要素的价格一定是相同的，也就是说，情况（6）与情况（3）相同，而对于情况（3），我们已经讨论过了。

当然，条件（3）和条件（6）在现实中难以满足，这是古典国际贸易理论中广泛使用的两个假设条件。对于非竞争模型，陶西格教授认为它们对研究国际贸易的作用不大。他得出结论的基本假设为，在西方国家，人们按照一定的规则划分产业，因此不同国家的相关产业的工资水平基本一致[1]。幸而他没有对所有生产要素作出这样的假设，不然国际贸易将不可能产生，除非是由于规模经济。

另外，陶西格教授和其他研究者还假设，除土地以外的所有商品生产过程中的劳动和资产的投入比例一致，由此可以得知相关成本。当不同地区的技术非熟练的劳动工人的投入数量已知或相同时，巴斯塔布尔认为，可以将"单位生产力"作为成本计算的基础。但是，该假设不包括两国土地的投入比例一致，否则也不可能产生贸易，除非是由于规模经济。

§4. 概括 假设 A 和 B 两国处于孤立状态，拥有的生产要素种类和生产的商品完全不同，那么调整方程组使之适用该情况也不难，

---

[1] 陶西格：《国际贸易》，第56页。

即两国的技术系数方程组不同，A 国不为 B 国提供生产要素，反之亦然。但是，在这个简单假设下，可以用一个方程组来表示国际贸易的均衡。

当贸易发生时，不能认为一定是相关商品和生产要素的价格的差异所导致的，也不能说生产要素的价格一定有均衡趋势。而是当外国消费者对本国商品需求增加时，商品价格变动的决定因素包括新的商品需求、生产要素供给的变动和规模经济。这些变化与本书第 2、3、7 章中介绍的内容相似。

我们认为，解决实际问题的关键在于运用本书第一部分和本附录 1~3 节的假设作为最初的假设条件，并在此基础上讨论商品和生产要素的数量差异（如第 5 章中所研究的那样）。

附录二　关于国际贸易的早期理论

§1. 帕累托　一战后,人们开始试图解释究竟是什么力量在调控着各种国际贸易,如今的许多理论成果均源于那时。我们认为,如果能广泛运用相互依存的定价理论对各交易地区的交易情况进行研究,则这一问题将会得到更好的解释。就如瓦尔拉斯、门格尔、杰文斯、克拉克、卡塞尔和马歇尔,他们都已运用相互依存的定价模型替代古典理论来解决定价问题。既然人们已经不再运用古典劳动价值理论了,那为什么在解决多个流通市场的定价问题上它仍占有一席之地?在古典的国际贸易理论如穆勒的相互需求方程即相互依存理论中,这种观点是不可思议的,尽管古典理论也是基于一个国家内部的劳动成本理论。但是,运用单一市场的依存定价理论作为国际贸易研究的理论基础是否会显得很不合适?当然,这个问题可以通过下述方法加以解决,即剥离古典国际贸易理论中的劳动成本因素,如单一市场理论中所描述的那样,将其作为相互均衡推论的一个简单延伸。我们认为,通过这个方法,也唯有如此,才有可能达到定价均衡。同时我们也希望该方法在解决国际贸易问题中的运用不仅仅是摒弃有缺陷的基本理论,而是通过对其持久的探索,获得用以解决特殊问题的更新和更具成果性的研究结果。当然,该结果并非只是对原有理论的新包装,而是就正如用单一市场的依存定价理论替代古典价值理论一样,能更好地分析利润、风险和其他重要问题。

直到本书快出版时我才意识到,书中的一部分理论早在1890年代就已成形,其中的一小部分甚至库尔诺[1]早已提出。库尔诺对国际

---

[1] 《财富理论的数学原则研究》(巴黎,1838年)。

贸易的研究并不引人注意，主要是因为他的许多结论都是错误的。库尔诺的研究成果几乎没有值得借鉴之处，但供给模型除外。帕累托之前的洛桑学派似乎并没认识到这对分析国际贸易的重要性。帕累托在1896年出版了《政治经济学讲义》的第一部分，第二年出了第二部分。① 在书中，他对库尔诺的均衡模型作了衍生并使之适用于多市场交易的情况。因此，虽不能说他做到完全颠覆传统经典的理论而提出了全新的国际贸易理论，但至少可以说帕累托为新理论的诞生创造了一个良好的开端。

之后，这类均衡模型便成为帕累托学派的"共同的善"。这在巴罗尼的《政治经济学原理》（德语版，1928年）、皮尔特内利的《经济理性草稿》（1927年）、阿莫罗索的《经济数学讲义》（1921年）中均有体现。诚然，关于帕累托的学生对老师提出的理论几乎不作改动的传承这一点是不值得奇怪的，如本书附录一中给出的模型。② 当然，继卡塞尔之后，帕累托学派不考虑边际效用和"最优化"理论，但两者就多个市场定价机制的研究方式却是一致的，这当然也是非常需要的。

另外，还有一点让人遗憾，即英国人在记载国际贸易理论发展的传统文献时并没有意识到，帕累托所提出的理论并非只是对古典传统理论的一点改进，而是用一种全新的方式解决问题。当然，他并没有像古典学派那样提出一个理论体系，但他却得出了一个明确的结论，即相互依存理论既适用于一个市场也适用于多个市场。因此，也可以说，这是建立国际贸易新理论模型的奠基石。事实上，他关于贸易壁垒的论述已经对该模型建立做出了贡献。

不过，帕累托的新的研究成果在当时并没有引起人们的注意，更没有得到广泛的应用，部分原因可能是由于当时人们并不习惯接受用数学公式或方程式进行论证，即使对于有数学功底的人来说，他们也偏向于用文字说明。在当时，一个市场的定价机制和国际贸

---

① 如上所述，在《国际兑换的数学理论》中，帕累托论述了国际贸易相关的问题。《经济学新闻报》，1894年。

② 一些意大利经济学家在方程中引入各种各样的复杂因素，但是本书却无须如此，因为上文所运用的数学公式已经很好地说明了交易双方的特征。

易均衡模型已运用得较为普遍，但那只是商品定价和财富分配理论的初级阶段。据我所知，帕累托等人起初并没有想建立一个具体的完全替代古典理论的国际贸易理论模型。事实上，他们似乎也并没有意识到他们的理论已经与原有的古典理论格格不入了。这一事实也可以说明，为什么在很长的一段时间其他经济学家尤其对数学不感兴趣的原因。经济学家普遍认为，意大利的经济学家在解决经济问题时提出的解决模型只是对古典的理论稍加改动而已。

安吉尔教授对于国际贸易理论发展历史的总结相对完整，内容如下：

> 意大利大多数经济学家对古典理论的假设的结论几乎都是照搬照抄的，只有在一些孤立点上作少许重要的改进，因此其成果意义不大。而且，对英国每个时期相关理论的反映也只是上代人的观念，并非英国当时的思潮。因此，对熟悉古典理论的学生来说，意大利的相关文献一定既没有激情又没有新鲜感。即使是拥有众多意大利读者的数理研究者也没明确表示要推翻古典理论本身，他们只是重申了古典理论与自己的观点在经济学原理和方法论上的大体一致性。①

在一定程度上，帕累托也只"重申"了古典理论。因为他并没推翻李嘉图的比较成本理论，②虽然他曾指出穆勒和凯尔恩斯等非数理学派研究者已经提出过该理论，只是不太严谨而已。而且，他用简单图表来表示劳动数量，尤其在晚期著作《政治经济学教科书》中更是如此。虽然他指出这种方法容易误导，只有通过一组相当复杂的数学方程式才能推导出正确的结论。然而，自然而然地，非数理学派研究者认为他对古典理论的改进也就更注重学术而非实际情况了。

但事实上，帕累托的理论与李嘉图及后来的古典学派家的理论有本质区别。帕累托反对只从客观条件出发计算成本，也就是说，他摒弃了整个古典价值理论的基础。

---

① 《国际价格理论》，1926 年，第 303 页。
② 帕累托的讨论不考虑机会成本，对相对定价成因的讨论与本书第 1 章第 3 节的开头部分论述相一致。

在产品竞争中他们作出的这些牺牲，导致了无法测算的数量差异。不能总体评价一个东西对于不同的人有不同的主观价值。凯尔恩斯似乎认为商品价值由工作和成本构成。此时，这个价值比较的理论就并非不准确，而是错误的。

相反，单位个体成本具有不可比性，因而不能通过汇总得到社会总成本，但可以用"极大值"方法进行测算，实际成本为：

> 真正的成本在于商家获得产品所付出的价值。至于说英国作出了牺牲，简直说不通。实际上，确实有些英国人作出了所谓的牺牲，但这些牺牲是那些人们无法评估的在产品数量上的差异。当这涉及到决定在哪里选取煤矿地点或者在哪里种植小麦时，人们就既不会考虑牺牲也不会考虑成本，此时这两项只是很不重要的因素。人们只会考虑能够从这块土地上得到的最佳经济效益。

很明显，帕累托认为用"极大值"方法测算出的是边际单位机会成本，且是价格构成的一部分。

这一理论是帕累托整个经济模型的基础。无论人们认为其有用与否，有一点是显而易见的，即他的比较成本原理符合一般定价原理，且与古典目标成本原理有很大区别。该理论若除去心理学的部分，则与本书第1章中的相对价格相类似。

当今学者一致认为，帕累托理论与古典经济理论有很大区别，而且他提出的解决国际贸易问题的理论模型，是第一个既符合一般定价理论又符合相互依存价值理论的经济模型。除了运用"极大值"理论之外，帕累托解决问题的方法与本书第一部分提出的方法非常相似。

遗憾的是，据我所知，无论是帕累托还是其追随者，都没有在此基础上通过对具体事例或国际贸易问题的讨论来进一步论证并发展该理论。唯一有所发展的是对保护关税影响的研究，该影响围绕国际贸易中的利益变化，以类似心理学的"极大值"方式测算，不过本书不予介绍。基于以上所述，我在读完一些帕累托学派的著作后很自然地没有再作任何修改。但是早年拜读这些作品时，确实为我省了不少不必要的麻烦和工作。

§2. 马歇尔 许多瓦尔拉斯—帕累托学派的意大利经济学家对国际贸易供求曲线的研究均有贡献。1860年代后期，穆勒和马歇尔将该研究发展到了鼎盛。但是，直到1840年后，马歇尔的理论才在潘塔利奥尼（Pantaleoni）的一本书中公布于世。可以说，早在1890年代，这三位经济学家和埃奇沃斯就已经共同创造和演绎出了阐释国际贸易理论的重要理论体系。该体系在新古典经济学派和帕累托数理学派的研究中得到广泛运用。这一现象可能也进一步证明了古典理论和帕累托理论在解决国际贸易问题上没有太大的分歧。那么，在用供求曲线解决国际贸易时，难道英国和意大利的经济学家的解决途径不是相同的吗？

其实这并不重要。事实上，正如依存定价理论所指出的那样，马歇尔曲线的分析也是古典成本理论的一部分。马歇尔的研究分析并非确定供给量，而是分析成本与供给价格之间的关系。在国际贸易中，供给与需求量都是视为已知的，研究的是关税对这些量变化的影响。简单说来，对于每一个交易国家，这些分析与一般定价机制并没有太多关联。因此，该分析与劳动价格理论或其他任何一般定价理论都没有任何关系。

如前文所提到的，穆勒对国际供给与需求作用的研究与相互依存理论是完全一致的。其错误在于他摒弃了古典劳动价值理论，并用以解释国内价格的形成。如果采取马歇尔的曲线进行分析，则当因素变为"产品数量"而非"劳动时间"或"单位生产力"时，从帕累托理论或其他任何依存理论的观点出发，人们就都没有反对此的理由。

一些评论家认为，在马歇尔的晚期著作《货币、信贷和商业》（1923年）中并没有对国际贸易这一话题进行新的研究。这一点可能是事实，但是还有一点是非常令人惊讶的，那就是马歇尔完全摒弃了古典理论的核心部分，他几乎没有用劳动时间或单位生产力对真实成本进行分析。这一点与陶西格教授的《国际贸易》有很大区别。马歇尔只是在附录H中引用了葡萄牙—英格兰式的例子，这是自李嘉图之后整个古典分析的中流砥柱。他似乎不愿受李嘉图式劳动价值理论的束缚进而影响他对国际供给和需求的曲线分析。

马歇尔的依存理论体系的精髓部分是成本理论。基于此，他原本可以变革性地改进古典国际贸易理论，可以将其理论体系从一个市场延伸到几个市场，集中导入各种因素，再加以组织讨论，以他的理论体系为导向进一步发展研究。做到这一点并不容易，因为马歇尔的理论体系结构复杂，但他并没有这样做。总体说来，他似乎满足于从狭义上处理国际贸易问题，而非将此与价格和价值的一般理论体系有机地结合起来。

我们认为，马歇尔曲线总被视为讨论某些问题的有效工具。某种程度上，相比其他分析模式其运用更为简易。然而，我们也认为事实并非如此。我们不采用这种分析方法是由于国际贸易的其他方面如内部定价机制的变化问题，相比那些已经引起经济科学界许多伟大学者特别关注的问题，这些问题似乎需要更为迫切得到解决。但是，我们也知道，如果运用马歇尔曲线或巴罗尼[1]曾多次使用的分析方法，可能更有助于本书某些章节对问题的阐述。

§3. **安吉尔** 马歇尔曲线对国际供给与需求的作用分析只是完整国际贸易理论的一部分，事实上，它还必须包含适用于多个市场的一般价格理论。因此，最近许多学者试图在经济学领域开辟出一片新天地，如前文曾引用过的安吉尔教授的一本非常有趣的书《国际价格理论》。

如果说"国际价格理论"这一术语意味着什么，那一定是对交易国的不同定价体系的关系的阐述，且假设分析需求和供给量已知时无法做到这一点。安吉尔教授只定位于货币机制的分析，并不试图探究供给量背后的问题，从而提出新的理论来替代比较成本理论。很明显，他的研究成果与马歇尔的理论很相似，以下例子可以很清楚地说明其观点。

> 我们的分析……在涉及每个国家物品的需求与供给量问题上是独一无二的。在这些量给定时，可确定交易的性质和限制。但在处理国际贸易时只考虑到当前汇率及影响汇率波动的因素，很明显，这与古典学派的学者有很大区别。古典理论几乎不考虑汇率波动、价格波动，而是讨论对操控国际贸易有更直接、

---

[1] 《政治经济学原理》，1908 年。

更重要作用的因素。这些因素在比较劳动成本中有所体现。那么，我们应简单地在分析中导入这些因素吗？前人假定它们重要但事实并非如此。很明确答案是否定的……在驳斥国际汇率的决定因素这一问题时，我们认为，唯一直接相关的因素是供给和需求量，还有无论是在事实上还是理论上都是一国最为重要的汇率问题。因此，该问题就被相对简化为另一个问题，即阐释这些因素如何运行，并且怎样影响交易过程。想要将它们简化成一组更为"基本"的因素以便分析几乎不可能，那只是徒劳的探究。① 用代数来说，它们本身就已经是简化的最低级的常用形式，任何再化简反而只会使其更复杂或导致因素考虑不周全。这些因素唯有通盘考虑才能有效地解释每个国家的需求供给情况，任何单独的因素都不足以解释这个问题。②

当然，想要探究供给量并且解释定价系统与交易国间如何相互影响，只研究考虑单一因素是绝对不行的。但是，至于为什么不行就不好解释了。而且，安吉尔基于自己的观点在后文（原文第473页）中认为比较成本理论是站不住脚的，并且指出，"因此，基于实际的货币成本和货币价格，一个取而代之的分析就此产生了"。想要理解这些也是不容易的。看起来他声称的所谓不可能正是推导出取代原有理论的新理论。

遗憾的是，安吉尔教授并没有像前文所说的那样对古典理论采取否定的态度：

> 如果对一段时间的国际交易进行整体研究，我们就可很清楚地发现，交易过程与性质是由某种特定的比较成本决定的，但这些成本是由整个国家的情况决定的，而非特定产品或特定生产部门决定的。比如，一国相比另一国自然资源更丰富并且劳动力充裕，那么两国间的交易性质就基本可确定。美国与西欧之间的交易就是一个明显的例子，19世纪尤为如此：美国自然资源丰富而劳动力和资本相对短缺，而欧洲则恰恰相反。于

---

① 《政治经济学原理》，1908年。
② 同上，第460页。

是，我们出口粮食和原材料而进口机器设备。

这一段以及《国际价格理论》中的其他几段文字，包括维纳[1]以及其他学者[2]的著作中所表达的思想与本书的瑞典版（1924年）的进一步研究结果非常相似。由此可见，新观点的产生是不同伟人共同孕育的结果。

我们觉得非古典国际贸易理论更有助于解决实际问题的另一个现象是，最近有许多经济学家严厉批判古典理论，除了安吉尔之外，还有格雷汉姆（Graham）、梅森（Mason）、诺加罗（Nogaro）、维纳以及魏格曼（Weigmann）等。现在似乎越来越多的人意识到，更符合实际的理论远比只着眼于比较成本的古典理论更有意义，更符合商人解决贸易问题的方式。

---

[1] 《政治经济学杂志》，1926年。
[2] 参阅第1章。

附录三　对古典国际贸易理论的批判[①]

§1. 简介　我们在后文会介绍一些对古典国际贸易理论的批判，这些批判可能对我们想要重建的新理论有所不利。为避免误解，特在此申明：事实上，古典理论已经很好地解决了许多现实问题，因此，新理论只是对传统理论精髓部分的重申和拓展。新理论惟有做到很好地解决这些问题以及其他问题，它才能被人们所接受。正因如此，我们更应说明，在某些方面，古典理论体系自身存在着严重的缺陷，而新理论在这些方面的阐述更令人满意。首先来了解一种对古典劳动价值理论的批判。由于古典国际贸易理论是建立在该价值理论基础之上的，因此，我们必须了解其缺陷所在。

§2. 对劳动价值论的批判　李嘉图通过非熟练劳动力的工作时间而非货币来测算产品的生产成本。他考虑的是以劳动力形式表现的真实成本，马歇尔称之为"努力和牺牲"，而非生产花费，即产品价值比是由所耗费的工时所决定的。为了使成本数值具有可比性，他引入了一系列简化条件的假设，可概括如下：（1）生产边际成本为计算基础，不考虑租金。（2）根据统一标准将各种不同种类的劳动简化为同性质变量（报酬相对比例一定）。如果一名工人的工资是另一名工人的两倍，则前者的工作量是后者的两倍。这种情况下的工作称为"非熟练劳动力。"（3）所有产品的资本和劳动投入量均相同。

李嘉图知道假设与现实不符，但是他仍然在这些假设条件下讨论。逻辑思维能力强的他敏锐地意识到，为讨论所有价值比问题，

[①] 本文根据1927年发表在《国民经济档案》上的题为"对贸易理论现代化有必要吗？"的论文进行了修正。

必须建立能衡量所有产品生产成本的统一标准。如果不以货币作为衡量标准，则便很自然地会使用劳动这种生产过程中最重要的因素来作为生产成本的衡量标准。

这些假设构成了古典价值理论的基础。不容否认的是，这是该理论的精髓并且具有基础性的重要意义。因此，人们需要检验它们是否符合实际，是否能够作为分析现实的起点。

当然，关于所有产业中资本与劳动成本的投入比例一致的假设与现实有很大矛盾。有些产业的工资开支是资产费用的 25 倍，而另一些产业中资产费用要比工资开支高出很多。目前，美国制造业中每个工人投入的资本估计为：① 化工业 10 000 美元，钢铁业 4 000 美元，纺织业 1 900 美元，烟草业 1 700 美元。瑞典在战前食品产业的工资开支和利息支出比为 0.2∶1，造纸业为：0.6∶1，装运业为 8∶1，采石业为 26∶1。据战后阿尔福德（Alford）和汉诺（Hannum）的一项调查表明，美国每一千小时的劳动量产出差别很大，从麻纱产业的 548 美元到模具制造业的 10 870 美元。②

许多人都赞成工资报酬与劳动种类之间有着固定的比例。关于这种比例关系的假设包括对一些基本问题的检验，如由于最近三四十年社会阶层相对关系的改变，办公室职员的实际工资有所下降，而体力劳动者工资有很大幅度上升。很明显，这些改变除了在收入分配上有重大意义外，而且对产品的价格比也有很大影响。

许多人认为，建立在不符合实际假设下的纯劳动价值理论的结果是模糊的。因此，作为改进，需考虑到资本和劳动在不同产品生产过程中投入量不同这一现实，并且报酬比也应该随之而改变。事实上，李嘉图本人在其《原理》一书中的第 1 章结尾处也提出过这一点，而且穆勒也曾试图阐释，当利率以及总工资水平发生变化时，产品价格比也一定会受到影响。

据我所知，以上这些尝试以及随后的一些尝试都没有成功。事实上，它们从一开始就是错的。如果持有李嘉图和穆勒的观点，即价格比主要由劳动投入量决定的，且认为资本投入量是相应的，那

---

① 沃京斯基：《从数字看世界》（柏林，1926 年）。
② 《泰晤士报》（贸易和工程增刊）1928 年 12 月 29 日版。

么，事实上他们就已经摒弃了古典成本理论，而该理论是建立在所有成本因素都能用一种成本来替代这一假设的基础之上的。当货币不是衡量标准时，只有这样的假设基础即所有商品的成本才具有可比性。如果该理论有所"改进"，即考虑不同产业的资本投入比例有所不同，则投入量多的产品就具有较高价值比。但由此产生的问题是，该产品的价值究竟会增加多少？这个问题只能用货币量来回答。因为只有如此，人们才可能比较不同产品的生产成本。于是人们用货币来计算"生产开支"，而非劳动时间或单位生产力来表示"成本"。因此，整个古典价值理论说的就是产品价格是由产品的相对成本所决定的，并且用货币来计量。因为产品成本是由生产要素决定的，而生产要素本身又无法先验可知它是由产品价格来决定的。因此，穆勒发现自己陷入了同李嘉图一样的困境，即他试图不用劳动价值理论解决问题，但却只能通过运用相互依存理论来解决问题。根据这一理论，物价与产品要素便会相互影响，由此便使整个价格机制具有依存性的特征。

想要"改进"劳动价值理论并且将其转化为其他形式的实际成本理论，就必须要舍弃一些主要假设，于是，这类理论的基础就推翻了，比如，不再使用货币计算生产成本了。李嘉图和穆勒在提出需要改进的问题后，仍然将他们后来的论据建立在原始的和未改进的劳动价值理论的基础之上。将之后问题的解决方式建立在改进后的理论之上不是再自然不过的了吗？但事实是，古典经济学家宁愿按他们原来的方法来处理国际贸易问题，并且更倾向于认为，虽然简单劳动价值理论不需要任何改进，但似乎更证实了并没有必要作真正的改进。另一事实也证明了这一点，即近期学者并未曾试图用改进后的古典价值理论替代原有的理论，并在此基础上建立国际贸易理论。

在阐述古典价值理论的缺陷对古典国际贸易理论造成的影响之前，我们必须指出另外一个与古典价值和分配理论有关的重要缺陷，即不重视递增和递减收益"法则"。生产过程中资本和劳动投入的比例关系和不同劳动的价格比被视为固定或"冰冻的"。因此，就不可能对相关组合和这些生产要素价格比的相关变化作出有效研究。究竟这种由于价格变动所带来的各种生产要素相关组合的变动有多深远,并且会产生怎样影响,古典经济学家完全忽视了这些问题。他们让自己的研究仅仅局限在人口增长如何影响劳动力和土地资源投入的组合上,这是由于人们认为收益递减法则主要适用于土地资源的生产。

关于变化收益的一般法则如今已经相当完善,它们主要是由美国经济学家如布洛克、卡佛和克拉克在本世纪建立形成的。对于组合问题,他们的研究基础是所有生产资料的地位是相同的;当组合变化时(生产规模并没有发生巨大变化),会提高某些生产要素的单位产出率而降低其他要素的单位产出率。只有在特例中,所有要素的单位产出率才会不变。

如果某种产品需求增加,则可能由于人们认为此产品的价格和生产成本将会发生变化,进而生产该产品所需的大量生产要素的价格上升,从而导致要素组合发生改变,因此,产品的价格比会发生改变。有一种观点认为存在规模经济,因此当不考虑要素价格时,产量改变会影响生产成本。另一种观点认为价格变化会很自然地影响生产要素的供给。当然,影响程度受环境制约。当劳动力不固定时,工资越高劳动力供给就越多,这又会引起工资的下降。可能一段时间后,大规模生产会使该产品相对便宜。第三种观点认为,价格上升几乎不能影响自然资源的供给,因此,对该要素的大量需求会导致相应产品价格的上升。于是,人们根据价格变化而引起的供给量变化来确定一个特定产量。为解释需求变化的最终影响,我们需检测各种情况下每种要素的资本投入,从而根据价格变化来确定其供给。但毫无疑问,这种需求变化会引起生产成本和产品价格的变化。

基于这一点,我们认为产品供给量的增加或减少一定会对生产成本和产品价格产生影响,即出现"土地收益递减"的倾向。简化条件在许多情况下都很有用,并且也是必须的,但是不应影响所要讨论问题的本质。价格形成的一个基本特征是需求改变,像其他初级因素一样,需求变化会改变产品和生产要素的价格比,从而导致生产要素重新组合,进而导致生产成本改变。

基于此,我们就能很自然地引出古典价值理论所说的产量发生变化时存在"固定成本"的一说,这是研究价格变动的一个基本前提，虽然这种提法有时候并不很合适。

§3. 作为国际贸易理论基础的古典价值理论的缺陷 我们已在上文中列举了古典价值理论的假设条件，即所有产品生产过程中资本和劳动的投入比例相同。这是一个非常基础却很有效的简化条件。同时，这对于古典理论具有重要意义，之后的许多更接近事实的假设也未能取代它。很明显，如果古典理论不足以作为研究单一市场中价格形成的基础，那么，在几个交易市场中对定价基础进行的检验分析是不可能有效的。

经验表明，某些产品在生产过程中需要更多的资本，并且不同国家的利率也不同。因此，低利率国家生产相对廉价资本所占比例较大的产品，而资本匮乏的国家则无一例外地生产低成本资产所占比例较小的产品。换句话说，后者生产的产品中高成本资产投入量相对较大。

毫无疑问，战后不同国家的利率不同影响了国内生产和国际贸易。在德国，高利率很大程度上提高了所有高资本需求的生产部门的成本，而在高劳动力需求的部门中，其生产成本则相对较低。但是，由于受德国长期通货膨胀的影响，造成如厂房、机器供过于求，上述现象因经济瓦解而受到很大影响。最近几年，在汇率波动为15%~30%的波罗的海沿岸国家中，我们可以更清楚地观察到同样的现象。战后几年资本需求量相对较大的许多产业依旧瘫痪，而资本需求量相对较小的产业则恢复较快。[①]

如果这些国家的利率大幅下跌，则其国内产业相比国外类似产业的竞争力以及国际贸易都会受到影响，这也是今后十年德国所要面临的问题。资本高价会阻碍本国产业发展，但是对不同产业的影响程度存在很大区别，资本需求量越大的产业受到的影响越大。因此，如果预计未来利率下跌，则不同产业的生产成本及其竞争力所受到的影响也不同。到现在为止，资本需求量高的产业，即既不易于扩大生产也不易于增加出口的产业，将会迎来一个更好的处境。另外，当利率下调而工资水平上升时，那些以低成本生产为优势、不容易受高利率增长水平影响的产业的处境将越来

---

① 不考虑其他因素，如失去俄国市场会对这些国家的经济状况造成很大影响。

越糟糕，并且在国际市场上也越来越不具有竞争力。于是，该产业的出口减少，而同类产品的进口增加，而高资本需求的产业的情况则恰恰相反。

很明显，所有影响生产成本的因素必定会影响该国的国际贸易。因此，由于资本供给增加而引起的工资水平和汇率的逆向变化也具有同样的影响，而古典理论已无法解释该现象。① 当然，如果我们假设所有产品的资本和劳动力投入比例相同，那么，工资水平和汇率变化是不可能影响德国产品的相对价格的，除非土地的"耕作界限"被改变。当没有类似重大变化时，所有产品价格可能抬高也可能降低，但是变化趋势一定会一致，即相对价格不会发生改变，因此，国际贸易也不会改变（古典理论认为，国际贸易只因产品相对价格的改变而改变）。

显然这个结论是错误的，因为基本假设不合适。的确，对一些问题来说，利率不同或改变可以忽略，比如，有些问题只考虑人均产量就足够。但是很明显，将理论精髓建立在如此极端的假设条件之下，并在此基础上分析其他问题，这是很不合适的。

古典理论提出的第二个假设也是相当不合适的，即假设不同劳动的回报率不变，熟练劳动力与非熟练劳动力的工作效率一致。比如，A 国熟练程度最低的工人的工资水平与熟练工人的工资水平一致，但在 B 国其水平则为 A 国的一半。在这种情况下，古典分析法认为，B 国熟练劳动力的工作效率是非熟练劳动力的两倍，而 A 国熟练劳动力却不具有特殊系数，其所有劳动量都只是简单相加。于是，所有产品的生产成本以非熟练劳动力的工作时间来计量，而由此得出的比较成本正是国际贸易产生的原因。

但是，按照古典理论，如果以货币来计算成本，则得到如下结论：假设 A 国工人每人每天工资为 5 美元，而 B 国非熟练工人为 3.50 美元，熟练工人为 7 美元。在这种情况下，B 国的熟练劳动力需求高的产品，其价格要比 A 国的同类产品高出很多，而对于非熟

---

① 陶西格（《国际贸易》，第 65~67 页）解释了汇率变化会引起古典理论的改进，但是这些改进并不重要。从本书中可以看出，我并不同意这一结论，我希望能有机会发表一篇对陶西格的理论进行详尽驳斥的论文。

练劳动力需求高的产品，A 国的同类产品价格要比 B 国高。

现在我们假设由于教育水平上升或者政府采取措施等，B 国的熟练劳动力数量逐渐增加。这会逐渐缩小熟练与非熟练劳动力的工资差距，最终该差距会完全消失，因此，B 国两种劳动力的工资都是每人每天 5 美元。当然，这种改变会彻底影响某些产业，比如，过去从 A 国进口到 B 国的熟练劳动力的需求程度高的产品，现在可在 B 国以同样低价生产；而那些过去从 B 国出口的非熟练劳动力需求程度高的产品，现在则不能在 A 国以同样的低价出售，因为非熟练劳动力的工资已经上涨了。

可能这个例子的条件过于简化了，没有考虑到许多其他影响生产成本的因素，但是能有效地解释不同劳动力间的工资差别对不同产品生产成本和国际贸易的影响。驳斥说这些只是长期变化并且其实际意义不大，这是没有用的。首先，一个理论应既能解释短期变化又能够解释长期变化。其次，许多国家的现代工会政策越来越倾向于企业的排外性雇用，这使得许多非竞争集团的工资差距波动很大。当然，这些波动也会影响产品的生产成本和国际贸易。

古典理论可以解释这样一种发展吗？我们看不出古典理论能够对这些现象进行解释。首先我们认为，B 国熟练劳动力一天的工作量等同于非熟练劳动力两天的工作量，这两者是等价的。那么，试图以纯技术单位解释生产成本，而该技术单位是以经济原理为理论依据且随着经济的动态变化而作出调整的，这么做有什么价值？事实上，这些所有的改进都已摒弃了古典理论的观点。假如不考虑用货币衡量的生产成本，那么就实际上没有考虑什么技术方面的变化。从一开始就考虑不同劳动力的相对工资波动对生产成本和国际贸易的影响，这种分析方式难道不是更简单和更符合实际吗？

现代英国经济学家如凯恩斯和庇古，似乎没有意识到相对工资固定的假设的极端简化，甚至觉得没有任何改进的必要了。庇古广泛运用均衡理论，其中的一个思想是，工资水平在每次变化后都会恢复到原有的相对比例上。[①] 但事实上，我们首先不应该如此准确地

---

① 参阅庇古：《国际贸易的扰动均衡》，载于《经济学》（1929 年 9 月）。

假设恢复到原有的相对比例。其次,我们要重点研究"现有"相对工资的水平。我们或者考虑整个"均衡"的体系,将所有发展变化过程解释清楚,或者干脆不要涉及均衡理论。①

陶西格反对古典理论认为的国际需求变化并没有在实际意义上影响不同阶层的工资水平,②因此,不需要有所改进。原因如下:首先,如上文所示除了需求变化以外,还需要考虑影响相对工资水平变化的其他因素。其次,国际需求变化对小国的新相对工资水平的形成影响很大。当然,国际贸易理论应该既适用于美国等其他制造业大国,也适用于小国。

由非竞争集团引起的问题可以用另一种方式解决。像对劳动和资本的假设,人们可能假设所有产品生产过程中不同劳动力的投入比例相同。③ 但是类似的方法并不合适,人们会像批判对资本和劳动力的假设条件那样驳斥这种假设,认为这种假设与事实明显不符,甚至不能作为初步假设。因此,它需要有所改进,因为它"锁住"了影响价格波动机制的一些因素。

对于不同劳动力收入相对固定的假设,古典理论甚至改进后的古典理论学派研究者在分析过程中,通常不考虑国际贸易与收入分配间的关系这一重要问题。从传统假设出发,几乎没有必要考虑这种相关性,因为如果相对工资固定,且所有产品中资本和劳动力投入的比例相同,那么国际贸易的某些变化(如由于新出台的进口关税)引起的产量调整,既不会影响相对工资,也不会影响劳动力和资本的相对稀缺性。国际贸易只能通过改变土地的稀缺性来影响资本和劳动力。非常有趣的是,许多古典学派研究者已经讨论过这个问题了。当关税或运输成本较低时,进口小麦会降低欧洲土地的价值,因为欧洲本地小麦的种植量会有所减少。

古典国际贸易理论能适用实际情况吗?也就是说,稍作改进的古典理论就能符合实际情况吗?如然的话,则新古典理论就不能忽

---

① 参阅本书中的第二部分第5章。
② 在《国际贸易》一书的第56页,他指出:"在西方国家……不同阶层的工业集团地位相同,这是一种规则,因此,这些国家间的比较成本理论可能是非常重要的。"
③ 三种解决古典理论困境的方法是:(1)相对要素价格固定;(2)所有国家相对要素价格一致;(3)每个国家所有产品的所有因素的投入比例都一致。

视这样一个重要问题，即总体收入分配的差异对国际贸易产生的影响。① 毕竟一国的国际贸易很明显会对该国的产品生产有很大影响，例如，某产品进口会大大降低国内对该产品生产所需要素的需求。另外，当某产品出口时，即厂商既要满足国内需求又要满足国外的需求时，则对该产品生产所需要素的需求会有所增加。换句话说，相比一国自产自销的情形，当进行国际贸易时，该国对生产要素的需求会发生很大的改变，并且生产要素的稀缺性和收入分配也会发生改变。

人们忽视国际贸易对收入分配的影响，主要是因为假设以劳动力投入量来计量的生产成本不会随产量的变化而变化。因此，以货币计量的生产成本只会随工资水平的变化而变化。国外需求量的增加可能只会促使工资水平的上升而不会对价格造成影响。人们都赞同持有这一观点并暂时不考虑规模经济带来的影响。换句话说，人们简单地认为规模经济与非规模经济的获利情况是一样的。但是很显然，国外需求的增加一定会影响一国生产要素的相对稀缺性，尤其会导致该国的所有出口产业的生产要素组合发生改变。因此，不仅是出口产品，而且可能其他所有商品的价格都会或多或少地有所变动，但是变化程度和方向会有所不同，这与古典理论所认为的变化程度相同有很大的区别。古典经济学家把上文所提到的考虑土地资源的例子作为一个简单的例外，他们考虑这一资源的相对稀缺性，并且与劳动力相比较。

应该清楚地认识到，在上述第 2 节中所解释的一国产品生产量的变化，它一般会影响该国生产要素和商品的相对价格，如果某产品相比其他产品的需求增加，则上述要素价格就会上升。显而易见，其他影响也会产生反作用力，因为生产要素的供给也受价格因素影响，比如，如果某种劳动力工资水平上升，则该种劳动力的供给就会增加从而导致工资水平有下调的趋势，该产品价格就会开始发生

---

① 据我所知唯一的例外是陶西格，他认为对这个问题的分析与古典理论在整体上很不符合，并且很明显，只要假设这种影响很小就没有必要考虑该问题。这样的观点可能解释了为什么忽略"受限的竞争劳动群体"对贸易的影响及其对"贸易壁垒"产生的影响。参见第 302 页。

变化。因此，随之而来的价格变动的不确定性取决于环境因素的变化。不仅仅是各种生产要素不同的相对稀缺性，而且规模经济生产相比非规模经济更有优势。由于规模经济，当产量增加时产品价格有所下降，但并非全都如此。这只适用于产量还未达到最优的情况，或者说生产还有上升空间余地的情况。前者在现实中不常发生，而后者持续时间也不长。在每种情况下，如果想要解释不同情况下的价格变化，我们就都必须了解要素相对价格是如何受到影响的，并且规模经济和生产在充分发挥时究竟有什么作用。

因此，古典理论不能通过货币有效地分析国际贸易波动和产量变化对生产成本有何影响。

§4. 古典国际贸易理论的其他缺陷 在上述第3节中，我们分析了古典理论的一些缺陷，这些缺陷是一般传统价值理论所固有的，它不利于对单个市场或国际贸易中的价格变化作分析。我们不再分析其他或多或少地由于传统分析法而导致的缺陷。在有些情况下，我们可改进这些缺陷而仍持有古典理论的思想精髓，但是这些缺陷都是与这些思想精髓有密切联系的。

如果想用古典理论解释为什么一国可以向另一国出口某种产品，可能分析推理会不太符合现实，而最简单的解决方法就是核算全部成本以计算两国该产品的成本，并且计算由于低工资支出、低汇率、低运输费用等使该国产品究竟能低价到什么程度。接下来分析这些成本，研究它们与所雇用的劳动力的数量、工资水平、资本投入量和汇率水平的关系。换句话说，就是研究成本与各国定价体系的关系。古典理论的分析过程非常复杂。首先，必须计算单位劳动力的产出水平，然后将其与各国不同的工资指数进行比较。在很多情况下，人们会发现其结果具有误导性，这是由于各国除工资外的成本的影响因素都不同，而这些不同被人们称之为"有待改进之处"。换句话说，就是人们首先只考虑工资水平，即先对单位劳动力的产出水平与工资水平进行比较，然后再考虑其他影响成本的因素。①

由此产生出一个问题，即像在很多情况下那样，如果这些看似

---

① 事实上，这些因素常被忽略，即使在陶西格的分析中也是最不重要的，因此，对这些因素的分析涉及很少。

不重要的因素对决定竞争力有很重要的影响，那么为什么人们不是首要考虑这些因素，而是重点计算劳动力①的单位时间产出？我们是不是应该考虑这些因素并对之前的结论作出改进？比较成本的数据容易得到吗？会不会没有考虑到其他更重要的因素？但是，事实上，一般成本核算很容易做到，尤其是对于所有以不同的投入比例生产多种产品的产业。在分析煤炭工业时，这种比较成本分析可能非常有用，因为其他成本的因素相比于工资影响都不重要。但是，如果是染料和机械工业呢？

现在分析另外一个问题，即如果人们普遍认为对于因需求、技术等变化引起的国际贸易波动，那么唯一值得的研究的就是对进口和出口产品价格关系的影响，比如，哪个国家在这种变动中能获得更大的利润。这个问题是古典国际贸易理论中的主要问题。

这种观点显而易见。穆勒对国际价值的分析基础在于不同产品的比较价值相差不远。从其著作中可知，他不考虑地理距离，而是考虑如何划分生产要素，即将不同的国家划分成不同的区域。英格兰进口产品的价值不是由出口国对该产品的劳动投入量所决定的，而是由（1）等价交换的英国产品和（2）这些用于交换的英国产品的劳动投入量来决定的。后者计算起来并不难，我们只需分析前者，即分析国际贸易中的交易条件，即可以此作为一般价值理论的补充。

现代理论认为，对于相互依存关系和定价体系的分析不应如此，仅研究进出口比价变化不足以解释国际贸易的变化。如上文已提到的，国外需求变化会改变本国相关生产要素的相对稀缺性，甚至可以影响不参与国际贸易的产品的生产成本和价格。因此，在分析国际贸易的作用并探究其不同影响时，我们应研究影响价格形成的所有因素，如果仅局限于考虑进口与出口产品，那么即使是讨论国际贸易的优势，我们也无法进行全面的分析。该优势必须包括：国际贸易改变了整个经济生活，它相比单一市场更能满足人们的需求。

古典理论的另一个缺陷在于总是在两个国家的基础之上讨论两种不同产品。这种讨论过于简化现实情况了，并且有可能导致错误的结论。最重要的是，当两个一直孤立的国家进行交易时，以投入

---

① 只考虑现在的劳动投入而不考虑过去的投入。

劳动天数来计算的比较成本会决定什么产品用于出口以及进口什么产品。这就是李嘉图理论中的一个非常著名的例子，即英格兰与葡萄牙之间的贸易。但是，当考虑到三种或三种以上的产品时，我们必须考虑需求情况，而且不仅仅要考虑决定交易的条件，而且还要考虑每种产品分别会出口到哪个国家。① 我们按照古典理论以一个非常简单的涉及 A、B、C 三种产品的例子全面解释这一问题。这些产品在德国和英国均有生产，生产成本如下。为求简化，生产成本以货币形式计量，两国每天的工资报酬都是 5 美元。

	A	B	C
英国	劳动 8 天	劳动 7 天半	劳动 5 天
（工资：5 美元）	=40 美元	=37.5 美元	=25 美元
德国	劳动 9 天	劳动 7 天	劳动 4 天
（工资：5 美元）	=45 美元	=35 美元	=20 美元

在这种条件下的均衡状况要求英国向德国出口 A 而进口 B 和 C。

现假设两国对 C 的需求都有大幅上升，而对 A 和 B 的需求有所下降。根据古典理论，德国会出现贸易盈余即大量黄金流入，因此，英国的物价水平会下跌而德国的物价水平会上升，由此两国的工资水平都受到影响。现在假设英国的工资减至 4.50 美元，而德国则上升至 5.50 美元，那么，结果会怎样呢？下表将说明该问题。

	A	B	C
英国	劳动 8 天	劳动 7 天半	劳动 5 天
（工资：4.5 美元）	=36 美元	=33.75 美元	=22.5 美元
德国	劳动 9 天	劳动 7 天	劳动 4 天
（工资：5.5 美元）	=49.5 美元	=37.5 美元	=22 美元

现在，B 在德国的生产成本超过英国，因此，德国不再出口该产品，而是只出口 C 而进口 A 与 B。由于英国对 C 的需求有所上升而

---

① 参阅格雷汉姆：《国际价值理论的重新检验》，载于《经济学季刊》（剑桥），第三十七卷（1923~1924 年），第 54 页。这一现象首先由穆勒提出，后来马歇尔和埃奇沃斯也作过分析。参看本书下一页的内容。

德国对 A 的需求有所下降，因此此时的贸易达到均衡。

这个高度简化的例子表明，即使比较成本系数是以劳动天数测算的，但需求变化也能引起国际贸易的变化，例如原本出口产品转为进口产品。事实上，国际贸易的发生不只是因为存在比较成本，而是因为也有供给量与需求量等因素的影响。[①] 均衡状况不能只作为一个纯经济问题用专业术语来描述，而是进口产品价值等价于出口产品价值。我们在此所讨论的是物物交易而非其他形式的国际贸易。只有用货币形式表示进出口货物的价值时，我们才可考虑环境因素对国际贸易的影响。[②]

下面我们用古典理论简单说明需求是如何决定产品到底是出口还是进口的。已知 A 国生产一定量的不同产品（如 A、B、C 等）需要以 100 天为单位的劳动投入时间，而 B 国的生产需要到底投入多少劳动时间可以通过 A 国的情况计算得出，从而得出比较成本表：

	A	B
a	100	k_1
b	100	k_2
c	100	k_3
d	100	k_4
e	100	k_5
	…	…

如果 $k_1, k_2, k_3, \cdots\cdots$ 是递增的，那么，B 国产品中具有比较成本优势的是 a 产品。根据需求情况，产品被分成两组，前一组是 B 国出口的产品，而后一组是 A 国出口的产品。前一组中 B 国产品具有相对优势，而 A 国在后一组中具有相对优势。但是，需要注意的是，任何划分的两组产品中都会存在这样的情况：B 国可能会进口

---

① 参阅穆勒：《政治经济学概论》（1863 年）；马歇尔：《货币、信贷和商业》（1923 年），附录 H，以及埃奇沃斯发表在《政治经济学书信集》上面的论文，第二卷，1925 年。

② "所有需求都是价格的需求，而且无论在理论上还是实际上货币始终都是计量价格的最好方式"。因此，"在一定程度上，相互需求理论也是对价格的需求的理论"。选自尼科尔森：《政治经济学原理》，第 299 页。

本国具有相对优势的产品,也可能出口不具有相对优势的产品。而该划分进出口产品的基准线是由进口产品价值等价于出口产品的价值所决定的。因此,单考虑比较成本就很难分析国际贸易,我们还需要简要估计供给量。① 只有考虑到需求情况和均衡的情况,我们才能准确解释实际情况。

人们认为决定出口产品考虑到需求状况是非常容易的。但事实上,当涉及多种产品和多个国家时要做到这一点并不容易。② 因此,古典理论研究者总是讨论两个国家中的两种或三种产品,虽然结论与事实有所出入,但他们总能很自信地将该结论运用于实际问题。不过,尽管如此,但有一点还是显而易见的,即古典理论之所以简单和清晰,是由于没有充分考虑到需求,因此,当分析两个以上的国家和产品时,该理论就显得不适用了。

由此,比较成本表就不能充分说明供给的情况了,因为不考虑需求的情况就不能分析供给情况,也不能用专业术语来阐述这个问题。这一点需要详细说明。首先,产品生产成本由生产规模决定,这一点并不难表示,我们可以将每个产品的成本指数(随产量的变化而变化)插入比较成本表。较困难之处在于,通常一种产品的生产是分散在几个国家里的。而据我们所知,古典理论假设的情况却恰恰相反,原因在于古典理论无法解释前者的情况,而实际上通过一个例子就可以非常清楚地加以说明。

假设瑞典和爱沙尼亚都生产棉布,而爱沙尼亚生产棉布的数量和劳动力数量是已知的,我们不考虑生产所需要的时间和资本因素,也不考虑不同种类劳动力的工资区别。根据古典理论,在这些假设条件下,我们可知每生产 1 000 米棉布所需要的劳动投入时间。当然,劳动时间不仅包括专业纺纱时间,而且也包括运输时间、加工原材料以及制造和修理机器的时间等。对瑞典的产品生产情况可以作同样计算,根据古典理论可以对两国情况进行比较。

---

① 普遍认为,穆勒通过相互需求方程在李嘉图原有理论上加入了均衡分析。但在李嘉图(《原理》,第 51~52 节)的整个国际定价分析体系中,这个等式早已存在了。他的分析完全符合相互依存理论。
② 参阅格雷汉姆:《进一步分析保护效应应考虑的一些层面》,载于《经济学季刊》,第三十七卷,第 199 页及以后。

人们一直假设每个国家所需要的生产资料都是充足的。但是，如果从英国或德国进口机器（通常是这样的），那么生产1 000米的棉布就不仅涉及一定数量的爱沙尼亚或瑞典劳动力，而且还涉及英国和德国的劳动力。此时，相对成本的比较还有效吗？人为的假设条件可能可以这么说，即如果瑞典的生产技术同爱沙尼亚一样，那么该相对成本的比较就仍然有效。但是，如果由于瑞典的高工资导致该国工人相比爱沙尼亚工人人均操作机器更多、更贵，那么我们就认为该相对成本比较无效。如果爱沙尼亚生产同样数量的棉布，它需要爱沙尼亚劳动力100天的工作时间和德国劳动力10天的工作时间（后者是机器生产时间）；而如果在瑞典生产，则需要瑞典劳动力50天的工作时间和德国劳动力20天的工作时间。这种情况下的比较有价值吗？在这种情况下，我们能说比较成本决定国际贸易吗？如果引入汇率区别，它又会产生新的问题：两国资本货物的折旧成本不同。也就是说，我们不能计量每个国家每年消耗了多少德国劳动力，除非考虑到汇率的差别。

古典理论只能通过一种方式解决这一问题，① 即考虑用于偿付进口机器（上例中为进口到瑞典和爱沙尼亚的机器成本）的出口产品，将其生产所需的劳动投入量加上本国棉纺劳动的投入量。② 但我们必须说明，这一过程只有知道了国际贸易进出口比价后才可以比较成本；而且，也很难鉴定哪些瑞典或爱沙尼亚产品的出口是为了偿付进口机器，我们必须在考虑这些国家的整体贸易情况后才能确定进出口比价。认为瑞典或爱沙尼亚向德国出口的产品价值一定等价于其进口产品价值，这是非常不恰当的。那么，如何知道一天中瑞典劳动力用于交换德国劳动力的数量是多少？如何知道为了进口德国机器（需要德国劳动力100天的工作时间）瑞典需要投入多少时间的本国劳动力？唯一的解决方法就是，为支付进口德国机器，瑞典出口等价值产品的生产过程中到底投入了多少劳动力。在该分析中用天数计量劳动的投入量显然是不合适的，应该用货币形式加以

---

① 陶西格教授曾在与我的一次私人谈话中这样指出。
② 折旧产生的问题仍然存在。但严格来说，这个问题可归属于由利息支出不同产生的问题，在本附录一开始就有分析。

计量。

运输费用的引入也能证明古典理论与实际相符合。成本表没有表明不考虑运输成本,某种产品在两国的价格区别是否足以造成产品的交易和流通。如果由第三国完成运输,则用于偿付的出口产品中必须包含偿付该运输费用的劳动价值,而且每个出口市场的运输成本不同,则以劳动时间表示的价值也不同。我们认为,对国际贸易中运输成本[①]的忽视说明,只运用古典理论是不容易解决这个问题的。

除了古典理论研究者常用的假设外,还包括当我们开始建立更接近实际的假设条件时,我们遇到的最大难题是,相互依存理论很难由劳动投入的天数来阐述。事实上,不用货币作为计量工具很难解释清楚这一问题,那么,为什么不用货币分析作为相互依存理论的基础呢?这个分析过程至少不排除影响价格形成的其他因素的作用,例如对不同生产要素供给情况作用的分析。

当以劳动天数而非货币形式来计量成本时,对类似如倾销等问题的分析会出现一些问题,对此我们忽略不计。此时,也不应该采取古典理论对这种国际价格关系进行讨论,如前文所简要介绍的那样。

但是,最后还要指出古典理论中两个性质不同的缺陷:一是对生产要素变化的分析不完善。正如大家所知的,古典理论是基于国际间不存在资本和劳动力流动这一假设的。因此,可以很自然地发现巴斯塔布尔[②]在分析国际间的资本流动时,他丝毫没有解释该流动会对前文所讨论的问题产生重要影响。在陶西格教授指导下的许多哈佛学派的经济学家在分析国际间资本流动的性质和影响上都很有建树,但是他们没有解释这些资本流通是否会对建立国际间不存在资本流通的假设有所改进,以及这改进究竟能达到什么程度。在这方面,我们作出了一些尝试,即解释并分析了产品流通和生产资料流通之间的关系。

---

① 参见本书第三部分的第 4 章。
② 参阅巴斯塔布尔:《国际贸易理论》(第四版),伦敦,1903 年。其中一些理论适用于制定经济政策。

必须指出,缺陷二是由于运用劳动价值理论分析国际贸易变化机制和资本流动时,过于重视工资变化而忽视了其他收入变化带来的结果。[①]

当国际贸易理论没有足够重视国际间要素流通的重要性时,它假设国内商品自由流通的就是完全错误的。古典理论经济学家假设单个国家内资本和劳动力的流通绝对是不完善的。古典理论的这一部分内容需要进一步完善,即将一国分割成差异很大的地区,并且整体上不具有流通性,这样才能将国际贸易可视为一般区际贸易的特例,以使它在本地区内可以交易。也只有这样,才能充分阐明地理因素或区域因素对价格体系的影响。

国际贸易理论只是国际视角。没有人试图用比较成本理论构建国内区域性理论。由此可知,根据古典理论对整个区域问题进行统一分析是非常困难的。

古典国际贸易理论可以阐述许多问题,在很大程度上,它只是对传统理论的另一种形式的重申。即使该理论存在缺陷,但只要运用恰当,还是能得出很好的结论的。在运用古典理论时,每一位优秀的经济学家都试图尝试各种改进,从而使该理论能更有效地分析实际情况。但是在这一点上,我们坚持认为应该建立一个新的理论框架,并且充分包含所有需要考虑的环境因素。在研究例子时,经济学家们有时会随意运用这样的表述,即"这些产品生产过程中的比较优势",这种比较优势包括所有自然优势、低价资本等,但都没有涉及到"劳动效率"。这似乎表明需要一个以货币形式计量的理论。当然,对商人和经济地理学家来说,这种理论相比劳动价值理论来说已更符合实际了。

当我们在制定经济政策时,常常遭遇到古典理论学派的经济学家们的强烈建议,他们认为一定要考虑到诸如"真实成本"以及影响该成本的环境因素。因此,只有考虑到对真实成本的分析(该成本不以货币形式计量),才能将其作为制定政策的基础;并且认为在制定经济政策时,还必须充分考虑到"努力和牺牲"。在实际分析中,过多考虑规范性问题显然会使得问题复杂化,而且,除了真实

[①] 凯恩斯:《货币论》,第四版,1930年。

成本外还有许多其他需要考虑的因素，如收入分配和整体的社会政治目标。最好是全面考虑这些因素，如根据实际情况而非理论来分析并看待实施自由贸易或贸易壁垒到底"孰好孰坏"。如果像本书这样规范运用收入理论，则该理论就可以阐释收入数量和分配的变化，这些变化从许多政治标准的角度来看非常有趣。一些研究者认为，如果真实成本只是货币成本的一部分，那么就有理由以后者的成本计量方式建立理论，这样就可以避免许多问题；而且当讨论经济政策问题时，就能够将结论"翻译"成为真实的成本。但是，如果真实成本并不是货币成本的一部分的话，那就很难想像该理论可是否以作为研究贸易和定价问题的有效的工具。

附录四 价格统计数据

表1 1890～1910年美国、英国、法国和德国的价格情况
（以1890～1892为基期）①

年份	美国	英国	美国	法国	美国	德国
1890年	102	101	102	103	102	103
1891年	103	102	102	101	104	102
1892年	94	97	96	96	94	94
1893年	94	95	93	97	93	91
1894年	86	87	84	90	82	83
1895年	84	87	83	87	82	83
1896年	75	85	78	85	77	83
1897年	77	86	79	87	79	85
1898年	84	90	84	91	85	91
1899年	92	97	94	99	85	97
1900年	99	109	99	106	100	102
1901年	99	100	98	99	98	98
1902年	106	98	101	97	104	97
1903年	101	98	101	100	104	97

① 米契尔：《国际价格比较》，商务部（华盛顿，1919年），第13页。每对指数的计算都包含相同的商品。另一方面，三个美国指数所包含的商品组类略有不同。

续表

1904 年	100	99	102	99	104	96
1905 年	102	103	105	102	108	103
1906 年	108	110	109	112	111	112
1907 年	114	115	116	118	120	117
1908 年	109	105	109	106	113	110
1909 年	115	106	115	109	117	109
1910 年	120	112	122	119	119	112

表 2　1881～1912 年瑞典、德国和英国的价格情况

（以 1861～1870 为基期）[①]

年份	瑞典	德国	英国
1881～1887 年	82	82	77
1888～1892 年	81	85	71
1893～1905 年	79	79	67
1906～1912 年	92	98	78

表 3　1860～1913 年德国的价格情况

（以 1867～1877 为基期）

年份	瑞典[②]	德国[③]	英国[④]	奥匈帝国[⑤]	澳大利亚[⑥]	新西兰
1860 年	99	95	99			
1861 年	97	94	98			116
1862 年	103	97	101			117
1863 年	103	98	103			122

[①②③④]　数据来源于《商务通讯》(1921 年)，第 1266 页。

[⑤]　《国际研究所统计通报》，第十九卷，第三部分，第 156 页。1867～1896 年的指数计算是基于纸币含金量的实际数值得来的。

[⑥]　美国和外国的批发价格指数。《美国劳动统计局公报》，1915 年，第 173 期，第 165、300 页。

续表

1864 年	108	100	105			123
1865 年	103	94	101			119
1866 年	97	96	102			126
1867 年	97	97	100	99		118
1868 年	95	96	99	99		116
1869 年	93	96	98	96		103
1870 年	92	94	96	97		97
1871 年	95	99	100	103	92	94
1872 年	106	109	109	112	100	97
1873 年	114	114	111	110	108	103
1874 年	107	105	102	105	104	101
1875 年	102	98	96	96	100	93
1876 年	97	96	95	92	101	88
1877 年	99	96	94	95	98	91
1878 年	88	89	87	88	91	85
1879 年	87	81	83	86	90	80
1880 年	92	90	88	89	83	82
1881 年	89	88	85	87	84	79
1882 年	88	85	84	85	96	77
1883 年	86	83	82	84	88	74
1884 年	82	80	76	82	84	72
1885 年	79	75	72	76	82	70
1886 年	75	71	69	72	81	68
1887 年	72	73	68	72	79	65
1888 年	80	77	70	73	80	65
1889 年	80	81	72	76	87	70

表 4　1890~1910 年某些国家的价格情况（以 1890 为基期）

年份	丹麦①	日本②	俄国③	印度④
1890 年	100	100	100	
1891 年	103	91	99	
1892 年	93	105	97	
1893 年	93	114	100	
1894 年	87	107	92	
1895 年	85	117	88	
1896 年	86	112	87	
1897 年	88	122	90	
1898 年	92	128	97	100
1899 年	96	157	101	96
1900 年	101	147	107	114
1901 年	98	131	110	111
1902 年	100	142	105	102
1903 年	96	153	102	98
1904 年	99	147	106	96
1905 年	101	162	110	107
1906 年	105	168	119	125
1907 年	108	183	126	133
1908 年	103	149	120	143
1909 年	106	144	122	
1910 年	111		123	

① 《国际研究所统计通报》，第十九卷，第三部分，第 219 页。
② 同①，第 242 页。
③ 美国和外国的批发价格指数。《美国劳动统计局公报》，1915 年，第 173 期，第 165、309 页。1890~1895 年的价格指数也是与表 3 一样基于纸币的含金量计算得出的。
④ 同③，第 282 页。基期为 1898 年。在 1898 年以前卢比的对外价值迅速下跌。

参考书目[①]

AFTALION. Monnaie, prix et change. 1927.

ANGELL. The Theory of International Prices. 1926.

——International Trade under Inconvertible Paper. *Quarterly Journal of Economics*. 1922.

——Reparations and the Cash Transfer Problem. *Political Science Quarterly*. 1926.

ARIAS. Principii di economia commerciale. 1917.

Ausschuss zur Untersuchung der Erzeugungs und Absatzbedingungen der Deutschen Wirtschaft. *Die Deutsche Zahlungsbilanz*. Berlin, 1930.

BALOGH. The Import of Gold into France. *The Economic Journal*. 1930.

BARONE – STAEHLE. Grundzüge der theoretischen Nationalökonomie. Bonn, 1927.

BARRAULT. Les doctrines de Cournot sur le commerce international. Revue d'histoire des doctrines éonomiques et sociales. 1912.

BIRCK. Den ökonomiske Virksomhed. Copenhagen, 1928 – 29.

BLACK. Production Economics. 1926.

BOGGS. The International Trade Balance in Theory and Praxis. 1922.

BOWLEY. Statistical Methods and the Fiscal Controversy. *The Economic Journal*. 1903.

BRESCIANI – TURRONI. I limiti del trasferimente di un tributo di guerra. *Economia politica contemporanea*. Pavia, 1930.

[①] This list contains only works not included in the bibliography in Angell: *The Theory of International Prices* (1926). Further it does not include those which deal mainly with the technical aspects of foreign exchange problems or with International trade during a paper standard rgime. It also excludes those which have been used only as statistical sources, and which have been published later than August 1931. The list does not aim at being complete.

——Alcuni effeti economici dei prestiti esteri in Germania negli anni 1924 – 29. 1929.

BRIGDEN AND OTHERS. The Australian Tariff. An Economic Enquiry. 1929.

BRINKMANN. Die Ökonomik des landwirtschaftlichen Betriebs. G. d. S. VII. Tübingen, 1922.

BROCK. Om tullama. 1917.

CABIATI. Die internationalen Kapitalbewegungen bei stabiler und entwerteter Währung. Die Wirtschafistheorie der Gegenwart. IV. 1928.

——Principi di politica Commerciale I. La teoria generale degli Scambi internazionale. 1924.

CARR. The Röle of Price in International Trade Mechanism. Quarterly Jogrnal of Economics. August. 1931.

CARVER. Some Theoretical Possibilities of a Protectionist Tariff. Publ. of the American Econ. ASS. 1901.

CASSEL. The Foreign Exchanges. The Encyclopedia Britannica. 13th ed. 1926.

CASSEL. The Treatment of Price Problems. The Economic Journal. 1928.

——Theoretische Sozialökonomie. 4th ed. 1927.

——The International Movements of Capital. Foreign Investments. Ed. by The Harris Foundation. 1928.

CLARE AND CRUMP. The A, B, C C of the Foreign Exchanges. 6th ed. 1924.

CLARK. The Economics of Overhead Costs. 1923.

COLE. The American Rice Growing Industry: A Study of Comparative Advantages. Quarterly Journal of Economics. 1927.

COLM. Das Gesetz der komparativen Kosten – das Gesetz der kompara. tiven Kaufkraft. Weliw. Archiv. 1930.

COLSON. Cours d'éonomie politique. IV. 1920.

CONDLIFFE. New Zealand in the Making. 1928.

COVLAND. Respective Merits of Internal and External Borrowing. The Economic Record. 1926.

CORBINO. Economia dei Trasporti Marittimi. 1926.

DAVIDSON. Tyska skadeståndsproblemets nya fas. Ekonomisk Tidskrift. 1931.

——Studier i centralbankspolitik med särskild hänsyn till Dawesplanen. Ekonomiskk Tidskrift. 1927.

DAVIES. Foreign Investments. London, 1928.

DEL VECCHIO. Teoria del commercio internazionale. 1923.

DONALDSON. International Economic Relations. New York, 1928.

DUPUIT. La liberté commerciale. 1861.

EDIE. Economics. Principles and Problems. 1926.

ESSLEN. Die Politik des auswärtigen Handels. Stuttgart, 1925.

EUCKEN. Das Übertragungsproblem. Ein Beitrag zur Theorie des interna. tionalen Handels. *Jahrbücher für Nationalökonomie und Statistik.* 1925.

EULENBURG. Aussenhandel und Aussenhandelspolitik. G. d. S. VIII. 1929.

FEDERAL TRADE COMMISSION. Report on Coöperation in American Export Trade. Washington, 1916.

FEIS. Mechanism of Adjustment of International Trade Balances. *The American Economic Review.* 1926.

——Europe, the World's Banker, 1870 – 1914. New Haven, 1930.

FLUX. The Census of Production. *Journal of the Roval Statistical Society.* 1924.

FURLAN. Die Standortstheorie in Einstellung auf die Weltwirtschaft. *Die Wirtsckaftstheorie der Gegenwart.* IV. 1928.

GRAZIANI. Movimento internazionale di capitali e di prodotti. 1911.

GREGORY. Great Britain and Foreign Investments. Ed. by the Harris Foundation. 1928.

GRUNZEL. Handels – , Zahlungs – und Wirtschaftsbflanz. *Die Wirtschafts-theorie der Gegenwart.* IV. 1928.

——Theorie des zwischenstaatlichen Wirtsch aftsverkehrs. Wien. 1924.

HABERLER. Die Theorie der Komparativen Kosten und ihre Auswertung für die Begründung des Freihandels. *Weltw. Archiv.* 1930.

——Transfer und Preisbewegung. *Zeitschrift für Nationalökonomie.* 1930.

HAHN. Geld und Kredit. 3rd ed. 1929.

HARADA. Labour Conditions in Japan. New York, 1928.

HARMS. Strukturwandlungen der Deutschen Volkswirtschaft. Memoranda by various authors. Berlin, 1929.

——Strukturwandlungen der Weltwirtschaft. *Weltw. Archiv.* 1927.

——Volkswirtschaft und Weltwirtschaft. Versuch der Bergrüindung einer Weltwirtschaftslehre. 3rd ed. Jena, 1915.

HAWTREY. Good and Bad Trade. London, 1913.

——Review of Taussig. International Trade. *Weltw. Archiv.* 1929.

——The Economic Problem. London. 1926.

——The Gold Standard and the Balance of Payments. *The Economic Journal.* 1926.

HEBERLE. Über die Mobilität der Bevölkerung in den Vereinigten Staaten. Jena,

1929.

HECKSCIIER. Utrilkeshandelns verkall på inkomstfördelningen. *Ekonomisk Tidskrift*. 1919.

——Swedish Monetary History, 1914 – 25, in its Relations to Foreign Trade and Shipping. *Sweden, Norway. Denmark and Iceland in the Wortd War.* 1930.

——Råvaruexport och utvandring. *Ekonomisk Tidskrift.* 1920.

HELANDER. Die internationale Schiffahrtskrise und ihre weltwirtschaftliche Bedeutung. 1928.

——Zur Theorie der Transferierung. *Weltw. Archiv.* 1924.

HOBSON. Export of Capital in Relation to Unemployment. In "Is Unemployment Inevitable?" 1924.

——Export of Capital. *The Encyclopedia Britannica.* 1926.

IVERSEN. Angell's Theory of International Prices. *Nationalökonomisk Tidskrift.* 1929.

JANNACONE. La bilancia del dare e delláavere internazionale. 1927.

JEROME. Migration and Business Cycles. New York, 1926.

JONASSON. The Agricultural Regions of Europe. *Economic Geography.* 1925 – 26.

KAHN. The Relation of Home Investment and Unemployment. *The Economic Journal.* 1931.

KEIUAU. The Valuation Theory of Exchange. *The Economic Journal.* 1926.

KEYNES. A Treatise on Money. London, 1930.

——The German Transfer Problem. *The Economic Journal.* 1929.

——The Reparation Problem. A Discussion. *The Economic Journal.* 1929.

——Mr. Keynes'Views on the Transfer Problem. *The Economic Journal.* 1929.

KNIBBS. Prices, Price Indices and Cost of Living in Australia. Melbourne, 1912.

v. KOCH. Om frihandels – och tullskyddsteorier. *Ekonomisk Tidskrift.* 1919.

KOCK. A Study in Interest Rates. 1928.

LANDMANN. Der schweitzerische Kapitalexport. *Zeitschrift für schweitz. Sat. u. Volksw.* 52. 1916.

LEVY. Der Weltmarkt 1913 und heute. 1926.

LINDAHL. Prizbildningsproblemets uppläggning fråu kapitalteoretisk synpunkt. *Ekonomisk Tidskrift.* 1929.

LONGFIELD. Three Lectures on Commerce. Dublin. 1835.

LÖSCH, Eine Auseinandersetzung üiber das Transferproblem. *Smollers Jahrbch.* 1930.

LOTZ. Die Awslandskredite in ihren finanziellen wirtschaftlichen und soziale Bedeutung. *Schriflen des Vereins für sozialpolitik.* Bd. 174:3. 1928.

MACHLUP. Transfer und Preisbewegung. *Zeitschrift für Nationalökonomie.* 1930.

MACKENROTH. Zollpolitik und Productionsmittelversorgung. *Weltw. Archiv.* 1929.

MANOiLESCO. The Theory of Protection and International Trade. 1930.

MARSHALL. Industry and Trade. London. 1919.

——The Pure Theory of Domestic Value. (1879). London, 1930.

——The Pure Theory of Foreign Trade. (1879). 1930.

MELCHINGER. Die internationale Preisbfldung. 1929.

MOLODOWSKY. Germany's Foreign Trade Terms in 1899 – 1913. *Quarterly Journal of Economics.* 1927.

v. MÜHLENFELS. Transfer. Jena, 1926.

MÜLLER. Wechselkurs und Güterpreise. Jena, 1926.

MYRDAL. Vetenskap och politik i nationalekonomien. 1930. A German edition appeared in 1932 under the title: Das politische Element in der nationalökcmomischen Doktrinbildung.

NEISSER. Der Tauschwert des Geldes. Jena, 1928.

——Der internationale Geldmarkt vor und nach dem Kriege. *Weltw. Archv.* 1929.

NIELSEN. Bankpolitik I – II. Copenhagen. 1930.

OHLIN. Växelkursernas jämviktsläge. *Ekonomisk Tidskrift.* 1922.

——Handelns teori. Stockholm. 1924.

——Valutaproblemet i MeHaneuropa. Valutakommlssionens betaenknlng. Copenhagen, 1924.

——Utrikeshndelns grunder. *Handbok för handel och industri.* 1926.

——Tullpolitiken och dess verkningar. *Handbok för handed och industri.* 1926.

——The Future of the World Price Level. *Index.* Stockholm, 1927.

——The Reparation Problem. *Index.* Stockholm. 1928.

——Equilibrium in International Trade. *Quarterly Journal of Economics.* 1928.

——The Reparation Problem. A Discussion. *The Economic Journal.* 1929.

——Mr. Keynes'Views on the Transfer Problem. *The Economic Journal.* 1929.

——Protection and Non – competing Groups. *Weltw. Archiv.* 1930.

——Transfer und Preisbewegung. Eine Entgegnung. *Zeitschrift für Nationalokonomie.* Bd. I. 1930.

——Das Verhätnis zwischen dem internationalen Handel und den internationalen Bewegungen yon Kapital und Arbeit. *Zeitschrifl für Nationalökonomie.* Bd. II. 1930.

PALYI. Üngelöste Fragen der Geldtheorie. *Brentano Feslschrift.* 1925.

——Der Zahlungsbilanzausgleich bei einseitigen Wertübertragungen. *Archio für Sosialwissenschaft und Sozialpolitik.* 1926.

——Zur Frage der Kapitalwanderungen nach dem Kriege. 1926.

PIETRI – TONELLI. Bestimmung des wirtschaftlichen Gleichgewichts der Güterurnwandlungen. *Jahrhücher für Nationalgkonomie.* 1928.

PIGOU. Disturbances of Equilibrium in International Trade. *The Economic Journal.* 1929.

——Essays in Applied Economics. London. 1923.

——A Study in Public Finance. London. 1928.

PORRI. Politica economica internazionale. 1930.

PREDÖHL. Das Standortsproblem in der Wirtschaftstheofie. *Wellw. Archiv.* 1925.

v. REIBNITZ. Amerikas internationale Kapitalwanderungen. Berlin. 1926.

REICHLIN. Die Zollbelastung der schweizedschen Lebenshaltungskosten. *Zeitschrift für schweizerische Statistik und Volkswirtschaft.* 1925.

REMER. The Foreign Trade of China. Shanghai, 1926.

Reports and documents by the Gold Delegation of the Finance Committee of the League of Nations.

RIST. Les réparations. Révue d'Économie politique. 1925.

ROBBINS. Economic Notes on Some Arguments for Protection. *Eonomica.* February, 1931.

ROBERTSON. Notes on International Trade. *Economic Essays and Addresses.* 1931.

Ross. The Location of Industries. *Quarterly Journal of Eonomics.* 1896.

RUEFF. Theorie des Phénomènes monéaires. *Statique.* Paris. 1927.

——Mr. Keynes'Views on the Transfer Problem. *The Economic Journal.* 1929.

RUSSEL – SMITH. Industry and Commerce. London. 1925.

RÖPKE. Geld und Aussenhandel. Jena, 1925.

SAUN. Das Reparationsproblem. Contains memoranda and discussions by A. Weber, Helander, Susat, Hahn, Feiler, Palvi, Röpke, Eucken and many others. Berth, 1929.

SARTORIUS VON WALTERSHAUSEN. Die Welt wirtschaft und die staatlich geordneten Verkehrswirtschaften. Leipzig, 1926.

——Das volkswirtschaftliche System der Kapitalanlage im Auslande. Berlin, 1907.

SCHAUB. Internationale Verschiebungen in der Jute. industrie. Not published. Kiel library.

SCHILDER. Entwiclungstendenz der Weltwi rtschaft. Berlin, 1912 – 15.

SCHNEIDER. Transfer und Handelspolitik. Leipzig, 1925.

Schriften des Verdns für Sozialpolitik. Bd. 171. Neue Grundlagen der Handelspolitik, 1925 - 26; Bd. 173. Beiträge zur Wirtschaftstheorie 1928; Bd. 174: 3. Auslandskredite, 1928. (Contributions by Palyi and others.)

SCHULZ. Die Gestaltung des Aussenhandels in Schuldnerstaaten. 1926.

SCHUMACHER. Weltwirtschaftliche Studien. 1911.

SCHÜLLER. Zur Theorie der Handelspolitik. *Die Wirschaftstheorie der Gegenwart.* IV. 1928.

SENIOR. Transmission of Precious Metals from Country to Country. 1828.

SISMONDE DE SISMONDI. De la richesse commerciale. I. 1803.

SNOW. Statistical Investigation on Certain Points Arising out of a Memorandum by the Dominions Royal Commission on the Effect on British Trade of Emigration from the United Kingdom, and on the Future Popu lations of the Various Countries of the Empire. Cd. 717. 3. 1914.

——The Relative Importance of Export Trade. *Journal of Royal Statistic Society.* 1931.

SOLTAU. Statistische Untersuchungen fiber die Entwickelung und die Koniunkturschwankungen des Aussenhandels. Berlin, 1926.

SOMARY. Wandlungen der Weltwirtschaft seit dem Kriege. Tübingen, 1929.

SOMMR. Freihandel und Schutzzoll in ihrem Zusammenhang mit Geldtheorie und Währungspolitik. 1926.

STERN. Fourteen Years of European Investment. New York, 1929.

TAUSSIG. International Trade. 1927.

——Deutschlands internationaler Handel und das Reparations. Problem. *Archiv für, Sozialwissenschaft und Sozialpolitik.* 1928.

Tull - och Traktatkommitténs betänkande. Stockholm, 1924.

v. THÜNEN. Der isolierte Staat. 1842. Jena, 1910.

UNITED STATES BUREAU OF RAILWAY ECONOMICS. Investigations concerning lOCRl commodity price differences and their relation to transportation costs.

VINER. Angell's Theory of International Prices. *The Journal of Political Economy.* 1926.

——Die Theorie des auswärtigen Handels. *Die Wirtschaftstheorie der Gegenwart.* IV. 1928.

——Political Aspects of International Finance. *Journal of Business Economics.* 1928.

——Dumping. Memorandum for the World Economic Conference. Geneva, 1927.

——Dumping. A Problem in Internatiohal. Trade. 2nd revised ed. 1931.

E. WAGEMANN. Struktur und Rhythmus der Weltwirtschaft. Berlin, 1931.

E. WALB. Struktur der internationalen Kapitalbeziehungen und ihre Wandlungen seit dem Weltkrieg. *Annal d. Betriebsw.* Berlin, 1928.

WALKER. The Payment of Reparations. *Economica.* May, 1931.

WEBER. Industrielle Standortslehre. (Allgemeine und kapitalistische Theorie des Standorts.) *Grundriss der Sozialökonomik.* Vol. VI. Tübingen, 1923.

——Die Standortslehre und die Handelspolitik. *Archiv für Sozialwissenschaft und Sozialpolitik.* Vol. XXXII. Tübingen. 1911.

——Über den Standort der Industrien. 1909.

H. WEIGMANN. Ideen zu einer Theorie der Raumwirtschaft. *Weltw. Arcttiv.* 1931.

——Kritischer Beitrag zur Theorie des auswätigen Handels. Jena, 1926.

WICKSELI. Vorlesungen über Nationalökonomie. I. Jena, 1913.

——Geldzins und Gfiterpreise. 1898.

——Dyrtid. tullar och arbetslSner. *Ekonomisk Tidskrift.* 1914. Continued by a. discussion between Brock and Wicksell.

——Växelkursernas gåta. *Ekonomisk Tidskrift.* 1919.

——Frihandel och utvandring. *Ekonomisk Tidskrift.* 1920.

——Tullskydd och frihandel. *Ekonomisk Tidskrift.* 1924.

——Ett skolexempel i tullfrågan. *Ekonomisk Tidskrift.* 1925.

WIZSER. Theorie der gesellschaftlichen Wirtschaft. 1924.

WILLCOX. International Migrations. 1929.

WILLIAMS. The Theory of International Trade Reconsidered. *The Economic Journal.* 1929.

WILSON. Australian Capital Imports, 1871-1930. *The Economic Record.* 1931.

——Capital Imports and the Terms of Trade. 1931.

WOOD. Borrowing and Business in Australia. Oxford, 1930.

WOYTINSKI. Die Welt in Zahlen. Berlin, 1928.

ZAPOLEON. International and Domestic Commodities and the Theory of Prices. *Quarterly Journal of Economics.* 1931.

ZWEIC. Stmkturwandlungen und Konjunkturschwankungen im englischen Aussenhandel der Vorkriegszeit. *Wellw. Archiv.* 1929.

中英文术语对照表

A

Abstract capital 抽象资本

Aftalion 塔里昂

Aggregate of money incomes, Bastable; capital movements 收入合计,巴斯塔布尔;资本流动

Amark 阿玛可

Amoroso 阿莫罗索

Angell; "partially traded goods"; international trade theory, criticism of; works 安吉尔;"特别是外贸产品";国际贸易理论,评论;工作方法

"Atecedents of law of comparative costs", Heckscher "比较法律的相对成本",赫克歇尔

Argentine, international borrowing operations statistics 阿根廷,国际借贷业务统计

Arias 阿里亚斯

Arnaune 阿诺内

Auspitz 奥斯皮茨

Australia, gold mines of; price level 澳大利亚,金矿;价格水平

B

Balance of payments, and price system; immigrants' remittances; interrelation of various elements; United States statistics; Keynes; passive; Mercantilism; Canada; influence of import duties; maintenance of equilibrium; monetary mechanism; shipping freights, See also Balance of trade 国际收支平衡表,价格系统;移民汇款额;各种要素的相互关系;美国统计数据;凯恩斯;被动性;重商主义;加拿大;进口关税的影响;维持均衡;货币机制;船费,关注一下贸易平衡

Balance of trade, analysis of, according to Mill, keynes; labour and capital movements, close relation to; force adjusting, See also Balance of payment 贸易平衡,贸易平衡分析,以穆勒为依据,凯恩斯;劳务与资本流动,两者的密切关系;大力调整,关注一下收支平衡

Balfour Committee, export industries 鲍尔弗委员会,出口产业

Banks, monetary policy of, and capital movements, credit restriction, See also Monetary policy 银行,货币政策,以及资本流动,信贷限制,关注金

融政策

Barone 巴罗尼

Barone – Staghle 巴罗尼—施特勒

Barter trade; demand curves 易货贸易；供求曲线

Bastable; on international trade, gain from 关于国际贸易，从中获益

Brick 布瑞克

Birthrate, in emigrant countries; in immigrant countries, See also Population 出生，在移民国家；在移民国家，关注一下人口

Black; "enterprise"; interest rates 布莱克，"企业"；利率

Boggs 波格斯

Bowley 鲍雷

"Break localisation" "打破本地化"

Brigden 布里格登

Brinkmann 布林克曼

Brock 布洛克

Brown 布朗

Bulletin de l'Institut International de Statistique 国际研究所统计通报

Business cycle; international labour movements; Ohlin; uniform international movement in wholesale prices 商业循环；国际劳务流动；俄林；批发价格的统一国际变动

Buying power; definition of term; capital movements; balance of expenditure; credit volume; Canada; money transfer; import duties, See also Purchasing power 购买力；术语的定义；资本运动；支出平衡；信贷量；加拿大；资金转移；进口关税；关注一下购买力

C

Cabiati, works 卡比亚蒂，著作

Canada, imports and exports; borrowing operations; foreign exchange, analysis of; effect on price; balance of trade, Viner; price variations 加拿大，进出口；借贷业务；外汇，分析；价格效应；贸易平衡，维纳；价格变动

Capital; description of; description of; international comparison; "long and short"; available for risky enterprises; localization of manufactures in Great Britain in th century; changes in quality; technical form; interest rates; per capita; effect of tariffs; "active" and "passive"; marginal productivity of; Keynes; Wicksell, See also Capital movements, International capital movements Mobility of capital and labour, and Productive factor movements 资金；陈述；国际比较；"长期与短期"；高风险企业的适应性；英国于本世纪的本地产品；质量变化；技术形态；利率；资本；"积极性"和"消极性"；边际生产率；凯恩斯；维克塞尔，关注资本流动，国际资本流动，资本和劳务的流动，生产要素的流动

Capital movements, domestic, nature of; from England to Scotland; equalizing effect on trade; terms of exchange, See also International capital movements,

Mobility of capital and labour, Productive factor movements 资本运动，国内，种类；从英格兰到苏格兰；对贸易的均等影响；交换条件，关注国际资本运动，资本和劳务流动，生产要素流动

Carver 卡佛

Cassel; classical doctrine; effect on tariffs on income; protection; foreign exchange rates; works 卡塞尔；古典教条；收入税的作用；保护贸易制度；外汇市场行情；著作

China, foreign trade of; Remer 中国，对外贸易；利玛

Clare and Crump 克莱尔和克拉姆

Clark 克拉克

Classical doctrine, of international trade theory; of value; and varying proportions; price level, Taussing; Angell; criticism of, App. Ⅲ, See also comparative costs, Pareto 古典教条，国际贸易理论；价值；变化率；价格水平，陶西格；安吉尔；评论，亚洲第三代浆纸，关注比较成本，帕累托

Coates 科特斯

Cohn 科恩

Cole 科尔

Colson 科尔逊

Commercial credits 商业信贷

Commodities, international qualitative differences in; movements of, See also International trade, Interregional trade 商品，国别质量差异；流动，关注国际贸易，区域间贸易

Comparatove advantage 比较优势

Comparative costs, classical doctrine; Ricardo; Heckscher; Taussing; Cassel, and mutual inter-dependence theory of prices; Angell 比较成本，古典教条；李嘉图；赫克歇尔；陶西格；卡塞尔；相互依存价格理论；安吉尔

Competing home market goods, price relation 相互竞争的国内市场商品价格关系

Competing industries 竞争性行业

Conditions of production, meaning of term 生产条件，术语的含义

Condiffe 康德夫

Constant cost, classical theory 固定成本，古典理论

Consumers' demand; elasticity of 消费者需求；弹性

Consumers' market, localisation 消费者市场，本地化

Consumers' surplus 消费者剩余

Cooerative industries 产业合作

Copeland 科普兰德

Corbino 可比诺

Costs of living; indices of 生活费用；及其指数

Costs of production, relation to price; equalising effect of trade; transfer relations; of commodities, equation 生产成本，与价格的相关性；贸易的均衡影响；转让关系；商品转让的关系，方程式

Cotton consumption 棉花消费量

Cournot 库尔诺

Credit volume, meaning of term; relation to buying power; increase in cause of gold influx into Canada 信贷政策，术语含义；涉及到购买力；加拿大由于黄金涌入所引起的增长

Cuba, sugar industry 古巴，糖产业

Czechoslovakia, boot industry 捷克斯洛伐克，皮靴产业

D

Davidson 戴维森

Davies 戴维斯

"Death belts" "死亡地带"

Deflation, need for, under protection 通缩，需求，保护

Del Vecchio, and international trade theory 德尔维瑟，国际贸易理论

Demand and supply, conditions of; elasticity of; direction of, relation to volume of trade, to international factor movements, to terms of exchange; import duties; equation of 需求和供给，及其条件；需求供给弹性；需求和供给方向，供求与贸易量的关系，国际供求变化，交换条件；进口条件；需求与供给的公式

Demand and supply curves, Marshall 需求曲线与供给曲线，马歇尔

Denmark, Department of Statistics, rents on Danish-German frontier; bacon and butter industry; terms of exchanges 丹麦，统计局；丹麦与德国边境的租金；交换条件

Density of population, cause of 人口密度，及其起因

Diminishing and increasing returns 收入的减少与增加

Division of labour, causes of; between countries; large-scale production; costs of transfer, See also Labour 分工，及其成因；各国间的分工；规模化生产；成本转移，关注一下劳工

Danalson 唐纳森

Dumping; sporadic and long period; Viner; importance of; effects of; relation to monopoly; classical doctrine, See also Price discrimination 倾销；短期以及长期倾销；维纳；倾销的重要性；倾销的影响；倾销与垄断的关系；古典教条，关注一下价格歧视

Dupuit 多普特

E

"Earmarked" gold reserves "预留的"的黄金储备

Economic customs; international trade 经济惯例；国际贸易

Economic friction 经济摩擦

Economies of large-scale production; transport facilities; concentration of industry, See also Large-scale production 大规模生产的经济性；交通设施；产业集中，关注一下大规模生产

Edgeworth; demand curves 埃奇沃斯；供求曲线

Edie; on transport facilities; on capital and labour movements 伊迪；交通设施；资本及劳动力流动

Effectiveness of labour; international differences in; in cities; measurement of, Taussing, See also Labour 劳动效率；劳动效率在国际间的不同；城市间的劳动效率；劳动效率的度量，陶西格，关注一下劳动力

Elasticity of demand and supply; balance of trade; foreign exchange; Edgeworth; capital movements, See also supply 需求与供给弹性；贸易平衡；外汇；埃奇沃斯；资本流动，关注一下（劳动与需求的）供给

Elasticity of wants 需求弹性

Emigration, statistics of; from Great Britain, effect on standard of living; as result of change in demand, See also Migration, Productive factor movements 移民，及其统计；对于英国生活水平的影响；需求改变的影响，关注一下移民，生产要素的流动

Encyclopedia Britannica 大英百科全书

English Classical School, See also Classical doctrine 英国古典学派，关注一下古典教条

Enterprise 企业

Equations, of reciprocal demand; of price; of costs production; of demand; of interregional exchange 均衡，互惠需求的均衡；价格均衡；生产成本的均衡；需求均衡；区域间交换的均衡

Equalising differences in wages, See also Wages 收入的均等差异，关注一下收入

Equilibrium theory of prices 价格平衡理论

Erikson 埃里克森
Esslen 艾斯伦
Eulken 艾肯
Eulenberg 艾伦伯格

Exchange dumping, See also Dumping 外汇倾销，关注一下倾销

Exchange rate, See Foreign exchange rate 外汇，关注一下外国汇率

Export duties, influence on localisation of industry, See also Tariffs, Protection 出口税，对于当地行业的影响，关注一下关税，保护

Export, statistics of; as percentage of total production; from Canada; effect of import duties of volume of; from Europe to South America, See also Balance of trade, international trade 出口，及其统计数据；在总产出中占的比例；加拿大的出口；进口关税幅度所造成的影响；从欧洲出口到南美，关注一下贸易平衡，国际贸易平衡

F

Feis; works 菲斯；著作

Finland, bobbin industry; timber prices 芬兰，木管工业；木材价格

Flux 通量

Foreign demand, elasticity of; capital imports, See also Demand 外国需求，及其弹性；资本输出，关注一下需求

Foreign exchange, price level, Cassel, Hawtrey; under gold standard, Hawtrey, Arnaune, Marshall; seasonal transfers, Keynes; terms of, relation to price levels; Bastable, Keynes, Losch, Pigou, Taussing, in Canada, import duties, determination of, Denmark, variations in ratio of; classical theory; price equations 外汇，价格水平，卡塞尔，霍特里；黄金标准，霍特里，阿罗内，马歇尔；季节性转变，凯恩斯；术语，价格水平与其的关系；巴斯塔布尔，凯恩斯，罗斯可，庇古，陶西格，加拿大，进口关税，进口关税的定义，丹麦，汇率的变化；古典理论；价格等式

Foreign exchange rate, establishment of, for comparison of prices and costs, price variations; Cassel, See also Foreign exchange 外汇率，创立，价格和费用的比较，价格变化，卡塞尔，关注一下外汇

Foreign goods, supply price, See also International goods 国外商品，供应价格，关注一下国际物品

Foreign investments, changes in since War; tariffs, See also Capital movements, International capital movements 国外投资，在战争时改变；关税，关注一下资本流动，国际资本流动

Foreign market in Canada, statistics of 加拿大的国外市场，及其统计

Free trade, favours the working classes; probable effects in United States 自由贸易，倾向工人阶级；可能对美国造成影响

"Free trade margin losses" "自由贸易的边际损失"

Free Trade Union, suggested remedy for tariffs 自由贸易联合，对关税的建议

Freight rates, in Grade Britain; fluctuations in 英国的运费协定，英国运费的波动

Furlan 弗兰

G

Gain, from trade; import duties; factor movements; from factor movements 贸易所得；进口关税；影响因素的变化；由于要素变动

Germany, inventive ability; labour; economic development; tinber prices; rents; export figures; coal industry; transport distances; dumping 德国，创造能力；劳务，相关发展；木材价格；租金；出口特点；煤炭工业；运输的距离；倾销

Gold exchange standard; price changes 金汇兑标准；价格变动

Gold movements; criticism of orthodox view; into Canada, as result of increased credit, Viner; business cycle, Great Britain 金价的变动；对传统观点的批评；加拿大的金价变动，导致信用增长，维纳；商业循环，英国

Gold points 黄金点

Gold standard, maintenance of equilibrium of foreign exchange market; comparison with gold exchange standard; price changes 金价标准，外汇市场

的平衡维护；与金汇兑标准进行比较；价格变动

Graham 格雷汉姆

Great Britain, capital supply; boot industry; localization of manufacturing industry in th century; textile industry; economic development, statistics of; shipping rates; exports to dominions; Balfour Committee; coal industry; iron and steel industry; Unemployment Insurance Acts; as source of emigration; position as leading financial centre; price indices; Taussing; London and Cambridge Economic Service 英国，资本供给；皮靴产业；本世纪制造业的本土化；纺织工业；经济发展，统计数据；运输率；出口到优势市场；鲍尔弗委员会；煤炭工业；铁和钢铁工业；失业保险条例；作为移出的原因；作为主导的金融中心；物价指数；陶西格；伦敦和剑桥经济服务

Gregory 格雷戈里

H

Hgerler 哈格勒

Habits, effect on localisation of industry 习惯，对当地工业的影响

Hahn 哈恩

Harms, on international trade; works 哈姆斯，国际贸易；著作

Harvard School of Economists, Thornton – Mill theory 哈佛经济学家，索恩顿—穆勒理论

Hawtrey; works 霍特里；著作

Hegerle 赫格勒

Heckscher; distribution of income; works 赫克歇尔，收入分配；著作

Helander; works 赫兰德；著作

Home market goods; price equalising tendency; determination of; capital movements and their eggest on demand 国内市场产品；价格平衡倾向；决议；资本流动及其对供给的影响

Home market prices 国内市场价格

I

Immigration, statistics of, Argentine, United States; legislation; variations and business cycle; character of immigrant, in relation to native labour, See also Migration, Productive factor movements 移民，统计数据，阿根廷的统计数据，美国；立法规定；多样性及商业周期；移民的特点，与国内劳动力相联系，关注一下移民，生产力因素的变动

Immobility of capital and labour, See Mobility of capital and labour 资本和劳动力的固定性，关注一下资本和劳动力的流动性

Import duties, and localisation of industry; factor movements; balance of payments; influence on other products; protective duties, and better utilization of productive factors; terms of exchange, Marshall; monetary mechanism 进口税和工业的地方化；影响因素的变动；国际收支平衡；对其他产品的影响；关税保护；生产力

因素的更充分运用；外汇术语，马歇尔；金钱机制

Imports, determination of; may show same commodity as exports; effect of duties; Canada, stimulus afforded by loans 进口，决定因素；也可以影响出口产品；关税的作用；加拿大，对贷款提供的刺激

Income, distribution of; effect of tariffs on, See also National income., Wages 收入，收入分配；税收对收入的影响，关注一下国民收入与工资

Increasing returns, See Diminishing and increasing returns 回报的增加，关注一下回报的增加与减少

Infant industry argument 对于幼稚产业的争论

Inherited skill 继承技术

Initiative, its importance in dynamic world 主动性，在充满活力的世界中的重要性

Interest, and capital supply; risk element, international differences in, United States, Black; payments in relation to capital movements; classical doctrine 利息率与资本供给；风险因素，国际间不同的风险因素，美国，布莱克；关于资本流动的支付方式；古典教条

International capital movements, accompanied by labour; Great Britain; changes in position of debtor and creditor countries since the War; interest rates; obstacles to, Hawtrey, Viner; circumstances governing; effect of tariffs; element of speculation; due to absentee ownership; business cycle; "short term"; relation to labour movements; transfer relations; entailing reorganization of production; monetary mechanism; nature, effect on "outside" countries; changes in demand; Argentine; Canada; United States; balance of trade, Taussing; price variations; productive capacity; classical doctrine, See also Capital movements, Mobility of capital and labour, Productive factor movements 国际间资本流动，伴随着劳务流动；英国；自从战争以来，债务国和债权国地位的变化；利率；影响资本流动的障碍，霍特里，维纳；条件管理；税收的效用；特殊元素；导致归属权的缺失；商业循环，"短期"；与劳务的关联；转让关系；导致重组生产；金融机制；自然资源，对其他国家的影响；需求的变动；阿根廷；加拿大；美国；贸易平衡，陶西格；价格变动；生产资本，古典教条，关注一下资本流动，资本与劳动力的流动，生产要素的变化

International productive factor movements, relations to international trade; dynamic aspects of; in response to demand; conditions of 国际生产要素的变化，其与国际贸易相联系；国际生产要素的动态方面；其对需求的反应；其状况

International goods 国际商品

International securities 国际安全性

International trade, Russel Smith; classical school; Mill; Heckscher, Taussing; gain from; economies od large scale production; productive factor equipment; of Chin; dynamic view; future trend; statistics, Marshall; Great Britain; between S. America and Europe; between firms; terms; tariffs, Sweden, United States, effect on price; equilibrium in; Pareto; Angell; equations of 国际贸易, 拉塞尔·史密斯; 古典学校; 穆勒, 赫克歇尔, 陶西格; 国际贸易的收入; 大规模生产的经济性; 影响生产力的设备; 中国的国际贸易; 动态观点; 未来的趋势; 统计数据, 马歇尔; 英国; 在南美与北美之间的国际贸易; 公司之间的国际贸易; 贸易术语; 关税, 瑞典, 美国, 国际贸易对价格的影响; 国际贸易平衡; 帕累托; 安吉尔; 国际贸易公式

Interregional capital movements, and interest payments, See also International capital movements 国际区域间的资本流动, 以及利息, 关注一下国际资本变动

Interregional trade; conditions of; character of; determination of, Longfield; terms of exchange; costs of transfer; international trade only special case of, See also International trade 国际贸易; 国际贸易条件; 国际贸易特征; 国际贸易的决定因素, 朗菲尔德; 汇率; 成本转移; 国际贸易的特殊情况, 关注一下国际贸易

Inventive ability 创造力

Ireland, linen industry of; reciprocal tariff 爱尔兰, 亚麻产业; 互惠关税

Iversen 伊韦尔森

J

Japan, textile industry; timber prices; price indices 日本, 纺织工业, 木材价格; 价格诱惑

Jerome 杰罗姆

Jevons 杰文斯

Joint - product enterprises 合资企业产品

Joint supply; price relations 联合供应; 价格联系

Jonasson 乔纳森

Jute industry, development of 黄麻产业, 及其发展

K

Kahn 卡恩

Keynes; short - term credits; capital movements 凯恩斯; 短期信贷; 资本流动

Knibbs 奈普斯

Knight 奈特

Koch, works 科赫, 著作

L

Labour, classical doctrine; groups; trade union policy, and hour of work; international differences, in wages; mobility of, effect on price, on wages; changes in; marginal productivity; immobility of; non - competing groups, Labour and capital, distribution of; effect on rent and prices; Nicholson; instruments, See also Capital, Labour 劳工, 古典教条; 小组; 工会的贸易政策, 工作时间; 国际区别, 劳工薪水; 劳工的流动性, 价格对劳工的影响, 劳工的薪水; 劳工的变动; 边际产量; 劳务的固定性; 没有竞争的小组, 劳务与资本, 二者分配; 对租赁及价格的效用; 尼科尔森; 合同, 关注一下资本, 劳务

Labour value theory 劳动价值理论

Land; classical doctrine 兰德; 古典教条

Land values, indices 土地价值, 索引

Landmann 兰德曼

Landry 朗德瑞

Large-scale production, economies of; localisation of industry; transport facilities, tendency to concentrate near; movements of productive factors; different effect; joint-enterprises; tariffs; increased demand 大规模的生产, 及其经济性; 产业的地方化; 交通运输工具, 趋于集中倾向; 生产力的因素变动; 其他效用; 联合企业; 关税; 增长的需求

Latvia, timber prices 拉脱维亚, 木材价格

League of Nations, International Labour Review; migration movements; Gold Delegations of the Finance Committee 国家同盟, 国际性组织回顾; 移民流动; 财政委员会的金代表团

Level of intertrgional prices 国际价格水平

Levy 征费

Lieben 里本

Lindahl 林达尔

Liquid capital 流动资本

Litzt 利兹特

Localisation figure 地方化特点

Localisation of industry, and theory of international trade; classical doctrine; advantages of; governing elements; costs of transfer, and mobility of goods and factors, local differences, deciding factor; Marshall; raw material and market; Weber; Russel Smith; Taussing; economic development; dumping; tariffs; domestic 当地化产业, 国际贸易理论; 古典教条; 其优势; 治理因素; 转移成本, 物品和因素的变动, 不同地区的区别, 决定的因素; 流动性的费用; 马歇尔; 原材料市场; 韦伯; 拉塞尔·史密斯; 陶西格; 经济发展; 倾销; 关税; 国内

Longfield; on international trade 朗菲尔德; 在国际贸易方面

Long-run equilibrium 长期均衡

Losch 罗斯科

Lotz 罗斯

M

Machlup 马赫鲁普

Mackenroth 麦肯罗斯

Manoilesco 玛诺斯克

Marginal productivity, of labour; of capital 边际生产力, 劳务的边际生产力; 资本的边际生产力

Marginal units, of export goods 边际产量,出口物品的边际产量

Markets, separate, partially communicating, "single price", "multiple price" 市场,分开,不完全信息,"单一价格","多项价格"

Market areas 市场区域

Market localisation, See also Localisation of industry 市场地方化,关注一下产业的地方化

Marshall; human factor in trade; climate; demand and supply curves; import duties; works 马歇尔;贸易中的人为因素;态势;需求与供给曲线;进口税;著作

Mason 梅森

Melchinger 梅尔辛格

Menger 门格尔

Mercantilism 重商主义

Migration; business cycle; international; accompanied by capital; quality of labour, See also Emigration, Immigration, Mobility of capital and labour, Productive factor movements 移民;经济周期;国际性组织;伴随着资本变动;劳动力素质,关注一下移民,资本和劳务,生产力因素的变动

Mill; buying power; equation of reciprocal demand 穆勒;购买力;相互需求等式

Mill – Taussing theory 穆勒—陶西格理论

Minimum cost; in large scale production; in transport 成本最小化;大规模生产;运输

Mitchell; indices 米契尔;指数

Mobility of capital and labour, interregional, Adam Smith; effect on prices; lack of, effect on wages, on price; classical doctrine, assumes complete domestic mobility; potential importance; increasing returns; elasticity of supply and demand, See also capital movements, Productive factor movements 两地间资本和劳动力的流动性,亚当·斯密;对价格的影响;缺乏,对薪水的影响,对价格的影响;古典教条,假设完全的国内流动性;潜力的重要性;增长的回报;弹性供给和需求。关注一下资本流动,生产力因素的变动

Mobility of goods; compensates lack in factors 物品的流动性;在要素中的补偿性缺乏

Mobility of productive factors, See Mobility of capital and labour 生产力的因素的流动性,关注一下资本和劳动力的流动性

Molodowsky 摩罗斯基

Monetary mechanism; gold standard; capital movements; Angell and Keynes; import duties; balance of payments; changes in, relation to foreign exchange rate 货币机制;黄金本位制;资本流动;安吉尔和凯恩斯;进口税;国际收支;货币机制的变动,与外国汇率的联系

Monopoly, effect on trade; and dumping 垄断,以及对贸易的影响;倾销

Mutual interdependence theory of pricing; classical doctrine; Sismondi; includes law of comparative costs; differences in labour; costs of transfer; price relations of home market goods; localization of industry; foreign exchange rates; international price levels 价格相互依存理论；古典教条；西斯蒙第；包括比较费用的法则；在劳动力方面的区别；转让成本；国内市场产品对定价的影响；本地化产业；外国汇率；国际物价水平

Myrdal; on gain from international trade 缪尔达尔；从国际贸易中获得的利益

T

The Nation 国家

National economy 国民经济

National income; relation to trade; changes in terms of money; dumping; import duties, and factor movements; transfer relations 国民收入；与贸易的关系；货币的变动；倾销；进口税；转运关系

National markets, division of 国内市场，市场分离

Natural resources; differences in; per capita in United States; international comparisons; supply of; immobility; localization of industry; tariffs, in Sweden; discovery of gold mines in Australia, See also Productive factors 自然资源；不同的自然资源；美国的人均资本，国际比较；自然资源的供应；自然资源的固定性；产业的地方化；关税，在瑞典；澳洲的金矿发掘，关注一下生产力的因素

Neisser 内瑟尔

"Neutral" money "中性"货币

New Zealand, Statistical Year Book; price comparison 新西兰，统计年鉴；价格比较

Nicholson; on transport; on differences in factor equipment; on conditions of demand 尼科尔森；运输业；设备要素的区别；需求情况

Nielsen 尼尔森

Nogaro 诺加洛

Non-competing groups 非竞争性组织

Non-competing home market industries 非竞争性国内市场

Ohlin; on capital movements; works 俄林；资本流动；著作

Opportunity costs 机会成本

Optimum scale output 最佳产量

Overhead costs; Clark 间接成本；克拉克

Owen 欧文

P

Palyi; works 帕伊；著作

Pantaleoni 潘塔利奥尼

Pareto, and classical doctrine, See also Classical doctrine 帕累托，古典教条，也关注一下古典教条

"Partially-traded goods," Angell "倾向于贸易的产品"，安吉尔

Personal services 个人服务

Physical conditions of production 产品的外观特征

Pigou; works 庇古；著作

Poland, sugar beet industry; timber prices; dumping policy coal industry 波兰，甜菜业；木材价格；矿业的倾销政策

Population, growth, in Great Britain in th century, under tariffs, in Canada; character of; density, where relations good; relation to diminishing returns from land; statistics showing world distribution, for United States, See also Birthrate 人口，增长，英国的世纪，国税制度，加拿大；人口的特点；人口密度；产品的转让关系；人口与收益递减的关系，美国的情况，关注一下出生率

Porri 波利

Price discrimination; division of markets between home and foreign producers; in electrical power industries, See also Dumping 价格歧视；国内与国外生产商之间的市场分离；电力业的价格歧视，关注一下倾销

Price equalising tendency; qualifications of, exceptions to; supply reactions; double effect; interregional and home market goods; labour and capital movements, See also Price inequality 价格均等趋势；价格均等趋势的限制调节，价格均等趋势的例外情况；供给的反作用；双重作用；国内外市场的产品；劳动力和资本的流动，关注一下价格的不平衡

Price indices; difficulties of comparison, between England, France and Germany and United States; Sweden; Canada and United States; Mitchell; Japan and England; Bowley 物价指数；比较物价指数的困难性，例如在英格兰、法国、德国以及美国；瑞典；加拿大和美国；米契尔；日本和英格兰；鲍雷

Price inequality; exchange rates as means of comparison; as result of qualitative differences in commodities; costs of transfer; stimulus to factor movements; Black; international differences; local differences; Canada; foreign exchange; dumping 价格的不平等；汇率作为比较的手段；导致贸易在本质上的不同；成本转移；激励因素；布莱克；国际间的区别；当地的区别；加拿大；外汇；倾销

Price level; transfer relations, effect of import duties; international differences in United States and Europe, Ricardo, Senior; classical doctrine; rise in, in relation to foreign exchange; Coates; effect of the War; business cycle, uniform price movements; Angell, short-time fluctuations 价格水平；转让关系，进口关税的影响；国际之间的不同的价格水平，例如在美国与欧洲之间，李嘉图，西尼尔；古典教条；价格水平的提高，与汇率的部分相关性；科特斯；战争的影响作用；商业循环，整体的价格运动；安吉尔，短期的上下浮动

Price mechanism; in equilibrium; foreign exchange rate; demand relations, costs of transfer; Taussing; factor movements; basic elements; Keynes 价格机制；价格机制处于平衡；外汇汇率；需求关系；成本的转移；陶西格；变动因素；基本因素；凯恩斯

Price relation; Keynes; international differences in factor equipment; friction, Angell; time element 价格相关性；凯恩斯；影响因素的国际间差异；摩擦，安吉尔；时间因素

"Price sensitiveness" "价格敏感性"

Prices; home market goods; transport services; Wicksell; of commodities; international goods; ratio between import and export; diagram of wholesale 价格；国内市场产品；运输服务；维克塞尔；商品价格；国际市场商品；进出口率；批发价的图表

Production, determined by natural resources; physical conditions of; increase in volume as result of factor movements, See also International trade, Localisation of industry 生产，由自然资源决定；生产的外部特征；容量的增大是多种因素变动的结果；关注一下国际贸易、本地化的行业

Productive factors, international differences in; prices of; mobility of; supply reactions; sub-factors; tariffs, Sweden, Cassel, Heckscher, Mackenroth, Ohlin; world scarcity of 生产要素，生产要素在国际间的不同；生产要素的价格；生产要素的移动；供给反应；次要因素；关税，瑞典，卡塞尔，赫克歇尔，麦肯罗斯，俄林；生产的世界稀缺性

Productive factor movements; relation to commodity; character of; effect on "outside" countries; types of; obstacles to; effect of domestic supply; conditions of demand; terms of exchange, See also Capital movements, International capital movements, Migration, Mobility of capital and labour 生产要素流动；与商品的关系；生产要素流动的特征；对于国外市场的影响；生产要素流动的类型；生产要素流动的障碍；对国内供给的影响；需求条件；交换条件，关注一下资本流动，国际资本流动，移民，资本和劳力的流动

Protection; dumping; Barone, Ohlin; infant industry; Australia, See also Export duties, Import duties, Tariffs 保护政策；倾销；巴罗尼，俄林；幼稚产业；澳大利亚，关注一下出口税，进口税，关税

Psychological theory of foreign exchanges 汇率的心理学理论

Purchasing power, See also Buying power 购买力，关注一下购买力

Purchasing power parity 购买力平价

Q

Quasi-rents 准备金

Railways 铁道部

Rate of efficiency earnings 效率收益率

Ratio of import and export prices, See Terms of exchanges 进出口价格变化

率，关注一下外汇

Raw material localisation, *See also* Localisation of industry　初级资源本地化，关注一下本地化产业

Real cost analysis, and economic policy, *See also* Classical doctrine, Comparative costs　固定成本分析，经济政策，关注一下古典教条，相对成本

Real wages, differences in; effect of tariffs, Cassel, *See also* Wages　可支配收入，可支配收入的区别性；税收的影响，卡塞尔，关注一下工资

Reciprocal demand; equation; Mill; Nicholson　互惠需求，均衡；穆勒；尼科尔森

Reciprocal tariff　互惠关税

Region, definition of, *See also* International trade　区域性，区域性定义，关注一下国际区域性贸易

Region concept　区域性观念

Reibnitz　莱布尼茨

Relative transportability, *See also* Transfer costs, Transportation　相对运输性，关注一下转移成本，运输

Remer; on foreign trade of China　利玛；中国对外贸易

Rent; localisation of industry; theory of; supply of capital and labour; index numbers of land values; New Zealand　租金；工业本地化；租金理论；资本及劳务供给；土地价值的索引；新西兰

Reparations　赔偿

Restricted competition labour groups　工会的竞争限制

Ricardo; labour value theory; price levels　李嘉图；劳动力价值理论；价格水平

Risk　风险

Risk-bearing　风险承担

Risk premium　风险溢价

Rival demand　竞争对手需求量

Robbins　罗宾斯

Robertson　罗伯逊

Ropke　罗扑克

Rueff, on capital movements; works

Russel Simith; on international trade, on labour supply; on climate　拉塞尔·史斯密；国际贸易论述，劳务供给论述；变化态势论述

Russia, and risk premium　俄罗斯，风险溢价

S

Sauerbeck, price indices　沙尔贝克，物价指数

Savings　储蓄

Scandinavia, pulp industry, *See also* Sweden and Denmark　斯堪的那维亚，纸浆业，关注一下瑞典以及丹麦

Scotland, flax growing; linen industry　苏格兰，亚麻业的壮大；亚麻业

Schaub　斯卡布

Schilder　斯凯尔德

Schuller　舒克勒

Schulz　舒尔茨

Schumacher, on land transport　舒马赫，陆路运输

Semi-international goods　非完全国际

性产品

Senior; price levels 西尼尔；价格水平

Short – term credits 短期信贷

Sidgwick, and international trade 西奇威克，国际贸易

Sismondi 西斯蒙第

Skilled labour, international comparison, See also Labour 技术工人，国际间比较，关注一下劳动力

Smith, Adam 斯密，亚当

Snow, works 斯诺，著作

Social conditions of production 生产的社会条件

Soltau 索尔陶

Somary 索马里

Sommer 索默

South America, trade with Europe 南美，与欧洲进行贸易

Specialisation; advantages of; condition of large – scale production 专业性；专业性的优势；大规模生产的条件

Speculation 投机

Standard of living; in Great Britain; tariffs, Reichlin, Sweden; migration 生活标准；英国的生活标准；关税，瑞克林，瑞典；移民

Standardisation 标准化

Stern 斯特恩

"Sub – factors" "次要因素"

Sundgerg 森德伯格

Supply, See Demand and supply 供给，关注一下供给与需求

Supply price 供给价格

Surplus capacity 剩余量

Sweden, machine industry; "Index"; timber prices; rents; dumping; tariff policy; Tariff Commission; capital movements; price indices; price level and freight rates 瑞典，机器制造业；"指数"；木材价格；租金；倾销；关税政策；关税委员会；资本流动；物价指数；价格水平及运费

Swweizerland, milk chocolate industry; wages in machine industry; tariff; Reichlin 瑞士，牛奶巧克力产业；制造产业的工资；税收；瑞克林

T

Tariff system; Taussing; United States, price of international goods; localization of industry, real wages, Cannan, Cassel; Sweden; effects of; Graham; various types; import duties, Reichlin, Canada; balance of trade; terms of exchange; export duties, reciprocal tariffs; Australia, See also Export duties, Import duties, Protection 关税体系；陶西格；美国，国际商品价格；当地产业，实际收入，坎南，卡塞尔；瑞典；灌水效应；格雷汉姆；形式多样；进口关税；瑞克林，加拿大；贸易平衡；汇率；出口关税；互惠关税；澳大利亚，关注一下出口关税，进口关税，保护主义

Taste, creation of demand 塔斯特，需求创造

Taussing; classical doctrine; localization of silk industry; foreign demand; tariffs; wages; capital movements; works

陶西格；古典教条；制糖产业本地化；外国需求；关税；工资；资本流动；著作

Taxation, incidence of, necessary to explain effect on trade, See also Export duties, Import duties, Protection 税务，税率，解释税务对贸易影响的必要性，关注一下出口关税，进口关税，保护主义

Taylor 泰勒

Technical coefficients 技术指数

Technical form of capital 资本的技术形式

Technical labour 技术工人

Terms of exchange, interregional; international; import duties; factor movements; capital movements; changes in demand and supply 汇率，区域间；国际；进口关税；影响因素的变动；资本运动；需求与供给的变化

Terms of trade, See Terms of exchange 贸易术语，关注一下汇率

Textile industry 纺织产业

The Times; Trade and Engineering Supplement 时代；贸易及工程补贴

Trade, conditions of; economies of large-scale production; effedt on price; character of; follows investment, See also International trade, Interrtgional trade 贸易，贸易条件；大规模生产的经济性；价格效应；贸易特点；伴随投资，关注一下国际贸易，区域间贸易

Trade-unions, closed shop policy; effect wages; classical doctrine 贸易工会，封闭车间政策；工资效应；古典教条

Transfer conditions, meaning of term 转让条件，术语含义

Transfer costs, analysis of; relation between raw materials and finished goods; price; factor movements; "breaks"; differences in, local, international 转让费用，分析转让成本；原材料和制成品之间的关系；价格；因素的变动；"例外条款"；转让费用的区别，当地转让费用，国际性转让费用

Transfer relatioons 转让关系

Transferability of goods 货物运输

Transportaion, and price system; large-scale production; factor movements, Schumacher; local diffenrences in; Hawtrey; facilities, changes in; Canada, influence on price; reduces international trade; shipping freights; classicaldoctrine 运输，价格系统；大规模生产；影响因素的变动，舒马赫；当地运输的不同；霍特里；设施；运输的变化；加拿大，价格效应；国际贸易的降低；船费；古典教条

U

Unit of productive power 单位生产力

United Kindom, export figures, See also Great Britain 联合王国，出口特征，关注一下英国

United States, Tariff Commission; Cpital supply; wheat industry; international trade, figures; Textile industry; interest rates, Black; Bureau of Railway Economics; export figures; motor car industry; transport distances; pric level; dumping; probable effects of free trade; capital movements, Taussing's theory; Federal Trade Commission; Department of Commerce, balance of payments, price comparisons; Fedaral Reserve Bank of New York; Federal Reserve System; Harvard School of Economists; borrowing operations; Tederal Reserve Board; Department of Labour; Bureau of Labour Statistics 美国, 税务局; 资本供给; 小麦产业; 国际贸易, 特点; 纺织产业; 利率, 布莱克; 铁路运输局; 出口特征; 电动车产业; 运输距离; 价格水平; 倾销; 自由贸易可能造成的影响; 资本流动, 陶西格理论; 联邦贸易委员会; 贸易部门, 支付平衡, 价格比较; 纽约联邦储备银行; 联邦储备系统; 哈佛学校的经济学家; 借贷业务; 联邦储备局; 劳工统计局

Unused capacity 无用资本

V

Variability of production 产品的多样性

Viner; dumping; Canada; works 维纳; 倾销; 加拿大; 著作

Volume of credit, meaning of term, See also Credit volume 信贷额度, 术语含义, 关注一下信贷额度

Volume of trade 贸易容量

W

Wages, international differences in; technical labour, personal services, equalizing effect, difficulty of comparison, statistics of, stimulus to migration, development; classical doctrine; determination of; total gain; Trade－union policy; real wages; money wages; differences in, indices of, effect of tariffs; Taussing; relation to costs; effectof working condition and climate, Russell－Smith; figures for farm labour, Black; price level, no simple relation to; United States, Taussing; Sweden; effect of migration on; of home market workers; indices 工资, 国际间的区别; 技术工人, 个性化服务, 均衡影响, 对比的困难性, 工资统计, 刺激移民, 发展; 古典教条; 工资歧视; 总收益; 贸易工会政策; 实际工资; 货币收入; 工资的区别, 工资指数, 关税效应; 陶西格; 工资与成本的相关性; 工作条件及变化趋势的效应, 拉塞尔·史密斯; 农民的特点, 布莱克; 价格水平, 与工资不是简单的相关; 美国, 陶西格; 瑞典; 移民对工资的影响; 国内劳动力市场; 指数

Walker 步行者

Walras, See also Walras－Cassel, Walras－Pareto 瓦尔拉斯, 关注一下瓦拉斯—卡塞尔, 瓦尔拉斯—帕累托

Wealth 威尔斯

Weber; localisation of industry; works

韦伯；当地化产业；著作
Weigmann; works Weigmann; 著作
Wicksell; works 维克塞尔；著作
Wieser; on international trade 维塞尔；国际贸易
Willcox 威尔克斯
Williams; on factor movements 威廉姆斯；要素变化的影响
Wilson 威尔逊

Wood 伍德
World income, *See also* National income 世界收入水平，关注一下国际收入
World market 世界市场

Z

Zapoleon 泽普伦
Zweig 茨威格